21 世纪全国高等院校旅游管理类创新型应用人才培养规划教材

前厅客房服务与管理
（第 2 版）

主　编　张青云　毛　峰
副主编　蔡美艳
参　编　李　波　陈慧力
　　　　朱云娜　梅　华

北京大学出版社
PEKING UNIVERSITY PRESS

内 容 简 介

本书以酒店对客服务与管理活动为主线，以实例和实物为素材，对负责客房产品销售的前厅部和负责客房产品生产的客房部涉及的专业理论知识及服务技能进行介绍。全书共 13 章，第 1~4 章介绍前厅服务与管理的内容，第 5~9 章着重介绍客房服务与管理的内容，第 10~13 章综合介绍客房的销售管理、前厅客房服务质量管理、安全管理和人力资源管理等内容。本书结合酒店行业实际的服务内容与操作程序，适当增加图表等内容的比例，突出对学生专业技能运用能力的训练和职业素质的培养。每章设置了导入案例、知识链接、案例分析、示例链接和实训练习、国际酒店赏鉴，力求体现"以学生为主体，教、学、做、评同步"的高等职业教育教学改革新思路，从而能更好地拓宽学生的专业思维和专业视野。

本书可作为高等院校旅游管理专业的教材，也可作为旅游酒店人员的培训教材，还可作为相关业务人员、科研人员和有关企业经营管理者的参考用书。

图书在版编目 (CIP) 数据

前厅客房服务与管理 / 张青云，毛峰主编. —2 版. —北京：北京大学出版社，2019.3
21 世纪全国高等院校旅游管理类创新型应用人才培养规划教材
ISBN 978-7-301-29710-0

Ⅰ.①前… Ⅱ.①张…②毛… Ⅲ.①饭店—商业服务—高等学校—教材②饭店—商业管理—高等学校—教材 Ⅳ.① F719.2

中国版本图书馆 CIP 数据核字 (2018) 第 167127 号

书　　名	前厅客房服务与管理（第 2 版）
	QIANTING KEFANG FUWU YU GUANLI（DI-ER BAN）
著作责任者	张青云　毛　峰　主编
策 划 编 辑	刘国明
责 任 编 辑	黄红珍
标 准 书 号	ISBN 978-7-301-29710-0
出 版 发 行	北京大学出版社
地　　址	北京市海淀区成府路 205 号　100871
网　　址	http://www.pup.cn　新浪微博：@ 北京大学出版社
电 子 信 箱	pup_6@163.com
电　　话	邮购部 010-62752015　发行部 010-62750672　编辑部 010-62750667
印 刷 者	河北滦县鑫华书刊印刷厂
经 销 者	新华书店
	787 毫米 ×1092 毫米　16 开本　21.75 印张　507 千字
	2013 年 6 月第 1 版
	2019 年 3 月第 2 版　2022 年 9 月第 3 次印刷
定　　价	55.00 元

未经许可，不得以任何方式复制或抄袭本书之部分或全部内容。
版权所有，侵权必究
举报电话：010-62752024　电子信箱：fd@pup.pku.edu.cn
图书如有印装质量问题，请与出版部联系，电话：010-62756370

第2版前言

《前厅客房服务与管理》自2013年6月出版以来,受到了高等院校旅游管理专业师生及酒店管理实践者的好评,在肯定教材内容、结构等的同时,也给我们提出了不少修改建议。

2017年,中国旅游业第一次成为国家重点专项产业。作为旅游业三大支柱之一的酒店业,发展日趋成熟时面临的经营环境、客源结构等发生了重大的变化,"一带一路"及"互联网+"、共享经济、高科技等对酒店业的影响在不断加深。

基于这种认识,我们组织进行了《前厅客房服务与管理》的修订工作。此次修订,我们没有变动教材的基本框架,着重在以下几个方面进行了补充和完善。

一是把每章首页教学目标中"相关知识"修订为"重点难点"。通过重点难点的提示,帮助读者有的放矢地掌握本章的主要知识点。

二是更换过时的"导入案例""实例分析""知识链接",新增"示例链接"。更换过时的案例、知识点,方便及时跟上酒店业新发展理念和动态。新增的"示例链接"重在展示酒店的优秀做法,以区别侧重于问题分析的"实例分析",促进读者从不同角度更深入理解各章节的有关内容。

三是每章正文结束后,新增"国际酒店赏鉴"。日益全球化的今天,越来越多的中国酒店从事全球化经营,即使是国内酒店也需面对国际酒店的竞争。结合各章内容,通过鉴赏、学习国际酒店在个性化、细致化、智能化等方面的做法,以便读者更好地把握酒店服务与管理的精髓。

安阳师范学院的张青云、蔡美艳、李波、陈慧力,洛阳师范学院的毛峰,郑州财经学院的朱云娜,郑州升达经贸管理学院的梅华等参加了此次的修订工作,其中张青云设计了整体修订思路,毛峰对第3章进行了较大的完善,具体修订分工如下:张青云负责第1、2章,毛峰、梅华负责第3章,毛峰负责第4、10章,张青云、蔡美艳负责第5、6章,梅华、张青云负责第7章,朱云娜、李波负责第8、12章,梅华、陈慧力负责第9、11章,朱云娜负责13章。

在修订过程中,我们努力坚持学以致用的理念,注意运用相关理论知识分析和解决酒店服务与管理中的实际问题,同时也努力及时反映酒店业新发展趋势。我们希望本书能为高等院校旅游管理专业师生提供一个有价值的范本,也希望对阅读此书的酒店人员和相关人员知识的增进和能力的提高有所助益。

最后,我们向所有对本书提出过建议的读者致以衷心的感谢!

编　者
2018年12月

第1版前言

旅游业的快速发展使我国不少酒店的前厅和客房在硬件上已经和国际一流酒店相差无几，但在酒店服务和管理水平上与国际先进酒店还有较大的差距。我国酒店业从观念到经营管理都面临着挑战，酒店行业的竞争愈加激烈，对高素质人才的需求也越来越紧迫。

前厅与客房作为酒店主要营运部门和对客服务中心，是酒店取得良好经济效益的重要基础，也是酒店服务质量的展示窗口。随着酒店业现代管理理念与先进科技的广泛运用及客人需求的日益提高，前厅与客房产品和服务内涵也在不断地更新，这些变化要求酒店管理与人才培养也应与时俱进。为此，编者精心编写了此书。

在本书的编写过程中，编者结合酒店行业需要和高等职业教育教学实际，以前厅客房实际工作过程为主线，系统地阐述了两大营业部门（负责客房产品销售的前厅部和负责客房产品生产的客房部）的专业理论知识和服务操作技能，以期向学生灌输从事前厅和客房服务与管理工作必备的观念与意识，训练其掌握前厅和客房服务的基本操作程序与技能，培养其具备从事前厅和客房服务与基层管理工作，以及适应行业发展与职业变化的基本能力。

本书具有以下特色。

一是强化职业能力、职业素养的养成。高等职业教育教学内容的确定应以就业为导向，以职业岗位的专项性和操作性为依据。本书通过导入案例、知识链接、实例分析、情景模拟、案例分析题等环节，强化职业能力的培养和职业素养的养成。

二是实用性、可操作性相结合。本书在内容的选取上，尽量与酒店实际的操作和管理保持一致，有关的工作程序、表格等均来源于酒店实例，旨在帮助学生尽快熟悉前厅部、客房部的操作规程和业务管理。同时，本书强调动手能力与技能的训练，设置了实训题，既可帮助教师安排实训项目，又能使学生对操作程序与标准有清晰的掌握，提高学生的动手能力和应变能力，方便教师的课堂教学。

三是全书结构新颖、内容丰富。每章章首根据本章核心内容编写了"导入案例"，引导和启发学生思考问题；章节内设置了"知识链接"，增进学生对行业相关问题的深入认识与理解；根据内容的需要设置了"实训练习"，既有利于提高教师课堂授课的生动性和进行实训考核，又有利于提高学生参与的积极性；"本章小结"可以帮助学生掌握重点，融会贯通；在章尾复习思考题中设置了"案例分析题"与"实训题"，帮助学生学会应用知识，做到学以致用。本书把基础理论、案例、实训有机结合起来，能更好地帮助学生理解和掌握前厅客房服务与管理的基本知识和技能，培养学生的动手能力，提高学生分析和解决问题的能力。

本书由安阳师范学院张青云担任主编，洛阳师范学院毛峰和安阳师范学院蔡美艳担任副主编。全书共13章，第1、2由张青云编写，第3章由河南商业高等专科学校陈瑞霞编写，第4、10章由毛峰编写，第5、6章由蔡美艳编写，第7章由河南省旅游局郭罗曼编写，第 8、12 章由安阳师范学院李波编写，第 9、11 章由安阳师范学院陈慧力编写，第 13 章由郑州交通职业学院朱云娜编写。

  在本书的编写过程中，编者参考了相关图书、资料，在此谨向这些资料的作者致以诚挚的感谢！

  由于编者能力所限，书中难免存在疏漏之处，敬请广大读者批评指正。

编 者
2012 年 10 月

目录

1 前厅部概述

1.1 前厅部的地位与任务
- 1.1.1 前厅与前厅部的概念 / 2
- 1.1.2 前厅部的地位 / 3
- 1.1.3 前厅部的主要任务 / 4
- 1.1.4 前厅部的业务特点 / 5
- 1.1.5 前厅部的业务流程 / 6

1.2 前厅部的组织结构与机构职能
- 1.2.1 前厅部组织结构的设置原则 / 7
- 1.2.2 前厅部组织结构模式 / 8
- 1.2.3 前厅部主要机构职能 / 10
- 1.2.4 前厅部主要管理岗位说明 / 13

1.3 前厅设计与整体环境
- 1.3.1 前厅设计 / 16
- 1.3.2 前厅的整体环境 / 21

本章小结 / 24
国际酒店赏鉴 / 24
复习思考题 / 26

2 前厅预订业务

2.1 预订业务概述
- 2.1.1 预订的任务与要求 / 28
- 2.1.2 预订处主要岗位职责 / 29
- 2.1.3 客房预订的类型 / 31

2.2 预订业务的程序
- 2.2.1 预订前的准备工作 / 36
- 2.2.2 明确客源与订房要求 / 37
- 2.2.3 推销、接受或婉拒预订 / 38
- 2.2.4 确认预订 / 44
- 2.2.5 变更或取消预订 / 45
- 2.2.6 预订资料的存档与分析 / 47
- 2.2.7 处理订房的特殊要求 / 48
- 2.2.8 客人抵店前工作 / 48

2.3 预订控制管理
- 2.3.1 超额预订控制 / 50
- 2.3.2 房价、出租率与客人比例控制 / 55

本章小结 / 58
国际酒店赏鉴 / 58
复习思考题 / 60

3 前厅总台服务

3.1 总台接待服务
3.1.1 总台接待服务概述 / 62
3.1.2 总台入住登记程序 / 64
3.1.3 客房推销的基本要求 / 71
3.1.4 总台客房状态控制 / 73
3.1.5 总台接待常见问题的处理 / 75

3.2 总台问询服务
3.2.1 问询服务 / 77
3.2.2 客人留言服务 / 79
3.2.3 客人邮件服务 / 82

3.3 总台收银服务
3.3.1 总台客账服务 / 84
3.3.2 外币兑换服务 / 87
3.3.3 贵重物品保管服务 / 88
3.3.4 收银处夜审 / 90

本章小结 / 91
国际酒店赏鉴 / 92
复习思考题 / 93

4 前厅日常服务

4.1 前厅礼宾服务
4.1.1 迎送服务 / 95
4.1.2 行李服务 / 102
4.1.3 委托代办服务 / 112
4.1.4 金钥匙服务 / 113

4.2 总机服务
4.2.1 总机话务员主要岗位职责、素质要求及服务基本要求 / 118
4.2.2 总机服务项目及要求 / 119

4.3 商务中心服务
4.3.1 商务中心员工主要岗位职责及素质要求 / 125
4.3.2 商务中心主要业务流程 / 125

本章小结 / 130
国际酒店赏鉴 / 130
复习思考题 / 131

5 客房部概述

5.1 客房部的地位与工作任务
5.1.1 客房部的地位 / 133
5.1.2 客房部的工作任务 / 134

5.2 客房部组织结构与机构设置
5.2.1 客房部机构设置的原则 / 135
5.2.2 客房部的组织结构 / 136
5.2.3 客房部主要岗位的基本职责 / 137

5.3 客房整体设计

5.3.1 客房设计的原则 / 139

5.3.2 客房的类型 / 140

5.3.3 客房功能空间设计 / 142

5.3.4 客房室内陈设布置 / 143

5.4 客房发展新趋势

5.4.1 客房服务新理念 / 146

5.4.2 客房类型多样化 / 148

5.4.3 绿色客房 / 149

本章小结 / 151

国际酒店赏鉴 / 151

复习思考题 / 154

6 客房部清洁服务

6.1 客房清洁卫生

6.1.1 客房清洁整理的内容 / 156

6.1.2 客房清洁整理的原则 / 157

6.1.3 客房清洁整理的准备工作 / 157

6.1.4 客房清洁整理的方法及要求 / 159

6.1.5 客房计划卫生 / 163

6.1.6 客房清洁卫生质量的标准 / 165

6.1.7 客房清洁卫生质量的控制 / 166

6.2 公共区域清洁卫生

6.2.1 公共区域清洁卫生的特点 / 167

6.2.2 公共区域清洁卫生的业务范围 / 168

6.2.3 公共区域主要部位的清洁卫生 / 168

6.2.4 公共区域计划卫生 / 170

6.2.5 公共区域清洁卫生的质量控制 / 171

6.3 清洁剂

6.3.1 清洁剂的种类和用途 / 172

6.3.2 酒店常用清洁剂介绍 / 172

6.3.3 清洁剂使用注意事项 / 174

本章小结 / 174

国际酒店赏鉴 / 175

复习思考题 / 177

7 客房日常服务

7.1 客房日常服务概述

7.1.1 客房日常服务模式 / 180

7.1.2 客房日常服务要求 / 183

7.2 客房日常服务项目

7.2.1 迎送服务 / 184

7.2.2 小酒吧服务 / 185

7.2.3 送餐服务 / 186

7.2.4 访客服务 / 187

7.2.5 洗衣服务 / 188

7.2.6 遗留物品服务 / 191

7.2.7 私人管家服务 / 192

7.2.8 擦鞋服务 / 193

7.2.9 借用物品服务 / 194
7.2.10 会议服务 / 195
7.2.11 贵宾服务 / 196
7.2.12 团队客人服务 / 197
7.2.13 醉酒客人服务 / 198
7.2.14 生病客人服务 / 199
7.2.15 残疾客人服务 / 199
本章小结 / 200
国际酒店赏鉴 / 201
复习思考题 / 202

8 客房物资管理

8.1 客房物资管理概述
8.1.1 客房物资的分类 / 204
8.1.2 客房物资的配置 / 205
8.1.3 客房物资管理的要求 / 206
8.1.4 客房物资管理的方法 / 206

8.2 客房布件的管理
8.2.1 布件的分类 / 208
8.2.2 布件的选择 / 209
8.2.3 布件的消耗定额管理 / 210
8.2.4 布件的日常控制 / 211

8.3 客房用品的管理
8.3.1 客房用品的日常管理 / 213
8.3.2 客房用品消费定额制定 / 215

本章小结 / 216
国际酒店赏鉴 / 216
复习思考题 / 217

9 客房设备管理

9.1 客房设备概述
9.1.1 客房设备的特点 / 219
9.1.2 客房设备的分类 / 220

9.2 客房设备管理的内容
9.2.1 客房设备管理的意义 / 222
9.2.2 客房设备的选购 / 223
9.2.3 客房设备的维护保养 / 226
9.2.4 客房设备的更新改造 / 227
9.2.5 客房设备的日常管理 / 229

本章小结 / 229
国际酒店赏鉴 / 230
复习思考题 / 230

10 客房销售管理

10.1 房价管理
10.1.1 房价概述 / 232
10.1.2 房价的影响因素 / 234
10.1.3 客房定价方法 / 237

10.1.4 房价的调控 / 240

10.2 客房销售渠道管理

10.2.1 客房销售渠道的种类 / 241

10.2.2 客房销售渠道的选择与管理 / 242

10.3 收益管理

10.3.1 收益管理概述 / 244

10.3.2 收益管理的应用现状、
实施障碍与应用前景 / 247

10.4 客房经营统计分析

10.4.1 客房出租率 / 249

10.4.2 平均房价 / 249

10.4.3 Rev PAR / 250

10.4.4 GOP PAR / 251

本章小结 / 252

国际酒店赏鉴 / 252

复习思考题 / 253

11 前厅客房服务质量管理

11.1 前厅客房服务质量概述

11.1.1 服务质量及优质服务的
概念 / 255

11.1.2 前厅客房服务质量的内容 / 257

11.1.3 前厅客房服务质量的特点 / 263

11.2 前厅客房服务质量管理的内容

11.2.1 前厅客房服务质量管理的
基本原则 / 265

11.2.2 前厅对客服务质量管理 / 267

11.2.3 客房服务质量管理 / 269

11.2.4 前厅客房服务质量管理的
方法 / 271

11.2.5 前厅客房服务质量管理的控制 / 274

11.3 宾客关系管理与宾客投诉处理

11.3.1 宾客关系管理概述 / 276

11.3.2 良好宾客关系的建立 / 278

11.3.3 宾客投诉的处理 / 280

11.4 宾客档案管理

11.4.1 宾客档案管理的意义 / 286

11.4.2 宾客档案管理的内容 / 287

11.4.3 宾客档案管理 / 287

本章小结 / 288

国际酒店赏鉴 / 288

复习思考题 / 290

12 前厅客房安全管理

12.1 前厅客房安全管理概述

12.1.1 前厅客房安全管理的
意义 / 292

12.1.2 前厅客房安全管理的任务 / 293

12.2 前厅客房盗窃的防范与处理

12.2.1 盗窃者的类型 / 294

12.2.2 盗窃事故报失的程序 / 294

12.2.3 盗窃事件的防控管理 / 295

12.3 前厅客房火灾的防范与处理

12.3.1 火灾的特点 / 296

12.3.2 火灾发生的原因 / 297

12.3.3 火灾的预防 / 298

12.4 前厅客房网络安全管理

12.4.1 酒店与客人对网络的需求 / 300

12.4.2 影响酒店网络安全的因素 / 301

12.4.3 保证酒店网络安全的措施 / 303

12.5 其他意外事故的防范与处理

12.5.1 日常工作中意外事故的防范 / 305

12.5.2 其他意外事故的处理 / 306

本章小结 / 307

国际酒店赏鉴 / 308

复习思考题 / 308

13 前厅客房人力资源管理

13.1 前厅客房人力资源管理概述

13.1.1 前厅客房人力资源管理的含义 / 310

13.1.2 前厅客房人力资源管理的目的 / 311

13.1.3 前厅客房人力资源管理的内容 / 312

13.2 前厅客房员工编制计划

13.2.1 前厅客房编制定员的原则 / 313

13.2.2 前厅客房编制定员的程序 / 313

13.2.3 前厅客房员工的素质 / 315

13.3 前厅客房员工的招聘

13.3.1 前厅客房员工招聘的途径 / 316

13.3.2 前厅客房员工招聘的程序 / 318

13.4 前厅客房员工的培训

13.4.1 前厅客房员工培训的意义 / 321

13.4.2 前厅客房员工培训的特点 / 322

13.4.3 前厅客房员工培训的类型 / 323

13.4.4 前厅客房员工培训的方法 / 324

13.5 前厅客房员工的绩效考核和激励

13.5.1 前厅客房员工日常考核 / 325

13.5.2 前厅客房员工绩效和薪酬管理 / 326

13.5.3 前厅客房员工的激励 / 331

本章小结 / 334

国际酒店赏鉴 / 335

复习思考题 / 335

参考文献 / 336

前厅部概述

教学目标

知 识 要 点	能 力 要 求	重 点 难 点
前厅部的地位与任务	（1）理解前厅部的地位、任务和业务特点 （2）熟悉前厅部的业务流程 （3）能够根据酒店的具体情况，发现并独立解决前厅部运行过程中出现的常见问题	重点：前厅部业务流程 难点：前厅部业务特点
前厅部的组织结构和机构职能	（1）掌握前厅部的组织结构 （2）熟悉前厅部各机构职能和各岗位工作职责	重点：前厅部组织结构的设置原则 难点：前厅部组织结构模式
前厅设计与整体环境	（1）掌握前厅设计与整体环境要求 （2）不断提高前厅功能分区的科学性、合理性 （3）把握并能完善前厅整体环境舒适度	重点：前厅环境要求 难点：前厅功能分区

客人不希望每次都登记证件，怎么办？

姚先生是一位华侨，也是 A 酒店的一位常客，每次预定的房间都包含双份早餐（简称双早）。在入住几个月后，姚先生突然找到在巡视酒店的大堂副理投诉，对入住过程表示不满。

他说："我可以理解公安机关要求的入住登记，但是对于我这样的老住客来说，非常不方便，每次都需要提供证件办理入住，但我入住间隔的周期并不长，我希望拥有简单快捷的办事效率，能够拥有家一样的入住体验。此外，我的房间是包含双早的，有时我会请朋友在酒店餐厅用早餐，但是却被要求登记那位朋友的身份证件，这是不合理的一件事，因为他并没有入住，他没有义务提供证件。"

针对这次投诉，大堂副理随即展开调研并发现大部分的酒店常住客人都遇到过类似的问题，随后，大堂副理请示领导后，对姚先生表示酒店会为姚先生建立一个单独类别并复印姚先生的护照信息，如果姚先生在一个月内再次入住 A 酒店，将无需提供护照，只需告知前台人员入境时间即可。关于房间的双早，姚先生只需在前往餐厅用餐时告知餐厅员工即可，无需再额外地提供身份证件。姚先生表示对大堂副理的处理感到满意。

问题：在科技发达的今天，很多酒店证件扫描系统会与公安机关系统相连，公安机关又该如何判断酒店提供的证件是否属实？酒店如何做会更完善？

前厅部是酒店留给客人"第一印象"和"最后印象"的部门，是酒店"外在美——漂亮员工和精致装修"与"内在美——优质服务和科学管理"相统一的部门，是把不满意客人转变为满意客人的部门。

1.1 前厅部的地位与任务

1.1.1 前厅与前厅部的概念

1. 前厅

前厅（也称大堂）包括酒店的正门、总服务台（以下简称总台）、大堂经理处、大堂吧、客人休息区、商务中心、商场和公共洗手间等，有些酒店还开辟出一块区域出租给企业进行商业展示活动，使前厅发挥其经济效用。前厅是客人办理入住登记手续、结账、休息和会客的公共场所，是前厅部的管辖范围。

其中，总台是为客人提供住宿登记、问询、留言、外币兑换、结账等综合服务的工作台。为方便客人，总台各项业务通常集中在一起，而且总台一般设在前厅中较醒目的位置，以便进入酒店的客人能立即找到。

前厅是酒店首次为客人提供面对面服务的地方，通常会以其独特的设计、精心的装饰、员工得体的仪容仪表和优质服务等，给客人留下深刻的"第一印象"；同时，前厅也是给客人留下"最后印象"的地方。酒店前厅大都追求一种宽敞、华丽、宁静、安逸的气氛，但现在越来越多的酒店开始注重利用前厅宽敞的空间，开展各种经营活动。

2. 前厅部

前厅部是销售客房、餐饮等酒店服务与商品，招徕、接待客人，并为客人提供各种日常服务的综合性部门。前厅部包括为客人提供面对面服务的部门，如接待处、礼宾部等，也包括客人不直接面对面接触的部门，如预订处、总机房等。

前厅部是整个酒店服务工作的核心，任何一位客人从抵店前的预订，到入住接待，直至离店结账，都需要前厅部提供服务。客人住店期间，有困难要找前厅部帮忙，有不满要找前厅部投诉，所以，前厅部是联系对客关系的纽带和桥梁。在酒店，客房是其重要产品，销售客房是前厅部主要经营项目之一，大多数酒店都是以客房销售收入作为主要收入来源。所以，前厅部作为酒店经营管理中的一个主要部门，其管理水平和服务水准将直接反映酒店整体管理水平和服务质量，其运营的成败直接影响酒店的经济效益和市场形象。

1.1.2 前厅部的地位

从对客服务的提供上，前厅部排在了各部门之首；从地理位置上，前厅部位于酒店的前厅，是客人抵达酒店最先接触到的部门。前厅部的运转和管理水平，直接影响到酒店的经营效果和对外形象。酒店的市场状况已普遍从卖方市场转入买方市场，酒店越来越重视顾客需求，把顾客需求当作工作的出发点。因此，前厅部的地位便得到日益提高。

1. 创造经济效益的关键部门

为客人提供食宿是酒店的最基本功能，客房是酒店出售的最主要的商品。通常在酒店的营业收入中，客房销售额一般占酒店全部收入的40%~60%。美国的RKF国际咨询公司有关世界范围内酒店经营情况的统计资料表明：客房营业收入占全酒店营业收入的31.6%。我国酒店中，客房营业收入占全酒店营业收入的48.17%，餐饮收入占32.52%，其他收入占19.31%。前厅部的有效运转是增加客房销售收入，提高酒店经济效益的关键之一。

2. 酒店形象的代表

酒店形象是公众对于酒店的总体评价，是其表现与特征在公众心目中的反映。客人一进入酒店，就会对前厅的环境艺术、装饰布置、设备设施和前厅员工的仪容仪表、服务质量、工作效率等产生深刻的"第一印象"；客人离店时会留下"最后印象"；住店期间，前厅要提供各种有关服务。在客人的心目中，前厅便是酒店，而且，在前厅汇集的大量人流中，还有许多前来就餐、开会、检查指导等其他客人，他们往往停留在前厅，对酒店的环境、设施和服务进行评论。因此，前厅是酒店工作的"窗口"，代表着酒店的对外形象。

3. 酒店信息集散的主要枢纽

前厅部是对客服务的信息协调中心，通过自身的销售与服务工作，不仅要正确地向客人提供各类信息，而且要将客人的有关信息传递到相关部门，共同协调整个酒店的对客服务工作。另外，前厅部通过客户档案工作，及时归整一些客人的特殊要求，以便今后为客人提供有针对性的服务。前厅部还通过自身完善的报表管理体系，为酒店储存完整的业务资料，如客情预测、营业日报等，以便销售部、财务部做好分析工作。总之，前厅部在整个酒店中起着承上启下、联系内外、协调全局的重要作用，是酒店的信息中心和协调中心。

4. 建立良好宾客关系的重要环节

酒店的服务质量好坏最终是由客人做出评价的，评价的标准就是客人的满意程度。建立良好的宾客关系有利于提高客人的满意度，争取更多的回头客，从而提高酒店的经济效益，因此，世界各国的酒店都非常重视改善宾客关系。前厅部是客人接触最多的部门，服务的好坏直接影响客人对酒店的评价，前厅经理除了要督导员工在各项工作上达到准确、高效的基本要求外，还要致力于建立良好的宾客关系，如建立客户档案、妥善处理客人投诉等。

5. 帮助提高酒店决策的科学性

作为酒店业务活动的中心，前厅部直接面对市场，面对客人，是酒店最敏感的部门。前厅部能收集到有关市场变化、客人需求和整个酒店对客服务、经营管理的各种信息，在对这些信息进行认真的整理和分析后，每日或定期提供真实反映酒店经营管理情况的数据报表和工作报告，并向酒店管理机构提供咨询意见，作为制订和调整酒店计划、经营策略的参考依据。例如，一些酒店管理者就是根据前厅部所提供的客人的预订信息来决定未来一个时期内房价的高低。

1.1.3 前厅部的主要任务

前厅部作为酒店的"窗口"和客房实际销售的操作部门，承担着具体的销售任务和细致复杂的对客服务工作。销售客房和提供优质服务是酒店前厅部工作的两条主线。具体而言，前厅部有以下几项主要任务。

1. 销售客房

销售客房是前厅部的首要任务，主要由预订处和总台接待处负责，受理客人预订，并随时向没有预订的客人推销客房。客房收入是酒店经济收入的主要来源，而且对酒店其他部门的经济效益有巨大的带动作用。前厅部的全体员工必须尽力组织客源，推销客房，提高客房出租率，增加酒店的经济收入。

2. 控制房态

准确、有效的房态控制有利于提高客房利用率及对客服务质量。为了使客房销售顺利进行，最大限度地为酒店创造经济效益，预订处、总台接待处在任何时候都要清楚地掌握客房状况。为实现对客房状态的有效控制，前厅部通常建立两种客房状况显示系统，即客房预订状况显示系统和客房现状显示系统，用以反映客房预订住客、走客、待售、维修等状况。客房预订状况显示系统，显示24小时以外的客房状态，供预订人员使用；客房现状显示系统，显示24小时以内的客房状态，供接待人员使用。

3. 提供系列服务

前厅部作为对客服务的集中点，不仅要接待住店客人，为他们办理入住手续、回答询问等，还承担着大量的日常服务，包括迎送服务、行李服务、委托代办服务、商务中心服务等。前厅部是客人来往最频繁的场所，还要接待其他前来就餐、开会、参观、检查指导等的客人。

4. 负责客户账务

客户账务主要由前厅收银处负责，包括建立客人账户、登账和结账等工作，主要是为了记录客人和酒店间的财务关系，为客人提供一次性结账服务。前厅部每天负责核算和整理各营业部门送来的客人消费账单，以便客人离店时为其顺畅地办理结账事宜，同时确保酒店的经济效益；每天编制各种会计报表，以便及时反映酒店的营业活动状况。

5. 协调对客关系

前厅部是最早了解到客人相关信息的部门，也是掌握客人信息最全面的部门，所以，承担着把客人的需求和意见及时传递给有关部门的任务，从而使各有关部门有计划地安排好工作，互相配合，为客人提供一系列满意的服务。前厅部还应该协调其他部门，帮助客人解决住店期间遇到的各种问题，并将客人的投诉意见和处理情况及时反馈给各有关部门，以保证酒店的工作效率和服务质量。

6. 建立客户档案

前厅部通过建立住店客人 [主要是重要客人、常客（regular guest）] 的资料档案，记录客人住店期间的重要情况和数据，掌握客人的动态。前厅部接触客人最多，取得的第一手资料最多，因此由前厅部建立客户档案。一般来说，客人从第一次住店开始，酒店就应建立客户档案，记录酒店所需要的有关客人的主要资料，通过这些资料提供的信息进行有针对性的服务。客户档案也是市场营销的主要依据，对改善酒店经营管理水平也具有重要意义。

7. 提供酒店经营管理信息

酒店经营必须研究、分析、掌握客源流动规律及客人需求规律等信息。前厅部直接面对市场，面对客人，是酒店信息集散地。前厅部要将收集到有关市场变化、客人需求、酒店对客服务和酒店经营管理的各种信息及时传递给经营管理部门，为酒店制订和调整计划、经营决策提供参考依据。

1.1.4 前厅部的业务特点

1. 接触面广，管理难度大

前厅部是为客人提供综合性服务的部门，其工作始终要与酒店每个部门保持接触和联系，以便保证酒店各个环节高效运转，保证酒店对客服务的整体质量；还与旅行社、航空公司、其他酒店、银行等有着各种业务联系；与各种住店客人和来访客人有着密切接触。由于参与全过程的对客服务，而且要求 24 小时运转，因此前厅部的管理存在一定难度。这要求前厅部具有完善的管理体系。

2. 业务复杂，员工素质要求高

前厅部的业务包括预订、接待、问询、结账、礼宾、总机、商务中心服务等，这些业务专业性强，涉及范围广，信息量大且变化快，而且这些工作直接面对客人，因而要求前厅部管理上要着重于员工的服务态度、文化素养和业务技能的培训，要求前厅部员工必须有较全面的业务知识和服务技巧，较强的沟通协调能力，高效而准确的工作素质，以给客人提供优质服务，建立良好的对客关系，给客人留下美好的印象。

知识链接 1-1

前厅员工应做与不应做

1. 应做

前厅员工应做内容：①熟悉客房情况（位置、特点等）及客房设备；②待客尽可能友善，但也不可过于热情；③处事冷静更要富于人情味；④努力为酒店争取新的客人，同时留住现有客人；⑤记住常客的名字并了解他们的爱好；⑥了解不同国家民族的人文风俗，尽量顺应客人的习惯，以使客人有宾至如归的感觉；⑦前厅是一个工作整体，要将同事视为朋友，互相尊重，以礼相待；⑧尽量向客人推销酒店设施，这样既可让客人满意酒店的服务，同时也可增加酒店收益；⑨把酒店当作自己的家并引以为自豪；⑩保持与客房、餐饮等相关部门的良好合作和沟通；⑪与旅行社等其他同业单位保持良好关系；⑫善于预见客人需要，见客人有帮忙的需要时要主动上前询问。

2. 不应做

前厅员工不应做内容：①不应对客人傲慢无礼，冷静不等于傲慢；②不应对工作草率行事，那样只会影响酒店的声誉；③不应在客人面前与同事用自己的方言交谈，应尽量使用客人听得懂

的语言；④不应在客人面前表露出身体不适的样子，因为这不是客人感兴趣的，上班时应保持最佳精神状态；⑤不应在客人面前流露出疲惫的神情；⑥不应在征得住客同意前，将探访客人领入房间；⑦不应用削价销售的方式来获得高租房率，这样可能会失去许多租用高档次客房的客人；⑧不应与同事聊天而让客人等候；⑨不应简单地因客人说出房间号码就将钥匙给对方（特别是散客房间）；⑩不应将酒店服务设施硬性推销给客人；⑪不应在与客人打招呼或交谈时扭捏拘谨、保持缄默。

3. 信息量大且变化快，要求高效运转

前厅部是酒店信息集散的枢纽、对客服务的协调中心，因此其收集、整理、传递信息的效率决定了对客服务的效果。由于前厅部与客人的接触较多，因此收集的信息量也相对较大。客人的要求每时每刻都会有变化，这要求前厅部在信息处理上效率要高。另外，前厅部所掌握的一些重要信息，如当日抵达或离开的重要客人、营业日报、客情预测等都必须及时传递给总经理室及其他有关部门。

4. 政策性强，要求员工灵活处理

前厅部关于客房销售、客房的折扣、特殊接待的处理和处理客人投诉事宜都具有较强的政策性，稍有疏忽就可能造成失误。前厅员工既要维护酒店的利益，又要给每位客人提供满意的服务，加之每位客人的具体情况和要求又有所不同，就要求前厅部员工在不违反政策的前提下，有较强的应变能力，灵活处理对客服务工作。

1.1.5 前厅部的业务流程

前厅部为客人提供的从预订到入住登记直至结账离店等一系列服务，都是围绕客人的活动展开的。客人的活动大致可分为5个阶段：客人抵店前、客人抵店时、客人住店期间、客人离店时和客人离店后。与此对应，前厅部业务分为预订、迎宾、入住接待、问询、总机服务、结账等，具体业务流程见表1-1。

表1-1 前厅部的业务流程

客人活动	前厅任务	前厅岗位
抵店前	客房预订	预订处
	客人信息记录	
抵店时	迎宾	礼宾部
	行李接待与分发	
	入住登记	接待处
	客房分配与定价	
	发放钥匙	
	建账	
	客人信息确认	

续表

客人活动	前厅任务	前厅岗位
住店期间	入账	收银处
	贵重物品保存	
	换房	接待处
	问询及邮件服务	
	电话转接	总机
离店时	行李服务	礼宾部
	交通安排	
	结账退房	收银处
离店后	店外送别客人	酒店驻外代表
	建立客户档案	接待处
	未尽事宜（如委托代办事宜）	

1.2 前厅部的组织结构与机构职能

1.2.1 前厅部组织结构的设置原则

前厅部组织结构的设置，应既能保证前厅运转的效率和质量，又能满足客人的需求。前厅部组织结构的设置原则包括以下内容。

1. 结合实际，精简高效

前厅部的组织结构要根据酒店自身的类型、规模、等级、地理位置、管理方式、客源特点等实际情况进行设置，不能生搬硬套。如一、二星级酒店没有西餐厅、客房送餐服务等，就不需要设立相应的机构。前厅部组织结构的设置还应遵循"因事设岗、因岗定人、因人定责"的劳动组织编制原则，防止出现机构重叠臃肿与人浮于事的现象，做到机构设置科学高效。

2. 合理分工，便于协作

酒店服务过程的复杂性决定了员工不可能同时拥有酒店所需要的所有知识和技能。前厅部组织结构的设置要根据酒店的特点和员工的特点进行合理分工，设立职位，把每位员工安排到合适的岗位，从而提高工作效率。前厅部组织结构的设置还要便于本部门各岗位之间的协作，利于前厅部与其他相关部门在业务经营和管理方面的合作。因此，制定科学有效的工作流程，使之在满足不同客人需要的同时，又能保证前厅部各项服务工作的质量和效率。

3. 任务明确，统一指挥

前厅部的结构设置应使每个岗位的员工都有明确的职责、权力和具体的工作内容，以便各司其职；在明确各岗位人员的职责和工作任务的同时，还应明确上下级隶属关系及相关信息传递和反馈的渠道、途径与方法，防止职位空缺和业务衔接脱节等现象的发生。前厅部组织机构的设置应建立明确的垂直层级指挥体系，这样可以有效地督导日常工作，使内部沟通渠道畅通，层层负责，权责分明；既能做到统一指挥、步调一致，又能充分发挥各级员工的工作积极性和创造性，从而有效地提高工作效率。

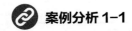

案例分析 1-1

失控的大厅

一天傍晚，总台员工快下班的时候，突然，酒店前厅正门外的广场上驶入了 3 辆坐满客人的酒店事先派出的大型巴士。这些客人来自一个已经预约的会议团（按照预订，应该明天这个时候到达，但是当天临时变更计划，会议团早到了一天）。下车后，一大群人毫无秩序地涌到前厅，争先恐后地到总台办理入住登记……当时前厅乱得一塌糊涂。总台主管得知此事，赶忙冲到总台，帮助总台员工一起办理入住登记手续。

分析：①既然是酒店派出去的巴士，一定知道临时改变了到达时间，礼宾部当值负责人应该向前厅部经理汇报，并告知预订处和总台，最好在宾客上车后，通过电话与各相关部门做好确认。礼宾部的当值负责人可通知驾驶员把时间错开：第一辆车正常速度行驶，或者可适当快一点；中间一辆车速度稍微慢点；最后一辆车可绕一些小圈子，让客人看看风景也不错。②总台主管不应该去做登记工作，他要做的是协调督导工作。首先，协调礼宾部的行李员，把客人的大件行李先搬至其预订房所在楼层集中。其次，和团队负责人协调，把客人分流：客人如果需要用餐，可以去酒店的餐厅；可以去大堂吧坐坐；也可以安排部分客人去商场逛逛。最后总台主管要做好总台事务的督导，合理安排工作：必要的手续先完成，其他的客人资料可以稍后补上。③各方都应为这次失误负责。首先，前厅部经理对员工培训工作不到位，才会导致这种"低级错误"的发生。其次，总台主管的责任相对较大，询问相关"到客情况"的工作没有做到位，而这是总台主管分内的事。另外，礼宾部当值负责人在协调、应变方面也有责任。

1.2.2 前厅部组织结构模式

受酒店类型、规模、管理方式和客源等因素的影响，酒店前厅部组织机构的具体设置有较大的差异，主要表现如下。①大型酒店管理层次多，而小型酒店层次少。例如，大型酒店前厅部组织结构有经理、主管、领班和服务员 4 个层次，而小型酒店只有经理、领班、服务员 3 个层次。21 世纪酒店管理的发展趋势是组织机构的扁平化，包括前厅部在内的各部门将尽可能地减少管理层，以提高沟通和管理效率，降低管理费用。②大型酒店组织机构内容多，而小型酒店内容少。例如，很多大型酒店前厅部设有商务中心、车队等，而小型酒店则没有。③大型酒店前厅部很多职能分开，由不同的岗位负责，而小型酒店则可能将其合二为一。不同类型酒店前厅部的组织结构大体有以下 3 种模式。

1. 大型酒店前厅部组织结构模式

大型酒店设客务部或房务部（housekeeping department），下设前厅、客房、洗衣部和公共卫生部 4 个部门，统一管理预订、接待、住店过程中的一切住宿业务，实行系统管理。在前厅部内部通常设有部门经理、主管、领班和服务员 4 个层次。这种模式如图 1.1 所示。将前厅部、客房部合二为一，可以降低管理费用，加强这两个部门之间的联系与合作。

2. 中型酒店前厅部组织结构模式

中型酒店前厅部作为一个与客房部并列的独立部门，直接受酒店总经理领导。前厅部设有部门经理、领班、服务员 3 个层次。这种模式如图 1.2 所示。

3. 小型酒店前厅部组织结构模式

小型酒店前厅不单独立部门，其功能由总台来承担，总台作为一个班组隶属于客房部，只设领班（主管）和总台服务员两个层次。这种模式如图 1.3 所示。

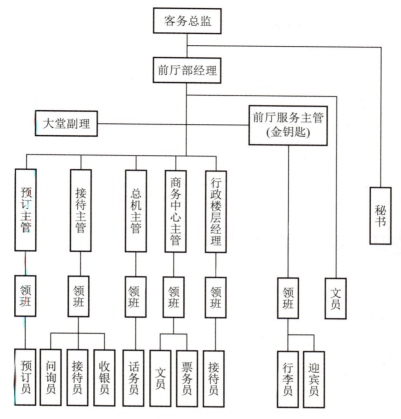

图1.1 大型酒店前厅部组织结构模式

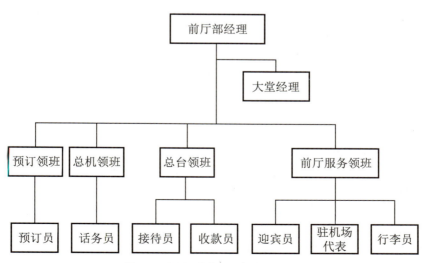

图1.2 中型酒店前厅部组织结构模式

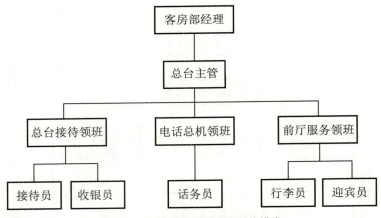

图 1.3　小型酒店前厅部组织结构模式

1.2.3 前厅部主要机构职能

前厅部把预订、接待、礼宾、商务等服务划归不同的部门实施和管理。这种职能部门化的主要优点在于，把从事同一种工作的人员集中在一起，能够提高工作效率。前厅部的工作是由内部各机构（或部门）分工协作共同完成的。因酒店规模等方面的不同，前厅部的业务分工也有所不同，但一般都设有以下主要机构（或部门）。

1. 预订处

预订处是专门负责酒店订房业务的部门，可以说是前厅部的"心脏"，其人员由预订主管、领班和订房员组成。预订处的主要职能包括以下内容。

（1）熟悉、掌握酒店的房价政策和预订业务。

（2）受理客房预订业务，接受客人以电话、信函、传真、互联网及口头等形式的预订。

（3）负责与有关公司、旅行社等客源单位建立良好的业务关系，尽量销售客房商品，并了解委托单位的接待要求。

（4）加强与总台接待处的联系，及时向前厅部经理及总台相关岗位和部门提供有关客房预订资料和数据。

（5）参与客情预测工作，向上级提供 VIP（very important person，贵宾）抵店信息。

（6）参与前厅部对外订房业务的谈判及合同的签订。

（7）填制各种预订报表（包括每月、半月、每周和明日客人抵达预报）。

（8）参与制订全年客房预订计划。

（9）加强和完善订房记录及客户档案等。

2. 总台接待处、问询处和收银处

总台接待处、问询处和收银处的岗位有着不可分割的联系，直接面对面地为客人提供服务，是总台的 3 个重要组成部分。

（1）接待处。接待处又称开房处，通常配备有主管、领班和接待员。

接待处的主要职能：销售客房；接待住店客人（包括团体客人、散客、常客、预订客人和未预订客人等），为客人办理入住登记手续，分配房间；掌握住客动态及信息资料，控制房间状态；填制客房营业日报表等表格；与预订处、客房部等保持密切联系，及时掌握客房出租情况；协调对客服务工作等。

（2）问询处。问询处通常配有主管、领班和问询员。

问询处的主要职能：负责回答客人问询，包括介绍酒店内服务项目、市内观光和交通情况、社团活动等相关信息；接待来访客人；及时处理客人邮件等事项；提供留言服务（住客留言与访客留言）；分发和保管客房钥匙等。

（3）收银处。收银处也称结账处，一般由领班、收银员和外币兑换员组成。因业务的特定性，收银处通常隶属于酒店财务部，由财务部管辖。但由于收银处位于总台，前厅部也应参与和协助对前厅收银员的管理和考核。

收银处的主要职能：办理离店客人的结账手续；受理入住酒店客人住房预付金；提供外币兑换和零钱兑换服务；与酒店各营业部门的收款员联系，催收、核实账单；建立客人账卡，管理住店客人的账目；夜间统计酒店当日营业收益情况，填制营业报表；为住店客人提供贵重物品的寄存和保管服务；负责应收账款的转账；夜间审核全酒店的营业收入及账务情况等。

 案例分析 1-2

一位 VIP 的遭遇

一日，酒店即将到店的客人中，有两位是某跨国公司的高级行政人员。该公司深圳方面的负责人员专程赴酒店为这两位客人预订了行政楼层的客房，并要求酒店安排 VIP 接待，该公司其他三位客人的房间则安排在普通楼层。客人到店之前，相关部门均做好了准备工作。管家部按客人的预订要求，提前清洁行政楼层及普通楼层的客房；总台及行政楼层接待处准备好客人的钥匙及房卡；大堂副理则通知相关部门为 VIP 准备鲜花和水果，并安排专人准备接待。然而，就在一切准备就绪，等待 VIP 到店之际，其中一位 VIP 出现在酒店，并声称已入住在普通楼层的客房。

经过一番查证，发现客人确已下榻酒店普通楼层的客房。但这并非客人要求，而是由于接待员的工作失误造成的。由于 VIP 与其他客人一行三人抵达酒店时，总台接待员只核实了第一位客人的姓名（与预订单上的客人姓名相符），未进一步在计算机系统中查询另外两位客人的预订，而这三位客人自称来自同一公司，又是一起抵达酒店，接待员主观判断是预订单上标示的客人名字出现了偏差，将本应入住行政楼层客房的客人与其他客人一同安排入住在普通楼层。

在查清原因后，当值大堂副理马上与客人联系。但当致电客人房间时，客人已外出。于是酒店一方面在行政楼层为客人保留了房间，另一方面在 VIP 房间内留下一封致歉信，就此事向客人致歉。在接到 VIP 回到酒店的通知后，大堂副理亲自向他致歉，并询问是否愿意转回行政楼层。客人在接受酒店道歉之后，表示对下榻的客房比较满意，无需再转去其他房间。第二天当 VIP 客人离开酒店时，当值大堂经理又专程向客人当面致歉。客人表示并不介意，并对酒店对于他的重视很满意。

分析：造成上述问题的原因如下。①对 VIP 的接待，每位当班员工未能引起足够的重视；当值主管未尽其监督之职。②工作准确性和细致性不够。员工未在客人抵店时仔细询问客人的预订。对于将服务看作行业第一生命要素的酒店业来说，各岗位的员工应端正工作态度，认真对待每一个工作细节，踏踏实实地完成每一个工作步骤，以便为客人提供准确、细致、优质的服务。这样才能使客人对酒店留下一个良好的印象，使酒店在竞争中立于不败之地。

对酒店造成的影响和损失如下。① VIP 未入住已准备好的房间，使酒店相关部门为此次接待工作所做的一切准备付之东流。②由于此客人为酒店重要商务客人，客人的印象可能会使其对酒店的信心产生动摇。有可能因此失去这位重要客户，对酒店造成不可预计的经济损失，酒店的声誉和形象也可能随之受到负面影响。"失之毫厘，谬以千里"，由于一位总台员工一个工作环节的疏忽，而使酒店其他部门所做的工作都在客人心目中打了折扣。虽然酒店事后尽所有努力弥补，各相关部门花费大量时间和精力使客人接受酒店的歉意，却再也无法给客人留下一个完美的印象了。

3. 礼宾服务处

礼宾服务人员一般由前厅服务主管（金钥匙）、领班、迎宾员、行李员等组成。其主要职能：在门厅或机场、车站迎送宾客；负责客人的行李运送、寄存，确保其安全；雨伞的寄存和出租；在公共区域（public area）找人；引领客人进入客房，并向客人介绍服务项目、服务特色等，适时进行宣传；分送客用报纸、信件和留言；协助管理和指挥门厅入口处的车辆，确保道路畅通和人员安全；回答客人问询，为客人指引方向；传递有关通知单；为客人提供召唤出租车和泊车服务；负责客人其他委托代办事项。

4. 电话总机

目前，越来越多的酒店通过总机为客人提供更多的服务信息，以便客人享受更加方便、快捷的服务。电话总机一般由总机主管、领班和话务员组成。其主要职能：转接电话；为客人提供叫醒服务（wake-up call）；提供请勿打扰（do not disturb）电话服务；回答客人电话问询；提供电话找人服务；受理电话投诉；接受电话留言服务；办理国际、国内长途电话事项；播放或消除紧急通知、说明；播放背景音乐等。

5. 商务中心

商务中心通常由主管、领班和文员构成。其主要职能：为客人提供打字、翻译、复印、传真、长途电话及互联网服务等商务服务；可以根据客人需要提供秘书服务；提供文件加工、整理和装订服务；提供计算机、幻灯机等的租赁服务；提供代办邮件和特快专递服务；提供客人委托的其他代办服务等。

6. 行政楼层

行政楼层（或称商务楼层）是酒店为接待高档商务客人，为他们提供更加温馨的环境和各种便利的优质服务而专门设立的楼层。行政楼层为客人提供的具体服务包括特殊预订、个性化住宿登记、快速结账服务、行政酒廊、免费宽带上网和洗衣等一系列增值服务，专门的商务活动场所，专职管家等。行政楼层集酒店的前厅登记、结账、餐饮、会议室和商务中心于一身，为客人提供了更加周到的服务，而且客人可以享受快速入住登记，推迟离店时间，免费上网、洗衣、熨衣、商务早餐、下午茶、一定时限内使用会议室等，所以，行政楼层的房价比一般楼层房价高出20%～50%。

7. 对客关系部与大堂副理

高档酒店在前厅部设有对客关系部，其主要职责是代表总经理负责前厅服务协调、VIP接待、投诉处理等服务工作。在不设对客关系部的酒店，这些职责由大堂副理负责。大堂副理作为酒店管理机构的代表人之一，对外全权负责处理日常宾客的投诉和意见，协调酒店各部门与客人的关系，维护酒店应有的水准；对内负责维护酒店正常的秩序及安全，对各部门的工作起监督和配合作用。

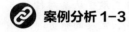
案例分析 1-3

客商硬要赊账

一位美籍华人客商在上海蓝天酒店入住两个半月。一天，他在两位朋友的陪同下到总台结账。总台服务员经查核计算机资料告诉他："先生，您的支票只剩三百余元了，而您手头这笔账就有四百多元，请您补足现金再结账。"客商说："那就给我赊账吧。"服务员答道："先生，对不起，根据酒店有关规定，您不能赊账。"客商大为不悦："我是你们酒店的长包房客人，难道赊一点账也不行？""不行，先生。"服务员一口拒绝。客商觉得在朋友面前丢了面子，下不了台，便气冲冲地回到客房。

客商马上给大堂副理打电话，将刚才在总台发生的事诉说了一遍，指责服务员在他朋友面前不给他赊账是对他的无礼，"难道我连这点房费都付不起吗？"接电话的大堂副理小彭迅速清理了思路，答道："先生，刚才总台服务员确实对您说话态度比较生硬，有失礼之处，我代表酒店向您道歉。不过，服务员也有难处，因为按酒店规定，凡是客人消费的钱款收不回来，就由当事的服务员负责。这一点，也请先生谅解。"客商情绪开始缓和，但接着又把难题扔给小彭："那么，我现在就请你给我赊账。"小彭灵机一动，顿时有了主意，她平静地答道："让我请示一下酒店领导，请您过5分钟再给我打电话。"实际上小彭并没有给领导打电话，因为她本人就有赊账权，但她不想让客商产生可以随便赊账的感觉。5分钟后客商打来电话，小彭告诉他："酒店领导同意给您赊账，请您在近几天内补上支票，好吗？"客商高兴地答应了。

第二天上午，小彭又给客商所在公司打电话，接电话的是他的秘书曲小姐，小彭便请曲小姐向客商转达她的建议，即今后账目往来事宜，不必劳驾客商亲自出马，可由曲小姐出面办理；也不必再找酒店总台服务员，可直接找她处理。当天下午，曲小姐就拿了一张支票送到小彭手里，并转达了老总对她的谢意。

分析：本案例中小彭处理客商与总台服务员的赊账纠纷十分得体，关键在于把遵守酒店规章制度与根据具体情况灵活变通很好地结合起来：①按酒店规定，除了熟悉、信誉可靠的长住客外，像美籍客商那样初入住的长住客不在赊账之列，但小彭看出客人坚持要赊账，无非是怕丢面子，不像是要逃账的，为了打破僵局，破例准予赊账，在情理之中。②小彭决定给客商赊账，又故意表示要请求上级，让客商感觉赊账并不容易，处理得很有技巧，既满足了客人的要求，又保障了酒店的利益。③小彭让客商秘书与她直接办理账目往来，中断了客商与总台服务员的接触，便于缓解矛盾，有利于问题的解决，也是灵活而切实的措施。

1.2.4 前厅部主要管理岗位说明

岗位说明可以明确每个工作职务在酒店中所处的层次，以及该职务与其他职务之间的关系，使每位任职者明确自己的责任与权力，可以有效防止各工作岗位之间互相扯皮推诿，也可作为招聘、培训、任用、考评等的依据。

1. 前厅部经理岗位说明

1）上下级关系

前厅部经理的直接上级是房务总监/酒店总经理，直接下级是大堂副理、前厅部秘书。

2）岗位职责

负责前厅部的一切事务，保证前厅部的操作规范及前厅部运作程序的稳定；督导前厅部所有员工的工作，做好部门培训及计划。具体职责如下。①直接对房务总监/酒店总经理负责，贯彻执行上级下达的经营管理指令，向上级汇报工作。②全面主持前厅部日常工作，抓好部门内的质量管理工作，力求最大限度地提高客房出租率。对各分部主管下达工作任务，监督检查工作的执行情况，为客人提供优质高效的服务，并做好本部门的成本控制工作。③编制部门预算和各项业务计划，制定并修改部门各项规章制度。④按时参加酒店例会，主持每周部门内主管例会，上传下达有关指令和报告，听取汇报并布置好工作，及时解决问题。⑤协调处理好客人关系，广泛听取和收集客人意见，处理客人投诉，检查落实重要客人的接待工作。⑥协调好本部门与酒店内各部门间的关系，加强沟通合作。⑦审阅每天工作报表，密切注意客情，采取有效措施，落实完成部门经济指标。⑧负责部门员工的培训、绩效考核工作，不断提高员工素质和专业技能水平，形成良好的管理气氛，提高管理效能。⑨检查 VIP 接待工作，包括亲自查房、迎送。⑩督导检查本部门的安全和消防工作，完成上级交办的其他工作。

3）职位要求/任职资格

①具有本科及以上学历。能熟练运用一门外语，并能流利准确地与外宾对话。②掌握酒店经营、销售知识及财务管理知识，懂得经营统计分析；熟悉旅游经济、旅游地理、公共关系、经济合同等知识；熟悉涉外法律，了解国家旅游法规；了解宗教常识和国内外民族习惯和礼仪要求；了解国际时事知识。③掌握前厅部各项业务标准化操作规范、客房知识，了解客人心理和推销技巧。④具有一定的计算机操作知识。⑤能独立起草前厅部工作报告和发展规划。⑥善于在各种场合与各界人士打交道，并能够积极与外界建立业务联系。

2. 大堂副理岗位说明

1）上下级关系

大堂副理的直接上级是前厅部经理，直接下级是前厅部各主管。

2）岗位职责

监督酒店正常运转；代表总经理迎送重要宾客；处理客人的要求和投诉；解决工作中的突发性问题。具体职责如下。①督导检查酒店重要接待任务和重大活动的安排，协助或代表总经理完成好 VIP 和行政楼层客人的接待工作。②负责处理客人对酒店提出的投诉，听取客人的各类意见和建议。③负责巡视和检查酒店内大堂及公共区域的设施与设备情况、服务工作情况、卫生情况，发现问题及时通知相关部门解决，维护酒店的正常运转秩序。④会同有关部门处理在酒店内发生的突发问题和事件，如火灾、伤亡、治安事故等，并立即报告总经理；如果没有上司可请示时，必须做出主动、果断的指示。⑤督导、检查保安人员做好安全保卫工作，维护客人安全，发现酒店内部管理出现问题，应立即向总经理报告并提出解决意见。⑥处理好与客人之间的关系，尽量回答客人的问询，帮助客人解决疑难问题；定期探访各类重要客人；收集客人意见并及时向总经理及有关部门反映。⑦夜班当值时，承担酒店值班总经理的部分工作，检查酒店公共区域及员工工作的情况，遇特殊紧急情况，需及时向上级汇报。⑧协助解决酒店服务中的疑难问题，负责因客人原因造成的酒店设备丢失的索赔工作；与财务部门配合，追收仍在住宿的客人的欠账。⑨将各部门反馈的信息、客人意见、投诉处理情况等记录在工作日报中，向有关领导及相关部门报告。⑩参加每周前厅部的工作例会，完成上传下达工作。

3）职位要求/任职资格

①具有大专及以上学历。能用一门外语处理日常事务。②了解酒店的各项服务设施和客房类型及其布置特点，熟悉业务知识和服务章程，懂得接待礼仪。③有较强的口头表达能力，风度优雅、谈吐大方。④具备监督、检查和指导前厅部员工各项业务工作的能力。⑤能妥善处理客人投诉和前厅客人闹事等突发事件，维持良好的客人关系与前厅秩序。

3. 礼宾服务主管岗位说明

1）上下级关系

礼宾服务主管的直接上级是前厅部经理，直接下级是行李处领班、机场代表、委托代办代表。

2）岗位职责

通过正确有效的管理，确保所辖班组工作正常运转；督导下属员工为客人提供高质量、高效率的行李运送服务和其他相应服务。具体职责如下。①全方位满足客人提出的特殊要求，负责监督指导下属员工提供多种服务。②负责处理住客的投诉事宜。③对员工工作进行管理和控制，并做好有关记录，如住房登记、退房或送便条、邮件及包裹等。④负责本部员工的指导和培训工作。⑤定期盘点行李处的财物；定期核对和检查行李保管室物品。⑥协助前厅部经理制定行李处的预算。⑦与总台接待处、旅游联络组及收银处保持紧密的联系，处理有关搬迁行李的时间及数量等事宜。⑧检查前厅及其他公共活动区域，控制酒店门前车辆活动。

3）职位要求/任职资格

①大专及以上学历。掌握一门以上外语。②掌握酒店业务、旅游、接待等方面的知识和信息。③了解贵重物品、易燃物品的货运有关规定，懂得交通运输、保险等方面的知识。④能熟练操作电梯、行李车，了解各种箱、包的性能，熟悉行李标签符号。⑤人品优良，相貌端正，善于与人沟通，有应变能力和协调能力。⑥ 5 年以上酒店行业经验，其中 3 年必须在酒店前厅工作，为客人提供服务。

4. 预订处主管岗位说明

1）上下级关系

预订处主管的直接上级是前厅部经理，直接下级是预订处领班。

2）岗位职责

全面负责酒店预订工作；督导下属员工的工作；礼貌、迅速、准确地为客人提供优质服务。具体职责如下。①按照前厅部经理的指示完成工作。②全面负责酒店的预订工作，掌握每天的客人预订情况，对具体工作做出妥当的安排。③掌握预订情况，做出科学的预订分析及预测，准确制作有关预订报表，及时向前厅部经理反映酒店的订房情况和房间状态。④建立一套完整科学的预订档案系统，负责预订处的档案资料管理。⑤检查、督导下属工作，负责对员工进行培训，保证预订工作质量。⑥了解其他酒店的入住情况。

3）职位要求/任职资格

①具有大专及以上学历。②熟悉相关旅行社、航空公司及其他客户单位，同其保持联系。③具备协调预订处各项工作关系和人际关系的能力。④有监督、检查和指导预订处员工各项业务工作的能力。⑤有 3 年以上酒店预订领班工作经验。

5. 总台主管岗位说明

1）上下级关系

总台主管的直接上级是前厅部经理，直接下级是总台接待处领班。

2）岗位职责

负责组织前厅酒店产品的销售和接待服务；保证下属班组之间及与其他班组之间的衔接与协调；保证下属员工为客人提供优质服务；努力提高客房销售率。具体职责如下。①向前厅部经理负责，对总台工作全面进行管理。②主持前厅部工作例会，与相关部门做好沟通协调工作。③负责安排员工的班次并布置相关工作任务，督导本部门员工接待服务工作。④解决工作中出现的问题，处理客人的投诉和各种要求。⑤制订培训计划，对下属实施有效的培训，不断提高员工的素质和业务水平。⑥负责处理逃账、高额信用卡拒付的问题。⑦负责各班组各类资料档案的收集、存档及管理工作，做好客户档案记录工作。⑧负责前厅各类财产、设备的使用、保管与保养工作。⑨负责下属员工的考勤工作，做好员工的绩效考核工作。⑩协助大堂副理检查前厅卫生、陈列宣传品等工作。

3）职位要求/任职资格

①大专及以上学历，英语口语良好。②熟悉总台服务工作规程和标准，懂得接待礼仪。③熟悉外事纪律，了解旅游法规、旅馆治安管理和消防条例。④有组织员工按服务工作规程完成总台服务接待任务的能力。⑤外貌端正，口齿清晰，气质高雅，并具有较好的文字表达能力。⑥有3年以上酒店总台领班工作经验。

1.3 前厅设计与整体环境

前厅地处酒店服务与管理的前沿，是客人进出酒店的必经之处，办理手续、咨询等活动的汇集场所，通向酒店主要公共空间的交通中心，其科学的设计、合理的布局及所营造出的独特氛围，将对客人产生直接的影响，也将直接影响酒店的形象与其本身功能的发挥。

1.3.1 前厅设计

前厅设计是对其内部环境、空间和功能的再创造，担负着表达酒店建筑风格、营造气氛的重任，既要满足使用功能，又凝聚着各种艺术、文化感染力。前厅不仅是整个酒店建筑的功能枢纽和结构的中心，而且是客人及参观者对酒店认识的起点和焦点。好的前厅设计是酒店最有效和最廉价的广告。前厅设计要注意利用一切建筑或装饰的手段，创造一个宽敞、亲切、宜人、宁静、有文化底蕴、现代气息、主题突出、空间流畅、功能合理、设备完善、环境幽雅、流线组织高效、人群集散便捷的空间。

1. 前厅的设计原则

（1）满足功能要求。功能是前厅设计中最基本的出发点，合理的功能设计是前厅布局的前提。前厅设计的目的，就是为了便于各项对客人服务的实用功能。因此，应考虑的功能性内容包括：①前厅空间关系的布局；②前厅环境的比例尺度；③前厅内所设服务场所的家具及陈设布置、设备安排；④前厅采光、照明；⑤前厅绿化；⑥前厅通风、通信、消防；⑦前厅色彩；⑧前厅安全；⑨前厅材质效果（注重环保因素）；⑩前厅整体氛围。

（2）迎合客人心理需求。前厅设计应遵循酒店"以客人为中心"的理念，注重给客人带来美的体验和享受。每一位客人来到酒店时，都希望感受到一种温暖、松弛、舒适、安全和备受欢迎的氛围，迎合客人的心理需求才会产生好的回报。很多酒店的设计和经营实际上都已自然而然地奉行着这一原则，如迪士尼乐园酒店、拉斯维加斯的主题酒店。客人入住酒店印象最深的往往是视觉上和心理上产生的赏心悦目的感觉，这无形中强化了酒店在客人心中的形象，提升品牌价值，同时带来不可估量的经济效益。抓住客人心理，这是酒店的共同追求和生存秘诀。

（3）风格和特色应与市场定位相吻合。前厅设计一定要有自己的风格，其整体风格和特色是温文典雅，是精美富丽，还是华彩多姿，这取决于酒店所处的市场和市场定位。例如，接待商务客人的君悦酒店（Grand Hyatt）大量采用大理石和高档玻璃，照明也颇讲究，体现豪华氛围；丽思·卡尔顿酒店（Ritz-Carlton）更多采用了木制品、座椅、沙发和老式花纹地毯，尽可能给人以舒适典雅的感觉；拉斯维加斯的酒店店面的设计无不标新立异、光彩照人，因其是以博彩旅游为主的市场；沙巴基纳巴卢凯悦丽晶酒店（Hyatt Regency Kinabalu Hotel）面临中国南海，景色宜人，成为名人集会的场所。

（4）有利于酒店的经营。前厅设计时应充分考虑未来经营并以获取利润为主要出发点。

不要盲目追求空间的气派、宏伟，这样不仅会增加装修及运行成本，而且会显得异常冷清，不利于酒店的经营。完美酒店的根本宗旨不是显耀自身，也不是仅仅让人观赏，而是如何使其适用和赢利。越来越多的酒店开始注重充分利用酒店前厅宽敞的空间，开展各种经营活动，以求"在酒店的每一寸土地都要挖金"。例如，我国香港半岛酒店（Peninsula Hotel）前厅从开业起就成为许多航空公司、旅行社的基地，现在，前厅更是商务客人洽谈生意，新闻界收集消息，名流进行社交、聚会、庆祝生日的活动场所。

（5）强化地域文化。前厅设计的要义是使空间具有某种品质、某种韵味。设计到位的前厅使客人一进入酒店时，就知道自己身在何方。这要求前厅里所能看到的某一样或几样东西和客人是相通的，可能是家具、灯饰，可能是陈设，也可能是一种色彩，一块特殊的材质。不同文化背景和不同地区的差异会通过这些物品鲜明地表达出来，从而给人以感染。这样的酒店为客人实现了文化价值观和生活方式的延伸，而且会和他们的个性相通，从而使酒店的回头客越来越多。万豪国际集团（Marriott）在不同国家、不同区域，都会采用不同的设计，这都是为了更好地体现地域文化。

（6）注重整体感的形成。前厅是酒店整体形象的体现，在前厅设计时若只求多样而不求统一，或只注重细部和局部装饰而不注重整体要求，势必会破坏前厅空间的整体效果而显得松散、零乱。所以，前厅设计应做到统一而非单调，丰富而非散乱，注重整体感的形成。前厅整体感的形成有母题法、主从法、重点法、色调法等。

示例链接 1-1

创意十足的酒吧成为酒店前厅的主要元素

好的酒吧设计会让其本身成为前厅突出的一部分。现在各级酒店都在密切关注着千禧一代的需求，比如他们是如何预订酒店客房的，他们喜欢什么样的公共空间设计和客房等。几个新的酒店品牌，像雅高酒店的Jo&Joe，万豪国际酒店的Moxy都是专门为这一代打造的，现在酒店的酒吧也正在根据千禧一代的喜好进行变化。

Stonehill&Taylor设计总监Michael Suomi说："如今酒店所有的前厅区域，每个座位都可以被销售，并且还可以充当一个适合工作或娱乐的社交中心。"

Studio 11 Design的校长Kellie Sirna还表示，最大变化是让酒吧成为前厅非常突出的部分。她说："我们正在拆除酒吧和前厅之间的墙壁，这反过来又会模糊线条，并将酒吧区域的能量带入前厅。"

大堂酒吧的家具配置可以是休闲椅、吧椅及传统的桌椅。但是，随着商务旅客将工作与闲暇融为一体，Suomi指出，一张桌子可以作为喝饮料或工作的休息处。在Suomi设计的布鲁克林新希尔顿酒店，一个大型的可以容纳用餐者和工作者的公共桌子占据前厅的主导地位（图1.4）。

图1.4 布鲁克林新希尔顿酒店的大厅

万豪快速发展的 Moxy 品牌，完全避开了办理入住服务台，并将其与前厅酒吧结合在一起（图1.5），让客人可以同时获得客房钥匙和免费饮料。

图 1.5　Moxy 酒店——登记入住服务台与前厅酒吧结合在一起

在创建品牌时，Moxy 团队首先专注于酒吧，开发其周围的前厅。Poulos 说："这是在酒吧进行入住办理的混合方式，但如果我们要成为一个生活在公共空间的品牌，酒吧就是我们公共空间的主角。"当酒店团队需要完成工作时，Moxy 酒吧的背后有笔记本式计算机，但酒吧总体氛围的目的功能是唤起公共集合空间，而不是接待台（图1.6）。

图 1.6　Moxy Tempe（Ariz）酒店——设有一个组合的酒吧和值机柜台

在技术驱动的世界中，一个酒店的酒吧包含多少技术的问题应该是设计师在开始一个项目时的想法。Forte 专业承包商执行副总裁 Kimberly Trueba 认为："最好先了解哪些技术需要纳入其中。比如设计人员需要及早决定电视是否包含在内，并确定最佳位置是哪里。如果壁挂式电视最后能被加进去，效果会很引人瞩目。而我们现代技术的美好在于，在酒吧内部设计带有 Wi-Fi 和蓝牙的平板屏幕要比以前容易得多了。"

同样的，充电端口是必须的，而且最好可以隐藏在吧台下方或桌子下方或墙壁处。Trueba 说："当我去酒吧或餐厅，看到有充电端口，这会让我觉得很体贴，很周到。"

Suomi 认为："位于酒店主要公共场所的酒吧需要使用巧妙而简单的方法，比如面板、屏幕、旋转柜或其他低科技，去藏匿和保护好酒类。许多酒吧的定位和设计是充当自助早餐和下午鸡尾酒服务双重用途的。照明和照明控制技术可以在这些不同用途之间提供戏剧性的视觉转换。"

（资料来源：蓝豆，微信 ID：landowone，2017-08-01，编译整理．）

2. 前厅的设计细节

从设计的细节上讲，前厅的设计和装修要注意以下问题。

（1）正门入口要宽敞。酒店正门入口处是人来车往的交通要道，宽敞、典雅的入口很重要，会给客人留下美好的第一印象。过于狭小、局促的入口会让人感到非常难受。同时，酒店的入口最好有一个相对宽敞的过厅，形成室内外的过渡空间，这不仅可以提升酒店的档次，而且易于节能。此外，正门两侧各开一扇或两扇边门，为酒店员工及团队（会议）客人的行李进出提供方便。前厅门外要有车道和雨搭，供客人下车时遮风避雨。还要考虑残疾客人及行动不便客人的需求，正门台阶旁应为其设计专用的坡道。

（2）采用多种形式的总台。前厅中总台是必不可少的重要场所，如果条件许可，其位置应尽可能不要面对大门，这样可以给在总台办理相关手续的客人一个相对安逸的空间。总台的外观形状与整个前厅的建筑结构密切相关。总台的形式可多种多样，不一定是一条直线，可以采用分段、弧形或书桌的形式。直线和分段的总台，对客有效服务的面积和长度较大，因而效率较高；弧形的总台，使客人感到更具古典情调，更浪漫，更有创造力；有的酒店为了方便客人，总台用书桌的形式，可以请客人坐下来办理入住登记手续，这要根据酒店的不同情况加以选择。总台的类型可分为主题型、时尚型、功能型 3 种。主题型总台一般应用于五星级的主题酒店或大型城市豪华酒店，通常以一组大型艺术作品作为总台背景，点化出酒店的文化主题；时尚型总台表现为整体设计特色和形式美感的追求；功能型总台通常以保障实用为原则，设计手法简洁、大方，巧妙的点缀也会有出人意料的效果。

（3）公共区域功能不宜过于单一。前厅中应有足够的公共区域供客人活动。公共区域包括大堂吧、休息区、交通面积、娱乐中心等。人们对公共功能区设计的重视已到了无以复加的程度。

大堂吧是中、高星级酒店必备的功能场所之一，设计中应注意如下问题。①根据酒店的实际客人流量，大堂吧面积应与客位数相吻合。②要与服务后场紧密相连。③如空间不大或位置相对不具有私密性，建议不设酒水台，有服务间即可。④有些酒店的大堂吧与咖啡厅结合在一起，可有效地利用空间及资源。早晨可以提供住店客人自助早餐，中午、晚上是特色自助餐，而各餐之间具有大堂吧的功能，这是一个较理想的方式。

休息区是客人等候、约见亲友的场所，应设置在没有人流干扰、相对安静的角落。休息区主要放置供客人休息的沙发、茶几。沙发、茶几可根据需要围成一组或几组形状，形成一个相对舒适宁静的小环境。对于休息区的设计，在考虑有效利用空间和节省空间的前提下，可以做相对固定的布置，但要以不妨碍前厅交通为前提。

前厅是高密集人流区，其设计主要解决交通问题。各条人流线路要分布合理、通行方便、符合客人活动规律，使客人去电梯、餐厅的路线非常明确，不至于在前厅迷失方向，找不到通道。酒店人流线路有两种流线：一种是服务流线，指酒店员工的后场通道；另一种是客人流线，指进入酒店的客人到达各前厅区域所经过的线路。设计中应严格区分两种流线，避免客人流线与服务流线的交叉。流线混乱不仅会影响客人活动，增加管理难度，同时会影响前厅服务区域的氛围。

（4）公共卫生间应体现高品位。酒店前厅设有用中、英文及图形标志的公共卫生间。公共卫生间要宽敞干净、无异味，设施完好，用品齐全。前厅的公用卫生间也是前厅设计的一个重点，应注意以下事项。①卫生间的位置应隐蔽，开门不宜直接面对前厅，开门后应有过渡空间，不宜直接看见里面的活动。②水嘴、小便斗建议用感应式，这样比较卫生。③干手纸箱及垃圾箱应嵌入墙体。④坐厕应采用全封闭式，相互间的隔断应到顶，以增加私密性。⑤小便斗前及坐厕后可增加艺术品的陈设。⑥搭配和谐的石材墙及地面可有效提升卫生间的档次。⑦洗手台镜前的壁灯对于照明及效果的体现亦很重要。

（5）行李处、大堂副理处和商场的设计细节。行李处设置在大门内侧，以便行李员尽早看到汽车驶进通道，及时迎接客人，帮助提拿行李。大堂副理的工作台应该设在前厅较显眼而且比较安静的地方。大堂副理处要布置得雅致、温馨，便于大堂副理处理各种事物。通常放置一张办公桌，桌上可放插花或盆花，还要放置一张大堂副理沙发椅，两张客人沙发椅。小商场或精品屋是酒店前厅中的功能之一，需要注意的是，商场主面不宜对向前厅。如能将其安排在客人必经的通道上，不仅可以弱化商业气息，而且可为商场带来良好的效益。

（6）重视酒店导向系统的设计。酒店前厅中各功能标志的设计亦很重要，要实用、美观、导向效果良好。这样不仅可为客人指引方向、发布信息，而且是重要的装饰元素之一。一些酒店随意订购展板、指示标牌，显得十分低档。前厅各区域的指示标志无论在款式、材料、大小及位置上都应与前厅总体风格保持一致，从而不仅可以满足实际使用的需要，而且能增添酒店的装饰性。例如，上海威斯汀大饭店中的液晶等离子显示屏就是一种非常好的方式，不仅漂亮美观，而且图文并茂，十分生动，成为前厅的一景。

总之，一家精致的酒店，其前厅每一个环节都很重要，这需要酒店业主及设计师等各方面共同对每一个细节都加以研究与把握。

 知识链接 1-2

前厅设计装饰的类型

1. 古典式

古典式是一种具有浓厚传统色彩的设计装饰类型，前厅内古董般的吊灯、精美的古典绘画及造型独特的楼梯栏杆，会让客人感受到前厅空间的古朴典雅。随着各种新材料如亚光漆、彩色金属板和压纹定型板等的应用，酒店前厅古典式设计装饰有了新的生机。

2. 庭园式

庭园式设计装饰引入山水景点与花木盆景，使前厅犹如"庭中公园"。例如，在前厅内利用假山、叠石让水自高处泻下，其落差和水声使前厅变得有声有色；或者在前厅的一角种植大量的热带植物，设置小巧的凉亭与瀑布，使前厅空间更富自然山水的意境。在设计装饰庭园式前厅时，应注意确保整体空间的协调，花木搭配与季节、植物习性等自然规律相符，假山体量、溪涧宽窄应与空间大小相对称等。

3. 重技式

重技式设计装饰通常会显露出严谨的结构、粗实的支柱。例如，美国希尔顿酒店的前厅设置了用几十根金属管组成的高大雕塑，并以金黄色喷涂其表面，使整个前厅空间充满了生机和活力，营造出迎接八方来客的浓郁氛围。

4. 现代式

现代式前厅设计装饰追求整洁、敞亮、线条流畅。例如，前厅顶面球面形和地面圆形图案互相呼应，再配以曲面形墙壁与淡雅的色彩，顶面设计了犹如星星闪烁的灯光，让客人如身临太空，情趣无穷；若再辅以玻璃、不锈钢和磨光花岗岩等反光性强的材料装饰的通道，则前厅更显得玲珑剔透，充满现代感。

1.3.2 前厅的整体环境

1. 前厅整体环境应注意的方面

前厅的整体环境条件要使客人感到舒适,应达到空间宽敞、温湿度控制适宜、通风良好、空气清新、光线明亮柔和、布置高雅等效果。酒店前厅的整体环境应在以下几个方面加以重视。

(1)前厅的空间。前厅应有一定的高度,不会使人感到压抑,最好为天井式的。前厅应宽敞舒适,其建筑面积与整个酒店的接待能力相适应。我国星级酒店评定标准规定,酒店必须具有与接待能力(用额定的客房间数表示)相适应的前厅,即一般酒店的前厅面积不少于客房数×0.4平方米/间,而高档豪华酒店的前厅面积不少于客房数×0.8平方米/间。

(2)前厅的家具。氛围营造并能体现前厅风格的各类活动家具,要求既美观又舒适,应由室内设计师统一设计款式,由家具厂统一定制,不可随意采购,同时通过布艺靠垫等进行调节,再对艺术品陈设重点处理,应由艺术品供应商在室内设计师的总体构想下定制,这样容易产生比较理想的效果。

(3)前厅的光线。前厅的光线要适度,照明有一定层次。由于一天中室外光对于前厅的影响不同,所以有条件的酒店可考虑使用计算机调光系统。可根据不同的时段,采用不同的灯光场景模式,这样可以使大堂在每一时段都保持最佳效果,同时也使客人始终感到舒适。还要注意采用照明色彩分级变化的方法。从客人进入酒店门口到门厅,最后到服务台工作区,其照明强度应该逐步增加,既调节了客人的视觉,又增加了前厅环境气氛。整个前厅的照明应该努力接近自然光,通常以悬挂式大吊灯为宜。客人休息处设有便于阅读和交谈的立灯或台灯,总服务台的工作人员则要使用照明度偏高的灯,创造一种适宜的工作环境。各种光线和谐、柔和,灯具要具有装饰作用,与前厅内的建筑风格互相呼应、形成一体。

(4)前厅的色彩与绿化。前厅环境通常受色彩的影响,前厅的色彩不能走两个极端,色彩太单一,会使人乏味;但色彩过于繁杂,又容易使人心浮气躁。最好将前厅统一在一个色调中,通过色彩调节创造出舒适的气氛、适宜的环境,这样能提高工作效率,防止事故发生。酒店作为服务性企业,地面、墙面、吊灯应该以暖色调为主,以激发工作人员的热情,给客人一种欢乐的气氛。而前厅的服务处及客人休息处,则应该配置冷色调的装饰,以稳定员工情绪,给客人一种轻松的感觉。前厅绿化可以给人以亲切、舒适的自然美感,既可以调节前厅温度、减少噪声、净化空气,又可以消除人们由于长时间室内活动而产生的疲劳。现代酒店,周围不一定有优雅的花园风景,所以,应尽可能在前厅内设计花卉、树木、山石、流水等景观,使厅内绿荫丛丛,流水潺潺,一派生机。

(5)前厅的温度、湿度及通风。前厅的温度、湿度及通风对员工的工作效率、身体状况及客人都有影响,适宜的温度、湿度及通风可以提高员工的工作效率,使客人和员工感到舒适。酒店通过中央空调调节温度,前厅温度夏季应控制在22~26℃,冬季为20~24℃;相对湿度控制在40%~60%。前厅内人员密度大、耗氧量大,一定要保证空气质量。新鲜空气中约含有21%的氧气,高星级酒店前厅内风速应该保持在0.1~0.3米/秒,新风量一般不低于200立方米/(人·小时),废气和污染物的控制标准为一氧化碳含量不超过5毫克/立方米,二氧化碳含量不超过0.1%,细菌总数不超过3 000个/立方米,可吸入颗粒物不超过0.1毫克/立方米。

(6)前厅的噪声。凡使人们感到不和谐、不悦耳的声音,均称为噪声。前厅通常离酒店大门外的闹市区或停车场较近,人员活动多,客人及服务员的多种交谈声、电话铃声等,造成声源多、音量大,从而形成噪声。噪声会影响人们休息,降低工作效率。为了防止噪声,前厅应采取措施进行控制:①使用隔音及吸音性材料;②禁止大声喧哗,员工要养成轻声说话的习惯；③尽量提高工作效率，快速安置客人，减少客人在大厅的滞留时间；④可播放背景音乐，背景音乐的音量一般以 5~7 分贝为宜，不影响宁静宜人的氛围。前厅内的噪声一般不得超过 45 分贝。

2. 前厅整体舒适度评价标准

对于前厅舒适度的整体评价，可以用表 1-2 中的各项标准进行衡量。

表1-2　前厅整体舒适度评价标准

序号	标　准	优	良	中	差
1	各区域划分合理，方便客人活动	4	3	2	1
2	各区域指示标志实用、美观，导向效果良好	4	3	2	1
3	各部位装修、装饰档次匹配，色调、格调、氛围相互协调	4	3	2	1
4	光线、温度适宜，无异味、无烟尘、无噪声、无强风	4	3	2	1
5	背景音乐曲目、音量适宜，音质良好	3	2	1	0.5
6	贵重物品保管箱位置隐蔽、安全，能保护宾客隐私	3	2	1	0.5
7	地面：完整，无破损、无变色、无变形、无污染、无异味、光亮	3	2	1	0.5
8	门窗：无破损、无变形、无划痕、无灰尘	3	2	1	0.5
9	天花板（包括空调排风口）：无破损、无裂痕、无脱落、无灰尘、无水迹、无蛛网	3	2	1	0.5
10	墙面：平整、无破损、无开裂、无脱落、无污迹、无蛛网	3	2	1	0.5
11	柱：无脱落、无裂痕、无划痕、有光泽、无灰尘、无污迹	3	2	1	0.5
12	台：整齐、平整、无破损、无脱落、无灰尘、无污迹	3	2	1	0.5
13	电梯：平稳、有效、无障碍、无划痕、无脱落、无灰尘、无污迹	3	2	1	0.5
14	家具：稳固、完好、无变形、无破损、无烫痕、无脱漆、无灰尘、无污染，与整体装饰风格相匹配	3	2	1	0.5
15	灯具：完好、有效、无灰尘、无污迹，与整体装饰风格相匹配	3	2	1	0.5
16	盆景、花木、艺术品：无枯枝败叶，修剪效果好、无灰尘、无异味、无昆虫，与整体装饰风格相匹配	3	2	1	0.5
17	总台及各种设备（贵重物品保管箱、电话机、宣传册及册架、分区标志等）：有效、无破损、无污迹、无灰尘	3	2	1	0.5
18	客用品（包括伞架、衣架、行李车、垃圾桶、烟灰缸等）：完好无损、无灰尘、无污迹	3	2	1	0.5
	小计				
	实际得分				

通过以上各项量化标准，可以帮助酒店前厅的管理者制定更加具有针对性的管理措施，有效提高整个前厅的舒适度。

知识链接1-3
前厅部服务管理发展趋势

1. 一职多能，人尽其才

一职多能既可以精简机构，又可以培养人才。就前厅部而言，根据客人的活动规律，上午是客人退房较集中的时段，收银员的工作较繁忙，而下午入住客人较多，办理住宿登记（check in）的接待人员较繁忙。所以，大部分酒店的总台都会将接待与收银的工作合并，总台每一位员工都可为客人提供登记、问询和结账服务。对员工进行一职多能的培训，可让他们掌握更全面的业务技能，成为出色的服务从业人员，为客人提供全方位的服务。能拥有这样的员工队伍，不仅为酒店节约了人力成本，更可提高酒店的整体服务水平。

2. 一步到位服务

一步到位服务（one-stop service）是指前厅部任何一位员工都必须为有需要的客人提供服务及帮助，不会由于部门的不同而怠慢客人，客人只需要将其问题向一位员工提出就可得到解决，不会遭遇搪塞、推诿的现象。

3. 商务中心的职能退化

由于信息技术的飞速发展，越来越多的客人拥有自己的手机和计算机，也可以通过互联网直接订票，发送、接收电子邮件和传真，对酒店商务中心的依赖程度将大大减少，酒店商务中心的职能将弱化，直至消失或发生转换。

4. 总台接待由站式改为坐式

传统的酒店客人是站立办理住宿登记手续的。进入21世纪，越来越多的酒店，特别是度假式酒店，改站式接待为坐式接待。这主要是基于以下几方面的原因。①能够使经过长途旅行的客人彻底放松。②增加酒店的亲和力。坐式登记能够拉近酒店与客人之间的距离，使客人有回到家里的感觉。③能够使普通客人享受到行政楼层客人的待遇。将总台接待由站立式改为坐式，将增加普通客人的满意度。

5. 代客人填写住宿登记表

对于提供了详细预订资料的客人，接待人员会提前做好准备，为客人填写（打印）好住宿登记表，客人入住时，只需签名、刷卡、取钥匙就可上房。对于没有预订的散客，接待人员会主动帮其填写住宿登记表，客人只需签名即可。

6. 入住登记在酒店外完成

在北美，一些酒店集团开始在机场取行李的地方为客人办理入住手续。很多客人非常喜欢这种方式，因为在等行李时，客人是空闲的，客人可以登记入住这些酒店，可以选择住哪个楼层，选择什么样的床，所有的相关事务都可以在这里处理完成，客人到酒店后只要提着箱子直接入住即可。在美国的迈阿密，有一家酒店根本看不到总台，客人的住宿登记工作都在由机场开往酒店的专车上完成。

7. 结账退房在客人用早餐时完成

假日酒店推出了用早餐同时办理退房结账手续的服务项目，这样客人在餐厅里吃完早餐就可以马上离店，既为客人提供了方便，又大大节省了客人的时间。

8. 酒店的定价策略将更加灵活

总台接待人员将得到更大的授权，根据客人及酒店的实际情况，灵活定价。越来越多的酒店将没有固定的房价，而是根据当天的开房率来定价，以创造最大的利润。但也有些酒店为了维持其档次及其在消费者中的信誉，会保持相对固定的价格水平，不会轻易降低价格或提高价格。

9. 酒店预订网络化

酒店为了提高客房利用率和市场占有率，将利用包括价格在内的各种手段鼓励客人提前预订客房，客人将根据其提前预订期的长短，在房价上得到不同程度的优惠（提前期越长，优惠程度越大）。而且，信息技术的发展也极大地方便了客人的预订，绝大部分客人在来酒店前将通过电话或互联网预订客房，没有预订而住店的散客将越来越少。

本章小结

前厅部是酒店形象的代表，是酒店留给客人"第一印象"和"最后印象"的部门，是酒店"外在美"与"内在美"相统一的部门，是提高酒店服务质量和建立良好宾客关系的重要部门。

前厅部的主要任务包括销售客房、控制房态、提供系列服务、负责客户账务、协调对客关系、建立客户档案、提供酒店经营管理信息。其业务特点是接触面广，管理难度大；业务复杂，员工素质要求高；信息量大且变化快，要求高效运转；政策性强，要求员工灵活处理。

前厅部组织结构设置要坚持结合实际，精简高效；合理分工，便于协作；任务明确，统一指挥的原则。其模式大体有大、中、小3种不同类型。一般前厅部分为预订处、总台接待处、礼宾服务处等主要机构。

前厅设计原则有满足功能要求；迎合客人心理需求；风格和特色应与市场定位相吻合；利于酒店的经营；强化地域文化和注重整体感的形成。前厅装修时，要注意正门入口、总台、公共区域、公共卫生间、酒店导向系统等处的细节设计。酒店还应在前厅的空间、家具、光线、色彩与绿化、温湿度及通风和噪声等方面加以重视，以提高前厅的整体环境舒适度。

 国际酒店赏鉴

你可留意过酒店前厅

前厅是客人走入酒店必经的第一道空间，经过精心的设计，前厅不再是一个让人行色匆匆的地方，而是一个可以"泡"掉大段时光甚至一整天的有趣场所。晒太阳、做瑜伽、喝咖啡、把玩艺术品，甚至是请朋友们一起开Party……这里大有名堂。

酒店前厅早已甩掉单单用来办理入住、结账退房和运送行李的刻板印象，惊艳变身为酒店中最有趣的地方——我们叫它"Living Room"。有的引领绿色低碳潮流，有的主打艺术风尚，有的深谙玩乐之道……只有你想不到，没有它做不到。

如何让这第一印象完美无缺，令人流连忘返不舍离开？各家酒店都煞费苦心，不仅在建筑设计上极尽个性化，更是想方设法融入各种艺术、休闲、娱乐等元素，此外，还要有让人耳目一新的服务理念……走进前厅，不是住店，像是做客，亦似回家。

对话隈研吾　让前厅与众不同

隈研吾（Kengo Kuma）是当代顶尖建筑大师，擅长采用自然材料，注重东方传统文化，在业界被称为"负建筑""隈研吾流"，酒店设计风格自成一派，代表作有日本长崎花园露台酒店、长城脚下的公社之竹屋、北京三里屯瑜舍等。

T =《世界》，K = Kengo Kuma

T：设计酒店前厅，你最看重什么？

K：酒店是公共空间和私人空间交集的场所，应该能让客人感到宾至如归，同时又有惊讶和新鲜感。前厅，是客人接触到酒店的第一个环节，这个空间要让人有回家的感受，但又超乎回家的惊喜。酒店的前厅绝对不能千篇一律。

T：如何将前厅营造出家的感觉？

K：首先，在材料的选用上，除了玻璃，我喜欢选择像木头、竹子、大理石等天然材料，尽可能与自然亲近。触摸它们，可以为心灵带来感动，那些原始、自然的纹路所呈现出的情感，是那么细腻而低沉。另外，就是注重氛围的营造，让人在舒适的同时，有隐逸的满足感。

T：如何让一家酒店前厅显得与众不同？

K：作为酒店前厅，"设计感"是它最根本的DNA。其实我一直在试图改变酒店空间的一贯定义，尽量减少传统酒店的间隔限制，从而营造出一个可流动的顺畅空间。具体来说，就是用柔和、含蓄的界线来划分各个区域，让酒店前厅带给客人一种浑然天成的个性。当然，各种艺术品和创意元素的加入，也是让酒店前厅与众不同的有效方法。

T：你一直都善用光线与空间，在设计酒店前厅时也是这样吗？

K：我一直希望酒店前厅的光线可以源源不断，最大的特点就是采用软性光。因此我喜欢采用各种透光的材质，并经过特殊的处理，让舒适的光线洒落在人身上，带来柔和美好的感觉，犹如坐在朋友家的客厅里。

欢迎光临 Living Room

Living Room 里都能做什么？发挥你的想象力吧！推开瑜舍厚重的大木门，眼前的空间让人彻底颠覆了对酒店前厅的一贯定义。

光是有力量的，也是极易让人感动的——走进瑜舍就仿佛来到了一座阳光暖房，不同于许多酒店舍弃自然光而选择灯光照明的做法，瑜舍完美地运用了大量自然光。她不是一位雍容气派的贵妇让人难以亲近，而是犹如一位随时愿意聆听和分享的朋友，低调、真实而纯粹。99间客房全部围绕着天井，挑高的前厅上空悬挂着不锈钢软网帷幕，在不同的角度呈现出不同的纹理，也会扮演不同的神奇折射镜，将阳光奢侈地铺撒到前厅的每个角落。

"让充足的光线流进酒店之内"是隈研吾为瑜舍提出的首要理念。光线与人在这个空间中对话、交流，那些通过透明的材质变得柔和的光，因为轻盈的材质而灵动的光，因为质朴的材质而变得低调的光……"我把四合院中流动的空气感觉移植到了酒店里。"隈研吾坦言自己从老北京四合院中获得了灵感，四合院天井中的空气令人感到舒适愉悦，他将这种空气移植到了瑜舍里，"所以这座建筑的氛围不是依靠建筑材料和颜色完成的，而是靠空气营造的。"

沉醉在隈研吾光影游戏中的我，忽然反应过来一个问题："在哪儿办理入住？"转了一圈，在前厅里并没有发现总台。相信许多第一次来这里的人都会有和我一样的疑问。此时，一位身穿牛仔裤的阳光男孩或是特色裙装的漂亮女孩会走上前来向你"搭讪"——原来，这些既没有穿着传统酒店制服也没有佩戴胸牌的人，其实就是酒店的服务员。接着，你会被直接引至宽敞舒适的沙发区落座，他们用手持微型计算机为你办理入住登记。温暖的阳光如瀑布般倾泻下来，身上晒得暖暖的。

少了总台的桌子，彻底打破了人与人之间那道无形的屏障。附近的特色潮店、新开张的美味餐厅及个性化的旅游线路，各种话题伴随着整个办理入住过程。环顾四周，有的人在艺术品前驻足，有的人在和朋友聊天，有的人只是四处拍照闲逛……每个人都自在得像在朋友家的客厅一样。当我入住后不久，这位服务员竟然还亲自买来了我刚刚提到的、我最爱的北京烤鸭。原来在前厅也可以点外卖。

香港半岛酒店　情定下午茶

"那整个的房间像暗黄的画框，镶着窗子里一幅大画。那酽酽的，滟滟的海涛，直溅到窗帘上把帘子的边缘都染蓝了……"坐在前厅喝着下午茶，久负盛名的香港半岛酒店在张爱玲的笔下，成就了《倾城之恋》的绝世意境和不俗风景。

走近有着"远东贵妇"之称的香港半岛酒店，两位门童立即为我拉开大门，标准的开门姿势，温暖的微笑，头上的白色桶帽，这是半岛酒店前厅的一大招牌。在各种自动门、旋转门早已寻常的今天，依然"顽固"地恪守传统，也成为一道独特的风景线。

当然，关于半岛酒店前厅的文化和那份传说中的怀旧温情，还远远不止这些。酒店前厅每天都供应正宗英式下午茶，曾是张爱玲的最爱。20世纪50年代起，因不少电影明星都对半岛酒店的下午茶情有独钟，这里被称为"影人茶座"。而导演许鞍华也把电影《倾城之恋》的大部分场景给了半岛酒店。前厅哥特式圆顶柱下的下午茶，在张爱玲的笔下见证了乱世情缘，也让现代的痴情男女相信，这是一个能够触景生情的所在。因此，时至今日，半岛酒店下午茶仍日日盈门，排队候座的人一波又一波，名人也不例外。

如此有口碑的下午茶自然有其独特之处：经典深厚的文化底蕴、欧式贵族的格调及数十年不变的食物品质等，都是令人趋之若鹜的原因。于是特地选在了阳光明媚的午后，早早来到前厅开始等位。穿白衫黑裤的侍应生踩着昂贵的手织地毯，将我们带到了法国云石铺面的餐桌和海军蓝的餐椅面前。桌上摆着经典的三层银质托盘：第一层由多款手指三明治组合而成；第二层放着美式热狗、提子松饼和中国味道的脆虾春卷；第三层由甜品组成，清柠及酸乳酪配碎草莓，单听名字就让人感觉清新甜蜜，还有新鲜出炉、入口即化的半岛蛋糕，每一件都如艺术品般轻巧可爱，令人不忍下口。端起装满伯爵茶的骨瓷茶杯，耳畔回荡着悠扬的现场弦乐表演，轻咬一口涂着厚厚鲜奶油的英式松饼，那意境宛如置身于英国贵族的上流聚会，而又似乎是在慢慢梳理那一丝难以言喻的张爱玲情结。

（资料来源：Lookhotel，2017-08-10.）

复习思考题

一、简答题

1. 前厅部在酒店中的地位表现在哪些方面？
2. 前厅部的主要任务及业务特点是什么？
3. 举例说明前厅部组织结构设置原则。
4. 分析前厅部经理和大堂副理等主要岗位职责的异同。
5. 前厅设计原则及设计要注意的细节是什么？

二、实训题

1. 调查当地具有代表性的高、中、低档3家酒店，了解其各职能部门及其组织机构与岗位设置。目的：熟悉酒店组织机构的设置。要求：（1）分别绘出其组织结构图。（2）比较分析它们的组织结构具有哪些不同点？
2. 分组参观几家不同星级的酒店，观察其前厅的环境、布局及总台有何特点，了解前厅设计的主要风格特色。

前厅预订业务

教学目标

知识要点	能力要求	重点难点
预订业务	（1）了解客房预订的任务与要求 （2）熟悉客房预订的主要岗位职责 （3）理解预订的3种分类	重点：预订的任务与要求 难点：预订类型
预订业务的程序	（1）掌握预订的程序 （2）熟悉预订的各种表格 （3）能够按照预订程序，熟练地提供预订服务	重点：明确客源与订房要求 难点：接受或婉拒预订
预订控制管理	（1）熟悉影响超额预订的因素 （2）掌握超额预订数量的确定 （3）能够灵活掌握超额预订中不同纠纷的处理方法 （4）理解预订控制管理的主要内容	重点：超订纠纷的补救措施 难点：预订控制管理

已预订的房间被出租了

一天下午 6:00 前,一位客人找到值班经理,介绍自己是从美国来的史密斯,客人显得有些生气。原来,这位客人在 3 天前给酒店预订部打过电话,要求预订一间高层向阳的标准间,当时预订部人员按客人的要求为其办理了预订手续,但当客人到店办理入住手续时,接待人员却告诉他向阳的标准间已经全部出租了,问客人是否可以更换一间其他的房间。客人当即表示:既然在 3 天前做了预订,就不应该出现此类情况,并进行了投诉。值班经理很快查明原因:当日上午一位未办理预订手续的客人也提出要高层向阳的房间,接待人员未见史密斯先生到店,以为他不会来了,便将此房间安排给了那位未办理预订手续客人。值班经理知道上述情况后,马上向史密斯道歉,并为其安排了一间高层向阳的豪华间,房价仍按标准间收取。第二天,前厅部为史密斯先生安排了一间高层向阳的标准间,并安排行李员协助客人换房。

问题:如何掌握取消预订的时限,为客人做好预订工作?如果因为房间紧张,即使升级也没有房间时,应该如何应对此种尴尬的情况?

  预订是酒店前厅部的一项重要业务,要最大限度地满足客人的订房需求,当客人抵达酒店时,就有为其精心准备好且符合其要求的客房,保证客人的旅行更加舒适安全。预订处是酒店最早向客人提供实质性服务的部门,全面系统地向客人展现酒店服务的具体形式和内容,是酒店服务质量的直接体现方式之一。预订业务是酒店销售客房的一个重要组成部分,客房收入是酒店营业收入的最主要来源之一,而客房的价值是不可复制的,预订业务就是为了更好地推销客房,获得最佳的经济效益。随着酒店业竞争激烈的加剧和竞争范围的扩大,明确预订业务的内容和程序,确定预订业务的服务方式、细节和品质,提供以客人需求为主导、以客人满意为目的的预订业务就显得更为重要了。

2.1 预订业务概述

  预订是指客人(或代理机构)抵店前与酒店预订部门所达成的订房协议。客人可以通过电话、传真、互联网等各种方式与酒店联系预约客房,酒店根据客房的可供状况,尽量满足客人的订房要求。这种预订一经酒店确认,酒店与客人之间便达成了一种具有法律效力的合同协议。

2.1.1 预订的任务与要求

1. 预订的任务

  酒店前厅部设有预订处,专门从事客房预订业务,是调节和控制酒店客房预订和销售的中心。预订处的工作任务可概括为以下 4 项。

  (1)受理或婉拒客人的订房要求。接到客人的订房申请后,预订员要迅速决定是否受理预订,并善于使用语言技巧与客人交流,将有需要的客人留住,实现销售;如果不能满足客人的订房要求,预订员要主动提供一系列建议,用建议代替婉拒是很重要的。

（2）记录和储存预订资料。预订资料一般由预订单、确认书、预订金收据、预订变更单、客户档案卡、客人书面订房凭证等组成。做好预订存档工作，使所有预订房间得以正确累计汇总，定期为酒店市场营销部及高层决策部门提供信息反馈及客源动态资料。

（3）检查和控制预订过程。检查和控制预订过程包括对没有按时抵店的保证类订房客人提供保留权，准确处理客人的预订变更与预订取消需求，正确处理客人"订而未到"的情况，做好超额订房，以及订房核对工作等。

（4）完成客人抵店前的准备工作。向其他部门提供有关信息单，这不仅能缩短客人办理入住登记时间，而且有助于向客人提供有针对性的服务。

2. 预订的要求

预订工作的效率和质量是客人对酒店进行评价的第一步，是影响客人是否选择酒店的一个重要因素，所以，预订员在受理预订时要做到以下几点。

（1）明确答复、准确报价。客人要求预订房间，不管是通过何种途径，酒店都应给予明确的答复；根据各种不同类型的客人，准确报出协议价、公司价、折扣价、团队价、散客价等，否则会使客人感到失望，也不利于酒店的客房销售。

（2）热情接待、处理快捷。客人预订客房时，预订员应热情接待，高效服务。客人的需求应尽量给予满足，即使是一个询问，也应给予友好的回答，洽谈过程中还应做到查阅资料快捷，要给客人留下热情、友好、高效的印象。因为，客人往往是以预订员接待服务的态度和效率来推断酒店的服务质量和效率的。

（3）认真规范、恪守信誉。预订工作业务量大，而且由于种种原因，客人经常出现改变行期、更改预订的情况，所以预订工作要认真负责、规范细致，以保证预订工作的准确落实。客人为了确保住房而订房，如果订而无房，这样不仅会为客人带来不便，而且有损酒店信誉，因此，客房预订恪守信誉乃经营之根本。

2.1.2 预订处主要岗位职责

1. 预订处领班岗位职责

预订处领班的主要岗位职责是按照预订处主管的指示，合作完成预订工作。其工作内容主要包括以下几个方面。

（1）执行预订处主管的工作安排，并向其汇报工作。

（2）核对订房资料的变更、取消，将各种订房信件、备忘录、报表等发送各有关部门。

（3）熟悉订房合同价格，掌握预订状况。

（4）接受客人的各种预订，处理预订的传真、来函，并及时回复。

（5）负责控制重要团体和客人的订房，处理应到、未到预订情况。

（6）监督、配合并参与预订服务工作，提高房间销售额。

（7）安排本组的备用品使用。

2. 预订员岗位职责

预订员的主要岗位职责包括以下几个方面。

（1）负责受理客人预订，将每项预订记录输入计算机。

（2）负责核实预订资料，及时办理预订的确认、更改、取消工作。

（3）负责推销酒店房间和各项服务。

（4）负责根据客人预订资料，按规定的顺序归档，并在客户档案中做好记录。

（5）负责各类报表的印发。

（6）为预订客人做好抵达前的准备工作，尤其是准备第二天的 VIP、熟客登记卡和团体资料。

（7）随时完成领班临时委派的工作。

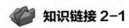 **知识链接 2-1**

VIP 的等级

VIP 是指社会地位高，能给酒店带来较大经济效益，对酒店声誉有极大影响力的客人。酒店常把这类客人称为"贵宾"。VIP 具有四高的特征，即身份、地位、修养高；服务质量要求高；个性化服务需求高；消费能力高。

根据 VIP 身份、地位、职位来看，其差别很大。目前大多数酒店将 VIP 分成 4 个等级，即 VA、VB、VC 和 VD 级，其中 VA 为最重要的贵宾。

（1）VA 是指各国国家领导人、国际著名知名人士、本行业最高领导。

（2）VB 是指本省市主要领导，本行业主要领导，国内外著名知名人士，跨国公司总裁，入住总统套房的人，各国国家部、委领导，驻华大使。

（3）VC 是指非本省市主要领导、同行业主要领导、国内知名人士。

（4）VD 是指省内知名人士、合约公司主要领导，政府各单位接待的重要客人，以及以散客价入住酒店高级套房的客人。

VIP 除按以上方法分类外，也可由酒店总经理、副总经理、助理总经理、销售部经理、客房部经理、前厅部经理直接指定 VIP 等级。

3. 预订员操作规程

预订员的具体操作规程主要包括以下内容。

（1）按酒店规定，检查自己的仪容仪表，提前 5 分钟到岗签到。

（2）认真阅读交班内容，阅后签名，及时处理交班本上的事情，并将结果注明在交班本上。

（3）到前台领取复印室钥匙，做好客人及其他部门复印登记工作。

（4）通过计算机查看当天及近期的房间情况，房间紧张时，不得擅自接受订房。

（5）通过夜报表了解前一天总收入、开房率及平均房价等情况。

（6）熟悉当天到店的 VIP 身份、房号及抵离店时间，检查相关资料是否完整，做好跟办事项。

（7）整理前一天的资料。具体包括：①将客人入住登记表白联分别按要求分类装订好存档，黄联交管家部；②将赠品单、转房单、加床单、免费房单、折扣单等存入相应的格中；③将取消或客人已抵店的订房单整理好存档；④登记好 no-show（已预订未抵达）的客人预订单，再存入 no-show 夹中。

（8）将订房单按照旅行社散客、营销部订房、旅行团体、商务团体、取消订房、缺现订房等分类统计，将结果输入预订统计表上。

（9）根据 no-show 的订房单联系订房人，确认客人是否为延期或取消订房，并将跟办结果填写到 no-show list（已预订未抵达名单）上，如为销售部办理的订单，须通知销售部跟办。

（10）检查第二天的预订，与订房人确认客人的订房情况及具体到达时间。

（11）检查第二天的团队，并与销售部进行确认与核对，如团队资料不完整，须及时跟催。
（12）完成当天的预订工作，未能及时完成的，做好交班，由下一班完成。

知识链接 2-2

预订的方法

1. 分层预订法

分层预订法是以客人对客房的要求为基准，将客房的楼层和房号确定下来。这种预订方法主要适用于 VIP 和常客。在旺季或对普通客人不宜采用。

2. 分类预订法

分类预订法是按照客房的等级和种类预订客房，不考虑楼层和房号。预订员只提供客房类型和房价等基本信息，客人的房号由接待员根据具体情况来定。这种方法为大多数酒店采用。

2.1.3 客房预订的类型

酒店在接受或处理客人预订时，根据不同的分类标准，将预订分为以下几种类型。

1. 根据预订的保证情况进行分类

（1）保证类订房（guaranteed reservation）。保证类订房也称担保预订，指客人通过向酒店预付订金、信用卡或签订合同等来保证自己的订房要求，同时也保证酒店的客房收入。预付订金（deposit）是指酒店为避免因预订客人擅自不来或临时取消订房造成损失，而要求客人预付房费（一般为一天的房费，也可以是入住时间段的房费），来保证客房收入。

酒店在没有接到客人取消预订的通知时，应为客人保留住房到第二天中午 12:00 止。如果客人逾期不到店，又没有事先向酒店声明取消预订，酒店就从预付订金中收取一天的房费；如果客人在规定期限内抵达，酒店无论如何要保证为客人提供所需房间。保证类订房保护酒店和客人双方的利益，约束双方的行为，因而对双方都是有利的。

由于各地区、各酒店的实际情况不同，担保应视情况而定。一般客人可以通过下列方法进行订房担保。①预付订金担保。对于酒店来说，最理想的保证类预订方法是要求客人预付订金，如现金、支票、汇款等酒店认可的形式。酒店通常要求组团单位在订房时预交一定现金；在旅游旺季，也会要求散客在订房时先付部分订金。酒店的责任是必须为客人保留相应的客房，并向客人说明保留客房、取消预订、退还预付订金等有关规定。②信用卡担保。客人在订房时向酒店声明，将使用信用卡为所预订的房间付款，并把信用卡的种类、号码、有效期及持卡人的姓名告诉酒店。如客人在预定日期未抵达酒店，酒店可以通过信用卡公司获得房费收入的补偿。③订立合同担保。订立合同是指酒店与有关客户单位签订的订房合同。合同内容主要包括签约单位的地址、账号及同意对因失约而未使用的订房承担付款责任的说明。合同还应规定通知取消预订的最后期限，如签约单位未能在规定的期限通知取消预订，酒店可以向对方收取房费等。

（2）确认类订房（confirmed reservation）。确认类订房指客人提前较长时间向酒店提出订房要求且被接受，酒店把确认书邮寄或传真给客人，答应为客人保留客房到某一事先声明的时间，一般不要求客人预付预订金，如果客人没有在事先声明的时限内到达酒店，也没与酒店联系，酒店可将客房出租给其他客人。

订房确认书是酒店向客人答复订房已被接受的信函，起到契约的作用。确认书有如下优点。首先，书面确认能使客人了解酒店是否已正确理解其订房要求，可以减少差错和失误；

酒店则可以通过它查对客人的信用关系、家庭或工作单位地址。所以持预订确认书的客人比未经预订、直接抵店的客人在信用上更可靠，大多数酒店允许其在住店期间享受短期或一定数额的赊账服务待遇，因为这些客人的信息已被验证，向他们收取欠款的风险比较小。其次，确认书还写明了房价、为客人保留客房的时间、预付订金的方法、取消预订的规定及付款方式等，实际上在酒店与客人之间达成了书面协议，对双方行为具有约束效力；确认书也是酒店对客服务指南，如明确告知客人应注意的事项，以及客人从机场、车站、港口抵达酒店的行走路线等。最后，书面确认比较正式。对于大型团体、重要客人，特别是一些知名人士、政府官员、国际会议等订房的确认书，要由前厅部经理或酒店总经理签发，以示尊重和重视。

（3）一般类订房（advanced reservation）。一般类订房指客人的订房时间与抵达的时间很接近，甚至是抵店当天的订房。酒店一般无法要求客人预付订金，也没有足够的时间给客人以书面确认。按照国际惯例，酒店为一般类预订客人保留房间到当天的取消预订时限（通常为18:00），如果客人届时还未到达酒店，则视为自动放弃预订；如果客人要求晚些时间抵店，需要事先通知酒店，请求酒店同意其延迟抵店。当天的一般类订房通常由总台处理，受理此类预订时，要注意询问客人的抵店时间和航班（车次），并提醒客人注意事项，如取消预订时限等，以避免引起不必要的麻烦。

（4）候补类订房（onwaiting reservation）。候补类订房指酒店在客房订满的情况下，不能马上满足客人的订房要求，而将一定数量的订房客人列入候补名单（onwaiting list）。对这类订房的客人，酒店应征得客人的同意，并向客人说明：酒店一旦有空房（如有其他客人取消预订或提前离店等），就立刻通知客人，优先安排其入住。对未接到通知就来店的候补类预订客人，酒店可介绍其到附近酒店住宿，但不必为其支付交通费等其他费用。

2. 根据预订的途径进行分类

（1）直接预订。直接预订是客人不经过任何中间环节直接向酒店订房。客人通过直接订房，酒店所耗成本相对较低，并且能对订房过程进行直接有效的控制与管理。直接预订有下列几类：①直接向酒店预订客房的客人；②旅游团体或会议的组织者直接向酒店预订客房；③旅游中介作为酒店的直接客户向酒店批量预订房间。

（2）间接预订。利用中间商间接向酒店订房。酒店总是希望将自己的产品和服务直接销售给消费者，但由于人力、资金、时间等的限制，会利用中间商与客源市场的联系及其专业特长、经营规模等方面的优势，将酒店的产品和服务更广泛、更顺畅、更快速地销售预订给客人。间接预订有下列几类：①通过旅行社订房；②通过航空公司及其他交通运输公司订房；③通过专门的酒店订房代理商订房；④通过与酒店签订商务合同的单位订房；⑤通过订房组织订房。

3. 根据预订的方式进行分类

（1）电话订房。订房人通过电话向酒店订房，这种方式应用最广泛，特别是提前预订的时间较短时，这种方式最有效。其优点是能够直接、迅速、清楚地传递双方信息，酒店可当场回复客人的订房要求。

在接受电话预订时，预订员接听电话时须注意：与客人通电话时要注意使用礼貌用语，员工在交谈中至少使用一次敬称；语音、语调运用要适当、婉转，语言表达要规范、精确；不能让客人久等，必须对本月、本季的客房情况非常熟悉，能及时向客人提供其需要的信息；若因某些特殊原因不能马上答复，应留下客人的电话号码和姓名，确定再次通话的时间，查清之后再通知客人。由于电话的清晰度、语言障碍及听力等因素的影响，电话订房容易出错,因此,预订员必须认真记录客人的预订要求,并在记录完毕向对方复述一遍,得到客人的确认方可。在预订完毕时,员工要报上自己的姓名,以备客人日后寻求帮助。

(2)传真订房。传真是一种现代通信技术,目前正广泛地得到使用。其优点是操作方便,传递迅速,即发即收,内容详尽,并可传递发送者的真迹,如签名、印鉴等,还可传递图表,因此传真已成为订房联系的最常用的通信手段。

在接受传真预订时,预订员应注意:认真阅读,了解清楚客人在传真中所提出的要求;接收或发出传真后,及时打上时间印记;回复要迅速准确,传真应尽可能用客人来件上的地址、传真号发回;语言要简明扼要,准确规范;如客人提供的资料不够详细,须按来件上信息与客人联系,了解清楚有关情况;根据客人所提要求,通知有关部门,让其早做准备;做好订房资料的保留存档,以备日后查对。

(3)网络订房。网络订房是大中型现代酒店及客户较多使用的预订方式。其优点是信息传递快速、经济,而且不容易出错,计算机终端存储的预订信息可随时提取和打印,极大地方便了订房管理工作,客人在网络上还可以浏览酒店产品。随着互联网的普及,网络订房在中小型酒店也得到广泛的普及和应用。

酒店计算机网络订房工作的管理要求:酒店须定时向航空公司、旅行社等客源渠道通报本酒店各类客房的出租利用情况、可预订房间数量、房价标准及变化情况。此项通报工作将根据不同季节和市场情况所决定的销售方案向有固定联系的大客户进行传递,要做到准确及时,配额合理,符合签约原则,讲求商业信誉;避免错报、漏报现象发生。

(4)信函订房。信函订房是客人或其委托人在离预期抵店日期尚有较多时间的情况下采取的一种预订方式。此方式较正规,如同一份合约,对客人和酒店起到一定的约束作用。其优点是订房要求和信息完整准确,订房人还可以写明特殊要求。

(5)面谈订房。面谈订房是客户亲自到酒店,与预订员面对面地洽谈订房事宜。这种订房方式能使预订员有机会详尽地了解客人的需求,并当面解答客人提出的问题,有利于推销酒店产品。

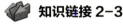

知识链接 2-3

网络预订系统

1. 全球分销系统

全球分销系统(global distribution system,GDS)属于航空公司或航空协会,能提供全球范围的酒店订房信息,同时还提供订售机票等服务,是应用于民用航空运输及整个旅游业的大型计算机信息服务系统。通过全球分销系统,遍及全球的旅游销售机构可以及时地从航空公司、旅馆、租车公司、旅游公司获取大量的与旅游相关的信息,从而为顾客提供快捷优质的服务。

2. 订房中心预订系统

订房中心预订系统(central reservation system,CRS)是在各主要客源地设立订房中心。规模较大的订房中心现在基本上采取网上控制方式,预订员输入密码后进入订房中心的订单模块,出现订单会有提示音,直接在网上确认即可。然后预订员把订单打印出来,在计算机中输入订房中心的名称、客人的姓名、住店日期、房型、房价,获得确认号。小型的订房中心目前还是采取传真发至酒店预订,预订员收到传真后录入订房中心的名称、客人的姓名、住店日期、房型、房价等信息后,得到确认号之后回复书面确认给对方。

3. 酒店集团预订系统

酒店集团预订系统（computerized reservation system，CRS）由集团所属酒店的计算机构成网络，客人如果需要预订该集团的客房，只需在该集团的网上预订即可。随着网络经济的发展，该系统已成为国际上很多著名酒店集团在其成员酒店内运行的专业预订系统，如巴斯酒店管理集团（Bass）的Holidex预订系统、希尔顿酒店的Hiltron中央预订系统和Hilstar预订系统、洲际酒店集团（Intercontinental Hotels Group）的Global Ⅱ预订系统、雅高酒店集团（Accor）的Accor订房系统等。

4. 网络在线预订系统

网络在线预订系统（online booking system）是指酒店在互联网上建立自己的网站，有酒店介绍、酒店订房、酒店餐饮、对酒店的意见等，进行自主营销。客人可以在互联网上登录该网站直接订房。一些大型酒店及连锁集团，如假日酒店、喜来登酒店与度假集团（Sheraton Hotels and Resorts）、香格里拉酒店（Luxury Hotels and Resorts）、贵都酒店（Equatorial Hotel）、富豪酒店（Regal Hotel）、雅高酒店集团、希尔顿酒店、上海威斯汀大饭店、万豪国际集团等都建立了这样的预订系统。

一般，酒店网站的预订都会自动转成电子邮件形式到预订部的电子邮箱中，预订员收到后会打印出来，要注意客人姓名的拼写、日期、房型和房价等。预订员会把相关信息输入计算机，计算机自动生成确认号。这种预订通常也是默认为已确认的预订，不用回复确认。

 实训练习 2-1

电 话 预 订

1. 实训内容

实训的具体内容见表 2-1。

表2-1　实训内容

实 训 程 序	标 准 规 范
接听电话	（1）铃响3声之内迅速接听电话 （2）若电话铃响3声及以上，应首先向客人道歉
问候客人	（1）问候语：您好/早上好等 （2）主动自报酒店和部门名称 （3）耐心地回答客人对服务项目、房价等方面的问询
询问订房要求	（1）问清客人姓名（中英文拼写）、性别、抵离店日期、天数、房间数量、房型等 （2）查看计算机及客房预订控制板
推销客房	（1）介绍房间种类并根据客人需要推荐客房 （2）介绍房价，尽量从高价到低价推荐 （3）询问客人公司名称，查询是否属于合同单位，便于确定优惠价
询问客人付款方式	（1）询问客人付款方式，在订单上注明 （2）公司或旅行社承担费用者，要求客人抵店前电传书面信函，做付款担保

续表

实训程序	标准规范
询问客人抵店情况	（1）询问抵达航班、列车及时间 （2）向客人说明房间保留时间，或建议客人做担保预订
询问客人特殊要求	（1）询问客人特殊要求，详细记录并复述 （2）如客人需要接站服务，说明服务方式或收费标准
询问预订人或代理预订人	（1）询问是预订人还是代理预订人 （2）询问预订人或代理预订人的姓名、单位、联系方式等，并做好记录
复述核对预订内容	（1）核对客人姓名、日期、航班、房间种类、数量、房价、付款方式、特殊要求、联系方式等 （2）告诉客人预订房间保留的最后期限
完成预订	（1）对客人订房表示感谢，客人挂断电话后再挂断电话 （2）填写预订单并将客人订房资料输入计算机，复查输入结果是否正确 （3）将订房单按照客人姓名（或公司名）顺序或日期归档

2. 情景模拟

预订员：您好！国际大酒店预订部，我是小李。

客　人：你好！我想订一间客房。

预订员：好的，先生。请问您想订什么时间的客房？住几天？

客　人：10月2日，住两天。

预订员：请问您订几间客房？几人住？

客　人：我想订一间单人房。

预订员：您想订一间单人房，10月2日抵店，4日离店，对吗？

客　人：是的。

预订员：先生，请您稍等。（查看计算机）我们这里有豪华单人间，房间宽大舒适，房间有红木家具和古玩瓷器摆饰，入住后可享用免费早餐，房价每晚380元；还有每晚280元的单人间，同样可以享用免费早餐，两种房间都配有互联网插口。您喜欢哪种类型的客房？

客　人：就订280元的单人间吧。

预订员：好的，先生。请问您的全名？

客　人：我叫刘福。

预订员：刘先生，您好！请问您的名字是幸福的福吗？

客　人：是的。

预订员：刘先生，请问您将以什么方式结账，现金还是信用卡？

客　人：现金。

预订员：好的。刘先生，您需要保证您的订房吗？您知道十一期间客人会很多，对于一般订房我们只保留到抵店当天下午6:00。

客　人：不用了，我下午4:00就到了。

预订员：好的。刘先生，请问您是坐火车还是乘飞机来？我们酒店有免费的巴士和机场专车接送客人。

客　人：乘飞机。

预订员：请问您的航班是多少？
客　人：YA321次航班。
预订员：刘先生，请问您的电话和传真是多少？我们会及时与您取得联系。
客　人：我的电话是×××，传真是×××。
预订员：刘先生，请允许我向您核对一下内容：您订的是每晚280元的单人间，您将于10月2日抵店，4日离店，现金结账，乘YA321次航班，您的电话是×××，传真是×××，对吗？
客　人：没错。
预订员：谢谢您，刘先生。如果您在抵店前有什么变更，请及时通知我们好吗？
客　人：好的。
预订员：刘先生，感谢您预订我们酒店。我们期待您的光临。
客　人：再见！
预订员：再见！

3. 实训考核

要求掌握散客电话预订的基本知识和技能，学会运用恰当的语言获取客人订房信息，灵活处理客人的订房要求，准确记录客人的订房要求。实训考核的具体项目见表2-2。

表2-2　实训考核

班组：　　　　姓名：　　　　学号：　　　　时间：

项　目	要　求	分值（总分10）	得　分
服务程序	服务程序正确，内容完整	1	
服务礼仪	自然大方，到位得体	1	
接听电话	铃响3声之内接听电话，有问候语和报酒店部门	2	
记录并复核客人订房要求	能准确记录和灵活处理客人订房要求，并复核主要内容	2	
服务语言、语气	规范婉转，口齿清晰，简明扼要，语气柔和	2	
存档	将预订单存档，以备日后查询	1	
时间把握	在规定时间完成预订	1	

2.2 预订业务的程序

客房预订是一项技术性很强的业务，为了确保客房预订工作的高效运行，前厅部必须建立科学详尽的工作流程。虽然不同酒店可采取不同的系统和文件来接受预约订房，但客房预订的程序通常可概括为下列几个步骤。

2.2.1 预订前的准备工作

预订前做好准备工作，才能给订房客人一个迅速而准确的答复，提高预订工作水准和效率，预订前的准备工作包括以下内容。

（1）预订员按酒店规定的要求规范上岗，做好交接班。接班时查看上一班次预订资料，问清情况，掌握需要优先处理的等待预订名单及其他事宜。

（2）检查计算机等设备是否完好，准备好预订单、预订表格等各种资料和用品，摆放整齐、规范，避免客人订房时，临时现查、现找等现象发生。

（3）预订员上班后，必须迅速准确地掌握当日房况、近期房况、近期预订情况、VIP情况、店内重大活动等，对可预订的各类客房心中有数，保证向客人介绍可订房间的准确性。

2.2.2 明确客源与订房要求

1. 明确客源

做好预订工作要求预订员对客源情况有充分的了解，即一方面要了解酒店客人的来源，另一方面要了解客源细分。酒店的主要客源：直接向酒店预订客房的客人；旅行社介绍来的客人；与酒店签订商务合同的单位介绍来的客人；航空公司、企事业单位、政府部门介绍来的客人；通过网络预订系统预订的客人等。酒店一般把客人分成散客和团队客人两大类，在每一大类基础上还会具体细分客源，如团队客人可细分为商务团和观光团，商务团又可细分为国际会议团、公司会议团和政府代表团。

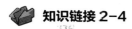

知识链接 2-4

散客与团客

散客是指自由零散旅游者（free individual tourist，FIT），在酒店旅游业中经常用来表示零散客人，以区别于团体客人，酒店的每日平均房价高低，很大程度影响散客的多少。也就是说，订房部有直接责任争取多一点散客订房。散客预订较团队预订而言订房利润高，但散客订房的随意性大，预订不到的可能性较大。

判断团客的依据：首先，是否有团队领队；其次，是否有一个主账单，并且该账单由与酒店签订合同的单位支付；最后，是否享受团队优惠价，是否安排了特殊服务项目，是否享有提前留房待遇等。团队预订因为涉及的客房数量较多，对酒店经营的影响较大，前厅部应对团队预订加强监控和管理。此种预订往往数量众多，房型较复杂，房价和要求也比较特殊，涉及的事情也很复杂，所以预订员要特别仔细留心该团队的要求、VIP的头衔、付款方式和接机安排等，以免产生差错。

通常一个团队选定了一家酒店，其组织者或负责人就会与酒店联系，双方签订合同。在团队到达数月之前酒店先保留一定数量的客房给对方，这称为预留房。预订员收到团队的订房确认，团队把具体名单、付款金额确认清楚，被确认的客房称为已订房。一般合同会规定由预留房转为已订房的具体期限，这个期限称为团队的预订截止日期。过了期限，未被确认订出的预留房会转为酒店的可出租房。

2. 明确订房要求

预订员接到客人的订房申请时，应主动向客人询问，以获悉客人的订房要求，然后查看计算机或预订总表，确认是否有空房。为了能快速准确地回应，预订员需要明确客人的订房要求，具体包括4个要素：客人抵店日期、离店日期、客人所需客房类型和数量、人数。

 **案例分析 2-1**

如何正确处理 VIP 订房单

一天，某酒店预订处接到一份传真订房单，一位颇有知名度的宗教人士预订一间豪华套房。预订员小赵在受理这项预订要求时，认为该客人是 VIP，于是填写了 VIP 申请单，并在房内酒类布置一栏中选择了高档的皇轩香槟。

分析：预订员在受理 VIP 预订时，要注意：①VIP 身份不能随便确定，应及时报请前厅经理确定，经前厅经理同意后，填写 VIP 申请单；②预订员在 VIP 申请单上选择礼品时，要尊重客人的生活习惯，如宗教人士一般不饮酒。

2.2.3 推销、接受或婉拒预订

1. 订房推销

一般来说，预订的客人可能并不了解酒店的房间种类，也可能他想要预订的房间已经售出，那么对于预订员来说，在受理顾客预订的过程中，其主要工作就是向客人推销客房。这样才能尽可能地销售酒店的客房产品，从而增加酒店赢利。

 知识链接 2-5

推销客房的报价技巧

1. 从高到低报价

根据客人的特点，预订员可从高到低报价，最大限度地提高客房的利润和客房的经济效益。当然，这并不意味着接待每一位客人都要从总统间报起。而是要求预订员在订房推销时，先确定一个客人可接受的价格范围（根据客人的身份、来访目的等特点判断），在这个范围内，从高到低报价。根据消费心理学，客人常常会接受首先推荐的房间，如客人嫌贵，可降一个档次，向客人推荐价格次高者，这样就可将客人所能接受的最高房价的客房销售给客人，从而提高酒店的经济效益。

2. 选择报价方式

根据不同的房间类型，预订员报价的方式有 3 种。"冲击式"报价：即先报价格，再提出房间所提供的服务设施与项目等，这种报价方式比较适合价格较低的房间。"鱼尾式"报价：先介绍所提供的服务设施与项目，以及房间的特点，最后报出价格，突出物美，减弱价格对客人的影响，这种报价方式适合价格适中的客房。"夹心式"报价：又称"三明治式"报价，即将房价放在所提供服务的项目中间进行报价，能起到减弱价格分量的作用，这种报价方式适合价格较高的客房。

想成功推销客房，首先要掌握大量的知识和信息。①要熟练酒店的基本情况，如酒店销售政策及价格变动情况、客房的详细情况、其他设施及服务等。②应了解竞争对手酒店情况。③掌握客人的特点，如年龄、职业、国籍、住店目的等，进行有针对性的推销。其次，注意语言艺术。员工在订房推销时，说话不仅要有礼貌，而且要讲究艺术性，多从正面引导客人。例如，"您运气真好，我们恰好还有一间单人房！"而不能说："单人房就剩下这一间了，您要不要？"再次，巧妙地商谈价格。在与客人商谈价格时，应着重推销的是客房的价值而不是价格，应使客人感到酒店销售的产品物有所值，甚至物超所值。最后，要把客人的利益放在第一位。在推销过程中宁可销售价格较低的客房，使客人满意，也不要使客人感到他们是在被迫的情况下接受高价客房的。

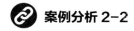 **案例分析 2-2**

巧妙推销豪华套房

一天,南京金陵酒店预订员小王接到一位美国客人从上海打来的长途电话,想预订两间每天收费在 180 美元左右的标准双人客房,3 天后开始住店。

小王马上翻阅了一下订房记录表,回答客人说由于 3 天后酒店要接待一个大型国际会议的多名代表,标准间客房已经全部订满。小王讲到这里并未就此把电话挂断,而是用商量的口吻说:"霍曼先生,您是否可以推迟两天来?"客人说:"我们日程已安排好,南京是我们在中国的最后一个日程安排,还是请你给想想办法。"小王说:"霍曼先生,感谢您对我的信任,我很乐意为您效劳。"接着用商量的口气说:"您可否先住 3 天我们酒店的豪华套房,套房是外景房,在房间可眺望紫金山的优美景色,紫金山是南京名胜古迹集中之地,室内有我们中国传统的雕刻红木家具和古玩瓷器摆饰;套房每天收费也不过 280 美元,我想您和您的朋友住了一定会满意。"

小王讲到这里故意停顿一下,以便等客人的回话,对方沉默了一些时间,似乎在犹豫不决,于是小王开口说:"霍曼先生,我想您并不会单纯计较房金的高低,而是在考虑这种套房是否物有所值。请问您和您的朋友乘哪次航班来南京,我们可以派车到机场接你们。到店以后我一定陪你们参观一下套房,到时您再作决定好吗?我们还可以免费为您提供美式早餐,我们的服务也是上乘的。"

霍曼先生听小王这样讲,倒觉得还不错,想了想欣然同意先预订 3 天豪华套房。

分析: 小王在整个销售过程中,做得很到位,体现了一名前厅服务员应具有的良好的综合素质。这体现在以下几个方面。①接待热情、礼貌、反应灵活、语言得体规范,做到了无"NO"服务。在销售预订过程中,为客人着想,使客人感到自己受到重视,因而增加了对酒店的信任和好感。②在推销豪华套房时,小王采用的是利益引诱法,即严格遵循了酒店推销的是客房而不单纯是价格这个原则,在报价中采用了"三明治式"报价方式,避免了高价格对客人心理产生的冲击力。在客人权衡以后,感到物有所值,因而接受其价格。③小王没有强求客人预订,而是巧妙且如实介绍豪华套房情况及客人选择后可享受到的服务,这样客人才会欣然接受,最后小王让客人还有一次选择决定的机会,即到店后我一定先陪您参观,到时您再做决定好吗?这就更增加了霍曼先生对小王及酒店的信任感。

 实训练习 2-2

订 房 推 销

1. 实训内容

实训的具体内容见表 2-3。

表2-3 实训内容

实 训 程 序	标 准 规 范
班前准备	(1)按照酒店要求规范上岗,做好交接班,查看上一班次预订资料 (2)检查计算机是否完好,准备好各种用品

续表

实训程序	标准规范
掌握预订知识和信息	（1）酒店的情况：销售政策及价格变动情况；客房的种类、朝向、装潢、家具等；会议、宴请、商务中心、康乐等设施及服务；店内举办的娱乐活动及当地举办的各种节日活动和所接受的付款方式等 （2）迅速掌握当日及未来一段时间内可预订的客房数量等情况，对可预订的各类客房心中有数，保证向客人推荐可订房间的准确性
询问客人的预订要求	（1）询问客人具体的预订要求：房型和数量、住店日期等 （2）掌握客人特点：年龄、职业、国籍、住店目的等，以便进行有针对性的推销
推荐酒店的可订房间	（1）根据客房的特点，准确地描述客房，可在其前面加上恰如其分的形容词 （2）根据客人的特点，有针对性地推销：向商务客人推销房内办公设备齐全、价格高的客房；向观光客人推荐景色优美的客房；向新婚夫妇、社会名流推荐套房；向携子女的父母推荐连通房；向老年人推荐靠电梯、餐厅的客房等 （3）注意讲究礼貌和语言艺术，要做正面积极引导 （4）客人犹豫不决时，耐心地消除他们的疑虑，要多提建议
征询客人的意见	（1）推荐后询问客人是否满意 （2）感谢客人预订本酒店

2. 情景模拟

预订员：您好，这里是香格里拉酒店预订部。

客　人：您好，我想预订一个标准间，1月5—8日。

预订员：请问先生您贵姓？

客　人：姓王。

预订员：王先生，请稍等。请问您是几位入住？

客　人：我自己。

预订员：对不起王先生，让您久等了，1月5—8日的标准间已经全部订满，但是我们还有大床间，房间更宽敞一些，住起来会更舒适，每晚580元，只比标准间多了120元，您看怎么样？

客　人：能打折吗？

预订员：王先生，现在是旅游旺季，房间比较紧张，这已经是最低的价格了。

客　人：好吧，就订一间吧。

预订员：王先生，请报一下您的全名，好吗？

客　人：王强。

预订员：王先生，您将使用信用卡还是现金结账？

客　人：使用信用卡。

预订员：您将在什么时候到达？乘坐哪一次航班？是不是需要接机服务？

客　人：1月5日下午1:00左右到达。不需要接机。谢谢。

预订员：王先生，现在是旅游旺季，房间比较紧张，我们将给您保留房间到1月5日下午6:00。您还有什么其他需求吗？

客　　人：我希望住的是无烟客房。

预订员：好的。我们会给您安排无烟客房。请留一下您的电话。

客　　人：×××。

预订员：王强先生，您预订了我们酒店1月5—8日的大床间一间，住3个晚上，房间的价格是每晚580元，无烟客房，您将使用信用卡结账，您会在1月5日下午到达，您的联系电话是×××。

客　　人：是的。

预订员：感谢您预订我们酒店，我们将期待您的光临。

3. 实训考核

要求学习订房推销的知识、技巧、客人特点和心理，提高在订房推销中的实际操作能力。学会运用销售技巧向客人推销客房，掌握如何推荐不同客房类型；能够根据客人需求特点，推销合适的房间类型。实训考核的具体项目见表2-4。

表2-4　实训考核

班组：　　　　　姓名：　　　　　学号：　　　　　时间：

项　　目	要　　求	分值（总分10）	得　分
班前准备	按照要求上岗，做好交接班，准备好各种用品	1	
预订可行性掌握	掌握当日及未来一段时间可预订的客房数量、等级、类型、位置和价格等情况	1	
服务礼仪	自然大方，语气柔和，语速适中	1	
询问客人预订要求	能用恰当的言语、技巧询问客人的具体订房要求	2	
恰当推荐客房	根据客人特点有针对性地推荐客房	3	
征询客人意见	推荐后询问客人是否满意	1	
存档	将预订单存档，以备日后查询	1	

2. 接受预订

预订员通过查看预订总表或计算机终端，对照酒店可接受订房日期的客房出租状况，判断客人的订房要求与酒店的实际提供能力相吻合，就可以接受客人预订。受理预订意味着对预订客人的预订业务已经开始，预订员要填写预订单，见表2-5。该表通常印有客人姓名、抵离店日期、房间类型、价格、结算方式及餐食标准（团队）、种类等项内容。

预订员应向预订房间的客人复述其预订的具体要求，以免发生差错，同时要向客人说明酒店有关最迟到店时间的规定、不同付款方式对保证获得住房的约束，以及取消预订的手续要求等。

表2-5　预订单

□新预订　　□变更　　□等待　　□取消

```
订房日期_____       订房员_____
抵店日期_____       离店日期_____
住店天数_____       房价_____
宾客人数_____       成人_____       儿童_____
客房数量_____       客房类型  大号双人床  2张双人床  套间
其他需求  加床  相邻房  婴儿床  连通房  带阳台的客房
         游泳池边的客房  其他指定的要求_____
宾客姓名_____       电话号码_____
街道_____  城市_____  州（省）_____  邮政编码_____
订房人姓名_____     电话号码_____       公司名称_____
街道_____  城市_____  州（省）_____  邮政编码_____
是否确保订房  是_____  否_____
通过何种方法来确保订房  信用卡_____  号码_____  有效期_____
                        订金_____  其他方法_____
备注
```

3. 婉拒预订

每当酒店客房紧张，酒店无法满足客人的入住需求，预订处不得不婉拒一些客人的预订要求，重要的是对婉拒预订应有正确的认识，他们将是酒店的潜在客人，因此婉拒预订时应注意方式、方法，切忌简单、生硬地回绝客人，而应该主动提出一系列的建议供客人选择。

如果在客人要求的日期内，酒店不能全部满足客人的需求时，预订员最好主动用可供客人选择的建议来代替简单地婉拒客人。建议的内容：建议客人重新选择来店日期；建议客人改变住房类型、数量；建议客人改变对房价的要求；是否愿意接受作为候补类订房；是否愿意接受为他代订其他酒店的客房。遇到难以婉拒的客人，应及时请示前厅部经理。

婉拒客人预订要求时，预订员需要估计客人心理，照顾客人的情绪，要用友好、遗憾和理解的态度对待客人，并希望客人下次光临本店。通常，预订处在婉拒客人订房后，为了在顾客中更好地树立酒店形象，应为客人寄送一份婉拒致歉书（表2-6），以表歉意。

表2-6　婉拒致歉书

尊敬的_____小姐/女士/先生：

　　由于本酒店____年____月____日的客房已经订满，我们为没能满足您的订房要求深表歉意。

　　感谢您对本店的关照，希望下次能有机会为您提供服务。如您需要我们协助预订其他酒店的房间，我们将非常愿意为您提供帮助。

　　顺致敬礼！

×××酒店预订处
____年____月____日

有时为了婉拒客人，可采用候补预订的方式。接受候补预订时，必须向客人说明，酒店已经订满，如果有临时取消预订的，酒店会立即通知并确认接受预订。如确实无房，酒店不再通知，候补预订是不予保证的。候补预订要填写候补预订单，注明预订人的姓名及通信方式，以便及时联络，候补预订单应存放在指定地点。

 实训练习2-3

婉拒预订

1. 实训内容

实训的具体内容见表2-7。

表2-7　实训内容

实 训 程 序	标 准 规 范
倾听客人的订房要求	（1）问清客人姓名（中英文拼写）、预订日期、住店天数、房间数量、房型 （2）查看计算机及客房预订控制板
确定无法满足客人预订要求	（1）必须立即回答或回复函电，说明客人要求预订的日期本酒店确实都已订满，对不能满足客人的要求致歉 （2）遇到难以婉拒的客人，应及时请示总台主管或前厅部经理
建议客人更改预订要求	（1）建议其他房型。建议客人预订其他房型时，可推荐高一等级的房间 （2）建议客人改期。用商量的口气询问客人能否改变抵店日期 （3）建议另一家酒店。通常介绍姐妹酒店
决定婉拒预订	（1）如果客人不接受建议，征求客人意见，建立候补预订。候补预订要填写候补预订单，注明预订人的姓名及通信方式，以便及时联络。但必须向客人说明，酒店已经订满，如果有临时取消预订的，酒店会立即通知并确认接受预订；如确实无房，酒店不再通知，候补预订是不予保证的 （2）如果客人不愿意列入候补订房客人名单，预订员可以给客人寄婉拒书，以表示歉意
向客人致谢	（1）对客人预订本酒店表示感谢 （2）期待客人下次光临
将资料存档	（1）候补预订单应存放在指定地点 （2）将婉拒情况录入客史档案

2. 情景模拟

客　　人：我想订10日的标准间，住两晚。

预订员：好的。张先生，请您稍等。

客　　人：好的。

预订员：张先生，非常抱歉，由于10日酒店要接待一个大型会议团体，标准间全部客满。

客　　人：怎么这样啊，我可是因为你们酒店的知名度才订房的啊。

预订员：谢谢您的信任。张先生您看这样好吗？您先订一天酒店的套房，每套实际上只比标准间多280元，室内摆设尊贵、典雅，古朴中不失时尚，还有先进的设施设备，入住后相信一定能令您满意，要不您先订一天试试？如果您愿意，第二天再给您换到标准间，您看这样好吗？

客　人：我还是想住标准间。
预订员：好的。张先生，那您是否可以推迟一天到店，这样您预订标准间就没有问题了。
客　人：不行，我的时间不允许。
预订员：张先生，要不这样，请您留下您的联系方式，一旦10日标准间有空，我马上与您联系，您看好吗？
客　人：好吧。我的联系电话是×××。
预订员：×××。谢谢您，张先生！我们将随时与您保持联系，争取满足您的订房要求。
客　人：好吧，谢谢！
预订员：不客气，能为您服务我感到非常荣幸。
客　人：再见！
预订员：再见！

3. 实训考核

通过婉拒预订训练，充分认识到婉拒预订不是预订工作的终结，虽不能满足客人的最初要求，但不能终止服务。掌握如何受理婉拒预订，学会向客人多提合理建议，掌握如何写婉拒书。实训考核的具体项目见表2-8。

表2-8　实训考核

班组：　　　　　　姓名：　　　　　　学号：　　　　　　时间：

项　目	要　求	分值（总分10）	得　分
服务程序	服务程序正确，内容完整	1	
服务礼仪	自然大方，语气柔和，语速适中	1	
确定无法接受客人预订	仔细查看预订可行性表，确定客人提出的订房要求无法满足	1	
建议客人更改预订要求	根据客人的特点推荐可以预订的房间类型、建议客人更改入住时间等	2	
寄婉拒书	如果仍然无法满足客人的要求，为表示歉意，向其寄婉拒书	2	
列入"等待名单"	征询客人意见，若同意列入"等待名单"，在有合适的客房时，通知客人	1	
存档	将候补预订单存档，以备日后查询	1	
时间把握	在规定时间完成预订	1	

2.2.4　确认预订

无论订房人是以口头或电话的方式预订，还是以书面形式预订，预订员接受了客人的订房要求并经核对后，只要客人订房与来店之间有充足的时间，预订处都应向客人寄送预订确认书（表2-9）。预订确认书的内容主要包括：①复述客人的订房要求；②双方对房价、付款方式是否达成一致；③声明酒店对客人订房变更、取消预订的规定；④对确认类预订的客人要申明抵店时限，保证类预订的客人要申明酒店收取预订金；⑤对客人选择本酒店表示感谢。

表2-9　预订确认书

尊敬的_____小姐/女士/先生：
　　感谢您预订了本店的客房，我们对您的订房做了以下确认：
　　酒店名称_____　　　　酒店电话_____
　　订房日期_____　　　　房　　价_____
　　客人姓名_____　　　　客人电话_____
　　客人地址_____　　　　邮政编码_____
　　抵达日期_____　　　　离店日期_____
　　抵达时间_____　　　　逗留天数_____
　　结账方式_____　　　　订　　金_____
　　宾客人数_____　　成人_____　　儿童_____
　　客房数量_____　　客房类型　大号双人床　2张双人床　套间
　　其他需求　　婴儿床　连通房　加床　相邻房　带阳台的客房
　　　　　　　游泳池边的客房　其他指定的要求_____
　　备注：预订客房将保留至下午6:00，迟于6:00到达的宾客，请预先告知。保证类订房将被保留至次日酒店规定的退房时间。
　　退房时间为中午12:00。
　　若有任何变动，请直接与本酒店联系。
　　我们恭候您光临×××酒店。
　　　　　　　　　　　　　　　　　　　　　　　　　确认者：_____

2.2.5　变更或取消预订

从客人的预订要求被酒店确认到客人抵店前，因某种原因客人可能会通知酒店要求更改或取消原有预订。预订变更是指客人在抵店前临时通知酒店改变预订的日期、人数、要求、期限、姓名等。预订取消是指客人在预订抵店之前通知酒店取消订房。

酒店要特别重视预订的变更或取消工作，在处理预订的变更或取消时，预订员应注意以下服务要点。

（1）迅速查找出该宾客的预订单，并做出相应标记（更改或取消）；不能在原始的订房单上涂改，必须重新填写；询问取消预订的客人是否要做下一阶段的预订。

（2）记录来电者的姓名、电话号码、单位地址等，便于双方进行联系。

（3）如果客人变更预订，则按接受一个新的预订工作程序办理。如果时间允许，应重新发一份预订确认书，以表示前一份确认书已失效。

（4）修改相应的预订资料，如更改计算机信息预订总表、预订卡条等，确保最新预订信息的准确性。

（5）若预订的变更或取消内容涉及一些特殊安排，如派车接送、放置鲜花水果等，则需尽快给相关部门发出变更或取消的通知。

（6）尽量简化取消预订的手续。客人能花时间及时通知酒店取消订房，酒店就有可能将客房转租给其他客人，所以要向客人表示感谢，并简化取消预订的手续。

总之，在处理预订更改和取消时，预订员应礼貌、耐心、高效地对客服务。无论是变更、取消还是婉拒预订，都有宾客或酒店方面的客观原因，预订员既要灵活地面对现实，又应表现出极大的热情并提供有效的帮助。

 案例分析 2-3

取消预订

一天下午，浙江某广告公司胡先生到酒店总台预订了 11—12 日的 1 个套间和 14 个标准间。次日上午 8:45，胡先生办理入住手续时，提出只需要 1 个套间。总台服务人员取消了 14 个标准间的预订，并为其办理了入住手续。

分析： 前厅服务员在处理取消订房时，不够严谨。该客人预订了 15 间房，却只保留了 1 间，前厅服务人员在取消房间后，应通知相关领导和部门。如这类情况在周末订房高峰时出现，将会给酒店带来较大损失。前厅部应制定相应预防措施，避免此类情况再次发生。

 实训练习 2-4

预订取消

1. 实训内容

实训的具体内容见表 2-10。

表 2-10　实训内容

实 训 程 序	标 准 规 范
接受客人信息	（1）问候客人，仔细聆听客人的要求 （2）接到取消预订的通知时，找出原始订单 （3）询问并核对要求取消预订的住店客人的姓名、抵离日期、房型和房数
确认取消预订并记录	（1）记录取消代理预订人的姓名及联系电话或地址，最好请客人提供书面证明，做到有据可查 （2）找出原始预订单或函电，分别盖上"取消"章 （3）礼貌询问客人取消的原因 （4）询问客人是否要做下一阶段的预订 （5）将取消预订的信息输入计算机，与客人确认是否正确
感谢客人	感谢客人将取消要求及时通知酒店
将新的信息存档	（1）电话取消预订的，应记录通知人的信息；电函通知取消预订的，应将电函放置在原始单据上面，与原来的预订资料订在一起 （2）按日期将取消单放置在档案夹最后一页
通知有关部门	（1）将取消预订信息通知有关部门；如原预订有接机、订餐等特殊要求的，应将取消预订信息通知相关部门 （2）复印客人取消预订函电和原始预订单，交总台收银，按协议退还订金和预付的房费，或收取消费

2. 情景模拟

预订员：您好，国际酒店预订部。

客　人：您好，我于上周五预订的房间现在要取消。

预订员：好的。能否告诉我预订的抵店日期、离店日期，还有住店客人姓名？

客　　人：原订6月1日到店，预住3天，客人姓名是李红云。
预订员：好的，请您稍等……让您久等了。请问怎么称呼您，还有您的电话号码？
客　　人：李兵，×××。
预订员：谢谢。您是否需要做下一阶段的预订？
客　　人：暂时不用。
预订员：好的。李兵先生，您为李红云取消了在我们酒店预订的6月1—3日的标准间，不再需要预订其他客房。
客　　人：是的。
预订员：谢谢您能及时通知我们。
客　　人：再见。
预订员：再见。

3. 实训考核

通过学习预订的取消流程与技巧，掌握预订服务取消需要的程序，学会如何处理取消预订，如何更新相应资料。实训考核的具体项目见表2-11。

表2-11　实训考核

班组：		姓名：	学号：	时间：
项　目	要　求		分值（总分10）	得　分
服务程序	服务程序正确，内容完整		1	
服务礼仪	自然大方，语气柔和，语速适中		1	
接到预订取消要求	收到取消预订的信息后，找出客人的原始预订单或预订申请		1	
盖"取消"章	找出原始预订单或函电，盖上"取消"字样		2	
发出回复函	由预订部经理或主管审核签字，向客人回复		2	
将预订取消记录交总台	复印客人取消预订函电和原始预订单，交总台收银，按协议退还订金和预付的房费		2	
资料存档	将预订单存档，以备日后查询		1	

2.2.6　预订资料的存档与分析

预订资料必须及时、正确地予以储存，以防疏漏。预订资料一般包括客房预订单、确认书、预付订金收据、预订变更单、预订取消单、客户档案卡及客人原始预订凭证等。有关同一宾客的预订资料装订在一起，将最新的资料存放在最上面，依次顺推，以利于查阅。预订资料的储存可采用下列两种方式：①按客人预订抵店时间顺序储存，以便随时掌握未来每天的宾客抵店情况；②按客人姓氏字母顺序储存，以便随时查找出宾客的预订资料。实践中，可先按客人抵店时间的顺序排列，同一天的资料再按客人姓氏字母顺序排列。

预订资料分析是预订工作的一项重要内容。为了充分销售客房，拟定完善的销售策略，预订处应定期制作各种分析报告，为相关单位提供准确的数据，同时也为酒店经营管理提供重要的参考数据。当前大部分酒店采用计算机管理系统，相关的数据可以通过计算机系统自动生成，各部门之间通过计算机终端沟通，方便快捷。

2.2.7 处理订房的特殊要求

1. 接机要求

（1）接到客人在预订中注明要求抵店派车接机或接车时，必须与客人确认抵达的航班或车次、抵达人数、姓名，要求用车的类型及数量，并报车价。

（2）如客人需要豪华车接送，可直接与酒店联系满足客人的要求。

 知识链接 2-6

订车服务程序

客人要求酒店派车接到酒店，必须以书面形式通知预订处订车，预订员按照客人的要求用书面的形式回复客人，并报清楚车价，按以下程序订车：①填写订车单，打下时间；②订车单第一联交汽车调度签收；③订车单第二联交礼宾部签收；④订车单第三联夹在订单后，在订单上注明，并相应地输入计算机；⑤主管检查；⑥订单归案；⑦接车前一天，主管要与汽车调度、礼宾部核对。

订车服务需注意：必须在车队有所订车型轿车的情况下接受客人的订车；查清所要接的航班和车次的准确时间及终点站的准确地点，方能订车；当天新增、更改、取消订车，必须立即通知汽车调度及礼宾部。

2. 订票要求

（1）客人预订同时要求代订机票时，预订员应详细记下客人姓名、起飞日期、目的地等情况，并与问询处联系，征求可否满足客人订票要求。

（2）如可接受订票，预订处负责将订票的详细资料以书面形式送交问询代办处。

（3）接待部门在客人抵店办理登记手续时，告知客人可与问询处联系取票事宜。

3. 订会场要求

客人预订同时要求代订酒店会场时，应请客人提出详细的要求，如日期、出席人数、会场布置等，并立即与商务中心联系，确认可否接受。

2.2.8 客人抵店前工作

1. 订房核对工作

由于客人抵店时经常出现取消预订或更改预订的情况，预订员难免会出现工作疏忽，因此，需要预订处做好客人抵店前的核对工作，以确保订房准确无误。订房核对工作一般分 3 次进行，分别是抵店前一个月、抵店前一周和抵店前一天；若重要客人或大型团体提前预订时间长，还应增加核对次数。订房核对的内容包括抵店日期、住宿人数及时间、房间的数量和类型等；核对的重点是抵达时间、更改变动的订房、重要客人订房。预订员对预订内容要仔细检查核对，发现问题立即与有关部门联系，商量解决办法或提出补救办法。

 案例分析 2-4

客房重复预订之后

预订部接到一日本团队住宿的预订，在确定了客房类型并安排在 10 楼同一楼层后，预订部开具了来客委托书。而与此同时，预订部小石接到一位中国台湾地区的石姓客人的来电预订。因为双方都姓石，并且石先生是酒店的常客且与小石相识，小石便把10楼1015客房许诺订给了这位客人。

当发现客房被重复预订之后，酒店总经理找来了预订部和客房部的两位经理，商量如何回避可能出现的矛盾。

预订部经理与客人石先生联系，向其再三致歉，并道出了事情经过的原委和对失职的小石的处罚，还转告了酒店总经理的态度，一定要使石先生这样的酒店常客最终满意。

当客人石先生得知因为有日本客人来才使自己不能如愿时，表现出了极大的不满。预订部经理说："住10楼比较困难，因为要涉及另一批客人，会产生新的矛盾，请石先生谅解。"石先生表示："看在酒店和小石的面子上，同意换楼层。但房型和陈设、布置各方面要与1015客房一样。"石先生做出了让步。

"14楼有一间客房与1015客房完全一样。"预订经理说。"我一向不住14楼的。"石先生不悦地说。"那么先生住8楼该不会有所禁忌了吧？"预订部经理问道。"您刚才不是说只有14楼有同样的客房吗？"石先生疑惑地问。"8楼有相同的客房，但其中的布置、家具可能不尽如石先生之意。您来之前我们酒店会将您所满意的家具换到8楼客房。"预订部经理说。"我同意。"石先生高兴地说。

分析： 酒店的这一举措，弥补了工作中失误，赢得了石先生的心。为了挽回酒店的信誉，同时也为了使"上帝"真正满意，酒店做出了超值的服务。此事被传为佳话，声名远播。预订部小石受到了严厉的处分是因为他违反了客人预订只提供客房类型、楼层，不得提供具体房号的规定。

2. 报表制作

预订处除了为客人订好房间外，还要把将要入住的客人信息制表通知其他部门，以便提前做好服务工作的细节安排，为客人提供针对性的服务，其工作包括：提前一周或数周，将酒店主要客情，如VIP（接待通知单见表2-12）、大型团队、会议接待、客满等信息通知各部门，其方法可采取分发各类预报表，也可召开由运转总经理主持的协调会；客人抵店前夕，将客情及具体的接待安排以书面形式通知相关部门，做好准备工作。酒店常使用的表格有"次日抵店宾客一览表""飞机航班分析表""团队资料表""VIP申请单"（表2-13）等。

表2-12　VIP接待通知单

年　　月　　日

VIP姓名		人数	
抵店时间	年　月　日　时　分乘	次列车/航班抵（　）	
离店时间	年　月　日　时　分乘	次列车/航班赴（　）	
房间和类	单人间　　普通套间　　总统套间		
	标准间　　豪华套间		
VIP房号		陪同房号	
特殊要求	客房		
	餐饮		
	其他		
备注			
付款方式		费用折扣	
接待单位		联系人	电话

表2-13　VIP申请单

年　　月　　日

VIP 姓名	
情况简介	
审批内容	（1）房费：①全免　②赠送会客室一间　③房费按　折收取　④按　元收费 （2）用膳：在　　餐厅用餐，标准　　元/人（含　不含饮料） （3）房内要求：①鲜花　②小盆景　③水果　④果盘　⑤葡萄酒及酒杯 ⑥欢迎信　⑦名片　⑧礼卡　⑨酒店宣传册 （4）迎送规格：①由　　总经理迎送　②由　　部总经理迎送　③锣鼓迎送 ④欢迎队伍 （5）其他
呈报部门	经办人　　　　　　　部门经理
总经理批署：	

综上所述，客房预订过程比较复杂，并且对准确率要求极高，故采用计算机来进行全过程的操作是十分必要的。

2.3 预订控制管理

由于酒店客房与一般商品特性不同，客房商品没有存货问题，如果当天销售不出去，即损失一天的利润。酒店为寻求最大利润，必须做好客房预订的控制管理工作。

订房控制是指客房预订管理过程中采取多种方法和措施来保证客房预订的准确性，以确保客人进店后能够住进事先订好的房间。由于预订工作随时都可能受到客人的取消、更改、提前、延后、减少或增加人数的变化，酒店预订处就必须采取多种方法和措施来进行预订控制，保证预订信息的准确性和维护酒店经济效益的最大化。

订房控制还要解决好客房出租率和房价之间的关系等问题，这些都是目前摆在酒店经营管理者面前的现实问题，如何解决这些问题，使客房收益最大化，这就需要做好订房控制和营收管理。

2.3.1 超额预订控制

客人向酒店预订了客房，并非所有的客人都能如期到达。即使酒店客房全部订满，也会有订房者因受天气、航班或车次更改影响而"未抵"；订房者因受朋友、亲戚或同事的影响，临时取消预订而到其他酒店住宿；或者客人提前退房使酒店出现空房。为了避免客人临时取消或改变行程所带来的空房损失，酒店会采取超额预订的方法。

1. 超额预订

所谓超额预订是指酒店在可供房已满的条件下，还承诺一定数量的客房预订，以弥补因客人预订"未抵"、临时取消订房或提前离店而可能出现的客房闲置，避免不必要的经济损失。

超额预订通常出现在旅游旺季和节假日，这样做既能充分利用酒店客房，争取获得最大效益，又能满足客人的订房要求，不产生订房纠纷。但超额预订必须在一定的合理范围之内，否则，客人到酒店之后可能出现无法安排住房的现象。如何有效地实施超额预订，使酒店在旺季达到最佳出租率和最大效益，同时保持良好的声誉，这对酒店管理者来说，确实是胆识和能力的挑战。

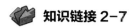知识链接 2-7

减少"预订未到"造成的损失

酒店经常遇到在客房供应紧张的时候，已经预订的某些客人没有来也没有通知酒店，这种情况叫"预订未到"。一般来讲，因不可控因素造成的"预订未到"，酒店得不到赔偿。除此以外的其他原因造成的"预订未到"，买方都应向酒店赔偿。但是，由于酒店市场长期处于买方市场，使得"预订未到"带来的损失有增无减。实际上，酒店通过做好以下4个方面的工作，可以使"预订未到"情况的出现降到最低，损失也减少到最小。

1. 做好预订担保工作

做好预订担保工作：①平时要养成预订担保的习惯，尽量使客人对他们的客房进行担保；②用专门的书面格式，方便订房人进行担保；③对于暂时无法担保的客人，要留下联系方式，然后跟踪，尽量让客人担保；④对于不提供担保的订房，也要根据联系方式询问是否要保留，如果客人要保留，也请客人担保该预订。

2. 做好超额预订工作

做好超额预订工作：①根据酒店历史资料，科学预测客情，制定超额预订数目；②综合分析各种影响因素，掌握好超额预订的尺度；③事先了解周边同星级酒店的情况，做好超额预订的补救工作。

3. 做好"取消预订时限"工作

按照国际惯例，酒店对预先订房的客人，会为其保留房间直至抵店日当天下午6:00。这个时限被称为"取消预订时限"，或称"截房时间"。如果客人逾期不到，也没有事先与酒店联系，该预订被视为自动取消。

4. 做好其他工作

做好其他工作：①接到接待处退回的客人预订未到的信息后，立刻核准客人是否确实未住进酒店，并了解相关信息，如与预订人联系等；②根据与订房人的电话询问结果，准确记录客人未能抵达的原因，以备日后查用；③对"预订未到"情况登记和分析，划出预订信誉等级，使预订信誉等级与订金款额挂钩，以使今后接受预订时掌握主动。

2. 超额预订的影响因素

实施超额预订时，应综合考虑以下主要影响因素。

（1）客人预订类型。如果酒店预订类型中，一般类预订比例较大，超额预订的弹性也就较大；如确认类预订比例大，超额预订的弹性就小；对保证类预订的房间，不应该再进行超额预订。

（2）客人类型。团队订房是有计划安排的，临时取消的可能性较小，而散客订房的随意性大，预订不到的可能性较大。团体订房多、散客订房少的情况下，超额预订的幅度不可过大；反之，超额预订的幅度可适当增加。

（3）酒店类型。一般来说，连锁店凭借完善的统一预订系统和庞大的分店数量，可以适当提高超额预订率以提高利润；独立经营的酒店则只能保守一点。

（4）时间。酒店出租率在不同的年份和月份是不一样的，受此影响，酒店在淡季、旺季、平时和节假日等不同时间，其超额订房数量应不一样。

（5）其他酒店。本地区如有其他同等级同类型的酒店，可以适当增加超额预订幅度，万一因超额预订量过大而无房提供，可介绍客人到其他酒店。

（6）天气情况。恶劣的天气常造成航班被取消、渡轮停驶，如这种天气出现在预订到达当天，那么预订的客人逾期不出现的概率肯定会大幅提高，对天气情况的预测便成为超额预订率制定的重要依据。

（7）突发性事件。倘若在客人的预订到达期前两三天，其所在地发生不利的突发性事件，肯定会影响客人的行程。但往往由于事发突然，客人来不及取消。对酒店来说，适当增加到达当天的预订量，无疑是明智的。

 知识链接 2-8

造成超额预订的原因

客人到达酒店时，酒店却不能供应住宿，这往往是超额订房造成的。造成超额预订具体有三方面的原因。

1. 人为的错误

人为的错误包括：①预测错误，订房部对未来的入住率计算错误；②登记错误，将客人的离店时间登记错了，如某客人是应该第二天才迁出的，接待处却登记了当天的日期，在订房紧张时，这一间客房的错误，也可导致客房不够的情形。

2. 坏房影响

在旅游旺季，当每一间客房都订满时，某些客房的设备可能会出现问题，被迫空置，不能租出，减少了房间供应量。

3. 其他原因

有些原因是在酒店不能控制下发生的：①如某团体应该在今天全部迁出，但因天气恶劣，航空公司取消飞机班次，酒店被迫把团体留在酒店内；②如客人遇到意外，身体受伤，不能如期迁出，也会影响酒店的入住情况。

3. 超额预订数量的确定

酒店承诺超额预订时应考虑以下几种客人情况：预订不到者、临时取消预订者、提前离店者、延期住宿者和提前抵店者。掌握了上述数据资料，就可根据下列公式计算超额订房的数量和幅度。

$$X = (A-C) \cdot (n+r) + C \cdot f - D \cdot g$$
$$R = X / (A-C)$$

式中，X 表示超额订房数；A 表示酒店可供出租客房数；C 表示续住客房数；D 表示预期离店客房数；n 表示预订未到率；r 表示临时取消率；f 表示提前离店率；g 表示延期住宿率；R 表示超额预订率。

这个计算结果仅供参考，因为这是依据酒店以往的经营统计数据计算的，未来状况还要具体分析，超额预订数量的最终确定要综合考虑各种影响因素。超额预订的数量和幅度要适度，应该避免过度超额预订而使部分客人不能入住，或超额预订不足而使部分客房闲置。根据国际酒店经验，超额预订率应控制在 5%～15%。

4. 超额预订纠纷的补救措施

由于酒店承诺了超额预订的客人，有时就会出现客人持有酒店的预订确认书，并在规定的时限抵达酒店，酒店却因为客满无法为他们提供所订客房，或者在客人达到酒店后发现房间不能尽如人意，这些都会带来纠纷。一旦发生这类情况，势必引起客人极大不满，酒店必须积极采取补救措施，妥善安排好客人住宿，以消除客人的不满，维护酒店的声誉。

如果预订客人到店，而客房已售完。一旦发生这类情况，就是酒店的违约行为，酒店必须根据不同情况采取有效解决方法。

（1）客人需住店一天。客人只住一天时，酒店采取的补救措施。①客人到店时，诚恳地向客人道歉并承担责任，解释客房出租情况，请求客人谅解，并立刻通知酒店管理人员出面道歉解决。②优先想方设法扩大店内房源，如通过加床、利用值班人员房间、员工宿舍等方法，尽量安排客人在本酒店住宿。③实在无房提供时，征得客人同意后，将客人立即安排到事先备好的另一家同等级酒店，派车将客人免费送往这家酒店。如果找不到相同等级的酒店，可安排客人住在另一家级别稍高一点的酒店，房间差价由本酒店支付。④保留客人的有关资料，通知电话总机和问询处，以便向客人提供邮件或查询服务。⑤免费为客人提供一次或两次长途电话费或传真费，以便客人能够将临时改变地址的情况通知家属和有关方面。⑥向订房人发致歉信，对造成的不便表示歉意。⑦做好善后处理，并记入客户档案，防止类似事件的发生。⑧对提供了援助的酒店表示感谢。

一般类预订虽没有书面凭证，但从诚信上讲，口头承诺应同书面确认一样有效，酒店切忌借口未确定而对客人失礼；如客人属于保证类预订，酒店要支付其在其他酒店住宿期间的第一夜房费。

（2）客人需连住。客人连住时，酒店除了完成客人住一天时的补救措施外，还要采取如下补救措施。①次日排房时，首先考虑此类客人的用房安排，在客人愿意的情况下，向客人说明第二天一早酒店就会派车把客人接回来，同时确定接回时间。②在交接班时做好记录，并为客人准备好房间。③做好客人回本酒店的接待工作，大堂副理应在大堂迎候客人，再次向客人表示歉意，并陪同客人办理入住手续，房间放致歉信、鲜花和水果等。④客人在店期间享受贵宾待遇。⑤如客人属于保证类预订，酒店可支付其在其他酒店住宿期间的第一夜房费，或客人搬回酒店后可享受一天免费房的待遇。

 知识链接 2-9

合理做好超额预订

做好以下几个方面的工作，不仅能为酒店带来可观的收益，而且能极大地提高顾客的满意度和忠诚度。

1. 预测客源情况

预测工作需要从多方面着手：①往年同期客源情况的分析；②关注节假日期间的天气预报；③了解本市同类酒店的预订情况；④关注各媒体报道；⑤通过其他渠道了解信息。

2. 做好价格调整的准备

根据预测情况，针对各种客源，制定不同的价格策略。新的价格要尽量提前制定，以便留出足够的时间与客户沟通。期间营销人员有大量的工作需要落实，不仅要通过电话、传真、电子邮件通知客户，更要从关心客户的角度出发，提醒客户尽量提前预订，以免临时预订而没有房间。在价格调整中，不同客源的调整幅度可以不一样。

3. 合理计划客源比例

根据调查与预测情况，合理做好客源的分配比例，如果预测天气情况不妙，可以增加团队的预订量，如果预测天气较好，可以减少团队的预订量。但不能"一刀切"，不接团队，除非酒店以前从不与旅行社打交道。酒店可以通过价格的上涨来合理控制或筛选不同细分市场。对于长期合作的系列团队，应尽量提供一定比例的房间。

4. 合理做好超额预订

通过超额预订，酒店可以防范大量未履行预订的风险。然而，如果酒店接受太多的超额预订就得负担客人抵达酒店时没有房间可以入住的风险。为了降低超额预订的风险，酒店可以通过以往节假日 no-show 和取消的数据进行统计比较，得出一个合理的百分比。从而实现既能够最大限度地降低由于空房而产生的损失，又能最大限度地降低由于未能做好足够预订而带来的损失。

5. 提前做好服务准备工作

一到旅游旺季，酒店所有人力和设施设备都有可能超负荷运转，因此酒店必须提前进行设施设备的检查，根据预测情况合理安排人手。通过预测，其他各个营业场所，如车票预订、餐饮、娱乐等服务也要提前做好准备。

6. 进一步锁定客源

一方面通过酒店充分的准备，提供优质服务，给客人留下好印象；另一方面可以通过大堂副理拜访客人、客房内放置节日问候信、赠送小礼物、放置贵宾卡信息表等来实现客人今后再次光顾的可能性。

7. 与各相关方做好联合工作

具体包括：①与同行酒店及时互通信息，相互核对酒店房态，做到互送客源；②与各大网络订房中心随时联络，及时通告酒店的房态；③与每天预订的客人进行核对，确认客人是否到来、抵达人数、抵达时间等；④与媒体电台定时联络。

 知识链接 2-10

还要超额预订吗？

美国联合航空公司（简称美联航）打人事件（2017年4月9日）已经落幕，但是引起打人事件的超额预订模式仍然在酒店业和航空业广泛流行，而且关于超额预订的反思还没有开始。超额预订这个在酒店业或者航空业人士看来似乎是一件天经地义的事，谁要是不用超额预订方法来提高收入搞不好就会被同业认为不善经营。那么酒店或者航班要提高收入就一定离不开超额预订吗？

撰写本文之前，笔者查遍了网络，问遍了专家也没有获悉关于超额预订概念的历史源头，究竟是在什么样的历史年代，什么样的技术条件下，何人在何处发明了超额预订这个概念？

我们虽然不知超额预订兴起的具体年代，但是我们能够断定它是在通信技术极不发达的年代产生的一个增收办法。一条预订信息从几千公里以外传到酒店，而酒店没有什么方法和预定客人取得联系，酒店自然不能确认该客人是否能够如期到店。在没有电子支付手段和信用体系的年代，酒店业不可能预知这笔房费是否能够如期如数收到。所以为了减少 no-show 客人给酒店造成的出租率损失，聪明的酒店人从概率学中获得了启示，发明了超额预订，并在后来的几十年的实践中被证明行之有效且合理。久而久之，超额预订就成为酒店人的一种思维定式，认为超额预订亘古已有，并且天经地义。

殊不知，到了21世纪，技术的发展已经彻底颠覆了超额预订概念产生的环境条件，那么超额预订为什么还要一直"天经地义"地存在下去呢？在通信技术不发达的年代，无法联系到客人，也无从确认他是否会如期到店，所以才需要超额预订来保护酒店的利益。现在的通信技术非常发达，酒店可以用电话、微信、QQ 等联系客人并确认其行程，并且还可以通过各种电子支付手段预收房费，酒店的收入可以得到保证了，还需要超额预订来保证收入吗？

超额预订并非不可以用，但今天的社会环境已经不是30年前或者50年前的环境了，我们有了更多手段来保证酒店的出租率和收益的最大化，超额预订的手法未免老套过时了。始终执着于超额预订的做法是一种惯性思维的产物，不符合时代发展的节奏。最近传出一条行业消息，美国万豪酒店推出一项新的预订政策，所有预订必须在到店前30小时之前确认并预交定金，否则全做取消处理。这意味着超额预订完全没有用了，因为每个订单和相应的收入都能提前30小时被锁定，何来超额预订之需？截至本文发稿时，又收到媒体最新消息：希尔顿酒店紧跟万豪酒店在美推出48小时取消预订收费的新政。

没有了超额预订不必惊慌，酒店不但不会损失收入，还能免去超额预订给酒店带来的各种损失。最近和一位做预订的朋友聊天得知，他们部门最近一次因为超额预订失误，导致酒店6 000元的损失。酒店要求失误的员工赔付这笔损失，对于一个工薪阶层而言，6 000元意味着什么？员工损失了6 000元，酒店就真的能够心安理得认为自己没有损失吗？不要忘记员工也是酒店的利益共同体。

时代在变化，酒店的经营思路也必须与时俱进，没有什么是天经地义、一成不变的。是时候反思一下了，超额预订真的还有必要吗？

（资料来源：迈点网．）

2.3.2 房价、出租率与客人比例控制

以往，酒店业都将客房出租率的高低看作成功与否的标志。在实践中，有的酒店出租率高达90%以上，但它卖出去的80%是标准房的价格，很多套房住的客人都是标准房客人抵店之后，酒店安排不出标准房，因此免费升级的，酒店出租率看似很高，但是平均房价却一直很低。这种情况说明该酒店的预订管理存在一定的问题，没有使酒店达到效益的合理化和最大化。

预订控制管理应根据酒店的销售资料，通过科学的预测，找到客房出租率与平均房价的最佳结合点，保证酒店最大收益。

1. 房价与出租率的控制

衡量酒店经营成功与否的另一个指标是已出租客房的平均房价。预订和营收管理的关键是根据客房销售情况随时调整客房销售价格，争取房价和出租率的双赢，以获取利润的最大化。例如，酒店在客房需求量高时，可以采取限制低价客房数量，停售低价房和收益低的包价房；只接受超过最短住宿期的顾客的预订；只接受愿意支付高价的团体的预订等措施。酒店在客房需求量低时，则可采取招徕要求低价的团体顾客；向散客提供特殊促销价；向当地市场推出少量廉价包价活动等措施。

房价与出租率的统筹控制需要做好以下几方面的工作。

（1）制定酒店市场策略。根据市场需求和自己的目标客人，酒店要有不同的相应价格推出。

首先，了解市场的需求。例如，对于每年度召开的展会及大型活动都要了解，碰到类似活动，酒店就可以提高价格，提高出租率。另外，政治形势、经济环境都会影响市场的变化。

其次，了解竞争酒店的情况。根据同一地区的竞争酒店的出租率、营业收入，分析自己酒店处于什么位置。

最后，利用历史数据分析客人情况，找出自己的目标客人。例如，欧洲客人是某酒店的传统客源，目前美国客人也有上升的趋势，那么酒店就要稳定欧洲客源，发展美国客源；旅游淡季团队比例过低，就要想办法在团队市场上下功夫。

（2）控制好预留房的数量。营收经理/预订处经理要把好预留团队房这一关。如果团队房

需求量很大，但价格较低，而酒店出租率已经很高，预订部经理经核算发现接这个50人的团队等于接20位散客，而这时候由于市场形势很好，预订20位散客肯定没有问题，那酒店可以婉拒这个团队。相反，如果酒店出租率很低，那么销售部就要抓住机会留住这个团队客户。

（3）降低免费升级的概率。免费升级（free uprade）就是客人用原来订的房价住更高一级或以上的房间。降低免费升级的概率，建议客人增加预算住高一级别的房型。如果客人订的是标准房，但预订员考虑到客人是级别较高的公司客户，可以推荐他住行政楼的标准房。另外需要注意的是，要控制免费升级房的数量。根据历史数据和目前可卖房的数目，衡量出免费升级房的大致比例，每个酒店的比例不同，不同季节也会不同，一般为客房总数的2%～8%。

（4）及时变更订房中心、预订网站的价格。订房中心、网站、全球订房系统的价格是可以根据市场来变化的，目前很多酒店都可以在网上按照实际情况设置不同的价格，所以酒店一旦有了价格、房态的变化，要及时在网上做同样的变更，保持价格的一致性。如果酒店的普通标准房已经售完，而预订员未及时在网上把这一房型关闭，那么普通标准房的订房还会源源不断进来，超额预订部分将影响酒店的营业额和声誉。

（5）查看历史数据，找到两者平衡点。查看酒店客房率、房价、房态的历史数据，如果客房率高，房价低，就要在减少影响客房率的情况下想办法提高房价；如果普通标准房超额，而套房基本都是普通标准房免费升级而来的，那么就要加强促销高级房型的力度。

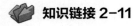
知识链接2-11

免费升级

酒店一般只在以下情况下给予免费升级。

（1）满房（oversell）。没有闲置房间了，连总经理的特别套间在特殊情况下也只能让予客人。当然原则是套间只给只住一夜的付标准价的客人。

（2）VIP。从一等VIP到四等VIP，从各大知名公司高级管理人员到社会知名人士，免费升级套间。

（3）客人投诉。通常如果有客人因对酒店的服务不满而投诉，并且经调查责任确实在酒店方面，由于酒店工作的失误而给客人带来不便，会同意给予免费升级以表示酒店方面的歉意。升级的房间豪华度与问题的严重性成正比，有时还同时附带减免房费及赠送道歉礼品，这些都与问题严重性成正比。

（4）被安排的客人。因前夜酒店满房而被安排去其他酒店的客人，如果第二天早晨选择返回酒店，会给予免费升级，以表达酒店方面的歉意。

（5）酒店会议或者婚礼之类合同中规定需要免费升级的客人可予以升级。

（6）有特殊理由的客人如蜜月、婚礼纪念等。

因为特殊情况给予客人免费升级房间时，一定要向客人讲清楚此次免费升级的原因。例如，"酒店今天满房，您非常幸运地被抽取到免费升级豪华套间的机会。"一定要让客人明白，这样的事情只是这次的特例，不是每天如此。下次客人再次来到酒店，还是要按照酒店的规定派房。

对于无理取闹的客人，需要在预订系统中相应的客户档案中注明：此次的事件、客人的反应，以及此次经理根据情况做出的决定、应对方法。各连锁酒店最好都能做到口径一致，至少同一酒店在每一次碰到这个客人的无理要求时，要做到口径一致。否则客人很容易找到漏洞对酒店进行攻击。

2. 团队/散客比例的控制

例如，某酒店6月15日的出租率是95%，其中4个旅行团队占可供房的60%，散客占可供房的25%，其余占可供房的10%，而这段时期有两个展会，周边同星级的酒店出租率虽然没有该酒店高，但也都保持在90%左右，客房收入更是远远高于该酒店。这说明该酒店预订管理中团队/散客比例控制不适当。团队/散客比例对营收有很大影响，预订处经理要根据不同的情况分析该比例。

（1）分析团队/散客比例的历史资料。根据历史数据，分析团队和散客在酒店的比例，同时分析团队营收和散客营收的历史数据，是否与团队/散客比例成正比。

（2）预测团队/散客比例的潜在影响。影响预测团队/散客比例的潜在因素如下。①酒店的定位对团队/散客比例的影响。如果酒店定位在五星级的商务型酒店，那么团队的比例就不宜高，要多接层次较高的商务客，因为团队的价格相对较低。②不同的季节对团队/散客比例的影响。酒店淡季商务客较少，那就要提高团队客在酒店的比例，而在旺季时，团队客的比例要适当降低，增加散客的预订比例。③展会、大型活动对团队/散客比例的影响。展会、大型活动期间团队和散客都会有增长，要根据实际与会人数做出相应比例的调整。

知识链接 2-12

营收管理的影响因素

影响酒店有效使用营收管理的因素有酒店态度、酒店经营、酒店外部基础设施和政策四方面。

1. 酒店态度因素

酒店内部态度方面是指酒店哲学的影响因素，即酒店关于定价和营收管理的态度对有效使用营收管理的影响。具体而言，主要有3种表现。①认识概念方面。有些酒店缺乏对营收管理的真正认识，只了解一些基本的直觉的营收管理原则，并且仅仅停留在这个层次上。很多酒店将营收管理简单地解释为折扣价，甚至认为营收管理意味着价格战。②酒店经营哲学方面。一些酒店缺乏支撑营收管理实践的基本的酒店哲学，这些酒店坚信其产品或服务有持续的固有价值，而且不受供求关系的影响，根本无须变化价格就可以获得很高的利润。③不愿取得准确合适的信息。营收管理是以历史数据信息为基础的。如果缺乏足够准确的信息，即使有计算机，也无法进行需求预测和对产品进行控制管理。而现实中，许多酒店缺乏搜集和记录支持营收管理所需要的销售信息，或者此类信息数量有限，其重要原因是这些数据往往会增加酒店成本。

2. 酒店经营因素

酒店经营方式也会对有效使用营收管理产生影响。①计算机系统的成本是改善营收管理的一个主要影响因素。那些没有计算机的小酒店，收集数据及对其自动化预测或营收管理的额外投资确实也是很大的。②依靠合作企业，价格固定。有些酒店依靠其合作的旅游经营商或旅行社以获得很好的销售量；有些以商务旅游者为目标市场的酒店可能会和一些大企业客户有协商好的房价。这些情况下，酒店不容易进行内部价格调整，从而形成了经营上的一个障碍。

3. 酒店外部基础设施因素

来自基础设施的影响主要有两大类，一是基础设施的不足；二是没有现成合格的计算机营收管理系统。

4. 政策因素

政府关于价格的限制可以看作来自酒店外部环境对使用营收管理的一种障碍。例如，政府对于旺季和淡季分别规定实行价格限制，从而使酒店丧失了旺季可以产生的收益，也限制了酒店在淡季打折的范围。如果没有这些限制，一些酒店可以在旺季多赚一些，同时可以把更多价格敏感型的需求推迟至淡季。

本章小结

前厅重要的预订业务既要最大限度地满足客人的订房需求,又要更好地推销客房,获得最佳的经济效益。明确预订业务的内容和程序,确定预订业务的服务方式、细节和品质,提供以客人需求为主导的预订业务是很重要的。

预订处的工作任务包括受理或婉拒客人的订房要求,记录和储存预订资料,检查和控制预订过程和完成客人抵店前的准备工作等。

在受理预订时,预订员会接到不同方式和不同类型的预订,都要做到明确答复、准确报价,热情接待、快捷处理和认真规范、恪守信誉。预订员还要遵守预订程序,即预订前准备工作,明确客源与订房要求,推销、接受或婉拒预订,确认预订,预订变更或取消,预订资料存档与分析、处理订房的特殊要求和客人抵店前工作8个步骤,为客人提供优质服务。

为了保证酒店营收最大化,前厅预订处要做好超额预订和营收管理工作。超额预订主要是做好超额预订数量的确定及超额预订纠纷的补救措施,营收管理工作主要是达到客房出租率与平均房价的双赢。

客房"满房"的奥秘

2017年春节假期,昆明花之城豪生国际大酒店上演了一个"奇迹"——2 268间客房,连续7天出租率超100%,日均用房较2016年春节提升近800间;客房不仅"超卖",还动态定价卖出了好价钱,酒店整体收益较2016年同期提升50%;每天为8 000多人次办理入住和退房,网络好评达到了93%。

"舍易取难"折腾自己

昆明花之城豪生国际大酒店(以下简称花之城豪生)是昆明城市地标性花卉主题酒店,客房2 268间。体量如此大的酒店,客房销售是个难题,但是该酒店自2015年7月1日开业,就不断创造奇迹——开业52天,客房日预订量从0达到1 200间;2016年春节假期,实现日均用房超1 500间;2017年春节假期,2 268间客房每天满房,大年初一入住率100.88%、初二100.22%,初三101.19%、初四100.66%、初五100.57%、初六100.04%、初七100.22%。

"自开业以来,我们整个团队每天都做着同一个梦——什么时候能让花之城豪生'一房难求',今年春节这一梦想终于实现。"花之城豪生总经理沈翊说,"梦想能实现,只有一条路,那就是不按常理出牌,勇于创新并坚持到固执。"

春节假期一直是昆明旅游接待的高峰。据官方统计,2017年春节假期,昆明、临沧、德宏、西双版纳、玉溪等旅游目的地,游客接待量同比增幅均在60%以上。"我们的营销团队非常敏感,通过对全渠道用房数据的分析提前几个月就预测到今年春节假期将会出现更大的流量高峰。"沈翊说,"只有这样的流量高峰期,才能进一步测试花之城豪生开业一年多来不断创新的营销渠道的宽度和深度。那么,不妨来一次大胆创新,打一场激烈的市场'狙击战'。"

"我们本可以选择较稳妥的方式——早在春节前几个月就把春节期间的客房通过不同的渠道预订批发出去,但这样做即使春节天天满房,酒店的收益还是不高。"沈翊表示。花之城豪生的团队思考的是这个春节不仅"必须吃饱",还要"试水吃好"。于是,提前3个多月,花之城豪生的营销团队就开始了精细化布局:首先,根据需求预测,预先分配各渠道的用房占比；其次，根据各渠道用房习惯，强控单、标间用量配比，针对团队收取用房保证金，将团队用房取消率降低至 0.8%；最后，针对散客市场，先后设置近 20 组价格代码通过 OTA 平台实时动态"试水"，摸索出散客能接受的价格与产品。

除夕当晚，花之城豪生年初一的客房还有 600 多间在手里"捂着"。"市场营销部承担如此大的风险，只为尝试不仅要将客房全部卖出去，而且适时卖个好价钱。"沈翊说。事实证明，他们赢了，花之城豪生一点一点把收益抠了出来，仅 7 天就完成 50% 的月度业绩指标。而这一切的前提都是基于对市场的大胆预判。

客房满了，酒店的各部门接待压力空前：前厅部员工每天要为 8 000 多人次办理入住和退房，快速处理临时增、减用房，同时还要实时解答客人疑惑、提供金钥匙服务，直到深夜才吃上午餐；餐饮部每天接待不同需求的 7 000 多名客人；客房部 100 余名员工开启疯狂做房模式，员工们清早开工，深夜才能下班，每日工作 14 个小时。此外，还有洗涤部门不得不 24 小时开机洗涤撤换的布件，餐饮供应商运送食材的频率也从 1 天 1 送提升为 1 天 3 送。"很多人这样说我们，一个疯子总经理，带领一个疯子团队，创造了疯长的业绩。"沈翊说。

实现"满房"实不易

2 268 间客房"满房"容易实现吗？事实上，尽管在开业后不断刷新业绩，但直到 2016 年暑假之前，花之城豪生都难以突破日销 2 000 间的大关。

沈翊认为，制约花之城豪生满房的关键因素是房型配比不够合理。于是，花之城豪生展开了全渠道用房数据分析，基于数据分析摸索出了不同客群、不同渠道的用房偏好，最终形成高度契合客群需求的房型配比策略并论证实施。经过不断地试错、调整之后，花之城豪生终于找到了适合自己客源市场和不同渠道的房型配比，也终于在 2016 年暑期实现了连续 39 天日均用房超 2 000 间的突破。"我们的竞争对手是自己，只有不断超越、突破自己，才能不断蜕变。"沈翊说。

对于有如此客房体量的酒店而言，单一渠道是无法"喂饱"的，因此，营销团队进行了多样化的渠道建设，无法适应创新模式的销售人员在这里根本留不住，能留下来的都是特别能吃苦、特别能战斗的"初生牛犊"。经过努力，当前花之城豪生的销售渠道达到了数十个。这么多渠道，每一个渠道每天都会有临时增减用房、预订取消、预订未到、提前离店等情况，2 000 多间房，每天调整的少则几十间，多则几百间，满房很难实现，怎么办？

"必须赶卖！"沈翊说。花之城豪生的预订团队养成了对过往数据进行长期、深度分析的习惯，日渐增强了对数据串联和运用的能力，也因此，预订团队可以给出精准的预订取消率和未到率，指导进行实时、精准的"超额"预订。"你见过管理人员像盯股票大盘一样盯着各渠道的临时增减房和销售情况，进行实时价格调整吗？春节期间，我们就是这样，很多员工'固执地'容不得空出一间房。"沈翊说，"另外，之所以能够实现出租率超 100%，还有一个重要的原因，那就是无论客人延迟退房到几点或是提前离开，员工都能在最短的时间将这些客房抢做出来并再次销售出去。"

产品与服务是制胜法宝

近几年，不少酒店开始研究"互联网＋"、营销方式的创新，但营销玩得再好，最终要赢得客人心，还是要靠产品和服务。沈翊认为："酒店终归要回归本质，营销再厉害，服务和产品跟不上，业绩终将昙花一现。"

沈翊说，开业一年多来，花之城豪生埋头研究服务和产品，采取面对面沟通、辅以网络点评及宾客意见调查问卷等方式探知客人需求，迅速根据需求改进服务、调整产品，平时就注重做好大规模接待时的相关训练,提高前台员工办理入住和退房手续的效率,研究如何减少客人等待时间等。

目前,花之城豪生并不完美,还存在很多短板。沈翊说:"今年春节酒店除了全天开放所有餐厅外,还将1 800平方米的怡美国际会议厅临时布置为餐厅,但依然有很多不尽如人意之处。面对满房时那么多客人,如何让餐饮服务更加高效、让客人满意,是我们今年的目标。"

从开业那天起,花之城豪生就面临着严峻的生存问题。"超大的体量注定了我们不能穿新鞋走老路。'大胆试错,小步快跑,快速迭代'成为我们这个平均年龄38岁的高管团队的唯一信条。只有先想方设法活下来,再努力让自己活得好一点,摸索出一套行之有效的商业模式,才算实现了我们这群酒店专业人士的价值。"沈翊说。

酒店业现阶段供求关系不平衡,极易导致酒店陷入削价竞争的泥潭,希望花之城豪生的经验,能给业界经营者带来一些启示。

(资料来源:中国旅游报,A02版,2017-3-2.)

 复习思考题

一、简答题

1. 客房预订的类型有哪些?
2. 简述客房预订的业务程序。
3. 试分析影响超额预订的因素。
4. 如何做好预订控制管理?

二、实训题

1. 周小姐打电话到预订处想订一间12月24日的房间,请模拟场景接听周小姐的预订电话(注意介绍酒店的相关活动)。
2. 李先生是某公司的员工,想在10月6日这天为其老板王伟订一间行政标准间,但是酒店这天已经超额预订,无法再接房间预订了,请用两种不同的方式婉拒这个预订。
3. 某酒店有客房800间,根据预订统计资料分析,5月2日预计续住房数为200间,预期离店房数为150间,据预订历史资料分析,酒店旺季延期住宿率为4%,预订临时取消率为8%,提前离店率为3%,预订未到率为5%。预订部10月2日可超额订房多少?超额预订率是多少?
4. 实地到某酒店了解超额预订情况及超额预订纠纷的处理措施,写出书面评析报告。

前厅总台服务

3

教学目标

知识要点	能力要求	重点难点
总台接待服务	（1）熟练掌握入住登记流程与规范、客房排房艺术与技巧，客房推销注意事项 （2）根据各项服务流程规范，灵活、恰当地向客人推销客房，为客人提供规范的入住登记服务	重点：入住登记流程与规范、排房艺术与技巧 难点：客房推销技巧与注意事项
总台问询服务	（1）熟练掌握问询服务流程规范、留言服务流程规范、邮件服务流程规范 （2）根据各项服务流程规范，为客人提供规范的问询服务、留言服务和邮件服务	重点：问询服务、留言服务、邮件服务流程与规范 难点：宾客保密信息处理
总台收银服务	（1）熟练掌握建账服务流程与规范、退房结账服务流程与规范、外币兑换服务流程与规范和夜审工作流程与规范 （2）根据各项服务流程与规范，为客人提供规范的结账服务和外币兑换服务	重点：退房结账服务流程与规范、外币兑换服务流程与规范 难点：夜审流程与注意事项

导入案例

记住客人的姓名

一位客人在总台结账高峰时进店,服务员准确地称呼到:"李教授,您好!总台有您一个电话。"这位客人又惊又喜,感到自己受到了重视,不禁添了一份自豪感。另一位外国客人第一次住店,总台接待员从登记卡上看到客人的名字,迅速用姓氏称呼他并表示欢迎,客人先是一惊,而后作客他乡的陌生感顿时消失,显出非常高兴的样子。简单的问候迅速缩短了彼此间的距离。

社会心理学家马斯洛的需求层次理论认为,得到社会的尊重是人们的较高需求。自己的名字被他人知晓就是对这种需求的一种很好的满足。在酒店工作中,主动热情地称呼客人的名字是一种服务的艺术,也是一种艺术的服务。酒店总台人员尽力记住客人的房号、姓名和特征,并借助敏锐的观察力和良好的记忆力,为客人提供细心周到的服务,可以给客人留下深刻的印象。而客人今后在不同的场合也会提起该酒店的优质服务,等于是酒店的义务宣传员。

问题: 在对客服务中,往往需要迅速拉近与客人之间的距离,请问你还有哪些好办法?

总台服务是前厅服务的核心,是前厅部为客人提供多项服务的统称。前厅总台服务的三大基本服务功能是接待、问询和收银,这也是酒店实现客房销售的必要环节。

3.1 总台接待服务

3.1.1 总台接待服务概述

总台接待服务是总台对客服务全过程中最关键的环节之一,具体表现是为客人办理入住登记手续,其工作效果将直接影响前厅信息收集、协调对客服务、建立客账和客史档案等各项工作。另外,入住登记手续的办理也是客人与酒店建立正式的、合法关系的最根本的一个环节,因此,做好前厅接待服务工作责任重大。

1. 办理住宿登记的必要性

(1)公安部门和警方的要求。出于国家及公众安全的需要,各国警方及公共安全部门都要求酒店为住宿的客人办理住宿登记手续。

(2)酒店取得客源市场信息的重要渠道。住宿登记表中有关客人的国籍、性别、年龄及停留事由(商务、旅行、会议等)和房价等都是酒店客源市场的重要信息。

(3)酒店为客人提供服务的依据。客人的姓名、房间号码、家庭住址、出生日期、民族等都是酒店为客人提供优质服务的依据。

(4)保障酒店及客人生命和财产的安全。通过住宿登记,查验客人有关身份证件,可以有效地防止或减少酒店不安全事故的发生,也可以有效地保障酒店的利益,防止客人逃账。

2. 总台接待处的岗位职责

1)接待处领班岗位职责

①协助接待处主管管理接待处的日常工作,督导员工接待服务质量。②检查员工的仪容仪表、服务质量、工作进程和纪律执行情况。③检查接待处工作必备品及设备的保养使用情

况，及时进行补充和申请维修。④负责各类房价的检查及修改。⑤做好入住客人的信息扫描、上报工作。⑥关心员工，帮助员工解决工作中遇到的难题。⑦调动员工的积极性，协调好员工之间的关系，高效率、高质量地完成各项工作任务和指标。

2）接待员岗位职责

①服从接待处领班的工作安排。②代表酒店与宾客打交道，确认他们的预订种类和居住天数，推销客房及酒店其他各项服务。③接待客人、及时处理客人在酒店内遇到的困难和要求。④做好关于客人资料的收集和存档工作，并对有关资料进行核查。⑤提供查询服务。⑥帮助宾客填写或打印入住登记表、安排客房。⑦向客人宣传酒店内的各种活动。⑧把宾客和客房的有关信息分别记录在前厅栏目中，并将有关信息通知到酒店相关人员。⑨参加接待员例会，及时反映问题。⑩向上级汇报异常事件。

3. 接待准备工作

为保证对客服务工作顺利、高效地进行，在帮助客人办理入住登记手续或分配客房之前，接待员必须掌握接待工作所需的信息。这些信息主要包括房态和可供出租客房情况、预抵店和预离店客人名单、有特殊要求的预抵店客人名单、预抵店重要客人和常客名单、黑名单。以上信息资料在客人抵店的前一天晚上就应该准备好。

（1）房态报告。在客人到店前，接待员必须获得较具体的房态报告，并根据此报告排房，以避免给客人造成不便。

（2）预抵店客人名单。预抵店客人名单为接待员提供即将到店客人的一些基本信息，如客人姓名、客房需求、房租、离店日期、特殊要求等。在核对房态报告和预抵店客人名单时，作为接待处的管理人员，应该清楚以下两件事情，并采取相应的措施。①酒店是否有足够的房间去接待预抵店客人；②酒店还剩余多少可出租的房间去接待无订房而直接抵店的散客。

（3）客史档案。客史档案是酒店了解客人，为客人提供个性化服务的前提和基础。总台接待人员可以根据客史档案了解客人的习惯爱好、消费需求和个性特点，为客人提供个性化的服务，安排合适的房间。

（4）有特殊要求的预抵店客人名单。有些客人在订房时，可能会额外地提出服务要求，接待员必须事先通知有关部门做好准备，恭候客人的到来。例如，预抵店客人要求为婴儿配备婴儿床，接待员则应为客人预先安排房间，然后让客房部准备婴儿床并将其放到指定的房间；客房部还应适当为客人准备一些婴儿用品，如爽身粉等。这一切工作都必须在客人抵店前做好。

（5）预抵店重要客人名单。酒店必须对重要客人加以足够的重视。重要客人包括：① VIP，主要包括政府方面、文化界、酒店方面的知名人士等；②与酒店签订协议的单位客户，主要指大公司/大企业的高级行政人员、旅行社和旅游公司职员、新闻媒体工作者等；③需特别关照的客人，主要指长住客及需要特别照顾的老、弱、病、残客人等。

（6）黑名单。作为酒店，有义务接待前来投宿的旅客。在国外，如果酒店无缘无故拒绝客人留宿，那么，该客人有权向法院提出起诉。但这并不意味着酒店必须无条件地接待所有客人。黑名单，即不受酒店欢迎的人员名单。黑名单人员一般包括：①被酒店或酒店协会列入黑名单的人；②拟用信用卡结账，但其信用卡未通过酒店安全检查（如过期失效、有伪造迹象等）的人；③多次损害酒店利益和名誉的人；④无理要求过多的常客；⑤衣冠不整者；⑥患重病及传染病者；⑦带宠物者；⑧经济困难者。

（7）其他工作。在客人到店前，接待员除应获得以上信息资料外，还应做好以下工作，准备好入住登记所需的表格和用具，准备好房卡，查看客人是否有提前到达的邮件等。

3.1.2 总台入住登记程序

入住登记程序主要包括6个步骤：①识别客人有无预订；②填写入住登记表；③合理安排房间；④确定房费担保方式；⑤制作并发放房卡钥匙；⑥制作相关表格资料。需要注意的是不同的客人类别、不同的特殊情况，入住登记步骤亦有可能不同。

1. VIP除外的散客入住登记程序

VIP除外的散客入住登记程序如图3.1所示。

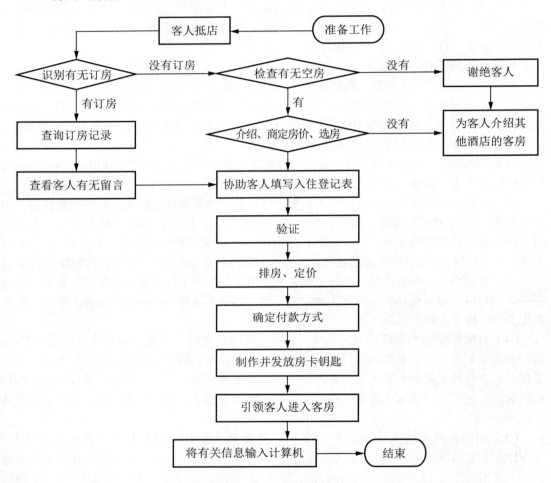

图3.1　VIP除外的散客入住登记程序

（1）识别客人有无预订。客人来到接待处时，接待员应面带微笑，主动问好并询问客人有无订房。若有订房，应找出客人的订房资料，确认订房信息内容，特别是房间类型与住宿天数。如客人没有订房，则应先查看房态表，看是否有可供出租的客房。若能提供客房，则向客人介绍房间情况，帮助客人选房。如没有空房，则应婉言谢绝客人，为客人介绍邻近的酒店。

（2）填写入住登记表。请客人出示有效证件，认真核对证件信息，协助或帮助客人填写入住登记表，请客人核对信息并确认签字。通常有预订的客人入住登记时间不得超过3分钟，没有预订的客人入住登记时间不得超过5分钟。为加快入住登记速度，对于已经预订的客人，酒店可以实行预先登记，事先在登记表上填写客人资料信息，客人抵达后，再根据客人情况填写剩余内容并请客人核对签名。客人入住必须登记，散客一人一表。

 知识链接 3-1

有效证件的种类

有效身份证件指的是用于证明自然人有效身份信息的证件。有效证件可以证明居住在中华人民共和国境内的公民的身份，保障公民的合法权益，便于公民进行社会活动。居住在境内的中国公民的有效身份证件是居民身份证或者临时居民身份证。中国人民解放军军人的有效身份证件是军人身份证件，包括军官证、文职干部证、士兵证、离休干部荣誉证、军队退休证、文职干部退休证、军事院校学员证。中国人民武装警察的有效身份证件是武装警察身份证件，包括警官证、文职干部证、士兵证、离休干部荣誉证、警官退休证、文职干部退休证、军事院校学员证。香港、澳门居民的有效身份证件是港澳居民往来内地通行证。台湾居民的有效身份证件是台湾居民来往大陆通行证或者其他有效旅行证件。外国公民的有效身份证件是护照和中华人民共和国外国人居留证（或临时居留证）。

 知识链接 3-2

住宿登记表的类型

我国住宿登记表大体分 3 种：国内旅客住宿登记表（表 3-1）、境外旅客临时住宿登记表（表 3-2）和团体人员住宿登记表（表 3-3）。

表3-1　国内旅客住宿登记表

编号：		房号：		房租：		
姓名	性别	年龄	籍贯		工作单位	职业
			省　市　县			
地址						
身份证或其他有效证件			证件号码			
抵店日期			离店日期			
同宿人	姓名	性别	年龄	关系	备注	

请注意：
① 退房时间是中午 12:00。
② 贵重物品请存放在总台保管箱内，否则阁下一切物品之遗失酒店概不负责。
③ 来访客人请在 23:00 前离开房间。
④ 退房请交回钥匙。
⑤ 房租不包括房间里的饮料。

结账方式：
现金：
信用卡：
支票：
客人签名：
接待员：

表3-2 境外旅客临时住宿登记表
Registration Form of Temporary Residence for Visitors

IN BLOCK LETTERS:		DAILY RATE:	ROOM NO.:
SURNAME:	DATE OF BIRTH:	SEX:	NATIONALITY OR AREA:
OBJECT OF STAY:	DATE OF ARRIVAL:	DATE OF DEPARTURE:	COMPANY OR OCCUPATION:
HOME ADDRESS:			

PLEASE NOTE: ① Check out time is 12:00 noon ② Safe deposit boxes are available at cashier counter at no charge. Hotel will not be responsible for any loss of your property ③ Visitors are requested to leave guest rooms by 11:00p.m. ④ Room rate not including beverage in your room ⑤ Please return your room key to cashier counter after checking out	Checking out my account will be settled by: CASH: T/A VOUCHER: CREDIT CARD: GUEST SIGNATURE:

For clerk use

护照或证件名称:	号码:	签证种类:	签证号码:	签证有效期:
签证签发机关:	入境日期:	口岸:	接待单位:	

REMARKS: CLERK SIGNATURE:

表3-3 团体人员住宿登记表
Registration Form of Temporary Residence for Group

团队名称:　　　日期:　　年　　月　　日　至　　月　　日
Name of Group　　Date　Year　Mon　Day　till　Mon　Day

房号 (ROOM NO.)	姓名 (NAME IN FULL)	性别 (SEX)	出生年月 (DATE OF BIRTH)	职业 (PROFESSION OR OCCUPATION)	国籍 (NATIONALITY)	护照号码 (PASSPORT NO.)

签证号码:　　　　　机关:　　　　　种类:
有效日期:　　　　　入境日期:　　　　　口岸:

留宿单位:　　　　　　　　　　接待单位:

　　（3）合理安排房间。通常客房分配应讲究一定的顺序及排房艺术。对于预订客人，在安排房间时必须遵守预订确认书中要求的房间类型为客人准备房间。同类型客房如果有位置、朝向和楼层等差别，接待员需要当面征求客人意见。多人同行时还要问清客人是否需要连通房或相邻房或其他条件的房间,再确定房号。对于贵宾,一般要求安排较豪华的房间,并注意客房的保密和安全。对于团体客人应尽量安排在同一楼层标准相同的房间,既方便客人活动又便于管理工作。对于老弱或伤残或带小孩的客人,一般应安排在低层楼面或离服务台、电梯间较近的房间,便于客人出入,也便于服务人员对其加以照顾。对于新婚的客人,一般安排在远离电梯间、有大床且比较安静的房间。

知识链接 3-3

排房的顺序

总台接待员不仅要注意客房销售的数量和价格,执行酒店的价格政策、优惠政策及促销政策,还要注意合理排房,最大限度地将符合客人需求的房间安排给客人。因此,正确地排房有利于提高客房使用率和客人的满意度。

通常可按下列顺序排房。

(1)VIP。VIP 对于酒店来说,是非常宝贵的顾客资源,酒店要力争满足这些客人的用房要求。

(2)团体客人。团队客人往往用房数量大,对酒店的经济效益明显,所以应优先考虑他们的需求。

(3)已付订金的保证类预订客人。保证类预订客人入住酒店的可能性非常大,并且和酒店达成了一致协议,所以酒店也要尽可能满足他们的需求。

(4)要求延期离店的客人。延期离店的客人往往是对酒店各方面的服务认可的客人,很可能成为酒店的忠诚顾客,所以酒店也应该尽量满足他们的需求。

(5)普通预订客人,并有准确航班号或抵达时间。普通预订的客人,尽管没有缴纳保证金,但是如果有准确航班号或抵达时间,他们入住酒店的可能性也较高,所以在房源不紧张的情况下,他们的需求也要予以满足。

(4)确定房费担保方式。确定房费担保方式的目的,从酒店角度来看,可防止住客逃账(走单);从客人角度来看,可享受住宿期间消费一次性结账服务和退房结账的高效率服务。客人常采用的房费担保方式主要有现金、信用卡和转账结账。如果客人用现金担保,入住时则要交纳一定数额的预付款。预付款额度应超过住宿期间的总房租数,具体超多少,由酒店自定,一般为一天的房租,结账时多退少补。如果客人用信用卡结账,接待员应首先辨明客人所持的信用卡是否属中国人民银行规定的可在我国使用且本酒店接受的信用卡,然后请客人刷房费的预授权。如果客人要以转账方式结账,一般在订房时就要向酒店提出,酒店要提前核实是否可以转账结账。对于一些熟客、常客、公司客户等,酒店为了表示友好和信任,通常会给予他们免交押金的方便。

(5)制作并发放房卡钥匙。确定房费担保方式后,接待员可以制作客房钥匙,并双手递交给客人。有些酒店还会向宾客提供用餐券、免费饮料券、各种促销宣传品等,并询问宾客喜欢阅读的报纸,以便准备提供。同时,酒店为宾客事先保存的邮件、留言单等也应在此时交给宾客,并提醒宾客将贵重物品寄存在酒店免费提供的保管箱内。在宾客离开前厅时,接待员应安排行李员引领宾客进房并主动与宾客道别。

(6)制作相关表格资料。使用打时机,在入住登记表的一端打上客人入住的具体时间(年、月、日、时、分)。将宾客入住信息输入计算机并通知客房中心。有些酒店宾客进房5~10分钟后,再通过电话与宾客联系,询问其对客房是否满意,并对其光临再次表示感谢。

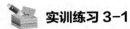

实训练习 3-1

散客入住登记程序

1. 实训内容

实训的具体内容见表3-4。

表3-4 实训内容

实训程序	标 准 规 范
准备工作	（1）提前半小时到岗等候，整理仪容仪表，查看交接班记录本 （2）熟悉房态和可供出租客房情况 （3）熟悉预抵店客人名单和预离店客人名单 （4）牢记重要客人和常客名单 （5）了解黑名单
识别客人有无预订	（1）向客人微笑问好 （2）询问客人有无订房 （3）若客人有订房，找出客人的订房资料，确认订房内容 （4）如客人没有订房，则应先查看房态表，看是否有可供出租的客房。若能提供客房，则向客人介绍房间情况，为客人选房。如没有空房，则应婉言谢绝客人，并耐心为客人介绍邻近的酒店
填写入住登记表	（1）请客人出示有效证件，认真核对证件信息 （2）协助客人填写登记表，查看有无错漏 （3）对于已经预订的客人，可以实行预先登记，客人抵达后，再根据客人情况填上剩余信息并请客人核对签字
合理安排房间	（1）客房分配要讲究排房艺术 （2）对于预订客人要按照预订要求为客人准备房间 （3）对于 VIP 一般要安排较豪华的房间，并注意客房的保密和安全 （4）对于团体客人应尽量安排在同一楼层标准相同的房间
确定房费担保方式	（1）如为现金结账，取出现金单，填写客人应支付的金额并收取，并交客人签字确认，交押金单第一联交客人保存，并告知退房时凭此押金单退多余款额 （2）如为信用卡结账，刷一定金额的预授权，第一卷交客人签字确认，并留存；第二卷交予客人保存 （3）如为转账结账，检查客人凭单，另应告诉客人，房租之外的费用必须由客人自行支付，如洗衣费、长途电话费等，因此客人仍然要交纳一定的押金
制作并发放房卡钥匙	（1）制作房卡，把房卡交给客人 （2）检查是否有为客人事先保存的邮件、留言单等，并提醒客人将贵重物品寄存在酒店免费提供的保管箱内 （3）应安排行李员引领客人进房并主动与客人道别，然后将客人入住信息输入计算机并通知客房中心

续表

实训程序	标 准 规 范
制作相关表格资料	（1）使用打时机，在入住登记表的一端打上客人入住的具体时间（年、月、日、时、分） （2）将客人入住信息输入计算机，并将与结账相关事项的详细内容输入计算机客账单 （3）标注"预期到店一览表"中相关信息，以示客人已经入住

2. 情景模拟

服务员：先生，您好，欢迎光临国际酒店。请问有什么可以帮您的？

客　人：我要入住。

服务员：请问您有预订吗？

客　人：有的，我自己预订的，我叫李明。

服务员：好的，请稍等。（查询预订资料核实客人信息）李明先生，您预订了今天的一间大床房，预住一天。

客　人：是的。

服务员：李先生，请问您是会员还是来自协议企业的客人？

客　人：是会员。

服务员：请您出示一下您的证件，好吗？（为客人填写登记单）

服务员：李先生，您的证件请收好。请您在登记单上确认签字，谢谢。

客　人：好的。

服务员：请问您是预付现金还是信用卡？

客　人：现金。

服务员：请先预付1 000元。（验钞、唱票）请在预付金凭证上签字，谢谢。

客　人：好的。

服务员：这是您的房卡，您的房间在16楼。电梯请往这边走（伴有手势指引）。祝您在这里过得愉快！

3. 实训考核

掌握散客入住登记的基本服务流程，合理地处理在接待过程中发生的各种突发问题。实训考核的具体项目见表3-5。

表3-5　实训考核

班组：　　　　姓名：　　　　学号：　　　　时间：

项　目	要　求	分值（总分10）	得　分
准备工作	准备工作充分，相关信息核实准确	1	
识别有无预订	主动问候客人，熟悉预订客人名单	1	
填写入住登记表	会识别不同的身份证件的真假，信息填写准确无误，对客人热情友好	2	
合理安排房间	熟悉各种房态，讲究排房顺序及排房艺术	2	
确定房费担保方式	熟悉各种房费担保方式的处理程序和方法	2	

续表

项　目	要　　求	分值（总分10）	得　分
制作发放房卡钥匙	为客人制作发放房卡，预祝客人入住愉快	1	
制作相关表格	熟悉各种表格资料的制作，按要求填写	1	

2. VIP 的入住登记程序

1）接待 VIP 的准备工作

①填写 VIP 申请单，上报总经理审批签字认可。要了解重要客人抵达情况，熟记其订房内容，包括姓名、国籍、职位、到达时间、收费方式、接待规格和离店时间等。② VIP 房的分配力求选择同类客房中方位、视野、景致、环境、房间保养等方面处于最佳状态的客房。③ VIP 到达酒店前，要将房卡、班车时刻表、欢迎信封及登记卡等放至大堂副理处。④大堂副理在客人到达前检查房间，确保房间状态正常，礼品发送准确无误，通知相关部门做好服务准备。

2）办理入住登记手续

①准确掌握当天预抵 VIP 的称谓。②客人到达时应由大堂副理在门口迎接，陪同客人到接待处办理手续，并送客人到房间。由于重要客人的规格不同，有时还需要有包括总经理、前厅部经理等在内的酒店重要管理人员到门口迎接，并送客人到房间，在房间办理入住手续，通常客人只需签名确认即可。③大堂副理向客人介绍酒店设施，询问客人是否需要其他帮助。

3）信息存储

办完入住登记手续后，还必须完成信息的存储工作。①复核有关 VIP 资料的正确性，并准确输入计算机。②在计算机中注明哪些客人是 VIP，以提示其他部门或人员注意。③为 VIP 建立档案，并注明身份，以便作为预订和日后查询的参考资料。

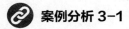
案例分析 3-1

再给 5 美元的优惠

一位香港常客来到酒店总台要求入住，接待员小郑见是常客，便给予 9 折优惠。但客人还是不满意，要求酒店再给些折扣。这时正是旅游旺季，酒店的客房出租率较高，小郑不愿意在黄金季节轻易给客人更多折扣，香港客人便提出要见经理。其实，酒店授权给总台接待员的卖房折扣不止 9 折，小郑原可以把房价再降低一点，但他没有马上答应客人。一则他不希望客人产生如下想法：酒店客房出租情况不妙，客人可以随便还价；二则他不希望给客人留下这样的印象：接待员可以给更低的折扣，但不愿给，只有客人强烈要求时才肯退让；三则他希望通过再次让利让客人感到酒店和酒店领导对他的重视。

小郑脑中闪过这些想法后，便同意到后台找经理请示。他请香港客人先在沙发上休息片刻。数分钟后，小郑满面春风地回到总台，对客人说：“我向经理汇报了您的要求。他听说您是我们的常客，尽管我们这几天出租率很高，但还是同意再给您 5 美元的优惠，并要我致意感谢您多次光临酒店。”小郑稍作停顿后又说，“这是我们经理给常客的特殊价格，不知您觉得如何？”客人计算一下，5 美元相当于房价的 5%，这样他实际得到的优惠折扣便是 8.5 折，这对于位于繁华路段，又处于旅游旺季的酒店来说，已经是很给面子的了。客人连连点头，很快递上证件办理了入住手续。

分析：本例中小郑在转入后台之前的一段思索是正确的。他有权给客人超过 9 折的优惠，但他没一下子把这个权用尽。只要有可能，他总是想为酒店多创一分利。后来客人提出再给优惠的要求,他又借口去请示经理,显得极为成熟老练。这样处理还有两点更深的含义:一是表明小郑为此已经尽了很大的努力,使客人深感酒店是把他作为重要客人来对待的;二是再给5美元优惠是前厅部经理的决定,如欲进一步提高折扣,其可能性将是微乎其微的,这将有助于刹住客人继续要求降价的欲望。当然,如果客人到此仍不满意,而接待员的折扣权限已经到顶,接待员还是应该向经理请示。酒店要尽最大努力留住每位上门的客人,尤其是常客,不能因为是旅游旺季而随便拒绝他们并不过分的要求。常客为酒店带来巨大财富,万万不可轻率地把他们推到自己的竞争对手那儿去。

3. 团队客人入住登记程序

1)接待团队客人的准备工作

①在团队到达前,与客房部联系确保房间为可售房。②预先备好团队的钥匙,要按照团队要求提前分配好房间,将钥匙分别放入钥匙袋内,填好客人姓名和房号。应注意将同一团队的客人尽量分到同一楼层。③将有关通知单提前分送总台问询处、客房部、餐饮部等处,做好客人抵达时的各项准备工作。

2)接待团队客人入店

①总台接待员与销售部团队联络员一起礼貌地把团队客人引领至团队入店登记处。②团队联络员告知领队、团队客人有关事宜,其中包括早、中、晚餐地点,酒店其他设施等。③接待员与领队确认房间数、人数及早晨叫醒时间、团队行李离店时间。④经确认后,请领队在团队明细单上签字,总台接待员亦需在上面签字认可。⑤团队联络员和领队接洽完毕后,总台接待员需协助领队发放钥匙,并告知客人电梯的位置。

3)信息存储

接待团队入店后,还必须完成信息的存储工作。①入住手续办理完毕后,总台接待员将准确的房间号名单转交行李部,以便发送行李。②及时将所有相关信息输入计算机。

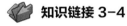

知识链接 3-4

新型接待处

接待处的服务一般是面对面进行的,然而在智能化的酒店前厅,特别是国外的一些酒店前厅,客人自行办理入住/离店手续的终端或操作亭(express check in)的使用能让客人利用越来越多的前厅功能。自行办理入住/离店手续的终端与酒店的管理系统连接后,为客人提供的选择类似于前厅服务员为客人提供的选择,主菜单基本上分为入住、退房离店、其他酒店服务和社区信息等。它既有固定的,也有移动的,有些酒店甚至将其放置在酒店与机场/码头间的穿梭巴士上供客人办理登记手续。绝大多数终端要求住店的客人持有事先的预订单及有效的信用卡,客人触摸一下计算机屏幕,系统就会提示客人的预订,查证客人的信用,认可酒店内的记账,将客人情况记入酒店管理系统。安排客房,制作钥匙,打印出一份预先账页(账页重申了住客的姓名、房价、抵达和离店的日期、房号),激活房间电话,触摸"结束"键。对于没有预订的散客,在办理入住手续时,要先将预订程序中要求的基本信息输入终端。在智能化的酒店前厅,入住/离店手续和有关问询服务依靠计算机网络完成,客人基本不与服务员直接接触。

3.1.3 客房推销的基本要求

总台是酒店的重要销售部门,尤其是在没有设立独立的销售部门的酒店,总台更要承担起酒店全部的销售任务。对于总台员工来说,要在接待过程中成功地将客房推销给客人,其前提是自身要掌握相应的知识、信息，具备相应的素质，其中包括熟悉、掌握本酒店的基本情况及特点，了解、掌握竞争对手酒店的产品情况，熟悉本地区的旅游项目与服务设施，认真观察、掌握客人心理及需求，推销时积极、热情等。

1. 表现出良好的职业素质

总台员工良好的职业素质是销售成功的一半。总台是给客人留下第一印象的地方，客人刚到一家酒店，对该酒店可能不甚了解，他对该酒店的了解和产品质量的判断是从前厅员工的仪表仪容和言谈举止开始的。因此，总台员工必须面带笑容，以端正的站姿、热情的态度、礼貌的语言、快捷规范的服务接待每一位客人，给客人留下良好的第一印象，这是总台推销成功的基础。

2. 熟悉各类客房的特点

总台服务员不仅要接受客人预订、安排客房，还要善于推销客房及酒店的其他产品，以最大限度地提高客房的出租率，增加综合销售收入。因此，接待员应熟悉酒店的等级与类型、酒店客房的价格与酒店相关政策规定、酒店其他的服务设施与服务项目等，还必须熟悉所有客房的特点，在向客人介绍客房时，能够适当地描述客房的特点，从而减弱客房价格在客人心目中的分量，突出客房能够满足客人需要的特点。

3. 了解不同客人的心理需求

不同的客人有不同的特点，对酒店也有不同的要求。因此，总台接待员在接待客人时，要注意从客人的衣着打扮、言谈举止及随行人数等方面把握客人的特点（年龄、性别、职业、国籍、旅游动机等），进而根据其需求特点和心理，做好有针对性的销售。应向客人多做正面介绍，多提建议，必要时可引领客人实地参观客房，或给客人看客房的彩色照片，做好有针对性的销售。

知识链接 3-5

不同客人的需求特点

不同类型客人的需求特点包括以下内容。①商务客人的需求特点：对整体服务质量要求高；房内有必要的办公设备。②旅游团队客人的需求特点：比较在乎房价；客房景色优美，干净卫生。③年老或残疾客人的需求特点：喜欢住靠近电梯和餐厅的房间。④新婚夫妇的需求特点：客房安静，不受干扰，房间气氛温馨；有一张大的双人床。⑤知名人士、高薪阶层的需求特点：喜欢档次比较高的套房；对服务要求高。总之，接待客人时要注意观察，通过其衣着打扮、言谈举止、年龄、性格来判断其身份，以便进行有针对性的服务，切不可以貌取人。

4. 准确掌握客房状态

准确掌握客房状态是做好客房推销工作的前提。前厅客房状态控制的目的在于保证正确显示客房状况，及时发现客房状况的差异，确保客房销售和酒店利益。正确显示客房状态的最大作用在于：能够确保前厅部掌握准确的可出租房信息，保证客房的销售和分配。客房状态可以分为空房（vacant）、住客房（occupied）和待修房（out of order）3种类型。①空房指的是已经完成清扫整理工作，可随时出租的客房。空房又分为干净的空房（V/C）和走客房（V/D）两种。②住客房指的是住店客人正在使用的房间。住客房分为净房（O/C）和脏房（O/D）。③待修房指的是硬件出现故障，正在或等待维修、改造的房间。

案例分析 3-2

客人自称是总经理的朋友

晚上 10:00 左右，某酒店前厅接待处有一位客人正在大声地和服务员李小姐争论着，而李小姐好像在坚持什么。经了解，原来客人自称是总经理的朋友，要求李小姐给他一间特价房，而李小姐却说没有接到总经理的任何通知，只能给予常客优惠价。对此，客人很不满意，大声地吵了起来，说一定要到总经理处投诉她，怎么连总经理的朋友也不买账。

分析： 让客人先登记入住。告知客人，可能总经理通知了其他人，而他们忘了留下任何信息或留言，也许总经理第二天一早会通知我们的。然后第二天一早询问一下上级或总经理。如果确是总经理忘了通知，那么这样做既给总经理弥补了一个过失，也没有得罪朋友。反之，如果此人与总经理并不相识，无非是想争取一个优惠价或在朋友面前有面子，那么结账时，给他一个普通的常客优惠价，客人也会很乐意地离去。

3.1.4 总台客房状态控制

酒店的客房状态控制系统是总台系统的核心组成部分，是专门用来记录所有房客的住宿情况，包括住客房、走客房、待修房和空房等。它维护着最新的房态和房价信息，在客人办理入住登记时辅助客房分配，并协助完成许多对客服务和日常经营管理活动。

1. 客房状态控制系统的作用

（1）显示准确的客房信息。无论酒店的装备如何，随时提供准确的当前房态信息是每一家酒店的总台快速、准确地分配和销售客房，办理入住登记的前提条件之一。客房管理系统能够提供更准确和详细的客房信息，如床的类型、客房的朝向和景色、房内客用品等其他客房特征。总台服务员只要输入房间号码，该房间的当前状态就会显示在计算机屏幕上。有些酒店可以通过客房内电话或电视与总台沟通，房态的变化可以在瞬间传送到总台，从而保证了前厅部与客房部之间的及时通信，极大地减少了房态差异的出现。

（2）辅助分房。客房状况控制系统可以自动分配客房，或者根据不同的房间类型或房费检索客房存量并显示简化的可租房列表，给总台接待员提供分房指导，使其能够在办理入住登记时快速地向客人推荐客房。仅仅依靠房型来给顾客分配客房是远远不够的，系统通常能够提供详细的客房信息，如床的类型、客房面积和位置、家具陈设等，以求最大限度地满足客人的要求。客房分配通常按照事先确立的规则或要求来完成，一般情况下系统可以跟踪客房使用的历史情况，如使用频率等，并根据在所有可出租房存量中平均分布住宿负载的原则分房。

（3）提供住店客人信息。客房状况控制系统能提供住客的有关信息（如姓名、房号等），与该系统连接的终端可以设置在任何需要频繁接触客人，为客人提供服务的工作地点，以增强员工对顾客的了解，由此建立提供个性化服务的契机。终端通常设置在总台、电话总机、大厅服务部（或行李部）、客房服务中心等，如果将销售点终端系统与客房管理系统连接，住客的信息还可以及时传递到各营业点（如餐厅、酒吧、娱乐或健身中心等），在顾客要求将账单转到在店账户时，营业点收银员就可以事先核查顾客数据，确定特定房间的入住状态、准确的顾客姓名、顾客签单转账的授权批准等，从而避免出现差错。

（4）利于组织酒店的服务。客房状态控制系统通过处理现有住客房数、预计离店和预计抵达客人数来预报需要清理的客房数目，并据此为客房服务员排班，还可以根据酒店的劳动定额标准为每个服务员分配指定的房间数目。同样，当日预计的离店和抵达人数也是管理人员为总台和前厅服务区域安排人员的基础。比较先进的客房管理系统还可以组织酒店其他部门的服务活动。例如，当一间客房卫生间的排水管道出现了故障，或者某一间客房需要加床时，将这些要求输入计算机，系统就会安排工程部或者客房服务中心的员工去完成。

（5）生成报表。客房状态控制系统可以生成许多有助于经营管理的报告，如预计抵达和离店报告、离店客人报告、客房服务员分配报告、客房服务员生产力报告等。

2. 客房状态控制的工作内容

总台对客房状态控制的工作主要完成状态显示、登记结算、信息交换三大功能。

（1）状态显示。状态显示一般包括客房出租、故障、清理、待查、维修房等状态情况。

（2）登记结算。登记结算主要指选择"待租"房间为客人安排入住登记并在客房入住后将客房的"待租"状态修改为"已租"状态；客人离店后将"已租"状态修改为"退租"状态，所有相关工作站的状态显示得到同步修改，服务员即可根据此信息安排房间的情况。

（3）信息交换。信息交换主要是指与其他相关工作站之间相互交换信息，并协同处理有关事务。

3. 客房状态信息的沟通

为了及时而准确地掌握客房状态，前厅部管理人员必须做好部门间及部门内部的信息沟通。

（1）做好销售部、预订处、接待处之间的信息沟通。销售部应将团体客人（包括会议客人）、长住客人等订房的信息及时通知前厅部预订处。预订处、接待处也应将散客的订房情况和住房情况及时通知销售部。销售部与前厅部的管理人员应经常在一起研究客房销售的预测、政策、价格等事宜；旺季期间应就团体客人与散客的比例达成初步的协议，以最大限度地提高客房使用的经济效益。

总台接待处与预订处之间的沟通，对于正确显示和控制客房状态具有同样重要的意义。接待处应每天填写客房状态调整表（表3-6），将实际到店的客房数、临时取消客房数、虽预订但未抵店的客人用房数、换房数等信息书面通知预订处。预订处据此更新预订汇总表等预订资料。

表3-6 客房状态调整表

日期：

房　号	类　型	姓　名	需做调整的日期		备　注
			自	至	

备注：N/R 未经预订、直接抵店；　　EXT 延期离店；
　　　CNL 取消；　　　　　　　　UX-DEP 提前离店；
　　　NS 订了房，但尚未抵店

（2）做好客房部、接待处、收银处之间的信息沟通。总台接待处应将客人的入住、换房、离店等信息及时通知客房部；客房部则应将客房的实际状况通知总台，以便核对和控制房态。两个部门的管理者还应就部门沟通中存在的问题，客人对客房的要求，客房维修、保养计划安排等事宜进行经常性的讨论与磋商。

客人入住后，接待员应及时建立客人的账单，并交收银处。客人住店期间，如住房或房价有了变化，也应利用客房、房价变更通知单将信息通知收银处。而客人离店以后，收银处则应将客人的离店信息通知接待处。

3.1.5 总台接待常见问题的处理

1. 换房

客人要求换房的原因，通常分为酒店有过错和酒店无过错两种情况。酒店有过错的情况又分两种：分房失误和房间设备有故障（尤其是维修时间需要60分钟以上的）。由于酒店过错造成客人换房时，应对给客人造成的不便表示歉意，求得客人谅解，同时，在调换房间的朝向和价格方面给予客人一定的优惠，通常采用调换房好于原房，并按原房价收费的方法，必要时还可事先带客人参观，以达到客人的满意和认可。如酒店无过错，接待员仍需尽力满足客人的换房要求。在没有余房时，应向客人表示歉意，并做好记录，告知一旦有空房立即为其安排。换房往往会给客人或酒店带来麻烦，故必须慎重处理。需要注意的是，在搬运客人私人物品时，除非经客人授权，应坚持客人在场。

换房的服务程序如下：①了解换房原因；②查看客房状态资料，为客人排房；③填写房间/房租变更单（表3-7）；④为客人提供换房时行李服务；⑤发放新的房卡，由行李员收回原房卡；⑥接待员更改计算机资料，更改房态。

表3-7 房间/房租变更单

房间/房租变更单 ROOM/RATE CHANGE LIST			
日期（DATE）		时间（TIME）	
客人姓名（NAME）		离开日期（DEPT DATE）	
房号（ROOM）	由（FROM）	转到（TO）	
房租（RATE）	由（FROM）	转到（TO）	
理由（REASON）			
当班接待员（CLERK）		行李员（BELLBOY）	
客房部（HOUSEKEEPING）		电话总机（OPERATOR）	
总台收银处（F/O CASHIER）		问询处（MAIL AND INFORMATION）	

2. 离店日期变更

客人在住店过程中，因情况变化，可能会要求提前离店或推迟离店。客人提前离店，总台应将此信息通知客房部尽快清扫整理客房。客人推迟离店，也要与客房部联系，检查能否满足其要求。若可以，接待员应开出推迟离店通知单（表3-8），通知结账处、客房部等；若用房紧张，无法满足客人逾期离店要求，则应主动耐心地向客人解释并设法为其联系其他住处，征得客人的谅解。如果客人不肯离开，前厅人员应立即通知市场营销部，为即将到店的客人另寻房间。如实在无房，只能为即将来店的临时预订客人联系其他酒店。处理这类问题的原则是，宁可让即将到店的客人住到别的酒店，也不能赶走已住店客人。同时，从管理的角度来看，旺季时，前厅部应采取相应的有效措施，尽早发现客人推迟离店信息，以争取主动，如在开房高峰时期，提前一天让接待员用电话与计划离店的住客联系，确认其具体的离店日期和时间，以获取所需信息，尽早采取措施。

表3-8　推迟离店通知单

姓名（NAME）
房间（ROOM）
可停留至（IT ALLOWED TO STAY UNTIL）　　　　A.M.　　　　P.M.
日期（DATE）
前厅部经理签字（FRONT OFFICE MANAGER SIGNED）

3. 客人不愿翔实登记

有部分客人为减少麻烦、出于保密或为了显示自己特殊身份和地位等目的，住店时不愿登记或登记时有些项目不愿填写。此时，接待员应妥善处理。

（1）耐心向客人解释填写住宿登记表的必要性。

（2）若客人出于怕麻烦或填写有困难，则可代其填写，只要求客人签名确认即可。

（3）若客人出于某种顾虑，担心住店期间被打扰，则可以告诉客人，酒店的计算机电话系统有请勿打扰功能，并通知有关接待人员，保证客人不被打扰。

（4）若客人为了显示其身份地位，酒店也应努力改进服务，满足客人需求。例如，充分利用已建好的客史档案系统，提前为客人填妥登记表中有关内容，进行预先登记，在客人抵店时，只需签名即可入住。对于常客、商务客人及VIP，可先请客人在大堂休息，为其送上一杯茶（或咖啡），然后前去为客人办理登记手续，甚至可让其在客房内办理手续，以显示对客人的重视和体贴。

4. 重复排房

出现重复排房现象是前厅部工作的重大失误。此时，应立即向客人道歉，承认属于工作的疏忽，同时，安置客人到前厅、咖啡厅或就近的空房入座，并为客人送上一杯茶，以消除其烦躁的情绪，并尽快重新安排客房。等房间安排好后，应由接待员或行李员亲自带客人进房，并采取相应的补救措施。事后，应寻找发生问题的根源，如房间状态显示系统出错，则应与客房部联系，共同采取措施加以纠正。

5. 押金数额不足

由于酒店客源的复杂性，客人付款方式的多样性，酒店坏账、漏账、逃账的可能性始终存在。客人在办理入住登记手续时，如果表示用现金支付费用，酒店为了维护自身的利益，常要求客人预付一定数量的押金，结账时多退少补。押金的数额依据客人的住宿天数而定，主要是预收住宿期间的房租。一些酒店为方便客人使用房间内长途电话、饮用房内小酒吧的酒水、洗衣费签单等，常会要求客人多预交一天的房租作为押金，当然也是作为客人免费使用房间设备、设施的押金，如果客人拿走或损坏客房的正常补给品，则须照价赔偿。

6. 加床

客人加床大致分两种情况，一是客人在办理登记手续时要求加床；二是客人在住宿期间要求加床。酒店要按规定为加床客人办理入住登记手续，并为其签发房卡，房卡中的房租为加床费，加床费转至住客付款账单上。如客人在住宿期间要求加床，第三个客人在办理入住登记手续时，入住登记表需支付房费的住客签名确认。接待处将加床信息以加床通知单（表3-9）的形式通知相关部门。

表3-9 加床通知单

EXTRA BED INFORMATION

房号（ROOM NO.）_____　　房价（ROOM RATE）_____
加床日期（BEGINNING DATE）_____　　撤床日期（ENDING DATE）_____
客人署名（GUEST SIGNATURE）_____
日期（DATE）_____　　接待员签名（CLERK SIGNATURE）_____

3.2 总台问询服务

问询服务是客房产品销售的配套服务，除了回答客人问询、解答难题外，还提供代客订餐、会客服务、代客留言、处理邮件、大厅找人等多项服务，从而全面帮助客人、方便客人，使酒店服务达到完美的境界，是体现酒店服务水平的重要方面。

3.2.1 问询服务

1. 问询员的主要职责

（1）收集信息。收集信息包括酒店内部的信息和酒店外部的信息。

（2）提供信息。对于客人的问询，问询员应尽力回答，如不知道，应向客人表示歉意并请客人稍候，尽快查询有关资料，或向相关单位、部门或个人咨询。对于酒店服务人员来说，决不能生硬地回复客人自己不知道，也要避免用"也许是""可能是""好像是"等之类含糊不清的字眼，关键在于是否为客人的问题努力过，经过努力如确实了解不到，这时候的歉意相信客人是能够接受的。

知识链接 3-6

客人要求房间保密

有些客人在住店时，由于某种原因，会提出对其房间进行保密的要求。问询员接受此要求应按下列要求去做。①由问询处归口处理。如果是接待员接到客人的保密要求，也应交问询处处理。②问清客人要求保密的程度。③在值班本上做好记录，记下客人姓名、房号及保密程度和时限。④通知总机室做好该客人的保密工作。⑤如有人来访要见要求保密的客人，或来电查询该客人时，问询员及总机均应以该客人没有入住或暂时没有入住为由予以拒绝。⑥如客人要求更改保密程度或取消保密时，应即刻通知总机室，并做好记录。

（3）管理钥匙。对于传统钥匙而言，钥匙的保管和收发，事关客人人身财产和酒店财物的安全，客人一般是不能携带房间钥匙离开酒店的，需放回问询处暂存，但如今很多酒店采用了磁卡钥匙，或是一次性、可作为纪念品的钥匙，钥匙的管理工作也随之简化。

（4）委托代办。委托代办主要包括代客购票、代客订餐、邮件服务等工作，为客人提供方便。但有的酒店把很多委托代办的服务分化到了其他前厅岗位，如代客订票由商务中心代理，订餐服务由接待处代理，邮件服务由行李部代理。

（5）留言服务。若住客不在酒店，问询员需要为访客提供留言服务，但一般不提供重要商业信息的传递。

（6）安排会面。为了保证住客的隐私及安全，酒店有义务在事先征得住客同意的情况下，再将其信息告知访客，并安排会面。

2. 问询员要熟悉应掌握的信息

（1）本酒店的组织结构、各部门的职责范围和有关负责人的姓名及电话。
（2）本酒店的服务设施及酒店特色。
（3）本酒店的服务项目、营业时间及收费标准。
（4）酒店所在地大型医院的地址及急诊电话号码。
（5）本地各主要旅游观光景点、商场、购物中心的名称、特色及其与酒店的距离。
（6）酒店周边地区的距离及交通状况。
（7）酒店各部门的电话号码。
（8）客源地的风土人情、生活习惯及爱好、忌讳等。
（9）本地主要活动场所，如商业步行街、文体活动场所、交易会展馆等的地址及抵达方法。
（10）本地著名酒店、餐厅的经营特色、地址及电话。
（11）世界各主要城市的时差计算方法。
（12）当地使、领馆的地址及电话号码。
（13）当天的天气预报。
（14）当地航班、火车车次的咨询电话等。

3. 问询处要备齐的信息资料

（1）飞机、火车、轮船、汽车等交通工具的时刻表、价目表及里程表。
（2）地图的准备：本地的政区图、交通图、旅游图及全省、全国地图乃至世界地图。
（3）电话号码簿：本市、全省乃至全国的电话号码簿及世界各主要城市的电话区号。
（4）各主要媒体、企业的网址。
（5）交通部门对购票、退票、行李质量及尺寸规格的规定。
（6）本酒店及其所属集团的宣传册。
（7）邮资价目表。
（8）酒店当日活动安排，如宴会等。
（9）当地著名大专院校、学术研究机构的名称、地址及电话。
（10）本地主要娱乐场所的特色及地址和电话号码等。

4. 问询内容

1）关于酒店内部的问询

有关酒店内部的问询通常涉及。①餐厅、酒吧、商场所在的位置及营业时间。②宴会、会议、展览会举办场所及时间。③酒店提供的其他服务项目、营业时间及收费标准。

2）关于店外情况的问询

有关店外情况的问询通常涉及。①酒店所在城市的旅游景点及其交通情况。②主要娱乐场所、商业区、商业机构、政府部门、大专院校及有关企业的位置和交通情况。③近期内有关大型文艺、体育活动的基本情况。④市内交通情况。⑤国际国内航班飞行情况。

3）关于住宿客人的问询

关于住宿客人的问询通常涉及以下内容。①客人是否住在本酒店。如查明客人还未到达，则请对方留言，或留下联系方式。如已退房，应向客人说明情况。除退房客人有委托、留言外，一般不能告诉访客其有关具体情况。如在住客名单中找到问询对象，要注意住客是否有保密要求。若访客是在要求保密人员范围内的，应按照住客要求告知访客其还未在酒店登记，并可以请访客留言或留下联系方式。②客人房间号。住客入住酒店时，尽管没有提出保密要求，但在访客询问时，也应先与住客联系，在征得同意后，才能将访客的电话转入，或告诉其房号。如客人不在房间，切不可将房间电话号码或房号告诉访客，更不可让其先行入房，以保证住客的隐私权。③客人是否在房间。问询员先确认被查询的客人是否为住客，如是住客则应核对房号，然后打电话给住客，如住客在房内，则告知访客的姓名，征求住客意见，将电话转进客房；如客人已外出，则要征询访客意见，是否需要留言。④住客是否有留言给访客。有些住客在外出时，可能会给访客留言或授权。授权单是住客外出时允许特定访客进入其房间的证明书。问询员应先核查证件，待确认访客身份后，再按规定程序办理。

知识链接 3-7

接待查询住客情况应注意的问题

有电话查询住客情况时，服务员应注意以下问题。①问清客人的姓名，如果是中文姓名查询，应对容易混淆的字，用组词来分辨确认；如果是英文姓名查询，则应确认客人姓与名的区分，以及易读错的字母，并特别留意港澳地区客人及华侨、外籍华人中既有英文名又有汉语拼音和中文姓氏的情况。②如查到了客人的房号，并且客人在房内，应先了解访客的姓名，然后征求住客意见，看其是否愿意接电话，如同意，则将电话转接到其房间；如住客不同意接电话，则告诉对方住客暂不在房间。③如查到了客人的房号，但房间无人接听电话，可建议对方稍后再打电话来，或建议其电话留言，切忌将住客房号告诉对方。④如查询团体客人情况，要问清团号、国籍、入住日期、从何处来到何处去，其他做法与散客一致。

3.2.2 客人留言服务

酒店受理的留言通常有两种类型：一种是访客留言；另一种是住客留言。对于留言传递的基本要求是迅速、准确。

1. 访客留言

访客留言是指来访客人对住店客人的留言。问询员在接受该留言时，应请访客填写一式三联的访客留言单（表 3-10），将被访者客房的留言灯打开，把填写好的访客留言单第一联放入钥匙邮牛架内，第二联送电话总机组，第三联交行李员送往客房。为此，客人可通过 3 种途径获知访客留言的内容。当了解到客人已得到留言内容后，话务员或问询员应及时关闭留言灯。晚班问询员应检查钥匙邮件架，如发现架内仍有留言单，则应立即检查该房间的留言灯是否已经关闭，如留言灯已关闭，则可将该架内的留言单作废；如留言灯仍未关闭，则应通过电话与客人联系，将访客留言内容通知客人；如客人不在酒店，则应继续开启留言灯并保留留言单，便于客人返回时及时看到。需要注意的是，留言具有一定的时效性，为确保留言单传递速度，有些酒店规定问询员要每隔一小时就通过电话通知客人，这样做的目的是让客人最迟也可在回酒店一小时之内得知留言内容，以确保万无一失。另外，为了对客人负责，若不能确认客人是否住在本酒店或虽然住在本酒店，但已经结账离店，则问询员不能接受对该客人的留言（除非客人事先有委托）。

表3-10 访客留言单

VISITORS MESSAGE

女士或先生（MS.OR MR.）_____   房号（ROOM NO.）_____

当您外出时（WHEN YOU WERE OUT）

来访客人姓名（VISITOR'S NAME）_____   来访客人电话（VISITOR'S TEL.）

☐有电话找您（TELEPHONED）   ☐将再来电话（WILL CALL AGAIN）

☐请回电话（PLEASE CALL BACK）

☐来访时您不在（COME TO SEE YOU）   ☐将再来看您（WILL COME AGAIN）

留言（MESSAGE）_____

_____

_____

经手人（CLERK）_____   日期（DATE）_____   时间（TIME）_____

实训练习 3-2

访客留言服务

1. 实训内容

实训的具体内容见表3-11。

表3-11 实训内容

实训程序	标准规范
准备工作	（1）整理仪容仪表，熟悉当天预抵店客人名单 （2）了解住店客人名单
接受客人留言	（1）询问访客要留言的客人姓名和房间号码，核实住客信息 （2）询问访客称呼和联系方式 （3）记录访客留言 （4）复述访客留言并请访客核对 （5）询问是否需要其他帮助 （6）向客人道别
分发留言单	（1）访客留言单第一联放入钥匙邮件架内 （2）第二联送电话总机组 （3）第三联交行李员送往客房
留言检查	（1）晚班问询员应检查钥匙邮件架，如发现架内仍有留言单，则应立即检查该房间的留言灯是否已经关闭，如留言灯已关闭，则可将该架内的留言单作废 （2）如留言灯仍未关闭，则应通过电话与客人联系，将访客留言内容通知客人；如客人不在酒店，则应继续开启留言灯，并保留留言单，等候客人返回

2. 情景模拟

问询员：您好，国际酒店前台，有什么可以帮您的吗？

客　人：我想留言。

问询员：请告诉我客人的姓名和房号，好吗？

客　人：8003，王芳小姐。

问询员：好的，请稍等。（查询并核对计算机信息）请问您贵姓？

客　人：我姓刘。

问询员：请问您的留言内容是什么？

客　人：下午5:00到本酒店咖啡厅见面。

问询员：刘小姐，是否方便留下您的联系电话？

客　人：×××。

问询员：好的，刘小姐，您对8003房间王芳小姐的留言是下午5:00到本酒店咖啡厅见面，对吗？

客　人：对的。

问询员：刘小姐，还有什么事需要我帮忙吗？

客　人：没有了，谢谢。

问询员：不客气，祝您愉快，再见。

客　人：再见。

3. 实训考核

掌握访客留言服务的基本流程，提供周到的服务。实训考核的具体项目见表3-12。

表3-12　实训考核

班组：　　　　姓名：　　　　学号：　　　　时间：

项　　目	要　　求	分值（总分10）	得　分
准备工作	准备工作充分，相关信息核实准确	2	
接受客人留言	热情友好，准确记录客人留言	3	
分发留言单	把留言单的三联分发到钥匙邮件架内、电话总机组和客房，便于客人知晓	3	
留言检查	做好后续工作，确保客人及时知晓留言	1	
言谈举止	敬语规范；站立姿态优美，行为举止彬彬有礼	1	

2. 住客留言

住客留言是住店客人给来访客人的留言。客人离开客房或酒店时，希望给来访者留言，问询员应请客人填写住客留言单（表3-13），一式两联，问询处与电话总机各保存一联。若客人来访，问询员或话务员可将留言内容转告来访者。由于住客留言单已注明了留言内容的有效时间，若错过了有效时间，仍未接到留言者新的通知，可将留言单作废。此外，为了确保留言内容的准确性，尤其在受理电话留言时，应注意掌握留言要点，做好记录，并向对方复述一遍，以得到对方确认。

表3-13　住客留言单

MESSAGE	
日期（DATE）_____	
至（TO）_____	房号（ROOM NO.）_____
由（FROM OF）_____	
我将在（I WILL BE）	☐酒店内（INSIDE THE HOTEL）
	在（AT）_____
	☐酒店外（OUTSIDE THE HOTEL）
	在（AT）_____
	电话（TEL.NO.）_____
我将于_____回店（I WILL BE BACK AT）_____	
留言（MESSAGE）_____	
经手人（CLERK）_____	客人签字（GUEST SIGNATURE）_____

3.2.3　客人邮件服务

前厅问询处所提供的邮件服务包括两类：一类是分拣和派送收进的邮包；另一类是为住客寄发邮件。在收进的邮件中，由于收件人不同，问询员应首先对其进行分类，将客人的邮件、信函留下，其余均派行李员发送给收件人或另行处理。在处理客人邮件、信函时，问询员必须耐心、认真。

在收进的客人邮件、信函上打上时间，并按其性质分成普通类、挂号类和手送类。挂号类必须在专用的登记表上登记，内容包括日期、时间、房号、姓名、邮件种类、号码、收件人签名、收件时间、经办人等。按邮件、信函上收件人姓名在计算机中查找其房号，然后将核实的房号注明在邮件或信函正面，并把留言单（表3-14）送至客房同时打开客房留言信号灯。

表3-14　留言单

MESSAGE FORM	
先生 MR._____	
女士 MS._____	房号（ROOM NO.）_____
您的（电传、电报、邮件）在问询处，请您在方便的时候与我们联系。	
THERE IS AN INCOMING（TELEX, CABLE, MAIL）FOR YOU AT THE INFORMATION DESK, PLEASE CONTACT US AT YOUR CONVENIENCE.	
经手人（CLERK）_____　日期（DATE）_____　时间（TIME）_____	

1. 进店邮件的签收

（1）接收邮件。当收到邮件时，问询员应仔细清点件数并在邮递员的收件簿上签字，并向邮递员致谢。

（2）分类登记。分类登记包括以下内容。①按下列顺序分类：客人邮件—租用酒店场所的单位邮件—酒店邮件—员工邮件。②在有邮戳的邮件上打上收到日期,并在"客人邮件收发簿"上登记。

（3）分发签收。分类完毕即分发,并请收件人签收。所有客人留言、传真、邮件或客人要求的物品必须及时送达。

2. 处理普通邮件

邮件递送之前,根据邮件姓名、房号逐一打电话,确认客人是否在房间,按照从高层到低层的顺序送达；客人不在房间时则从门缝塞进。

（1）核对资料。收到邮件后立即同计算机上的资料核对,查看邮件是否与住店客人的姓名和房号吻合；没有计算机的,可在客人花名册中查找。

（2）酌情处理。具体情况处理如下。①邮件上只有姓名无房号的,先从计算机中找出相应房号,然后在邮件上注明；电话通知客人来取邮件。②客人不在房间的,可通知总机亮起房内留言灯,客人回来后就可到总台领取邮件。③设置楼层服务员的酒店,可由楼层服务员将邮件送进客人房内,放在客房写字台上。

3. 处理特殊邮件

（1）核对资料。对于特殊邮件,首先要核对资料。①收到挂号信、包裹单、汇款单、EMS邮政特快专递等邮件的,立即同计算机上的资料核对,查看邮件是否与住店客人的姓名和房号吻合。②邮件上只有姓名无房号的,先从计算机中找出相应房号,然后在邮件上注明。

（2）酌情处理。对于特殊邮件,要酌情处理。①立即用电话通知客人到总台领取邮件。②如客人不在房内,则发一份邮件通知单,并在信件记录本上做好记录；也可以通过电话总机,在客人房内电话机上亮起红灯,表明有留言,客人一回来,即可领取邮件。③客人领取特种邮件时要查看有关证件,并请客人在邮件收发单上签字。

4. 其他特殊问题处理

（1）客人信件由于超重等原因被退回。在收取客人的信函时,应测其重量,如果超重,应过磅称重,及时请客人补足邮资,以免造成退回。遇到超重退回的邮件,应查询客人是否已离店,如已离店,酒店应补足邮资,重新寄发；若客人未离店,应及时通知客人,向客人表示歉意,请客人补足邮资,重新寄发。

（2）曾经住店但已离店客人的邮件处理。对于寄给已离店客人的邮件,在确认该客人离店后,应在邮件上注明客人离店日期。客人的电传、传真等通常按原址及时退回。如果客人离店时有交代,并留下地址委托酒店转寄的,酒店应按要求转寄。如客人未做任何交代,又属普通信件的,则在邮件上注明保留期限为5~10天,过期按寄件人的地址退回。

（3）已订房但尚未抵店客人的邮件处理。在邮件上注明抵店日期,然后将邮件放在指定的地方,并在客人预订单上注明有邮件。在客人抵店前,将邮件取出交总台的接待员,在客人抵店办理入住登记时交给客人。

（4）取消订房客人的邮件处理。除订房客人有委托并留下地址,酒店予以转寄外,其余一律退回寄件人。快信等应立即退回。如果客人订房后只推迟了抵店日期,则要把邮件放在待领架上,或与预订表单一起存档,待客人入住时转交。

（5）无法查找寄件人的邮件处理。凡根据计算机资料无法查到客人的急件,在信件上盖"查无此人"印章,同时打上收件日期、时间,立即退回。普通信件可保留一段时间（一般不超过一周）,经查对确实无人领取的,则退回寄信人,并做好邮件退回记录。因此,当班人员要每天检查一次信格中的所有邮件，如发现已超过规定保留期的，则取出邮件盖上"退件"章，次日做退件处理。

（6）客人投诉说未收到邮件。客人的邮件送入客房后，客人却投诉说未收到时，要查阅递送记录表，并向递送人核实。如系酒店原因，应查找失误环节，杜绝再次失误。如确认送入客房，请客人在房间的各个角落仔细寻找或帮助客人寻找；若仍未找到，可向楼层服务员了解是否在清理房间时不小心丢掉了。

3.3 总台收银服务

收银服务是总台收银处的主要工作内容，收银处的隶属关系视酒店情况而定，通常隶属于前厅部，也有的酒店直接归属于酒店财务部。大、中型酒店的收银处还提供外币兑换服务，有的设立独立外币兑换窗口，有的则与收银处合并，由专人负责。在酒店经营业务中，收银工作是确保酒店经济收益的关键环节。结账业务要做到既准确又迅速，一般要求在3分钟内完成。结账业务是客人离店以前所接受的最后一项服务，由总台收银员办理。

3.3.1 总台客账服务

客账服务工作的好坏，直接影响酒店的经济效益，要求做到建账准确、转账迅速、记账无误、结账快捷。

1. 收银员的主要职责

（1）根据接待处传来的住客登记单，为刚入住客人建立住客账户，并输入计算机。

（2）与其他业务部门、岗位密切联系，做好住客的累计客账工作。

（3）定期与接待处核对房间状态。

（4）做好离店客人的结账工作，确保准确无误。

（5）处理住客信贷和夜审工作。

（6）提供外币兑换服务工作。

（7）负责客人贵重物品的寄存和保管工作。

2. 建账服务

在客人办理完入住登记手续后，总台接待员应根据住宿登记表和预订单有关内容，按不同客人类型制作相应的账单，并连同登记表（账务联）立即送交收银处。总台收银处接到接待员开具的客人账单后，按照不同类型账单予以核收并建账。

1）散客建账

散客的建账程序如下。①签收客人账单。②检查账单各项内容如客人姓名、房号、房型、房价、抵离店日期、付款方式等是否填写齐全、正确，如有异议，应立即与接待员核实。③核准付款方式。如填写的是使用信用卡支付账款，则检查账单中所附的信用卡签购单是否压印齐全并查验信用卡有效期等。④对照信用卡公司或银行机构所发"黑名单"（注销名单）予以核实。⑤检查有关附件如住宿登记表、房租折扣审批单、预付收据等是否齐全。⑥将客人账单连同相关附件放入标有相应房号的分户账夹内，存入住店客人账单架中。

2）团队建账

团队的建账程序如下。①签收团队总账单。②检查总账单中团队名称、团号、人数、用房总数、房价、付款方式、付款范围等项目是否填写齐全、正确。③查看是否有换房、加房或减房、加床等变更通知单。④建立团队客人自付款项的分账单，注意避免重复记账或漏记账单。⑤将团队总账单按编号顺序放入相应的团队账夹内，存入住店团队账单架中。

3. 记账服务

客人可能在酒店的各个部门消费。为了方便客人结账，可以把各部门账单归总到客人的账户来统一结账，这就需要收银员及时记账。

（1）客人在店期间所发生的费用，要分门别类地按房号设立的分户账准确记录各项费用，如客人应自付款项中的直拨电话费、洗衣费、传真费、餐饮费、健身娱乐费等。

（2）客人支付的预订金、预付款、转记其他客人分户账及应收账款，应分门别类地准确记录。

（3）酒店各营业点传来的各种账单（凭证），要逐项核准项目、单位名称、金额、日期、客人姓名、房号、客人签名及经手人签名等。

（4）将核准的账单（凭证）内容分别记入分户账或总账单内。注意把结账时要交给客人的单据与分户账单收存在账夹内，其他单据按部门划分存收，交稽核组复核。

4. 退房结账程序

1）散客离店结账的工作程序

散客离店结账的工作程序如下。①收银员根据每日的客人离店预报表事先做好准备工作。②客人离店结账时，收银员应主动问好，礼貌地询问客人的姓名、房号，调出客人账单，并重复客人的姓名，以防出错，同时收回客房钥匙。③通知客房服务中心或楼层服务台检查客房状况，包括客人物品有无遗忘，房间物品有无损失，房间小酒吧有无动用等。④打印账单交予客人核对，确认无误后，在账单上签字，并付账。⑤如是以现金付账，应核对客人入住登记时缴纳的订金数额，多退少补。⑥如是以信用卡付账，此卡应在入住登记时经过核验，如检查信用卡的整体状况是否完整无缺，有无任何挖补、涂改的痕迹；检查防伪反光标记的状况；检查信用卡号码是否有改动的痕迹；确保信用卡的有效性、通用性、真实性，并核对"黑名单"，结账时要核对信用卡号码、有效期及签字。⑦如是以转账方式付款，一般在订房时已经确认，请客人在账单上签字即可，如果客人结账时临时提出转账要求的，应交由收银处主管负责处理。⑧如果客人用支票结算，则要注意检查支票的真伪。注意辨别那些银行已发出通知停止使用的旧版转账支票；检查支票是否过期，金额是否超过限额；检查支票上的印鉴是否清楚完整；在支票背面请客人留下联系电话和地址，并请客人签名，如有怀疑请及时与出票单位联系核实，必要时请当班主管人员解决。⑨结账结束后，收银员应向客人表示感谢，欢迎客人再次光临，并祝旅途愉快。⑩做好收尾工作，如房态的改变，在客人离店预报表中勾掉该姓名等。

 知识链接 3-8

信用卡真伪辨别

信用卡真伪辨别应注意以下问题。①看卡面。真卡卡面颜色鲜明、字迹清晰，塑料表面光滑，颜色不易脱落，并且卡面条纹清楚整齐。伪造的信用卡卡面、卡背制作粗糙，字迹模糊，颜色过深或过浅，塑料表面凹凸不平，颜色容易脱落，卡面条纹不整齐，如同贴在白卡上。②看凸印。真卡卡号、英文字母排列清晰整齐，伪造的信用卡卡号、英文字母排列不整齐或尺码有别，涂改过的信用卡卡号、英文字母排列不整齐，字母大小有别，旧卡号在卡背面隐约可见；真卡印有发卡银行名称，伪造的信用卡可能没有发卡银行名称，涂改过的信用卡有涂改痕迹，发卡名称残缺不全，签名不流畅。③看防伪设计。真卡有全息激光防伪商标和荧光防伪设计，而伪造的信用卡一般无防伪标志或防伪设计标志不清晰、缺乏立体感。另外，假卡磁道信息无法在销售终端机上读出。

2）团队离店结账的工作程序

团队离店结账的工作程序如下。①团队离店前一天，应准备好总账（主要是房费、餐费）和分账（主要是个人的长途电话费、洗衣费、客房小酒吧消费等）。②团队结账前半小时做好结账的准备工作，一一核对账目，结出总账和分账。③团队结账时，应主动、热情问好，请领队协助收回全部钥匙。④由领队确认账单，请其在总账上签名。分账由各消费客人确认，并分别签名。⑤付账时，如团队与酒店有合同关系，在账单上签认即可，否则应在团队到达前预付或离店时现付。凡不允许挂账的旅行社，其团队费用一律到店前现付。团队陪同无权私自将未经旅行社认可的账目转由旅行社支付。分账应由各有关客人现付。收银员应保证在任何情况下，不得将团队房价泄露给客人，如客人要求自付房费，应按当日门市价收取。⑥应注意及时检查团队房间，以及避免错账、漏账的发生。⑦结账结束后，收银员应向客人表示感谢，欢迎客人再次光临，并祝旅途愉快。⑧做好收尾工作。

5. 特殊情况的处理

（1）住店客人的欠款不断增加。有些客人在住店期间所交的押金已经用完，或者有的客人入住酒店以后长期没有决定结账的日期，但是他所欠的酒店账款在不断上升，在这种情况下，为了防止客人逃账或引起其他不必要的麻烦，必要时可通知客人前来付账。催促客人付账时，要注意方式、方法、语言艺术，可以用电话通知，也可用印备的通知书，将客人的房号、姓名、金额、日期等填好后装入信封转交客人。客人见该通知后会主动付款，如客人拒付，应及时处理。

（2）过了结账时间仍未结账。如果过了结账时间（一般为当天中午12:00）仍未结账，应催促客人，如超过时间，应加收房费（下午3:00以前结账者，加收一天房费的1/3；下午3:00—6:00结账的，加收1/2；下午6:00以后结账的，则可加收全天房费）。

（3）一位客人的账单由另一位客人支付。客人甲的账由客人乙支付，如客人甲已经先行离去，这时候往往容易发生漏收的情况，这会给酒店带来经济损失。为了防止出现这类情况，应在交接记录上注明，并附纸条分别在两位客人的账单上。处理这种情况的程序如下。①如果客人甲的账由客人乙支付甲先走，则把客人甲的账目转到客人乙的账单上，同时客人甲的账单清零。②同时通知客人乙。③为避免出现不必要的麻烦，及时拿到客人乙的书面授权。

（4）客人结账后，没有交回房间钥匙。处理这种情况的程序如下。①如果客人结账后返回房间，酒店可以马上到房间找回钥匙。②如果客人已经结账离店，应马上通知客房部检查客房，以免客人将钥匙留在客房内；如果客人已经把钥匙带走，酒店可以通过设置启用时间将其作废。

（5）客人在结账时才提出要折扣优惠，而且符合优惠条件。遇到这种情况时，收银员应填写一份退账通知书（一式两联，第一联交财务，第二联留收银处），然后要由前厅部经理签名认可，并要注明原因，最后在计算机上将差额做退账处理。

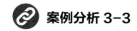 **案例分析 3-3**

您能帮我核对一下吗？

某日，一位长住北京丽都假日酒店的客人到该店总台收银处支付一段时间在店内用餐的费用。当他看到打印好的账单上面的总金额时，马上火冒三丈地讲："你们真是乱收费，我不可能有这样的高消费！"收银员面带微笑地回答客人："对不起，您能让我再核对一下原始单据吗？"客人表示可以。收银员一面开始检查账单，一面对客人说："真是对不起，您能帮我一起核对吗？"客人点头认可，于是和收银员一起对账单进行核对。期间，那位收银员顺势对几笔大的账目金额（如招待宴请访客及饮用名酒……）作了口头启示以唤起客人的回忆。等账目全部核对完毕，收银员有礼貌地说："谢谢您帮助我核对了账单，耽误了您的时间，费神了。"客人听罢连声说："麻烦你了，真不好意思。"

分析： 总台收银处对客人来说是个非常"敏感"的地方，也最容易引起客人发火。上述案例中的收银员用巧妙的语言使客人熄了火。一开始她就揣摩到客人的心理，避免用简单生硬的语言（像"签单上面有你的签字，账单肯定不会错……"之类的话），使客人不至于下不了台而恼羞成怒。在通常情况下住店客人在酒店内用餐后都喜欢用签单的方式结账，简单易行而且方便。但是由于客人在用餐时往往会忽视所点菜肴和酒水的价格，所以等客人事后到总台付账，看到账单上汇总的消费总金额时，往往会大吃一惊，觉得自己并没有吃喝那么多，于是就责怪餐厅所报的账目（包括价格）有差错，结果便把火气发泄到无辜的总台收银员身上。本来账单应该由客人自己进行检查，而那位收银员懂得"顾客就是上帝"这句话的真谛，因此在处理矛盾时，先向客人道歉，然后仔细帮客人再核对一遍账目，其间对语言技巧的合理运用也是很重要的，尊重是语言礼貌的核心部分。说话时要尊重客人，即使客人发了火，也不要忘记尊重客人就是尊重自己这个道理。

3.3.2 外币兑换服务

外币兑换员需要经过中国银行专业培训，具有鉴别各国货币和真假纸钞的能力，有些地方还要求持证上岗。目前已有很多酒店可直接收取外币，该服务相应简化。

1. 外币现钞兑换

（1）当客人前来办理外币兑换时，先询问其所持外币的种类，看是否属于酒店兑换的范围。

（2）礼貌地告诉客人当天的汇率及酒店一次兑换的限额。

（3）认真清点外币，并检验外币的真伪。

（4）请客人出示护照和房卡，确认其住客身份。

（5）填制外币兑换水单（表3-15），内容包括外币种类及数量、汇率、折算成人民币金额、客人姓名及房号。

（6）客人在水单上签名，并核对房卡、护照与水单上的签字是否相符。

（7）清点人民币现金，将护照、现金及水单的第一联交给客人，请客人清点。

表3-15 外币兑换水单

FOREIGN EXCHANGE VOUCHER
外币兑换水单

GUEST NAME 客人姓名:			
ROOM NO. 房号:		DATE 日期:	
CURRENCY TYPE 外币种类	AMOUNT 金额	EXCHANGE RATE 汇率	RMB 人民币

GUEST SIGNATURE
客人签名:

TOTAL
合计:

CASHIER SIGNATURE
收银员签名:

2. 外汇旅行支票兑换

旅行支票是银行或大型旅行社专门发行的一种定额支票，旅游者购买这种支票后，可在发行银行的国外分支机构或代理机构凭票付款。旅游者在购买支票时，需要当面在出票机构签字，作为预留印鉴。旅游者在支取支票时，还必须在付款机构当面签字，以便与预留印鉴核对，避免冒领。

（1）了解客人所持旅行支票的币别、金额和支付范围，以及是否属于酒店的收兑范围，并告知是日估算价。

（2）必须与客人旅行支票进行核对，对其真伪、挂失等情况进行识别，清点数额。

（3）请客人出示房卡与护照，确认其住店客人身份，请客人在支票的指定位置当面复签，然后核对支票初签和复签是否相符，支票上的签名是否与证件的签名一致。

（4）外币种类及数量、兑换率、应兑金额、有效证件（护照）号码、国籍和支票号码等，填写在外币兑换水单的相应栏目内。

（5）请客人在水单的指定位置签名，并注明房号。

（6）按当天汇率准确换算，扣除贴息支付数额。

（7）订存支票。在持票人兑换支票时，收银员应让其出示有效证件，核查证件上的相片是否为客人本人，再查看支票上的签名是否与证件上的签名一致，然后在兑换水单上摘抄其支票号码、持票人的证件号码、国籍，并在旅行支票的背面记上客人的证件号码。

3.3.3 贵重物品保管服务

酒店通常为客人提供客用安全保管箱，供客人免费寄存贵重物品。小保管箱的数量，一般按酒店客房数的15%～20%来配备，若酒店的常住客和商务散客比较多，可适当增加保管箱的数量。客用安全保管箱通常放置在总台收银处后面或旁边一间僻静的房间，由收银员负责此项服务工作。保管箱的每个箱子有两把钥匙，一把由收银员负责保管，另一把由客人亲自保管，只有这两把钥匙同时使用，才能打开和锁上保管箱。

保管箱的启用、中途开箱、退箱,一定要严格按酒店规定的操作程序进行,并认真填写有关保管记录,以确保客人贵重物品的安全,防止各种意外事故的发生。

1. 客用保管箱启用

(1)询问确认。主动问候,问清客人的保管要求;请客人出示房卡或钥匙牌,确认其是否为住店客人。只有住店客人才能免费使用贵重物品保管箱。

(2)填单签名。填写贵重物品寄存单,请客人签名确认,并在计算机上查看房号与客人填写的资料是否一致。

(3)存放物品。根据客人要求,选择相应规格的保管箱,介绍使用须知和注意事项。将箱号记录在寄存单上;打开保管箱,请客人存放物品,并回避一旁。

(4)交付钥匙。客人将物品放好后,收银员当面锁上箱门,向客人确认已锁好;取下钥匙,一把给客人,另一把由收银员保管。提醒客人妥善保管钥匙,向客人道别。

(5)记录存档。在保管箱使用登记本上记录各项内容,并将贵重物品寄存单存档。请客人填写贵重物品寄存单(表3-16),一式两联,第一联存根,第二联交客人作为取物凭证。

表3-16 贵重物品寄存单

保管箱号_____

姓名_____ 房号_____ 日期_____

住址_____

兹收到保管箱钥匙编号_____并同时声明使用保管箱要遵照:

(1)保管箱只是供给本酒店客人免费使用。

(2)如客人钥匙丢失,经客人同意后可硬性打开保管箱,但客人需赔偿钥匙丢失费,至少为人民币800元。

(3)若退房后14天内不能交回以上号码的保管箱钥匙,本人等于在这里授权本酒店可以破开上述保管箱,而不需付任何责任。

签名(1) 签名(2)

日期_____ 使用人签名_____ 经手人_____ 时间_____

本人已交回保管箱钥匙_____号,并声明已取回所有存放在保管箱的物品。

日　期_____

经手　人_____

客人签名_____

2. 中途开箱

客人在住店期间,由于种种原因可能会多次要求打开总台保管箱取出寄存的物品或增加寄存物品,总台收银员应该严格按照中途开箱的流程进行服务。客房内的保险箱(也称保管箱)一般由客人自己启用,服务员只要给予相应的指导即可。

(1)核对开启。礼貌应接,客人要求开启保管箱时,核准钥匙、房卡及客人的签名;当面同时使用总钥匙和该箱钥匙开启。

(2)签名记录。客人使用完毕,按照启用保管箱的要求,将保管箱锁上,并请客人在寄存单相关栏内签名,记录开启日期及时间;最后由收银员核对、确认并签名。

3. 客人退箱

客人使用完保管箱后,会要求取出箱内的物品,此时,收银员也应该按照相关程序进行严格的操作。

（1）取出物品。礼貌地接待客人并取出物品；取出物品后，收银员请客人交回钥匙。

（2）请客人签名。请客人在寄存单相应栏内签名，记录退箱日期和时间。

（3）记录、道别。收银员在客用保管箱使用登记本上记录该箱的退箱日期、时间、经手人签名等内容，并向客人致谢道别。

3.3.4　收银处夜审

夜审员主要由收银处夜间工作人员承担，其主要职责是进行营业情况的总结与统计工作，进行酒店的内部控制及向管理层及时反馈酒店每日的经营状况。在小型酒店，夜审员往往身兼数职，除了夜间稽核的工作外，还同时承担前厅部的夜班值班经理、总台接待员和出纳员等工作，接受前厅部和财务部的双重领导。

1. 夜审工作人员的岗位职责

（1）核对各收款机清机报告。

（2）审核当天各班次收银员送审的账单、原始单，核查数据是否准确，并核对该班次营业报表。

（3）核对餐厅、客房的账目及其他挂账数与报表金额是否一致，是否按有关规定或协议执行。

（4）核查各班组送审的转账单据所列单位有无串户。

（5）核查总台开房组输入计算机的房价是否正确。

（6）复核各类统计表的数据，核实是否与收款员输入计算机数一致，并负责跟踪。

（7）将当日酒店各个营业点的营业收入过账。

（8）根据各营业点的营业情况，制作当天全酒店营业日报表，并在次日早上 9:00 前呈送财务经理和总经理。

（9）对每天稽查出的问题和未按规定办理的内容和数据，做出详细的稽核报告，及时向上级领导汇报。

（10）负责保管各班组的营业日报表及其附件单据。

（11）负责保管各种票据及收发领用工作。

（12）负责夜间总台收银工作。

2. 夜审工作的程序

1）检查前厅收款处工作

夜审人员上班后首先要接管收银员的工作，做好工作交接和钱物清点工作，然后对全天收银工作进行检查，具体如下。①检查收款台上是否有各部门送来的尚未输入客人账户的单据，如有，进行单据输入，并进行分类归档。②检查收款员是否交来全部收款报表和账单。③检查每一张账单，看房租和客人的消费是否全部入账，转账和挂账是否符合制度手续。④将各类账单的金额与收款报告中的有关项目进行核对，检查是否相符。

2）核对客房出租单据

核对客房出租单据具体工作如下。①打印整理出一份当天客人租用明细表，内容包括房号、账号、客人姓名、房租、抵离日期、结算方式等。②核对客人租用明细表的内容与收款处各个房间记账卡内的登记表、账单是否存在差错。③确定并调整房态。

3）房租过账

经过上述工作，确认无误后通过计算机过账功能将新一天的房租自动记录到各住客的客人账户中,或者手工入房租。房租过账后,编制一份房租过账表,并检查各个出租客房过入的房租及其服务费的数额是否正确。

4)对当天客房收益进行试算

为确保计算机的数据资料正确无误,有必要在当天收益全部输入计算机后和当天收益最后结账前,对计算机中的数据进行一次全面的查验,这种查验称为"试算"。试算分3步进行。①指令计算机编印当天客房收益的试算表,内容包括借方、贷方和余额3部分。②把当天收款员及营业点交来的账单、报表按试算表中的项目分别加以结算汇总,然后分项检查试算表中的数额与账单、报表是否相符。③对试算表中的余额与住客明细表中的余额进行核对,如果不等,说明出现问题,应立即检查。

5)编制当天客房收益终结表

客房收益终结表也称结账表,是当天全部收益活动的最后集中反映。此表一旦编制出来,当天的收益活动便告结束,全部账项即告关闭。如果在打印终结表后再输入账据,只能输入下一个工作日。

6)编制借贷总结表

借贷总结表也称会计分录总结表,是根据客房收益终结表编制的,是列示当天客房收益分配到各个会计账户的总表。编制完借贷总结表,夜审工作结束。

3. 核查收款报表时的注意事项

1)核查总台收款

核查总台收款时的注意事项如下。①房租折扣要有关人员的签字认可,免费房必须有总经理或副总经理的批准并签名。②退款要有客人签名的主管签名,而陪同退款要经总经理批准(其他职务代批的,要经财务经理签名确认)。③客人拒付要有大堂副理签名认可。④输单必须单据齐全,少单要说明原因。⑤团体的房租一定要当天输入计算机,如发现尚有团体未输房租,要立即通知团体收款采取补救措施。

2)核查餐厅收款

核查餐厅收款时的注意事项如下。①退款原因说明及主管签名,并且三联单要齐全。②收款核查营业日报表要与纸带一致,各项数目要准确,左右要相等,单据齐全并盖有餐厅的收款专用章,收款员签名。③报账的账单要有签名并附有报账单位订单,或点菜单,报总经理室或有关部门经理签名批准。④开三联发票和收预付款单据要附上副本,冲预付款要三联单齐全。⑤餐单改数后,要有原因说明及主管签名。

3)核查作废的账单

核查作废的账单时的注意事项如下。①售货登记表要与营业表及收款机纸带相等。②商品价格的折扣要有人签名,5%以上折扣要有经理签名,发票上也要注明并签名。③凡退货减数或按错收款机的减数均要有两人签名并在销售登记表上注明发票号。

 本章小结

总台作为酒店的门面,在服务工作中具有举足轻重的地位,直接关系到酒店的形象和档次,体现着酒店的整体服务质量水平。要出色完成总台的各项工作,使客人满意,必须了解前厅服务的各项主要服务内容。本章主要介绍了总台的接待服务、问询服务和收银服务。

入住接待是对客服务中的一个关键阶段。接待员应根据散客或团队客人有无预订等具体情况进行接待；对特殊客人，如 VIP、长住客人等，能够提供有针对性的个性化服务；具备处理突发问题的能力。

客人住店期间，对客服务的主要工作集中在查询服务、留言服务、邮件服务等问询服务方面。由于客人身份、目的、知识和喜好追求千差万别，因此问题也各不相同，这对问询员提出了较高的要求。

为实现酒店的经济收入，收银员要建立客账，快速准确地为客人提供结账服务，还要掌握外币兑换服务常识与程序、贵重物品的寄存与提取程序，以及夜审工作程序，保障收银工作的顺利进行。

 国际酒店赏鉴

万豪国际集团的"为您效劳"系统

万豪国际集团是全球首屈一指的酒店集团，他们能够赢得客户除了好的经营管理系统，一定离不开"服务"。万豪旗下的酒店也许档次有区别，但服务都是一流的。这与万豪的创始人马里奥特对服务质量一丝不苟的追求是分不开。万豪酒店员工一直都遵循：必须牢记客人喜好，用心服务才能赢得宾客。从 2003 年起，万豪推出一套名为"为您效劳"的计算机注册系统，将客户哪怕是最细微的要求都记录在数据库中。比如，你喜欢海绵枕头或者忍受不了街道上的嘈杂，该系统都会记录在案，当你下次入住万豪旗下任何一家酒店时，店方会为你准备一套满意的房间。在万豪的酒店品牌里，您住的每一天，每一分钟，他们都会进行追踪服务，会研究客人如何更好地使用房间，以及如何在客人下一次到来时重新定义房间的使用功能。一位客人在西雅图一家万豪酒店里吃早餐，吩咐服务员把鸡蛋煮得嫩一些，此后无论他在纽约还是华盛顿的万豪酒店，每当点煮鸡蛋的时候服务员都会问："是不是要煮得嫩一些？"

香格里拉酒店集团的"香聚"计划

"香聚"计划是一项基于香格里拉酒店集团在中国市场三十多年的深入了解与经验，并结合中国海外旅行消费新趋势而制订的特色专属服务。"香聚"计划秉承香格里拉酒店殷勤好客的亚洲式待客之道，在目前已经推行的中文菜单、中文电视频道、客房内中式茶叶、迷你吧中式快餐面、电源转换插头、双语入住登记表和中式餐饮的基础上，特别推出七大标志性服务。一是体贴入"微"，在收到酒店订房确认单的同时，客人可以扫描二维码添加酒店微信，从入住前至离店后，皆可通过微信与酒店即时沟通。二是随性而"行"，酒店将结合当地特色向客人推荐游览观光路线并配以中文介绍，客人可选择在中文服务人员的陪同下进行游览，探寻异国文化，发掘别样魅力。三是畅所欲"言"，酒店内安排中文礼宾人员，及时提供服务支持，耐心为客人答疑解惑，无障碍中文沟通让旅行更加轻松愉快。四是见"字"，客人入住时可获取酒店重要信息及资讯的中文版本说明，包括安全须知、餐饮介绍、平面图和紧急联络电话等信息，贴心的提示确保客人在异国畅行无阻、安心无忧。五是以"茶"交心，持续香格里拉酒店著名的中式欢迎茶服务，以熟悉的茶香开启异国旅程的第一步，中国各大茗茶悉数呈献，让客人于千里之外亦可品味茶意幽香。六是"粥"到有礼，餐饮团队特别挑选了七种不同配方的中式粥品，一周七天，每日在早餐提供不同的选择，使远行海外的客人感到暖胃亦暖心。七是咫尺美"味"，晚餐菜单设有中式粥面，客人可选择送餐至房内，起筷欢尝，走得再远，中国胃也不会感觉寂寞。

日本帝国饭店的个性化服务

　　日本帝国饭店的服务绝不仅仅是点头鞠躬、面带微笑、迎来送往这么简单和程式化，他们非常注重每名顾客的需求。帝国饭店总台服务员在接待顾客入住时，就开始观察顾客，根据不同顾客的需求提供服务。如果是带孩子的顾客，服务员就将放有玩具、漫画的房间给顾客住。如果是商务人士，酒店会免费提供《日本经济新闻》《股市行情》等给顾客。如果在入住期间正赶上顾客的生日，酒店还会贴心地给顾客送上蛋糕和香槟。如果是初次来日本的外国游客，服务人员会将《日本温泉指南》等旅游手册放在房间里，并且保证放的是顾客的母语版本……这都是服务人员提前为顾客做好的，不会等到顾客开口才去做，可谓想人之所想。帝国饭店的服务人员工作时不是千篇一律地完成接待程序，而是拿出细心、亲切的态度工作，因此感动了不少顾客。

 复习思考题

一、简答题

1. 对于哪些客人，酒店可以不予接待？
2. 为什么要办理住宿登记手续？
3. 散客入住登记与团队入住登记的差异具体表现在哪些方面？
4. 谈谈排房的艺术。
5. 问询员应掌握哪些信息？
6. 夜审工作的程序有哪些？

二、实训题

1. 王先生按照预订于10月1日到达酒店，请模拟总台接待员为其办理入住登记手续。
2. 张小姐到总台接待处，询问酒店有关房间类型和价格，请现场模拟向其推销客房。
3. 李先生想找在酒店住店的朋友王明先生，请现场模拟为其提供查询服务。
4. 陈小姐到酒店总台退房，请现场模拟为其办理离店结账程序。

前厅日常服务

教学目标

知 识 要 点	能 力 要 求	重 点 难 点
前厅礼宾部、电话总机、商务中心的岗位设置及主要岗位职责	(1) 掌握前厅礼宾部、电话总机、商务中心常见的岗位设置、业务分工和各岗位的工作职责 (2) 根据酒店实际情况,合理设计前厅礼宾部、电话总机、商务中心的业务分工和岗位职责	重点:前厅礼宾部、电话总机、商务中心的岗位职责与工作要求 难点:前厅礼宾部、电话总机、商务中心的岗位设计和任务分工
前厅礼宾部、电话总机、商务中心的日常服务项目	(1) 掌握前厅礼宾部、电话总机、商务中心常见的对客服务项目和对客服务内容 (2) 根据酒店实际情况和经营需要,合理设计前厅日常服务项目和内容	重点:前厅礼宾部、电话总机、商务中心对客服务项目类别和服务内容 难点:前厅礼宾部、电话总机、商务中心日常服务项目设计及服务发展趋势
前厅礼宾部、电话总机、商务中心的日常服务规范	(1) 掌握前厅礼宾部、电话总机、商务中心各项日常服务流程和标准规范 (2) 根据各项日常服务流程,能够为客人提供规范的迎送服务、行李服务、委托代办服务、总机话务服务和商务中心服务	重点:前厅礼宾部、电话总机、商务中心对客服务的基本流程和标准规范 难点:前厅礼宾部、电话总机、商务中心对客服务标准制定和服务流程优化

导入案例

美元丢失该不该赔偿？

杨先生是某酒店的常客，经常出差入住该酒店。跟往常一样，会议结束后，杨先生办理了退房手续，把行李寄存好后，就去看望老朋友了，计划晚上 7:00 再回酒店提取行李乘飞机回家。晚上 7:00 杨先生如期前来提取行李，中班行李员小张按规定核对了存单，迅速为他办理了行李提取手续，可杨先生说放在皮箱里的 2 万美元不翼而飞，要求酒店赔偿。大堂副理小周闻讯赶来处理此事。小周调查得知，早班行李员小李在受理寄存服务时发现皮箱不能上锁，已经提醒杨先生将贵重物品寄存在收银处。而且，当时行李寄存处也设有"请将现金及贵重物品寄存于收银处贵重物品保管箱中，否则丢失概不负责"的告示标牌。

问题： 小周应如何处理杨先生的投诉？酒店管理方面应采取哪些有效措施防止此类事情再次发生？

前厅部不仅要做好预订、接待、问询和收银服务工作，还担负着大量的前厅日常服务工作，如迎送宾客服务、行李服务、委托代办服务、电话总机服务、商务中心服务等。这些日常服务工作既是围绕客房销售工作而展开的，也是整个酒店服务工作的重要组成部分。这些服务是以酒店"形象代表"的身份进行的，其工作质量好坏、工作效率高低，直接影响着客人对酒店服务质量的评价和客人对酒店形象的认知。

4.1 前厅礼宾服务

通常酒店前厅礼宾部下设门童、行李员、酒店代表等岗位，为客人提供迎送服务、行李服务和委托代办服务。他们是最先迎接和最后送别客人的服务群体，是酒店形象的代表，因此，做好前厅礼宾服务，提高礼宾服务质量至关重要。

4.1.1 迎送服务

迎送服务是指酒店为住店客人提供的迎接与欢送服务，其主要包括店外迎送服务和店内迎送服务两个部分。

1. 店外迎送服务

店外迎送服务是店内迎送服务的延伸，即酒店代表在机场、车站、码头等处代表酒店迎接抵店客人，欢送离店客人，并为其提供市内交通和行李服务，以及登机、上车等协助服务。为了方便店外迎送，有的酒店直接在机场、车站、码头设点，安排酒店代表接送抵离店客人。在机场、车站、码头设点的酒店，一般都有固定的办公地点，设置明显的接待标志，如店名、店徽及星级等。通常酒店代表除了迎接预订客人外，还需积极向未订房的客人推销酒店客房及其他产品，主动为客人介绍酒店设施与服务，以争取更多的客源。因此，店外迎送服务既是酒店设立的一种配套服务，也是酒店根据自己的市场定位所做的一项促销工作。

酒店代表是酒店形象的代表，其仪容仪表、言谈举止、服务礼仪、工作效率直接影响着客人对酒店的评价。因此，酒店代表每天必须提前了解预期抵离店客人名单，落实接送车辆，并做好各项准备工作，在任何情况下都应准时到达指定地点，提前恭候并热情迎送抵离店客人。尤其是在接站时，务必提前半小时到站恭候，在机场（车站）出站口显眼处举牌迎接客人，向客人表示欢迎，并帮助客人提拿行李，引领客人上车。客人上车后，马上电话通知总台接待处做好接待准备工作，如属贵宾还应及时通知大堂副理，请其安排准备相关迎接工作。如果出现漏接现象，则应立即与酒店总台联系，核查客人是否已经到店，并向上级汇报情况，以便采取补救措施。

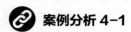 **案例分析 4-1**

体验酒店"机场管家"服务

5月13日，一架从上海方向飞来的航班降落在首都国际机场。2分钟后，凯宾斯基酒店的机场服务经理史经理、北京空港航空地面服务有限公司接待人员陈小姐看到了他们的客人——德国的克劳斯先生笑着朝他们招手。史经理和陈小姐立即上前热情地问候了克劳斯先生，三个人边走边聊，很像多日不见的老朋友。可能是因为时间紧，克劳斯先生一边与史经理说"Byebye"，一边径直朝前走。陈小姐则在后面的行李传输带上帮克劳斯先生收取完行李后，迅速追随着克劳斯先生的脚步，将他送往与凯宾斯基酒店驾驶员约好的停车位。从克劳斯先生下飞机到他走出大厅，整个接待过程不超过5分钟。

分析： 虽然说此项服务只需要几分钟，但它将酒店的服务延伸到机场出舱口，无形中把酒店的形象和理念展示给了客人，提高了客人的认知度。中国酒店把机场与酒店之间的服务称为"机场管家"服务。这种服务的最大特点是"方便、快捷、安全"，客人从下飞机就能看到专门的迎接人员已经恭候在那里，他们会帮助客人办理入境手续、行李检查和通关事宜，不仅避免了时间的浪费，同时又能保证客人的安全，也不会因为语言不通造成不便。体验过这种服务的客人都非常满意，有些客人甚至与接待人员成了朋友，没有宾客与服务人员的距离感和生疏感。

 实训练习 4-1

酒店代表迎客服务

1. 实训内容

实训的具体内容见表4-1。

表4-1　实训内容

实训程序	标准规范
准备工作	（1）了解当天预订接机（站）客人的姓名、人数、航班（车次）及到达时间 （2）准备接机（站）牌，与酒店车务部调度落实好当天接机车辆、车型、车号，并做好记录 （3）如在机场（站）设有专门柜台，注意及时清洁整理卫生，将酒店宣传品摆放整齐

续表

实训程序	标准规范
接站服务	（1）提前半小时到站等候，检查个人仪容仪表，确保仪态端庄整洁大方 （2）与机场（车站）问询处核实航班（车次）具体到达时间，如有延误或取消，应及时通知酒店总台接待处和酒店车务部 （3）航班（车次）到站后，在出站口明显处举牌迎接客人 （4）接到客人后（注意核实客人身份），主动介绍自己身份，向客人问好，表示欢迎 （5）帮助客人提拿行李，引领客人上车 （6）出现漏接现象时，及时与酒店总台联系，查明原因并向上级汇报
中途服务	（1）与总台保持联系，告知接站顺利，请其做好接待准备工作 （2）主动介绍城市概况、旅游信息和酒店服务，热情回答客人问询，积极与之交流，做好途中讲解和安全工作，缓解客人的陌生感和疲劳感
抵店服务	（1）引领客人到总台办理入住登记手续 （2）安排行李员将客人行李送至房间 （3）协助大堂副理做好贵宾接待工作 （4）填写岗位工作记录，汇报相关信息

2. 情景模拟

酒店代表：先生，您好！您是来自巴黎751航班的托马斯·怀特先生吗？

怀特先生：是的，我就是。

酒店代表：我叫李娜，是国际酒店的机场代表。欢迎来到中国，希望您在我们酒店住得开心。

怀特先生：谢谢，很高兴见到你。

酒店代表：跟您一起还有其他人吗？怀特先生。

怀特先生：是的，这是我太太，我们一块儿来中国的。

酒店代表：您好，怀特夫人。

怀特夫人：你好。

酒店代表：怀特先生，您们一共有几件行李？

怀特先生：就只有这三件。

酒店代表：我来帮您拿吧，请这边走，我们的车停在那儿。

怀特先生：请问到酒店需要多久？

酒店代表：如果交通顺畅，大约需要1小时。怀特先生，请您和夫人系好安全带，看看我们酒店的宣传册吧。

怀特先生：好的，谢谢。

酒店代表：我们为您安排了一个可看市景的外景房。

怀特先生：那太好了。

酒店代表：怀特先生，您看左边，那是我们去年新建的高尔夫球场，标准的18洞球场，我们酒店和球场签订了协议，住店客人可享受消费8折优惠，酒店每天还有专车接送，有空的时候您可以休闲放松一下。

怀特先生：非常漂亮，好的，谢谢！

3. 实训考核

掌握酒店代表迎送服务的基本服务流程，灵活地向客人推销介绍酒店产品，正确、合理地处理在迎送过程中发生的各种突发问题。实训考核的具体项目见表4-2。

表4-2　实训考核

| 班组： | 姓名： | 学号： | 时间： |

项　目	要　求	分值（总分10）	得　分
准备工作	准备工作充分，相关信息核实准确，交通工具安排妥当，备好接站牌	1	
接站服务	提前到站恭候，主动认找客人，欢迎词合理恰当，行李服务及时，引领上车服务周到	2	
中途服务	及时向总台通知接站情况，途中与客人沟通积极主动，介绍城市、酒店概况，旅游信息准确无误	2	
抵店服务	引领客人到总台办理入住登记手续，安排行李员做好行李服务，协助大堂副理做好贵宾接待	1	
仪容仪表	服饰整洁得体；发型美观；手部、面部清洁，口腔无异味；微笑和蔼，表情自然大方	1	
言谈举止	普通话标准，敬语规范，行为举止彬彬有礼	1	
综合评价	服务流程熟悉，与客人沟通顺畅，效果较好	2	

2. 店内迎送服务

店内迎送服务是指当宾客抵离酒店大门时，酒店门童为其提供的迎接与送别服务。门童一般身着华丽燕尾服，头戴绅士礼帽，站立于酒店大门外侧，主要职责是指挥门前交通和车辆停泊，迎接问候抵店宾客，欢送祝福离店宾客，解答宾客问询，以及协助做好酒店门前的安全与卫生工作。具体来说，酒店门童迎送宾客工作流程如下。

1）散客步行抵店迎接服务

门童在岗时应以标准姿势站立于岗位指定地点，细心观察视野内即将通过酒店入口的客人。①当客人提拿较多或较重行李朝酒店大门走来时，主动上前迎接并帮助客人提拿行李，其中易碎物品和贵重小件物品可由客人自己提拿。②如客人无行李或行李较少时，则当其走近大门约5米时，面带微笑并用眼神关注客人。③当客人走近约2米时，迅速拉开酒店大门，向客人点头微笑，致意问好，欢迎客人的到来。④当客人进入前厅后，将行李转交给行李员，由行李员负责随即送至客人房间。⑤如遇雨雪天气，门童还应为客人提供雨具寄存保管服务，以保持酒店前厅的清洁卫生。

2）散客乘车抵店迎接服务

当散客乘车抵店时，门童需在车辆驶入酒店入口通道的第一时间做出反应。①指挥调度车辆，并把车辆引导到酒店正门前的台阶下方。②待汽车停稳后，视车内乘客情况为客人开车门、护顶，请客人下车。③主动向客人问好，若是常客或贵宾，还应以客人姓氏和职务称呼客人。④礼貌询问客人有无行李，如有则帮助客人卸下行李，并提醒客人清点、确认。⑤注意招呼行李员前来为客人搬运行李，引领客人进店。⑥若酒店门前没有华盖，又遇雨雪天气时，门童还应提前为客人撑好雨伞，并摆放醒目的标志牌或以口头形式提醒客人小心地滑。⑦如果客人是乘坐出租到达酒店，门童还应及时记下出租车的车牌号码和客人抵店时间，以备核查。

3）团队客人抵店迎接服务

当团队客人乘车抵店时，门童应迅速上前引导，使客车停靠在酒店门前开阔处。然后站立于车门一侧，对下车的客人致意问好，以示欢迎，并维持好酒店门前交通秩序。遇客人行动不便或手中行李较多时，还应积极上前搀扶或帮助提拿。当客人全部下车后，迅速引导驾驶员将客车开走或停入停车场合适位置。另外，门童还应注意与酒店行李员配合，协助行李员做好行李交接工作。

4）散客离店送行服务

当客人步行离店时，门童应礼貌向客人道别，表示祝福和期待客人下次光临，然后目送客人离开。如果客人需要出租车时，门童应立即为客人安排车辆，并将客人的用车召唤至酒店大门前。待车辆停稳后，协助行李员将客人的行李按客人要求装车放好，并注意提醒客人核对行李件数。然后为客人拉开车门，请客人上车，待客人坐好后，轻轻关好车门。注意关车门时不要夹伤客人的手脚或夹住客人的衣、裙。接着及时向客人祝福道别，当汽车驶离酒店大门时，迅速向客人挥手告别，并目送客人离开酒店。在客人离开后，及时记下出租车牌号和客人离店时间，以备需要时核查。

5）团队离店送行服务

当团队客人准备离店时，门童应迅速上前引导，使团队客车停放在酒店门前开阔处，然后站立于车门一侧，对上车的客人祝福道别，并注意维持好门前交通秩序。如客人行动不便或提拿行李较多，还应积极上前帮助。此外，门童还应注意与酒店行李员配合，协助行李员做好行李交接工作，帮助行李装车。待团队客人出发时，向客人挥手告别，并目送客人离开酒店。

总之，门童通常是客人抵店接触的第一位酒店员工，他们与酒店的建筑、门面一样，代表着酒店的形象。目前，酒店门童通常选聘英俊机灵、彬彬有礼的青年男子担任。也有许多酒店根据自身特色需要，选用气质好、仪态端庄的女性或稳重、具有绅士风度的中老年男子做门童。甚至一些酒店为了使酒店具有异国情调，树立国际化形象，增强对国内外客人的吸引力，而专门聘请外国人做门童。

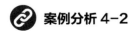

副教授在酒店当门童

1999年5月，某大学历史系副教授贾先生提前办理了退休手续。同年12月，贾先生正式成为了渔阳酒店的门童。然而，做个门童也不容易。对此，贾先生感触很深：每天8个小时恭恭敬敬地站着，不停地为客人拉关车门、提行李，几乎没有休息时间；每天回到家，全身骨头就像散了架，要用红花油揉擦好一阵子才能入睡。但这些苦还算不了什么，最让贾先生难以忍受的是客人无端的指责和误解。2001年8月，贾先生替一位日本客人送行李到房间，客人给他小费，他坚决不要。他对客人说："这是我应该做的，你不用感谢我。"客人疑惑地望着他，把他上下打量个遍。半个小时后，客人说放在包里的一对金戒指不见了，刚才只有贾先生来过这里。贾先生当时气得说不出话来，屈辱、愤怒、痛苦……各种滋味一齐涌上心头。不久，日本客人的妻子回来了，原来她戴着金戒指逛商场去了。在贾先生的坚持下，日本客人向他道了歉。

贾先生做门童的滋味，用他自己的话来说就是"一言难尽"。他为了轻松自如地与客人交流，自学掌握了德语、日语、西班牙语、朝鲜语等十几种语言的日常用语，客人都为他纯正流利的口语竖起大拇指。贾先生出色的表现赢得了领导、同事、客人和社会的喝彩，多次被北京市旅游局评为"优秀门卫"。

分析： 酒店门童既要精神饱满、目光敏锐、仪表端庄、身材挺拔，也要知识广阔、阅历深厚、经验丰富、亲和力和记忆力较强。做一名优秀的酒店门童很不容易，正如著名的日本新大谷酒店的负责人所说，培养一名出色的门童往往需要花费十多年的时间。这正说明了酒店门童的重要性和门童应具备较高的素质要求。

 实训练习 4-2

散客乘车抵店迎接服务

1. 实训内容

实训的具体内容见表 4-3。

表4-3 实训内容

实训程序	标准规范
准备工作	（1）整理仪容仪表，标准姿势站立，仪态端庄，面带微笑 （2）熟悉预期抵店客人名单，查看有无贵宾和特别需要照顾的客人
引导停车	（1）看见有车辆驶入酒店入口时，立即做出反应，两手轻轻握拳上提至腰部，小步跑步上前指挥调度车辆 （2）以标准手势指挥车辆停靠合适位置，一般为酒店正门前方，并观察车内客人乘坐情况
迎客下车	（1）车辆停稳后，迅速上前将车门拉开至最大位置，用手挡住车门框上沿，为客人护顶，以免客人磕碰头部 （2）向客人问好，表示欢迎，若是常客，还应以姓氏或职务称呼客人 （3）若车前后座都有客人，应先开后车门 （4）若客人信仰佛教或伊斯兰教，则只将手稍为抬起，以提醒客人注意车门边框而不进行护顶 （5）若有老、弱、病、残、幼者，则应先扶助他们下车，或使用轮椅帮助他们进店 （6）若酒店门前没有华盖，又遇雨雪天气，应提前为客人撑好雨伞，以免客人淋湿，并摆放醒目的标志牌或以口头形式提醒客人小心地滑 （7）若客人乘坐的是出租车，应注意车内有无遗留物品，并记下出租车车牌号
装卸行李	（1）礼貌询问客人有无行李，如有，需帮助客人卸下行李，并检查行李有无破损，提醒客人清点、确认，以防行李物品遗留在车上 （2）招呼行李员前来为客人搬运行李，引领客人进店 （3）代替（或协助）客人停泊私家车，指挥出租车驶离酒店
请客进店	（1）迅速拉开酒店大门，礼貌请客人进入酒店 （2）与行李员做好行李交接，由行李员将行李送至客人房间

2. 情景模拟

汽车驶入酒店入口，门童立即做出反应，双手上提至腰部，小步跑上前，面带微笑，用正确规范手势指挥车辆停泊至合适位置。汽车停稳后，用左手拉开车门，右手为客人护顶。

门　　童：先生，您好！欢迎光临！我是酒店门童李明。

客　　人：你好。

门　　童：先生，请问车上有您的行李吗？（客人完全下车后，将车门关好）

客　　人：后备箱有两件。

门　　童：一个蓝色行李包，一个黑色行李箱，是这两件行李吗？
客　　人：是的。
门　　童：先生，您贵姓？（一边取出行李）
客　　人：我姓张。
门　　童：很高兴能为您服务，张先生，祝您住店愉快！
（将行李转交给前来接应的行李员，并告知行李员这是前来住店的张先生的两件行李。）

3. 实训考核

掌握门童迎接乘车抵店散客的基本服务流程，强化服务规范，学习指挥调度车辆、开关车门和护顶，积极主动地问候抵店宾客，准确地解答客人问询，正确地为客人寄存雨具，灵活地处理迎接服务过程中出现的各种常见问题。实训考核的具体项目见表4-4。

表4-4　实训考核

班组：　　　　　姓名：　　　　　学号：　　　　　时间：

项　目	要　　　求	分值（总分10）	得　分
引导停车	反应迅速，动作手势标准，车位停靠安排合理	1	
迎客下车	护顶迅速及时，问候用语恰当。如是出租车，检查车内遗留物品仔细，车牌号记录准确	2	
装卸行李	动作规范，轻拿轻放，行李件数及有无破损核对准确	2	
请客进店	开门迅速、及时，礼貌请客进店，手势规范、正确，行李交接无差	2	
仪容仪表	服饰整洁得体；发型美观；手部、面部清洁，口腔无异味；微笑和蔼，表情自然大方	1	
言谈举止	普通话标准，敬语规范；站立、行走姿态优美	1	
综合评价	服务流程熟悉，操作熟练流畅，整体效果较好	1	

3. 贵宾迎送服务

贵宾迎送服务是给下榻酒店的贵宾的一种礼遇，在迎送接待时要特别用心，一般大堂副理会根据预订处发出的接待通知和贵宾的级别，组织相关酒店行政人员或迎送团队在酒店门前或机场、车站、码头迎送客人。酒店门童更应做好充分的准备，讲究服务礼仪，在向贵宾致意时要礼貌地称呼其姓氏和职务头衔。遇到重要外宾时，还要做好升降该国国旗、中国国旗和店旗的准备工作。

（1）迎送准备。酒店接到接待贵宾的通知后，依据来店贵宾的身份和目的，适当考虑相互间的关系，同时要注意国际惯例综合平衡，详细制定迎送方案。对应邀前来的贵宾，无论是官方人士、专业代表团或民间团体、知名人士，在他们抵离店时除主要负责接待的单位要安排相立身份的人员前往机场、车站、码头迎送外，酒店亦应派出相关人员参加迎送。

（2）迎送服务。根据接待贵宾的级别和规格进行迎送，酒店迎接贵宾的常见形式有在酒店大门口设置迎宾员或礼仪小姐迎送贵宾，组织礼仪小姐或儿童给贵宾献花，组织酒店领导人员、部门经理列队迎接等。对于重要贵宾，酒店需详细、准确掌握贵宾乘坐的飞机、火车、轮船的抵离时间，以便迎送人员提前30分钟到机场、车站、码头迎送客人，并指派专人协助办理出境手续及机票、车票、船票和行李提取或托运手续等事宜。有时还应事先在机场、车站、码头安排贵宾休息室，准备湿巾、饮料等。此外，在迎送途中还应适时介绍城市旅游信息和酒店概况，热情回答客人问询，积极与之交流，以缓解客人的陌生感或疲劳感。

4.1.2 行李服务

行李服务是前厅日常服务的重要内容，其主要包括行李搬运服务和行李寄存保管服务。通常，酒店会在大堂显眼处，如酒店大门旁、总台旁设立行李服务处，以便随时为客人提供行李搬运或寄存服务。做好行李服务，首先，行李员需要认真查阅预期当日抵离店客人名单，了解掌握当日客人的进出店情况，尤其是了解当日贵宾和团队客人抵离店情况，以便做好充分的准备工作。其次，行李员要积极主动，热情礼貌，细心观察，提拿行李时注意轻拿轻放。同时，还要善于与客人交流沟通，适时向客人推介酒店设施和服务。

1. 散客行李服务

1）散客进店行李服务程序

散客进店行李服务程序如下。①散客抵店时，行李员应及时上前问候客人，主动帮助客人提拿行李。②在确认客人是来店住宿时，引领客人到总台接待处办理入住登记手续。③在客人办理入住登记手续时，关注客人入住登记手续的办理进程。④在客人办完入住登记手续后，主动上前从总台接待员手中领取房卡钥匙，并引领客人至房间。⑤乘坐电梯时，主动为客人提供电梯服务。⑥到达楼层走廊时，引领客人并随时关注客人是否跟上，遇有拐弯时应先向客人示意。⑦到达客房门口时，先敲门自报身份，然后打开房门。这样不仅是对客人的尊重，还可以有效避免因接待处重复卖房而造成的种种不便。⑧打开房门后，确认是清洁的空房后礼貌地请客人先进。⑨进房后，将客人的行李放在行李架上或客人吩咐的地方。然后简要介绍房间设施设备。⑩在客人没有其他服务要求时，礼貌地向客人道别，祝客人住店愉快，返回工作岗位填写散客行李进店登记表（表4-5）。

表4-5　散客行李进店登记表

房号 Rm.NO.	进店时间 Up Time	行李件数 Pieces	行李员 Bell	车号 NO.	备注 Remarks

 案例分析 4-3

行李丢失，谁来承担？

某日，两位客人乘坐出租车到达某酒店门前，酒店门童立即为客人打开车门，行李员则立即上前帮助客人卸行李。行李员见客人的两个行李箱较沉，需使用行李车搬运，便礼貌地对客人说："请你们先到总台办理入住手续吧，待会儿我会把行李送到你们的房间里。"说完便去推行李车了。于是，客人便去总台办理了入住登记手续。客人刚到房间5分钟，行李员就将两个行李箱送到了客人房间,可客人却问还有一件行李为何没有送来。原来,客人所说的还有一件行李是一个装满中药材的麻袋。客人还说麻袋是和行李箱一起放在后备箱的。

分析: 案例中门童和行李员因疏忽大意,不遵守服务规范提醒客人核对行李,造成了客人行李丢失,值得反思。第一,门童和行李员在为客人取行李时,一定要仔细检查。第二,取出行李后,一定要请客人确认行李件数,看是否齐全。待客人确认后,再给驾驶员放行。这样就能避免将客人一些小件物品和一些容易被忽视的物品(如本案例中的装中药材的麻袋)遗留在车上。第三,当客人乘坐出租车抵店时,一定要记下出租车的车牌号和客人抵店时间。这样便于酒店追查遗留在车上的物品。第四,对已制定的服务操作流程和规范要严格遵守,不可因某种原因而忽视其中细节。第五,在因酒店工作失误而给客人造成损失或引起客人投诉时,酒店应根据情况及时采取一些补偿措施,如赠送水果或消费券,给予房价折扣减免等方法,妥善处理客人投诉和意外情况,维护酒店的长远利益。

2)散客离店行李服务程序

散客离店行李服务程序如下。①发现客人携带行李出店时,主动上前问好并帮助客人提拿行李,送客人上车,注意行李装车前应请客人清点、核对清楚。②当接到离店客人需搬运行李的通知时,要问清客人的房号、行李件数、行李搬运时间,以及是否需要捆扎,然后按指定时间到房间收取行李。③进房时,应先按门铃或敲门,然后自报身份"您好,行李员",征得客人同意后再进入房间协助客人收拾行李。在收取行李时,要注意与客人核对行李件数,检查行李有无破损。如有易碎物品,还应贴上易碎物品标志,注意轻拿轻放。④礼貌询问客人是否直接离店,如客人暂不离店,则按要求填写行李寄存单,寄存客人行李,并把行李寄存单的下联交给客人作为取物凭证。然后礼貌向客人道别,将行李送至行李房寄存保管。随后客人来提取行李时,按规定程序收回核对行李寄存单确认无误后,再将行李转交给客人。⑤如客人直接离店,则提好行李跟随客人离开房间,主动为客人按电梯,提供电梯服务,并引领客人到前台收银处办理结账退房手续。⑥待客人办完离店结账手续后,送客人离店,注意行李装车前再次提醒客人核对行李件数。客人离店时,礼貌地向客人道别,祝客人旅途愉快,并适时向客人挥手告别,目送客人离店。⑦迅速返回工作岗位,填写散客行李出店登记表(表4-6)。

表4-6 散客行李出店登记表

房号 Rm.NO.	出店时间 Depart.Time	行李件数 Pieces	行李员 Bell	车号 NO.	备注 Remarks

 实训练习 4-3

散客进店行李服务

1. 实训内容

实训的具体内容见表4-7。

表4-7 实训内容

实训程序	标 准 规 范
准备工作	（1）整理仪容仪表，标准姿势站立，仪态端庄，面带微笑 （2）熟悉预期抵店客人名单，查看有无贵宾和特别需要照顾的客人
迎接问候	客人走进酒店大门后，主动上前迎接问候客人，礼貌询问客人是否需要帮助提拿行李
行李搬运	（1）客人携带行李进店时，迅速上前迎接问候，与门童做好行李交接，为客人提拿行李 （2）如客人乘车抵店且带有行李，应马上上前协助门童卸下行李，并检查行李有无破损，请客人清点过目准确无误后帮助客人提拿 （3）客人行李较多、较重时，使用行李车运送。注意行李装车时应硬件在下、软件在上，大件在下、小件在上，并要特别留意有"请勿倒置"字样的行李 （4）搬运行李时，对易碎物品、贵重物品、小件物品，应特别小心，注意轻拿、轻放，防止丢失和损坏
引领客人办理入住登记手续	（1）礼貌询问客人是否住宿，确认客人是来店住宿后，引领客人到总台接待处办理入住登记手续 （2）在客人办理入住登记手续时，站立于客人右后方或左后方约1.5米处，一边帮助照看客人的行李，一边关注客人入住登记手续的办理进程，随时听候接待员及客人的召唤 （3）对客人的小件较轻的行李应尽量提在手中，不要放在地上，以免引起客人不满
引领客人进房	（1）当客人办妥入住登记手续后，主动上前从总台接待员手中领取房卡钥匙，运送行李并引领客人至房间 （2）主动为客人按电梯，当电梯停稳后用手挡住电梯门框，请客人先进，自己随后迅速进入并按好楼层。电梯运行中，站在电梯楼层控制牌处面朝客人，主动与客人交流沟通。电梯到达后，要用手挡住电梯门框，请客人先出电梯，并告知客人前方往左拐或往右拐，随后提行李迅速跟出，走在前方引领客人 （3）在楼层走廊时，应在客人左前方2～3步远引领客人，并主动向客人介绍酒店设施和服务项目，遇有拐弯时应向客人示意，并随时关注客人是否跟上 （4）到达客房门口时，应按酒店规定先敲门，向客人简单介绍房卡钥匙使用方法后打开房门 （5）打开房门后，把钥匙卡插入取电孔，并扫视房间确认是清洁的空房后退出房间，手势示意请客人先进。若房间光线较暗，还应为客人开灯。若房间有其他客人行李或房间未清洁整理，应请客人在外稍候，迅速与总台联系换房 （6）进房后，将客人行李放在行李架上或客人吩咐的地方

续表

实 训 程 序	标 准 规 范
介绍房间服务与设施	（1）简要介绍房间设施设备，如房间朝向、空调开关、小酒吧位置、网线接口及常用物品存放位置 （2）介绍时应简单明了，手势不能过多，时间不能过长，对于常客只需介绍新增设施，以免给客人造成要小费的误解
礼貌道别，退出房间	（1）礼貌询问客人有无其他服务要求，在客人没有其他服务要求时，礼貌地向客人道别，祝客人住店愉快，面向客人后退3步再转身离开房间，并轻轻把门关上 （2）立即返回礼宾部填写散客行李进店登记表

2. 情景模拟

行李员：您好！欢迎光临！我是行李员赵勇。

客　人：你好。

门　童：这是张先生的两件行李，待会儿请送到他房间去。

行李员：好的。（从门童手中接过行李）张先生，您好！您是初次到本店吗？

客　人：是的。

行李员：张先生，请问您有预订吗？

客　人：有的，我一个月前就订了房。

行李员：谢谢您的订房。张先生，总台到了，请您在这儿办理入住手续。

（向接待员示意说："有预订的张先生到了。"然后站立于客人右后方1.5米处照看客人行李，并关注入住登记手续办理进程。）

行李员：（办完手续后）张先生，请这边走！（打手势）

张先生，我们是一家拥有400间标准客房的五星级豪华酒店，酒店的四楼是健身娱乐中心，那里有桑拿、健身、游泳、桌球、保龄球，您可以在那儿放松放松，还可以来点软饮料或小吃。健身娱乐中心旁边是音乐茶座，在那里您可以欣赏古典音乐和现代音乐。酒店后花园也是一个放松的好地方，如果您想散步，可以去花园。三楼咖啡厅新进了法国名贵的红葡萄酒，恰有促销活动，有空您可以前去看看。

客　人：好的，有空我会去的。

行李员：谢谢！对了，张先生，最近二楼中餐厅新推出了一款山珍靓汤，客人们都反映不错，欢迎您前去品尝。

客　人：好的，谢谢你。

行李员：不客气，愿意为您效劳！

张先生，您的房间到了。（敲门并自报身份）行李员。

（房内无人应答）用房卡打开房门，随后插入取电孔。（动作稍慢，以做示意）

张先生，请进！（打手势）您的行李放在行李架上，好吗？

客　人：好的。

行李员：张先生，我能为您简单介绍一下房内设施设备的使用情况吗？

客　人：好的。

行李员：中央空调有高、中、低3个挡，您可以根据需要这样进行调节（演示）；冰箱里有收费的酒水、饮料，饮用后请您及时填写酒水单，最后会记入您的个人总账；电视1～5频道是收费节目,网线接口在办公桌上方。如果您有需要请拨打客房服务中心电话123,拨打外线请先加拨0。

张先生,如果您还有什么不清楚的地方,请阅读酒店服务指南。

客　人:好的。谢谢!

行李员:不客气。能为您服务我感到非常荣幸!张先生,您还有什么需要吗?

客　人:没有了。

行李员:好的。祝您入住愉快!

(面朝客人退后3步,然后转身退出)

3. 实训考核

掌握散客进店行李服务的基本服务流程,强化行李服务规范,学习正确地为客人搬运行李,规范地引领客人进房,简要地向客人介绍客房设施和服务,灵活地推销酒店产品,并合理地处理在行李服务过程中出现的各种问题。实训考核的具体项目见表4-8。

表4-8　实训考核

班组:	姓名:	学号:	时间:

项　目	要　求	分值(总分10)	得　分
行李搬运	行李件数及有无破损核对准确,行李搬运规范,轻拿轻放	2	
引领客人办理入住登记	正确引领客人到接待处办理入住登记手续,并照看好客人的行李	1	
引领客人进房	规范引领客人进房,电梯服务、引领服务和进房服务周到,引领过程中与客人沟通积极有效	2	
介绍房间服务与设施	简要介绍房间设施设备,内容恰当,时间安排合理,对于常客只介绍新增设施	1	
礼貌道别,退出房间	礼貌询问客人有无其他服务要求,预祝客人住店愉快,礼貌道别	1	
仪容仪表	服饰整洁得体;发型大方美观;手部、面部清洁,口腔无异味;微笑和蔼,表情自然大方	1	
言谈举止	普通话标准,敬语规范;站立、行走姿态优美,行为举止彬彬有礼	1	
综合评价	服务流程熟悉,各项操作熟练流畅;对客服务灵活,相关表格填写规范,记录清晰	1	

2. 团队客人行李服务

1) 团队客人进店行李服务程序

团队客人进店行李服务程序如下。①接到团队客人接待通知书后,进一步确认团队及行李到达时间,安排具体人员负责团队行李进店服务。②团队行李到店时,行李员应先帮忙卸下团队客人行李，再与行李押运员交接行李，清点行李件数，检查行李有无破损，按规定程序履行签收手续，填写团队行李（进店/出店）登记表（表4-9）。此时，如发现行李破损或缺失，应由行李押运单位负责，需请行李押运员签字证明，并通知陪同及领队。如行李随团到达，则还应请领队确认签字。③当多个团队行李同时抵店或客人行李不能及时分送时，应将行李集中放置在指定的地点，标上团号，然后用行李网将行李罩起来，注意不同团队的行李之间应留有适当间隙。④在每件行李上挂好酒店的行李标签，然后根据接待处提供的团队分房表，在每张行李标签上填好客人房号，并在团队行李（进店/出店）登记表上注明每间房间的行李类别及件数，以便随后分送至房间和客人离店时进行核对。如果某件行李上没有客人姓名，则把该行李暂放旁边，并在行李标签上注明团号及进店时间，然后将其放到行李房贮存备查，并尽快与领队或陪同联系，确定物主后尽快送至客人房间。⑤将填好房号的行李装车，按房号分送至房间。行李装车时应遵循"同团同车、同层同车、同侧同车、司房同车"的基本原则，同时注意硬件在下、软件在上，大件在下、小件在上，尤其应注意标有"请勿倒置"字样的行李。⑥行李分送完毕，迅速返回工作岗位，做好相关记录和资料存档。

表4-9　团队行李（进店/出店）登记表

团队名称						人数	
抵店日期			离店日期				
进店	行李押运员		酒店行李员			领队签字	
出店	行李押运员		酒店行李员			领队签字	
行李进店时间		车号	行李收取时间		行李出店时间		车号
房号	行李箱		行李包		其他		备注
	进店	出店	进店	出店	进店	出店	

进店：
行李主管：＿＿＿＿＿
日期/时间：＿＿＿＿＿

出店：
行李主管：＿＿＿＿＿
日期/时间：＿＿＿＿＿

知识链接 4-1

客人行李送错后的处理

由于散客行李的运送过程一般紧跟客人进房，因此送错客人行李这种情况通常发生在送运团队行李的时候。如客人反映行李送错，应首先向客人了解行李的大小、形状、颜色等特征，问清行李内是否有贵重物品。造成行李送错的原因，多是运送行李时因行李大小、颜色相近而被错认，也可能是团队之间客人自行换房，这时可从团队名单上找出相应的房间进行调换。如果在相应的房间找不到客人的行李,应迅速查核送到店的行李与送入客房的行李件数是否一致。如件数一致,并且未经过行李仓库存放,则有可能是机场将行李弄错,应及时与陪同联系,由他们负责找回行李。如经过行李仓库存放则有可能与其他团队行李混淆,应及时与有关团队陪同联系找回行李。若行李实在无法找到,应分清责任,如系酒店失误,应酌情给予赔偿。

2)团队客人离店行李服务程序

团队客人离店行李服务程序如下。①根据团队客人离店时间,做好行李收取工作安排,一般应提前一天与领队、导游或接待处联系,确认团队客人离店时间及收取行李时间。②在规定的时间内依照团号、团名及房间号依次到房间收取行李。③收取行李时,应从走廊的尽头开始,以避免漏收和走回头路。如果有客人此时不在房间,则要做好记录,等客人回来后再来收取行李,切忌私自进房收取行李。另外,要认真核对每间房进店行李件数和出店行李件数是否一致。如不相符,应礼貌地询问客人,及时查明原因。④将所有行李汇集到前厅,再次核对并用行李网罩起来,严加看管,以防丢失。⑤与团队行李押运员、领队或陪同一起检查、核对行李件数,做好行李交接手续,认真填写团队行李(进店/出店)登记表,并请团队行李押运员和领队签字确认。⑥协助团队行李押运员将行李装车,并将相关资料存档。

3. 行李寄存保管服务

由于各种原因,许多住店客人经常需要将一些行李暂时予以寄存。对此,酒店礼宾部开设了专门的行李房,建立了规范的管理制度,规定了科学的寄存手续,以方便客人存取行李,保证行李安全。

1)行李寄存的范围与要求

行李寄存保管的范围与要求如下。①不得寄存易燃、易爆和有腐蚀性的物品。②不接受寄存易碎物品和易腐烂、易变质的食品。如客人坚持要求存放,须向客人说明酒店不承担赔偿责任,并做好相应记录,同时在易碎物品上挂好"小心轻放"的标牌。③不接受寄存现金、金银首饰、珠宝、玉器等贵重物品及护照等身份证件。如遇上述物品应礼貌地请客人自行保管,或存放到总台收银处的保管箱内(对住店客人免费使用)。④不接受各种宠物寄存,通常一般酒店也不接受带宠物的客人入住。⑤如发现枪支弹药、毒品等危险品,要及时报告保安部和大堂副理,并注意保护现场,防止意外情况发生。⑥提醒客人将行李上锁,对未上锁的小件行李须当面用封条封好。

 知识链接 4-2

行李房管理基本要求

行李房管理基本要求:①行李房是为客人寄存行李的重地,严禁非行李员进入;②行李房钥匙必须由专人看管,做到人在门开,人离门锁;③行李房内严禁吸烟、睡觉、堆放杂物;④行李房内要时刻保持清洁卫生;⑤行李房内寄存的行李必须系有行李寄存单,并摆放整齐;⑥酒店员工不得私自随意滥用行李房。

2)行李寄存服务基本程序

行李寄存服务基本程序如下。①宾客前来寄存行李时,热情接待。②向客人了解寄存物品内容情况,确认其属于酒店行李寄存范围。③礼貌询问客人姓名、房号及提取日期,提醒客人将行李上锁,并认真检查行李件数及有无破损,如有破损需及时向客人说明。④认真填写行李寄存单（表4-10），并请客人签名确认。⑤按客人寄存时间长短合理摆放行李。⑥及时在行李寄存记录本上进行登记，注明寄存行李件数、存放位置及存取日期等基本情况。⑦非住店客人要求寄存行李时，需经当班主管或领班同意，并按规定收取相应保管费用。

表4-10　行李寄存单

行李寄存单				
				NO.
客人姓名			房号	
寄存日期			领取日期	
行李件数	行李箱		行李包	其他
宾客签名			经办人	

实训练习 4-4

行李寄存服务

1. 实训内容

实训的具体内容见表4-11。

表4-11　实训内容

实训程序	标准规范
准备工作	（1）检查行李房清洁卫生和行李交接记录 （2）整理仪容仪表，按标准姿势站立，仪态端庄，面带微笑
迎接问候	（1）向宾客礼貌问好，热情接待 （2）询问客人前来是否寄存行李
检查寄存物品，询问寄存安排	（1）了解客人寄存物品情况，确认其是否属于酒店行李寄存范围。若属贵重物品则礼貌地请客人将其存放在收银处贵重物品保管箱中，若属易燃、易爆、易碎等物品则予以婉拒，并向客人做好解释工作 （2）礼貌询问客人姓名、房号及提取日期，认真检查行李件数及有无破损，如有破损需及时向客人说明
填写行李寄存单	（1）认真填写行李寄存单，并请客人签名，将上联挂在行李上，下联交给客人留存 （2）告知客人下联是领取行李的凭证，请妥善保存，切勿丢失
存放行李	（1）将半天、一天、短期寄存行李放置于方便搬运的地方 （2）若一位客人有多件行李寄存，需用绳索将其系在一起，以免混淆拿错 （3）及时在行李寄存记录本上进行登记，并注明行李存放的件数、位置及存取日期等情况

续表

实训程序	标准规范
特殊情况处理	（1）住店客人寄存，由他人领取时，应礼貌地请客人将代领人姓名、单位或住址写清楚，并请住店客人通知代领人带行李寄存单的下联及有效身份证件来提取行李。同时，还须在行李寄存记录本上做好相应记录 （2）来访客人留存物品，让住店客人提取时，应认真检查转交物品，确保物品安全，并及时通过留言方式通知住店客人前来领取 （3）非住店客人要求寄存行李时，需经当班主管或领班同意，并按规定收取相应保管费用。为其办理寄存手续时，应认真检查行李是否属于酒店寄存范围，礼貌请客人出示护照或有效身份证件，并详细登记客人姓名、有效证件号码、地址后请客人签名确认

2. 情景模拟

行李员：您好！我能帮助您吗？

客　人：我想寄存一下行李。

行李员：好的。请您出示一下房卡（或已结账的离店通知单），好吗？

客　人：好的。

行李员：谢谢！陈先生，酒店规定行李房不予寄存贵重物品及易燃、易爆等危险品，贵重物品须统一寄存在收银处保管箱中，您的行李内有这样的物品吗？

客　人：没有。

行李员：好的。陈先生，我帮您用胶带把纸箱密封起来，好吗？

客　人：好的，谢谢！

行李员：不客气，乐意为您效劳！陈先生，请问，您的行李打算何时提取？（边填行李寄存单）

客　人：后天。

行李员：好的。您存了两件行李，一个皮箱，一个纸箱，后天，3月8号提取，对吗？

客　人：是的。

行李员：好的，陈先生，请您在寄存单上签名。谢谢！这是您的寄存凭证，请您妥善保管好。

客　人：好的。谢谢你！

行李员：不客气！祝您愉快！再见！

客　人：再见！

行李员：请慢走！（客人离开后，将行李物品存入行李房）

3. 实训考核

掌握行李寄存保管服务的基本操作流程，强化行李寄存服务操作规范，明确行李寄存范围与要求，并灵活处理在行李寄存保管服务过程中出现的各种问题。实训考核的具体项目见表4-12。

表4-12　实训考核

班组：　　　　　　　姓名：　　　　　　　学号：　　　　　　　时间：

项　目	要　求	分值（总分10）	得　分
迎接问候	微笑相迎，礼貌问好，热情接待	1	
询问寄存物品及领取安排	寄存行李件数及有无破损检查核实准确无误；询问客人有礼貌	2	

续表

项 目	要 求	分值（总分10）	得 分
填写行李寄存单	行李寄存单填写认真仔细，上联系在行李上，下联交给客人妥善保存	2	
存放行李	行李存放科学合理，若客人有多件行李时，用绳索将其系在一起	1	
特殊情况处理	灵活对待，妥善处理，做好记录	1	
仪容仪表	服饰整洁得体；手部、面部清洁，口腔无异味；微笑和蔼，表情自然大方	1	
言谈举止	敬语规范，姿态优美，行为举止有礼	1	
综合评价	服务流程熟悉，各项操作熟练流畅；对客服务灵活，相关表格填写规范，记录清晰	1	

3）行李领取服务基本程序

行李领取服务基本程序如下。①当客人前来领取行李时，微笑相迎，礼貌问好，热情接待。②请客人出示行李寄存单下联，并请客人当场在下联上签名，同时适当询问寄存行李的颜色、大小、形状、件数、存放时间等信息，以便查找核对。③收回行李寄存单下联，按行李寄存单编号查找行李，并核对上下联宾客签名笔迹和编号是否一致，如相符一致则将行李转交给客人。④将行李寄存单上下联订在一起存档，并及时在行李寄存记录本上做好注销登记。⑤如果客人遗失了行李寄存单下联，则请客人说明寄存行李的件数和特征，并请客人出示房卡和有效身份证件，提供签名笔迹，然后查阅行李寄存记录本，核对寄存内容和宾客签名笔迹是否一致，在确认无误后再将行李转交给客人。同时，注意复印客人的有效身份证件，请客人在领取行李收条上签名确认。客人离开后，将其有效身份证件复印件、领取收条和行李寄存单的上联（注明下联丢失）订在一起存档，并在行李寄存记录本上做好注销登记。

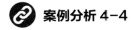 案例分析 4-4

行李在寄存处失踪

来沪出差的余小姐入住了上海龙之梦大酒店。由于房间正在整理，无法立刻入住，酒店方让她将行李箱放在行李寄存处。晚上 10:00，余小姐回到酒店，却被告知行李箱找不到了。

余小姐称，行李箱里有一台笔记本电脑，还有一些衣物、化妆品、充电器和几本书。酒店向余小姐表态，行李肯定能找到，只是时间问题。可一个月后，酒店仍没有明确说法，余小姐遂向警方报案。此后，双方因未能就赔偿金额达成一致，余小姐提起诉讼，要求酒店赔偿约 2.4 万余元。

法官注意到一个细节：行李吊牌是行李寄存后酒店员工再交给余小姐的。法官到现场勘查时也发现，大堂张贴的行李寄存通告被酒店的宣传小册子挡住了右边部分文字。法官认为，行李吊牌是余小姐寄存行为完成后才拿到的，形式上更接近于"收据"而非"合同文件"。因此，酒店声称已尽到提示义务的说法不成立。上海第一中级人民法院审理后认为，酒店未对寄存物品尽到妥善保管义务，致其丢失，应承担赔偿责任。参考保险公司的评估报告，法院酌定酒店赔偿余小姐 1.4 万元。酒店自愿提供余小姐豪华套房免费住宿一晚。

4. 换房行李服务

客人在住店期间，若需要更换环境更好、档次更高的房间时，或所住房间出现故障又不能及时维修正常时，以及当酒店出于经营管理需要时，就可能需要给客人更换房间。这时，行李员应按总台指示，为客人做好行李换房服务。其具体服务程序如下。①接到总台接待处换房通知后，迅速领取换房通知单，了解清楚换房客人的姓名、房号及新房间号。②到客人原房间楼层，将换房通知单的一联交给客房服务员，并通知其随后注意查房。③按程序敲门自报身份，经客人允许后进入房间协助客人清点行李及其他物品，并将行李装车。④引领客人到新的房间，为其开门，将行李按客人要求放好，必要时向客人介绍房间设施与服务。⑤收回客人原房间的房卡钥匙，将新的房卡钥匙交给客人。⑥在客人无其他需求时，向客人礼貌道别，按规范退出房间。⑦迅速返回前厅，将原房卡钥匙交回总台接待处。⑧返回工作岗位，及时做好行李换房工作记录。⑨若客人当时不在房间，应及时通知总台，在总台征得客人同意后，会同客房服务员一起进房搬运行李，并注意记录行李的种类、件数，确保所有行李都转移至新房间，按原样摆放整齐。

4.1.3 委托代办服务

委托代办服务即酒店礼宾部在做好日常服务工作的前提下，在力所能及的范围内，按照客人要求帮助客人处理各项委托事宜。通常，酒店为做好委托代办服务会制定完善的委托代办服务规程、管理办法和收费制度。一般店外委托代办服务所产生的所有费用均由客人承担，店内委托代办服务会酌情免收服务费。目前，酒店为客人提供的委托代办服务主要包括以下几个方面。

1. 递送转交服务

递送转交服务既可以是替住店客人转交物品给来访客人，也可以是替来访客人转交物品给住店客人，还可以是替住店客人办理各种邮递服务。

当住店客人要求转交物品时，应礼貌地请客人将接收人姓名、单位或住址写清楚，并请住店客人通知接收人携带有效身份证件前来提取，并及时在工作记录本上做好登记。当接收人前来提取物品时，应礼貌地请其出示有效身份证件，报出原转交人的姓名、物品名称及件数，然后查看工作记录，核对准确无误后，将相应物品转交给接收人。同时，复印接收人有效身份证件，请其在转交物品领取收条上签名确认。接收人离开后，将其有效证件复印件、转交物品领取收条订在一起存档，并在工作记录本上做好注销登记。

当来访客人要求转交物品给住店客人时，须认真核对物品接收人是否为本店住店客人，然后仔细检查转交物品，确保安全问题后，当面将转交物品密封妥当，并请来访客人留下姓名和联系方式。来访客人离开后，通过留言方式及时通知住店客人前来领取转交物品。

当客人需要办理各种邮递服务时，应详细询问客人的邮寄地址、收件人姓名和联系电话，然后按规定办理相关邮递手续。邮递服务过程中产生的相关费用，通常经客人确认后记入房账，待客人离店退房时一并结算。

2. 订房服务

订房服务是指受住店客人委托，代其预订本市或其他城市的酒店客房，一般在接受客人委托后，由酒店预订处去完成，基本程序如下。①记录住店客人的姓名、房号及联系电话。②详细询问客人的订房要求，如酒店的名称、地理位置、客房和床位要求、预期抵店日期和离店日期，以及有无其他特殊要求等。③请客人提供订房担保，如现金、信用卡等，一般只需为第一晚的房费担保。④与订房酒店或客人指定的酒店联系，明确订房要求，并请对方传发书面订房确认通知。⑤将书面订房确认通知转交给客人。

3. 订餐服务

订餐服务是指受客人委托代其预订餐饮服务消费。订餐服务较复杂，需要详细了解客人的订餐要求，如菜式种类、餐厅要求、用餐人数和用餐时间等。因此，需要尽量与客人进行面谈，如实、详细地介绍推荐餐厅菜品及服务的具体情况，待客人同意后再与餐厅进行确认，最后告知客人餐厅位置、联系人及联系电话。为了防止口头订餐产生消费纠纷，规范酒店订餐服务，酒店应制定专门的订餐服务管理制度，拟定订餐服务合同，对容易发生纠纷的各个环节都进行相互约定，如用餐时间、位置、桌数及人数、收费及免费服务项目，以及定金、餐后结算方式等。

4. 订车服务

订车服务是酒店按客人要求代其预订车辆，既可以是酒店自有的礼宾车，也可以是从店外预约的出租车。当客人要求订车时，事先应告知客人有关手续和收费价格情况。当预订车辆驶入酒店大门口时，应告知驾驶员客人姓名、目的地和相关要求。若客人赶飞机或火车，还应提醒客人留出足够的时间并提前出发，以免因交通阻塞而耽误行程。酒店在为客人提供租车服务时，应遵循以下规范。①驾驶员必须做到着装整洁，语言规范，不讲不利于酒店形象的话。②驾驶员必须听从酒店调度的安排，严格执行酒店业务调车单制度。③驾驶员在没有接到业务派车单时，应自觉做好车辆保养、保洁工作，保持车辆整洁，如发现车辆故障，应及时向酒店汇报，及时修复，必须保持良好的出车状态。④驾驶员在接到酒店业务派车单后，必须准时到达客户指定的地点，做好出车前的准备工作。⑤驾驶员在车辆运营中必须做到对客户有礼貌，还须提醒乘客勿忘随身携带的物品，乘客下车后须及时检查是否还有乘客遗留的物品，如发现遗留物品须及时通知乘客或上交酒店，不得私吞他人物品。⑥驾驶员在行驶途中不得吸烟，到达目的地后不得向客人索要小费。⑦驾驶员必须为乘客提供安全、舒适、温馨的乘车环境。

4.1.4　金钥匙服务

在中国的酒店里，出现了这样一群年轻人：他们身着考究的西装或燕尾服，衣领上别着一对十字交叉的金钥匙徽章，他们彬彬有礼、笑容满面、机敏缜密，如同万能的金钥匙一样，为客人解决各种难题。他们就是国际酒店金钥匙组织（union internationale des concierges d'hotels，UICH）的成员——中国酒店金钥匙。

1. 金钥匙服务简介

金钥匙服务译自"concierge"，是一种委托代办的服务概念。随着酒店业的发展，金钥匙的服务范围不断扩大。在现代酒店业中，金钥匙已经成为为客人提供全方位的"一条龙服务"的岗位，只要不违反法律和社会伦理道德，任何事情金钥匙都竭尽所能，为客人解决一切困难。他们见多识广、经验丰富、谦虚热情、彬彬有礼、善解人意，可以为客人代购婴儿奶嘴，也可以为客人代租飞机，甚至可以为客人把金鱼送到地球另一边的朋友手中，因此金钥匙又被客人称为"万事通"。

通常，酒店金钥匙大多设置在酒店大堂礼宾服务处，他们除了负责日常管理协调门童、行李员的工作外，还肩负着许多委托代办事务，满足客人的各种个性化需求。目前，中国的旅游服务必须要考虑到客人的吃、住、行、娱、游、购六大内容。酒店金钥匙的一条龙服务也正是围绕这些方面的需求而开展的。例如,安排车到机场、车站、码头接客人;根据客人的要求介绍各特色餐厅,并为其预订座位;联系旅行社为客人安排好导游;当客人需要购买礼品时,帮助客人在地图上标明各购物点等。最后当客人要离开时,在酒店帮助客人买好车、船、机票,并帮客人托运行李物品;如果客人需要,还可以订好下一站的酒店,并与下一城市酒店的金钥匙落实好客人所需的相应服务。让客人从接触酒店开始,一直到离开酒店,自始至终都感受到无微不至的关怀。

总之,酒店金钥匙就是酒店内外综合服务的总代理,他们有着强烈的对客服务意识和奉献精神,他们实践、奉行着"在客人的惊喜中寻找富有乐趣的人生"的人生哲学,他们是一个在旅途中可以信赖的人,一个充满友谊的忠实朋友,一个能够解决麻烦问题的好帮手,一个个性化服务的专家。酒店金钥匙服务是酒店管理水平和服务水平的一种成熟标志,是酒店在具有完善的设施设备、全面的服务项目、规范的服务流程和高质量的服务水平的基础上,更高层次的酒店经营管理的艺术体现。

 知识链接 4-3

金钥匙的历史演变

关于"concierge"一词的来源,一种说法是来源于拉丁文,语意为"保管""管理"或是"仆人";另一种说法是"comte des cierge"(蜡烛伯爵,即保管蜡烛的人),是负责满足一些到豪华场所嬉乐的贵族们的奇想和渴望,以及其他需求的人。

随着旅游业欣欣向荣,现代酒店的"concierge"诞生了。1929 年 10 月 28 日,来自法国巴黎 Grand Hotel 酒店的 11 个委托代办建立了金钥匙协会,协会章程允许金钥匙们通过提供服务而得到相应的小费。他们发现那样可以提高对客服务效率,随之还建立了城市内的联系网络。1952 年 4 月 25 日,来自欧洲 9 个国家的代表在法国东南部的夏纳举行了首届年会并创办了欧洲金钥匙大酒店组织(union Europeene des portiers des grand hotel,UEPGH)。1970 年,欧洲金钥匙大酒店组织成为国际金钥匙大酒店组织(union international portiers grand hotel,UIPGH)。1997 年联盟更名为 UICH。截至 2011 年,国际酒店金钥匙组织已经拥有 42 个成员国及地区组织。

金钥匙在中国最早出现在广州的白天鹅宾馆。1997 年 1 月在意大利首都罗马举行的国际金钥匙第 44 届年会上,中国被接纳为国际酒店金钥匙组织的第 31 个成员国。今天,国际金钥匙组织是全球唯一拥有近 90 年历史的网络化、个性化、专业化、国际化的品牌服务组织。自 1995 年被正式引入中国以来,在中国已经发展到了在 285 个城市共 2 300 多家企业(其中酒店 1 900 多家、顶级物业 330 多家、高端服务行业 70 多家);拥有 3 900 多名金钥匙会员,其中总经理会员 900 多人。

国际酒店金钥匙组织联合会会徽如图 4.1 所示,中国酒店金钥匙组织会徽如图 4.2 所示。

图 4.1　国际酒店金钥匙组织联合会会徽　　　图 4.2　中国酒店金钥匙组织会徽

2. 金钥匙在酒店服务管理中的作用

如今，最权威的酒店管理专家认为，金钥匙是高星级酒店管理的心脏与灵魂，对于优化酒店管理、形成高素质的服务群体意义深远。概括地讲，金钥匙在酒店服务与管理中的作用主要体现在以下几个方面。

（1）酒店沟通宾客的服务桥梁。宾客需求和酒店需求是需要沟通与磨合才能达到和谐的。首先，金钥匙给客人提供超值服务，让宾客感受到物有所值或物超所值，这无疑是加强酒店与宾客沟通的有效途径，很好地协调了宾客关系。其次，金钥匙一改传统的酒店服务中餐饮、客房、康乐各自为战的局面，为宾客提供吃、住、行、游、娱一条龙服务，进而成为酒店服务的代言人和总代理。"有事请找金钥匙"已成为经常入住高星级酒店客人的口头禅。

（2）酒店了解宾客需求的情报中心。在当前的酒店经营中，明智的酒店经营者已把信息管理放到与人、财、物管理同等重要的位置。金钥匙利用其网络组织在信息收集与管理中占有很大优势。首先，金钥匙可以与本地金钥匙会员联合，广泛收集社会服务信息，如酒店所在城市的政治、经济、文化、历史、工农业、商贸、旅游场所及有关业务信息等。其次，金钥匙整理的客史档案往往是最精确、最优秀的，记录着客人的喜好、生活习惯、性格、脾气等重要内容。这些翔实、准确的客人情报是酒店改进管理办法、提供超常服务、铸造忠诚客源群体的有力武器。

（3）酒店优质服务良性发展的助推器。金钥匙在许多酒店都是服务的明星，他们对客人而言犹如一把万能钥匙，似乎无所不能，为客人解决各种难题；对服务人员而言是工作经验丰富、深谙待客之道的上好管教人员。金钥匙无论在工作中的言传身教，还是培训中对礼貌礼节、服务意识、服务技巧的示范，都会收到其他部门或个人培训所达不到的效果。高涨的工作热情、强烈的责任心、丰富的知识、体贴入微的关怀及与酒店各部门和睦融洽的关系，都决定着金钥匙应该有意识或潜意识地引导和培育着酒店优质服务群体的形成，推进酒店优质服务的良性发展。

（4）酒店外联的排头兵。酒店往往与外界各单位有密切联系，如车站、机场、航空公司、电信局、报社等。金钥匙在处理委托代办业务中会与其建立良好的人际关系，为酒店外联队伍建设做出了重要贡献，为酒店外联工作进行了较好的铺垫。

3. 金钥匙岗位职责

（1）全方位满足住店客人提出的各种合理要求，为客人提供多种服务，如行李服务、医疗服务、托婴服务、沙龙约会服务、特色餐饮服务、旅游与导购服务等，做到有求必应。

（2）保持良好的职业形象，以大方得体的仪容仪表，亲切自然的言谈举止迎送抵、离酒店的客人，对抵、离店客人给予及时关心。

（3）控制酒店门前车辆交通活动，检查大厅、行李房及其他公共活动区域清洁卫生状况。

（4）检查行李车、秤、行李存放架、轮椅等设施设备，保证行李服务设备正常运转。

（5）对行李员工作活动进行管理和调控，保证大门外、门内各岗位有人值班和对客服务。

（6）为客人提供计算机与通信技术支持服务。

（7）指导培训行李员，提升行李员对客服务技能和技巧。

（8）将上级命令、所有重要事件或事情记录在行李员、门童交接班本上，每日早晨呈交前厅经理，以便查询。

（9）协助大堂副理处理酒店各类投诉和纠纷问题，协同保安部对行为不轨的客人进行调查。

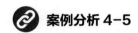 **案例分析 4-5**

替客人到机场提取行李

一位从贵阳来北京的客人,到酒店总台办理住宿登记手续,在办理手续的同时对总台接待员说:"我刚下飞机,有一个手提箱因太重,办理了飞机托运,没有与我同时抵达,晚上 7:30 左右才能到达首都机场。因我旅途劳累,想麻烦你们帮我到机场提取行李,可以吗?"

总台接待员说:"我们一会儿给您回复。"在给此客人办完登记手续后,总台接待员将此事告诉了金钥匙小高,小高立即给客人房间打电话,向客人了解详细情况,询问客人手中是否有提取行李的凭证、行李的大小和颜色、航班号、到达时间等详细信息,客人一一告诉了小高,随后小高便去客人房间拿取行李牌及往返车费。回到前厅后,小高利用金钥匙服务网络开始联系,首先想到了与金钥匙有着良好合作关系的首都机场空港俱乐部,因托运的行李在隔离区内,非机场工作人员不得入内,便请空港俱乐部的机场专员杨先生帮助把此事办妥。晚上酒店礼宾部人员从酒店出发到机场,很顺利地取到客人的行李,并及时给客人送到了房间。客人拿到行李后非常激动地说:"太谢谢了,酒店金钥匙真是帮了我的大忙,今天真正享受到了你们的超值服务,确实物超所值。"

分析: 金钥匙的职责几乎无所不包,为客人的服务几乎无所不能。在酒店前厅服务中,金钥匙要做到知识面广,诚心帮助他人,才能体现酒店无微不至的服务理念。通过周到、细致的对客服务,实际上是对酒店进行宣传,创造酒店品牌。首先,案例中接待员的做法是正确的,对于客人的服务要求不能回绝,但不属于自己职责范围内的工作也不能随意答应。其次,金钥匙小高得知客人的要求后,马上向客人了解情况,与机场有关方面进行联系,并顺利将客人行李取回送到房间,使客人体验了酒店金钥匙服务,给酒店赢得了良好的口碑和评价。

4. 金钥匙素质要求

金钥匙要树立先进的服务理念,真诚的服务思想,通过其广泛的社会联系和高超的服务技能,为客人解决各种各样的难题,创造酒店服务的奇迹。因此,酒店金钥匙必须具备很高的个人素质和能力。

1) 思想素质

金钥匙应具有的思想素质如下。①遵守国家法律法规,遵守店纪店规,有高度组织纪律性。②热爱本职工作,敬业奉献,有耐心和高度的责任心。③遵循"宾客至上,服务第一"的宗旨,有很强的顾客意识和服务意识。④乐于助人,品质热心,充满活力。⑤对顾客忠诚,对酒店忠诚,不弄虚作假,有良好的职业道德。⑥有良好的团队协作精神,个人利益服从国家利益和集体利益。⑦自信、谦虚、宽容、积极进取。

2) 能力要求

金钥匙的能力要求包括以下方面。①交际能力:彬彬有礼、善解人意、乐于并善于与人沟通。②语言表达能力:清晰、准确。③身体健康,精力充沛:能适应长时间站立工作和户外工作。④有耐性:热情、耐心、细致。⑤应变能力:能把握原则,灵活解决各种问题。⑥人际交往能力:善于广交朋友,与政府、相关行业、同行等建立广泛的社会关系网络。⑦组织协调能力:有广泛的协作网络,能正确地处理与各行业、各部门间的关系。

3) 业务知识技能

金钥匙应具备的业务知识技能如下。①通晓多种语言,熟练掌握本职工作的操作流程。②计算机操作熟练,掌握中英文打字、计算机文字处理、网络运用等基本技能。③掌握所在酒店的详细资料，包括酒店历史、服务设施、服务价格等。④熟悉本地区三星级以上酒店的基本情况，包括地点、主要服务设施、特色和价格水平。熟悉本市的主要旅游景点，包括地点、特色、服务时间、业务范围和联系人。能帮助客人安排市内旅游，掌握其线路、花费时间、价格及联系人。⑤掌握一定数量的本市高、中、低档的餐厅、娱乐场所、酒吧的信息资料，包括地点、特色、服务时间、价格水平、联系人。按照中国酒店金钥匙组织会员入会考核标准，申请者必须掌握本市高、中、低档的餐厅各5个，娱乐场所、酒吧5个（小城市3个）。⑥能帮助客人购买各种交通票据，了解售票处的服务时间、业务范围和联系人。⑦能帮助客人修补物品，包括手表、眼镜、小电器、行李箱、鞋等，掌握这些维修处的地点和服务时间。⑧熟悉本市的交通情况，掌握从本酒店到车站、机场、码头、旅游点、主要商业街的路线、路程和出租车价格（约数）。⑨能帮助外籍客人解决办理签证延期等问题，掌握有关单位的地点、工作时间、联系电话和相关手续。⑩能帮助客人邮寄信件、包裹、快件，懂得邮寄事项的要求和手续。能帮助客人查找航班托运行李的去向，掌握相关部门的联系电话和领取行李的手续等。

 知识链接 4-4

国际金钥匙组织中国区会员申请入会条件和程序

1. 基本条件

申请人必须年满23岁，品貌端正，在中国服务行业（含高星级酒店、高档物业及将开展金钥匙服务的领域）工作的委托代办负责人（或称首席礼宾司、庶务部主管、服务总管等），有五年以上服务管理工作经验，含三年以上委托代办工作的经验，至少掌握一门以上的外语，参加过国际金钥匙组织中国区的会员资格培训班并获得证书。

2. 申请程序

申请程序如下。①申请人参加国际金钥匙组织中国区主办的金钥匙资格培训班并取得资格证书。②申请人登录账户在网上填写申请书。③申请人上传穿着深色西装的标准一寸彩色照片一张。④申请人上传一张在岗工作照片。⑤申请人上传身份证的正反面。⑥申请人上传所在单位的总经理的推荐信（需总经理签名）。⑦申请人上传学员资格证书。⑧申请人上传在企业工作五年的履历证明文件（需加盖公章）。⑨申请人上传3个本人的服务事迹。⑩申请人通过总部服务预订系统成功开展3次金钥匙服务预订。

4.2 总机服务

电话总机是酒店内外信息沟通联络的通信枢纽，是处理紧急事件的指挥中心，在对客服务中有着不可替代的重要角色和地位。总机话务员以电话为媒介，为客人提供转接电话、问询、留言、叫醒等各种话务服务，其虽不直接和客人见面，但要用甜美的声音和规范的语言来体现酒店的热情和礼遇。总机话务员的服务态度、语言艺术和操作水平直接决定着话务服务的质量，影响着酒店的声誉和形象。而且，许多客人对酒店的第一印象，是在与总机话务员的电话接触中形成的。总之，电话总机也是酒店对外的一个无形门面，做好总机话务服务对酒店运营管理有着重要意义。

4.2.1 总机话务员主要岗位职责、素质要求及服务基本要求

1. 总机话务员主要岗位职责

总机话务员的主要岗位职责包括以下内容。
（1）检查仪容仪表，做好服务准备。
（2）查看交班记录，注意各项工作安排。
（3）了解酒店当日客情、天气变化及有关信息，掌握当日住店 VIP 基本情况。
（4）为客人提供转接电话、问询、留言、叫醒等服务。
（5）处理长途电话账单，及时输入计算机并进行核对。
（6）遇到紧急情况及时报警，并通知有关部门和人员。
（7）做好总机服务的安全和保密工作。
（8）完成上级布置的其他工作。

2. 总机话务员素质要求

根据总机话务工作的特点，总机话务员必须具备以下素质。
（1）身体健康，无耳、喉部慢性疾病，无传染性疾病。
（2）口齿清楚，言语准确，吐字清晰，音色甜美，态度和蔼。
（3）听写迅速，反应敏捷，记忆力强，能熟记酒店所有部门及主要负责人、本地市和国内国际常用电话号码。
（4）热爱本职工作，态度认真，有责任感，耐心专注，严守秘密。
（5）有较强的外语听说能力，能用 3 种以上外语为客人提供话务服务。
（6）熟悉计算机及办公软件使用操作，打字速度较快。
（7）熟悉本地市旅游景点及餐饮娱乐等方面的信息。
（8）有很强的沟通能力，懂得沟通技巧，善于与人沟通。
（9）具备一定的酒店专业知识和素养，精通礼节礼貌，个人修养较好。
（10）有酒店话务服务或相似工作经历，熟悉电话业务。

3. 总机话务服务基本要求

总机话务服务基本要求如下。
（1）响铃三声之内接听电话，若不能及时接听，应向客人表示歉意。
（2）接到电话时，应先用中英文准确地自报身份，并自然亲切地问候客人。
（3）与客人通话时，声音必须清晰、亲切、自然、甜美，音调柔和，语速适中。
（4）以热情的态度、礼貌的语言和娴熟的技能，优质高效地为客人提供服务，使客人能够通过电话感觉到微笑、热情、礼貌和修养。
（5）能够辨别主要常住贵宾和管理人员的声音，接到他们的来电时，给予恰当的尊称。
（6）遇到无法解决的疑难问题及时将电话转给领班、主管处理。
（7）转接电话时注意核对客人房号和姓名，对有保密要求和免电话打扰等特殊情况要慎重处理，并适时做好电话留言服务。
（8）为了能迅速、高效地转接电话，话务员必须熟悉本酒店的组织机构、各部门的职责范围、服务项目及常用电话号码，掌握最新的、准确的住店客人基本资料。
（9）提供电话服务时，注意为客人保密，不能泄露住店客人房号等有关信息。
（10）接到火警等紧急电话时，要沉着、冷静，坚持提供高效率的通信服务，使电话总机成为酒店处理突发紧急事件的指挥中心，以便酒店管理人员迅速控制局势，合理调动人力。

4.2.2 总机服务项目及要求

酒店总机房一般配备程控电话交换机、自动计时计费和自动叫醒等计算机设备，以及播放酒店背景音乐的音响设备，为客人提供转接电话、国内国际长途电话、叫醒、问询、留言、播放背景音乐等服务。在发生紧急突发事件时，总机还有充当临时指挥中心的作用。

1. 转接电话

（1）接转外线电话时，先用中英文报店名并向客人问好，然后礼貌地询问客人需要什么帮助。

（2）仔细聆听来电客人的转接要求，认真核对受话人、房间号码和需转接电话号码是否准确一致，并根据客人要求准确、迅速转接电话，并礼貌告知客人"电话转接中，请稍等"，如电话占线，则先用音乐保留。

（3）若无人接听（响铃约半分钟）或一直占线，则要主动询问客人是否需要留言。给住店客人的留言一般由话务员记录，经复述确认后，开启客人房间内的电话留言信号或将留言单送至客人房间。给酒店管理人员的留言，经话务员记录复述确认后，通过手机或其他有效方式尽快转达。

（4）对于有保密要求的客人，如果客人表示不接任何电话，应立即通知总台在计算机中输入保密标志，遇来访者问询或电话查询时，告之该客人尚未入住本酒店。如果客人事先并没有要求不接任何电话，则问清来电者姓名、单位，然后询问住店客人是否需要转接电话，客人同意就予以转接，不同意则告之来电者该客人尚未入住本酒店。

（5）当住店客人要求"免电话打扰"时，应礼貌地向来电者说明，并建议其留言或待取消"免电话打扰"之后再来电。

（6）当来电者只知道住店客人姓名而不知房号时，应请其稍等，查出房号并经住店客人同意后予以转接，但不能告诉来电者住店客人的房号。如果来电者只告诉房号，应首先了解住店客人姓名，经核对无误后予以转接。

（7）挂电话时切忌匆忙，礼貌地请客人先挂。

 知识链接 4-5

客房电话免费计划

现代酒店一般采用程控直拨电话系统，客人可以在房间内直拨国内长途电话和国际长途电话。客人在拨打长途电话时，通过拨号自动接通线路，通话结束后，计算机自动计算费用并打印账单。因此，直拨电话的设立，不仅加快了通信联络的速度，大大方便了客人，减轻了话务员的工作量，而且减少了酒店与住店客人之间因话务费而引起的纠纷。

如今，许多酒店为吸引客源，开始实行客房免费长途电话。例如，按照这些酒店与中国电信的约定，酒店的入住客户每天可免费打 3 小时国内长途电话和市话。而且中国电信推出的"酒店完美联盟"计划就包括了"客房电话免费计划"。中国电信"酒店完美联盟"就是通过语音、数据、图像等信息化载体，面向酒店住客综合提供"长途电话随便打、宽带网络随意用、综合信息随心查"的信息通信服务，以高效、快速地提高酒店的信息化应用水平。加盟酒店不仅最大限度地满足客户在酒店的娱乐、商务、休闲、生活等个性化需求，而且提升了酒店的通信服务质量和酒店服务档次，打造了服务特色，增加了吸引客人入住的免费服务项目，提高了酒店的入住率和回头率。总之，这种全新的业务合作模式实现了酒店、电信和住客的多方共赢。

2. 问询留言

酒店内外客人常常会向总机话务员提出各种服务问询和信息查询。因此，话务员也要像总台问询处一样不断地更新信息资料，并与总台问询处保持一致，以便为客人提供问询服务。酒店总机话务员为客人提供电话问询服务和受理留言时，应遵守基本服务规范。为了更方便、快速地解答客人问询，总机房通常设立记事板记录当天的天气情况、要求提供保密或"免电话打扰"服务的住店客人房号、酒店主要管理人员去向及常见客人问询内容等常用信息。当住店客人暂不在房间时，或者住店客人要求"免电话打扰"时，话务员要主动询问来电者是否需要留言。此外，当酒店总台向客人催缴押金、征询客人是否续住等事宜，以及收到客人较重要的邮件时，通常通过电话留言来通知住店客人。

 实训练习 4-5

问 讯 服 务

1. 实训内容

实训的具体内容见表 4-13。

表4-13　实训内容

实训程序	标 准 规 范
准备工作	（1）检查总机交接记录，搞好总机房清洁卫生 （2）整理仪容仪表，嗓音清亮，面带微笑，准备接听电话
接听电话	（1）电话响铃三声之内接听电话，一般宾客来电最好在响铃第二声和第三声之间接听电话。若不能及时接听，应向客人表示歉意 （2）接转外线电话时，要先用中英文报店名并问好，然后询问客人需要什么帮助
解答问询	（1）仔细聆听来电客人问询内容，给予耐心解答 （2）对暂不清楚的疑难问题，转接领班或主管处理 （3）对属于商业机密等无法回答的问题予以婉言谢绝 （4）遇电话占线、无人接听、免电话打扰和保密处理等情况时，礼貌询问来电客人是否需要留言服务 （5）挂电话时切忌匆忙，礼貌地请客人先挂

2. 情景模拟

问 询 服 务

话务员：您好！金陵大酒店，我能帮助您吗？

客　人：请问，王伟是住在你们酒店吗？

话务员：小姐，请您稍等！请问您怎么称呼？

客　人：我叫李颖，是王伟的爱人。

话务员：王太太，您好！非常抱歉，计算机里没有王伟先生的住宿资料（客人登记信息中要求保密服务）。

客　人：不对呀，他应该住在你们酒店的啊。

话务员：是吗？那这样，我再到里面的登记簿上看看是否能查到王先生入住的资料，好吗？

客　人：好的，谢谢！

话务员：不客气。能为您服务我感到非常荣幸。请您稍等！
话务员：（致电王伟房间）王先生，您好！您太太电话找您，可以告诉她您的房间号码吗？
王先生：就说我没有住店。
话务员：好的，我们一定会按照您的要求去做。祝您住店愉快！再见！
（回复王太太）王太太，让您久等了，很遗憾，登记簿上也没有记录王伟先生入住的信息。
客　人：是吗？那好吧，谢谢！
话务员：不客气。希望有机会再次为您效劳！
客　人：好的，再见！
话务员：再见！

3. 实训考核

掌握酒店总机问询服务的基本操作流程，强化总机问询服务操作规范，学习正确地接听电话，耐心地解答客人问询，以及灵活地处理在问询服务过程中出现的各种问题。实训考核的具体项目见表4-14。

表4-14　实训考核

| 班组： | 姓名： | 学号： | 时间： |

项　目	要　　求	分值（总分10）	得　分
接听电话	接听电话及时，自报身份规范，问候客人亲切。若不能及时接听，向客人表示歉意	3	
解答问询	仔细聆听问询内容，解答耐心详细。对暂不清楚的疑难问题，转接领班或主管处理	3	
语言艺术	普通话标准，语音清晰；语速适中，敬语规范	2	
操作水平	服务流程熟悉，总机操作熟练，对客服务灵活，问询回答迅速，留言记录准确	2	

3. 叫醒服务

叫醒服务是指总机话务员通过电话或其他酒店服务人员通过人工方式，将住店客人在其事先预定要求的时间内叫醒。叫醒服务时间一般多是早上，当然也可以是在下午或其他任何时间。通常，团队客人和商务客人的叫醒服务较多。团队客人的叫醒服务一般由导游告知总台接待员，再由接待员转告总机话务员。商务客人的叫醒服务通常由客人直接向总机话务员提出。此外，叫醒服务还可以是客人向客房服务中心服务员、大堂副理等人提出，再由他们转告总机话务员。

酒店向客人提供叫醒服务的方式主要有两种，即人工叫醒和自动叫醒。人工叫醒指的是话务员在客人要求的叫醒时间电话进房将客人叫醒，或者由其他服务人员敲门进房将客人叫醒。自动叫醒则是指话务员将客人叫醒时间及房号输入计算机，由计算机自动执行电话叫醒服务。现代酒店电话总机一般都具有自动叫醒服务功能，因此，酒店通常向客人提供自动叫醒服务。

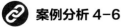
案例分析 4-6

叫醒服务风波

一天早晨9:00，酒店大堂黄副理接到住在806房间的客人的投诉电话："你们酒店怎么搞的，我要求叫醒服务，可到了时间，你们却不叫醒我，误了我乘飞机……"不等黄副理回答，对方就

"啪嗒"一声挂了电话,听得出,客人非常气愤。黄副理意识到这投诉电话隐含着某种较严重的势态,于是查询当日806房的叫醒记录,记录上确有早晨6:30叫醒服务要求,根据叫醒记录和总机接线员回忆,6:30时的确为806房客人提供过叫醒服务,当时客人曾应答过。黄副理了解清楚情况后断定,责任不在酒店,但黄副理仍主动与806房客人联系。"孔先生,您好!我是大堂副理,首先对您误了乘飞机而造成的麻烦表示理解。"黄副理接着把了解的情况向客人做了解释。但客人仍怒气冲冲地说:"你们酒店总是有责任的,为什么不反复叫上几次呢?你们应当赔偿我的损失!"客人的口气很强硬。"孔先生,请先息怒,现在我们暂时不追究是谁的责任,当务之急是想办法把您送到要去的地方,请告诉我,您去哪儿,最迟必须什么时候到达。"黄副理的真诚,使客人冷静下来,告诉他明天早晨要参加西安的一个商贸洽谈会,所以今天一定要赶到西安。黄副理得知情况后,马上请酒店代售机票处更改下午去西安的机票,而代售处下午飞往西安的机票已售完。黄副理又打电话托他在机场工作的朋友,请务必想办法更改一张下午去西安的机票,后来又派专车去机场更改机票。孔先生接到更改的机票后,才承认自己今晨确实接过叫醒电话,但应答后又睡着了,责任在自己,对黄副理表示歉意。

分析: 电话叫醒服务是酒店总机服务的一项重要内容,它常常涉及客人的行程计划和日程安排,关系到客人的航班和车次。因此,如果叫醒服务出现差错,将可能给客人带来不可弥补的损失,酒店也会因此遭到客人的强烈投诉。所以,总机话务员在受理此项服务时,要认真对待、细心操作,严守规程,慎之又慎,必须详细询问客人姓名、房间号码和叫醒时间,并进行复述确认,规范填写叫醒记录单,准确地将叫醒要求输入计算机,并在计算机自动执行叫醒后主动电话进房进行二次确认。本案例的责任显然不在酒店,而客人又将责任推给酒店。大堂黄副理在接受投诉时并未与客人争论是非,而是站在客人的立场上,设法采取相应的补救措施来解决首要问题,挽回客人的损失,维护酒店的利益,这体现了黄副理处理投诉的冷静、理智和较强的职业道德。

 实训练习4-6

叫 醒 服 务

1. 实训内容

实训的具体内容见表4-15。

表4-15 实训内容

实训程序	标准规范
准备工作	(1)检查总机交接记录,保持总机房清洁卫生 (2)整理仪容仪表,嗓音清亮,面带微笑,准备接听电话
接听电话	(1)电话响铃三声之内接听电话。若不能及时接听,应向客人表示歉意 (2)接转外线电话时,要先用中英文报店名并问好,然后询问客人需要什么帮助
接受叫醒服务	(1)仔细聆听来电客人要求,问清客人房号和叫醒时间,并复述确认,以确保叫醒时间无误 (2)认真填写叫醒记录,注意笔迹清楚,防止差错 (3)将需要叫醒的房号、时间输入计算机。总机领班或主管应核对输入记录,以防有误 (4)挂电话时切忌匆忙,礼貌地请客人先挂

续表

实训程序	标 准 规 范
实施叫醒服务	（1）按时检查计算机叫醒记录执行情况，5分钟后电话进房确认客人是否被准时叫醒 （2）留存计算机叫醒记录，存档备查 （3）如计算机出现故障，应采取人工叫醒方式将客人按时叫醒 （4）如计算机自动叫醒服务无人应答，则用人工叫醒的方法再叫醒一次；若仍无人应答，则立即通知大堂副理或客房服务员，前往查看叫醒客人

2. 情景模拟

话务员：晚上好！总机，我能帮助您吗？

客　人：我要订一个明天早上的叫醒服务。

话务员：先生，请问您需要的叫醒时间是几点？

客　人：早上6:30。

话务员：好的，先生，请问您的房间号码是多少？

客　人：815房。

话务员：好的，您是815房的张先生吧？

客　人：是的。

话务员：张先生，您需要的明天早上6:30的叫醒服务预定好了，请问您还有其他需要吗？

客　人：没有了，谢谢你。

话务员：不客气，张先生晚安！

3. 实训考核

掌握酒店叫醒服务的基本操作流程，强化叫醒服务操作规范，准确记录叫醒时间，按时实施叫醒，以及灵活地处理在叫醒服务过程中出现的各种问题。实训考核的具体项目见表4-16。

表4-16　实训考核

班组：　　　　姓名：　　　　学号：　　　　时间：

项　　目	要　　求	分值（总分10）	得　分
接听电话	接听电话及时，自报身份规范，问候客人亲切。若不能及时接听，向客人表示歉意	1	
接受叫醒服务	叫醒要求记录清楚，复述确认无误，叫醒房号、时间及时输入计算机，核对无差错	2	
实施叫醒服务	及时检查计算机叫醒执行情况，适时电话进房进行确认，相关资料做好存档	3	
语言艺术	普通话标准，语音清晰；语速适中，敬语规范，声音甜美	2	
操作水平	服务流程熟悉，总机操作熟练，叫醒时间记录准确，计算机设定无误	2	

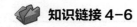
知识链接 4-6

叫醒失误的处理及防范对策

1. 叫醒失误的处理

通常，当出现叫醒失误时应立即采取以下补救措施。①立即查明原因，向客人表示歉意。常见叫醒失误的原因有酒店话务员忘做叫醒记录、叫醒时间和房号输入计算机有误、计算机出现故障未及时发现、客人要求叫醒服务时报错房号、客人房间电话没有放好、客人睡得过熟、没有听见电话响铃，等等。总之既有酒店方面的原因，也有客人方面的原因，如属酒店过失，则赔礼道歉，如属客人个人原因，则表示歉意。②安抚客人情绪，了解叫醒失误给客人带来的影响和当前客人的紧急需求。③设法解决客人当前紧急需求，减轻叫醒失误造成的影响。比如，当客人因叫醒失误耽误行程，酒店可利用各种渠道，通过各种途径将客人尽快送往目的地。

2. 叫醒失误的防范措施

叫醒服务事关重大，话务员在受理这项服务时必须万无一失。为防范叫醒失误，酒店在提供叫醒服务时，应着重做好以下工作。①准确填写叫醒登记表，待信息输入计算机后汇总打印，并认真核对，防止输入有误。②及时检查计算机叫醒执行情况，电话进房检查核实，以确保客人被准时叫醒。同时，话务员可以把当天的天气情况告诉客人，提醒客人注意天气变化，并询问客人是否需要房内用餐等其他服务。③将客人的叫醒要求按楼层汇总，并把叫醒记录送往各楼层，要求楼层服务员留意房间动态。对商务客人和 VIP 应着重注意，如有必要可指定专人实施电话进房叫醒，并在叫醒服务 10 分钟后为客人送上咖啡、茶或报纸。④由于很少有人乐于在熟睡中被叫醒，因此话务员在提供此项服务时须十分注意方式，应尽可能地使客人感到亲切。

4. 紧急情况处理

电话总机除了提供以上基本服务外，还有一项重要职责就是当酒店发生紧急突发事件时，充当酒店的临时指挥协调中心。酒店紧急突发事件通常是指可能发生的火灾、水灾、盗窃、伤亡等各种恶性事件。若出现上述情况时，话务员要沉着、冷静，坚持提供高效率的通信服务，使电话总机成为酒店处理突发紧急事件的指挥协调中心，以便酒店管理人员迅速控制局势，合理调动人力。

（1）接到客人或员工紧急报警时，应立即问清事情的发生地点、时间、严重程度等相关情况，以及报警者的姓名、房号或部门，迅速做好记录，同时告知报警人员寻找紧急出口疏导撤离或保护现场。

（2）按酒店规定立即通知值班经理、大堂副理、保安部等相关部门和人员，根据上级指示，迅速与市内消防、安全等相关部门联系。

（3）严格执行上级指令，在未接到撤离指示前坚守岗位，保证通信畅通。

（4）在电话服务中，对内注意安抚客人，稳定情绪。遇外界打探消息者，一般予以婉拒不做答复，如有必要可转接大堂副理处理。

（5）做好紧急事件电话处理记录，以备事后检查。

4.3 商务中心服务

为了满足客人的商务需求，现代酒店一般都设有商务中心，为客人提供商务文秘服务、设备出租服务和会议筹办服务。因此，商务中心可以说是商务客人"办公室外的办公室"。目前，一般酒店商务中心多位于前厅附近的公共区域，以方便店内外客人，同时也便于与总台联系，沟通有关信息。商务型酒店则多将商务中心设置于三楼及以上楼层，以保持商务中心安静、舒适、优雅、干净，方便客人从事商务活动。

4.3.1 商务中心员工主要岗位职责及素质要求

1. 商务中心员工主要岗位职责

（1）具有一专多能或专业业务技术的能力，了解各种商务办公设备的性能和作用。

（2）能熟练操作各种商务办公设备，能简单维护、保养设备和排除常见故障。

（3）负责收发传真、电报，并提供翻译、打印、复印、文字处理、网络办公、长途电话、设备出租等各项商务服务。

（4）负责办理经领导批准的各种酒店内部办公服务和电信服务。

（5）配合有关部门、岗位做好商务中心各项业务服务的收费工作，如是非住店客人或非签单消费的住店客人，应现场收费，并做好工作记录，保存各种原始资料。

（6）负责工作区域内的清洁卫生工作，为客人提供一个安静、舒适、优雅、干净的环境。

（7）完成上级交办的其他各项事宜。

2. 商务中心员工素质要求

商务中心工作的基本要求：接待客人热情礼貌，回答客人问询迅速、准确，为客人提供高质、快捷、耐心、细致的服务。为了做好商务中心的服务工作，要求商务中心员工应具备以下素质。

（1）熟悉本部门工作业务流程，掌握各项工作技巧和服务技能。

（2）性格外向，机智灵活，能与客人进行良好的沟通。

（3）工作认真、细致、有耐心。

（4）具有大专以上文化程度和较高的外语水平，知识渊博，英语听说、口译、笔译熟练。

（5）具有熟练的计算机操作能力和打字技术。

（6）掌握本地旅游景点及餐饮娱乐等方面的信息（如本市旅游景点及娱乐场所的位置、电话、票价及消费水平等），熟悉酒店设施、服务项目。

（7）熟知国内外邮政须知及收费标准，熟知国内外报纸杂志的类型及收费标准。

（8）商务中心的票务员，还应与各航空公司和火车站等交通部门保持良好的关系，熟知各种类型的票价及各种收费制度。

4.3.2 商务中心主要业务流程

商务中心通常设置一定数量的办公桌椅、沙发，配置电话机、计算机、打印机、复印机、传真机、投影仪等一系列商务办公用品，以及与商务相关的报纸、期刊和图书资料，为客人提供打字、复印、传真、电话、翻译等文秘服务，电邮、网络等信息服务，邮件、票务等委托代办服务，以及设备出租、会议筹办等会议服务。其主要业务流程如图4.3所示。具体服务的基本流程如下。

1. 打印服务

打印服务即按照客人的要求将文稿打印成印刷体文件，是商务中心常见的服务项目之一，其基本服务流程如下。

（1）客人走近时，主动向客人问好，礼貌询问客人需求。

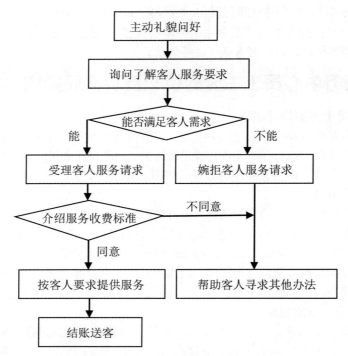

图4.3　商务中心主要业务流程

（2）客人要求打印服务时，请客人出示原稿，并问清稿件处理与打印要求。

（3）立即通览文稿，如有不清楚或不懂之处当面向客人询问清楚，尤其排版要求和打印格式要求。当客人提出外文打印要求时，如日语、俄语、法语等，视酒店具体情况受理。如果不能受理，可婉拒或推荐给其他可打印的地方。

（4）向客人介绍服务收费标准，询问客人付费方式。同时，记下客人的姓名、房号、联系电话和取稿时间。

（5）打出样稿后仔细核对，并主动与客人联系，请客人校对。如有错误，请客人在样稿上用笔把错误勾出，以便及时修正。

（6）校对结束，按客人要求的排版格式、纸张大小、字体规格、字号大小、打印份数打印稿件，并仔细核对原稿，确保无误。客人要求装订时，按要求替客人装订好原稿及打印稿。

（7）客人来取稿件时，按酒店规定计算费用，请客人结账，收款时应唱收唱付。若客人要求签单，礼貌地请客人出示房卡，与总台核实后请客人在账单上签字。若客人不能在商务中心营业时间内提取文件，则告之客人文件将移送至总台，客人可到总台领取。

（8）客人离开时，礼貌地与客人道别，并向客人表示感谢，欢迎客人再来。

（9）在营业报表上做好相应记录。

2. 复印服务

复印服务即按照客人的要求复印处理文件，是商务中心日常服务的主要内容，其基本服务流程如下。

（1）客人前来时，主动向客人问好，礼貌询问客人需求。

（2）客人要求复印服务时，请客人出示原件。

（3）问清客人复印的规格及数量，并主动告诉客人各种复印的收费价格。

（4）检查所要复印的原始材料，根据客人要求设置好复印纸张、深浅等级进行复印。当客人要求缩印或扩印时，应按客人要求妥善处理。如果客人要求复印的材料涉及酒店或国家机密，应及时请示部门经理或向客人说明不能复印的理由。

（5）复印结束后，及时清点、装订原稿并核对复印数量，然后请客人结账，收款时应唱收唱付。当客人要求签单时，礼貌地请客人出示房卡，与总台核实后请客人在账单上签字。

（6）客人离开时，礼貌地与客人道别，并向客人表示感谢，欢迎客人再来。

（7）在营业报表上做好相应记录。

3. 传真服务

传真是现代商务信息沟通的重要工具。它不仅能够传递真迹，而且能够即发即收，具有方便快捷等众多优点。通常，酒店商务中心传真服务的流程如下。

（1）商务中心文员每天上班后，首先应检查前一天晚上有没有收到传真。如果有则把传真输送出来，并作如下处理。①如果是酒店的传真，立即通知接收传真部门派人前来取件，或者通知行李员派送至相应部门，注意及时让取件人在内部文件登记表上做好签名。②如果是住店客人的传真，则认真核对客人的姓名、房号，核对无误后将传真折好装入客用信封，并在信封上注明房号和客人姓名，然后填好收费通知单，通知行李员前来取件，将传真送至客人房间，并请客人在收费通知单上签名确认。

（2）当客人前来收发传真时，热情迎接，礼貌问好。

（3）当客人要求发传真时，请客人准确填写传真号码，并礼貌告知客人传真收费标准。

（4）仔细检查传真文稿是否字迹清楚，没有污损，符合传真稿件要求。如果发现不符合传真稿件要求，应向客人说明不能发送的原因，并建议客人将其复印或重新抄写后再发送。如果发现涉及酒店与国家机密的文件、图片资料，或者是反动、淫秽的文字、图片等，要立即没收，不翻看传阅，并及时上报。

（5）按客人提供的传真号码发送传真，发送成功后按酒店规定标准收取费用，收款时应唱收唱付。当客人要求签单时，礼貌地请客人出示房卡，与总台核实无误后请客人在账单上签字。

（6）如果在传真传输过程中发生故障，要立即查明原因，向客人做好解释工作，并重新发送余下未送达的文件。如果客人所提供的传真号码有误，或某些不可避免的原因致使传真未能顺利发出，则只收取所用时间的电话费用。

（7）当客人要求接收传真时，主动热情帮助客人，并按酒店规定收取相关费用。若客人传真未能及时传到，则请客人留下姓名、房号，待收到传真后将传真送至客人房间，并做好收费工作。

（8）客人离开时，礼貌地与客人道别，并向客人表示感谢，欢迎客人再来。

（9）在营业报表上做好相应记录。

4. 翻译服务

翻译服务一般分笔译和口译两种，其收费计算方式也有所区别，一般情况下，笔译服务按照字数或页数收费，口译服务按照时间收费。酒店商务中心受理翻译服务的基本流程如下。

（1）客人走近时，主动向客人问好，礼貌询问客人翻译要求。

（2）当客人要求笔译时，问清翻译的页数和性质（文件、小说、科技资料等）及取稿时间。

（3）根据翻译资料及酒店政策，确定收费标准，并预收全部或部分费用。

（4）按客人要求翻译资料，如果酒店没有专职翻译人员，可以从兼职翻译档案库找出合适人选进行翻译。

（5）翻译好资料后，通知客人前来领取，并结清费用。如果客人要求签单，礼貌地请客人出示房卡，与总台核实无误后请客人在账单上签字。如果客人对译稿不太满意，可请翻译人员再进行适当修改。

（6）当客人要求口译时，应及时安排翻译人员与客人会面，以便详细了解翻译情况，做好相关工作安排。

（7）客人离开时，礼貌地与客人道别，并向客人表示感谢，欢迎客人再来。

（8）在营业报表上做好相应记录。

5. 票务服务

票务服务是指酒店为住店客人代订机票、车票、船票、戏票等票据的服务。一般酒店会在商务中心设立票务处，为客人提供票务服务。根据具体情况不同，有些酒店将票务服务设在礼宾处或总台，甚至有的请交通部门或专业票务中心在酒店前厅内设点服务。通常酒店商务中心票务服务的流程如下。

（1）热情迎接，主动问好，礼貌询问客人订票要求。

（2）请客人详细填写订票委托单。订票委托单上必须写清楚客人需要预订的票据日期、航班、车次和等级，如硬座、硬卧、软座、软卧、一等舱、普通舱等。同时，还要注明当客人的第一选择无法满足时，指定的第二选择的车票日期和班次等，由客人过目无误后请客人签字确认。

（3）向客人预收订票款，并给客人开好收据，或者在订票委托单上注明预收订票款的金额。如果酒店不能完全保证有票，就必须向客人说明酒店将尽力而为，但不能保证有票，并礼貌地询问客人倘若订不到指定票据时该如何处理。

（4）取到票据后，将票据和找零放在专门的信封内，信封上写清日期、车次、票价、客人姓名、房号、预收款、应找款等重要信息，并通知客人前来取票，或按客人要求送至客人房间。

（5）当客人来取票时，收回订票委托单的取票联妥善保存，并将上述信封交给客人，请客人当面清点清楚。订票过程中的其他合理费用（如专人购票的出租车费）可以向客人收取，但事先应征得客人的许可，事后应有发票或单据。

（6）如果没有买到票，应及时通知客人，并向客人致歉，尽量为客人提供其他帮助。

（7）如果客人订了票又要退票，则及时联系退票，并根据交通部门和酒店规定将相应的退票费退还客人。

（8）当客人通过电话订票时，订票员应根据客人的电话记录详细填写订票委托单，并视具体情况请客人预付票款或提供订票担保，然后向客人复述订票要求进行确认，以防听错记错。

（9）当非住店客人或者订了房但尚未入住的非保证类预订客人要求订票时，应请客人预付票款或提供订票担保，否则不予受理。特殊情况经管理人员同意例外。

（10）客人离开时，礼貌地与客人道别，并向客人表示感谢，欢迎客人再来。

（11）在营业报表上做好相应记录。

6. 邮递服务

邮递服务是指按照客人的要求代替客人邮寄信函或物品，其基本服务流程如下。

（1）热情迎接，主动问好，礼貌询问客人邮递要求。

（2）请客人填写邮寄专用单，并核对客人所填的邮寄单，确保填写清晰、准确无误。

（3）请客人仔细清点邮寄信件的数量，然后在邮寄专用单上填好邮寄物品的名称，寄件人与收件人的姓名、地址、邮编、联系电话等，以方便邮件送达及日后查询。

（4）向客人介绍邮资收费标准，并根据邮件重量收取邮寄费用。当客人现付时，需唱收唱付。当客人要求签单时，礼貌地请客人出示房卡，与总台核实无误后请客人在账单上签字。

（5）客人离开时，礼貌地与客人道别，并向客人表示感谢，欢迎客人再来。

（6）在营业报表上做好相应记录。

7. 会议室出租服务

根据我国国家标准GB/T 14308—2010《旅游饭店星级的划分与评定》规定，四星级、五星级酒店在商务中心附近应备有专门的会议室供客人洽谈使用。通常会议室出租服务及会议洽谈期间服务基本流程如下。

（1）热情迎接客人，礼貌询问客人租赁需求。

（2）根据客人使用会议室的时间、参会人数、服务规格、设备要求等信息，向客人推介会议室，并主动向客人介绍会议室收费标准。

（3）当客人确定租用后，按规定办理会议室出租预订或租用手续，请客人填写租用登记表，并按规定收取定金。

（4）按客人的要求布置会议场所，并准备会议中的各种设施设备和服务用品。

（5）在会议开始前半小时检查会议室的座席、文具用品、茶水点心、设施设备、清洁卫生是否正常，如不符合规格应立即按要求修正。

（6）当客人来临时，主动引领客人进入会议室，请客人入座，按顺序为客人上茶。

（7）会议进行中，每隔半个小时为客人续茶水一次。如客人在会议中提出其他商务服务要求，应尽量满足。

（8）会议结束后，礼貌送走与会客人，然后请会议负责人办理结账手续，并立即通知客房服务中心派人打扫会议室，为下一次出租做好准备工作。

（9）礼貌向客人致谢并道别。

8. 办公设备出租服务

现代商务酒店通常还提供笔记本式计算机、传真机、幻灯机、投影仪、照相机、摄像机等商务设备出租服务。其服务流程如下。

（1）主动迎接客人，了解客人租赁需求。

（2）介绍租赁收费标准，请客人填写租用单，并按规定收取租赁押金。

（3）当面查验租赁设备是否完好，然后交给客人，并在登记本上做好登记。

（4）当客人使用完毕，检查设施设备是否完好，并在登记本上做好注销。

（5）按照酒店规定的收费标准，根据客人所用时间计费，向客人收取费用或请其签单挂房账。

（6）礼貌地向客人致谢并道别。

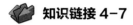
知识链接 4-7

商务中心职能的发展趋势

由于信息技术的飞速发展，越来越多的客人在房间内也可以发送、接收电子邮件，通过互联网直接订票。而且一些高档酒店还在其客房内配备了打印机、复印机和传真机。因此，客人对酒店商务中心的依赖程度将大大减少。21世纪酒店商务中心经营的重心和职能将发生以下转变。①从电话通信服务为主，转向复印、打印、会议服务为主。传统的商务中心是以打电话等通信服务为主，现代的商务中心将以提供大批量打印、复印、名片制作、文本装订及会议辅助支持服务为主。为会议提供支持和帮助，是当今酒店商务中心一个极重要的服务领域和发展趋势。②从提供商务秘书性质服务，转向提供商务设施出租服务。酒店不可能在所有的房间内都提供齐全的商务设备。所以，现代酒店为了方便客人在房内办公，可以根据客人的需要，向客人出租传真机、笔记本式计算机、扫描仪等常见商务设备。③从商务服务的主要场所，转向商务技术支持和帮助的提供者。尽管越来越多的客人喜欢用自己的计算机在房间内办公，但并非每个客人都是计算机专家。因此，在酒店业中从金钥匙的委托服务衍生出了专为商务客人提供计算机技术服务的"技术侍从"（technology butler）。一旦客人使用计算机遇到麻烦或其他电子技术问题，这些"技术侍从"可随叫随到，当即为客人排除"故障"，保证其能够顺利工作。④从等客上门的被动服务方式，转向主动上门寻求服务。传统的商务中心是守株待兔的被动服务方式，现代商务中心需要更主动、热情、全面地为客人提供服务，主动地为在酒店里举办的各类会议提供技术服务和其他劳务服务，当好主办单位的"秘书"。

 本章小结

　　礼宾服务、总机服务和商务中心服务都属于酒店前厅日常服务范畴，它们是整个酒店服务体系的重要组成部分。做好这些服务工作显得尤为重要，因其直接关乎客人对酒店的形象认知和酒店的未来发展。
　　礼宾服务主要包括迎送服务、行李服务、委托代办服务和金钥匙服务。
　　电话总机是酒店内外信息沟通联络的通信枢纽，在对客服务中有着不可替代的重要角色和地位。总机话务员以电话为媒介，为客人提供转接电话、问询、留言、叫醒等多项服务。在发生紧急突发事件时，总机还有充当指挥中心的作用。
　　商务中心是客人"办公室外的办公室"，主要为客人提供打印、复印、传真、翻译等文秘服务及票务、邮递、会议室出租、办公设备出租等商务服务。但是，商务中心的传统服务项目正在退化，如长途电话服务、打字、传真服务等已经转化为客人的自助服务。未来酒店商务中心将从电话通信服务为主，转向复印、打印及会议服务为主；从提供商务秘书性质服务，转向提供商务设施出租服务和商务技术支持帮助服务。

 国际酒店赏鉴

香格里拉酒店经典接送车服务

　　到达一个陌生的国家、一座陌生的城市，酒店的接车服务无疑让人们心里多了一份温馨。如何让客人在长途旅行之后，减少和舒缓旅途疲劳，酒店需要在接送车服务上下一番苦功。免费的矿泉水和毛巾几乎是酒店接送车服务的标配，近年来免费 Wi-Fi 也渐渐普及，而好的酒店总是有办法提供更多意想不到的服务惊喜，让每位客人可以从舟车劳顿一秒钟过渡到舒服的模式，香格里拉酒店正是其中用心服务的典范。
　　西安香格里拉大酒店为冬日抵达的客人温好矿泉水。飞机落地西安机场，正下着小雪。一到候机厅，就看到熟悉的香格里拉接机牌，礼宾部的 Angel 和驾驶员张师傅已经等候多时。在小雪纷飞中走去停车场也是一次浪漫的体验。上车后，递过来的竟然是温热的毛巾，连矿泉水也是热的。原来西安香格里拉大酒店的接送机专车上，冬天特别备有专门的热水保温箱。冷冷的冬天，一杯热水，再温暖不过。西安香格里拉大酒店的接机服务除了香格里拉标志性的免费 Wi-Fi 接入外，竟然还有一个神秘包，藏在靠枕后，原来是一个眼部按摩仪。因为下雪路滑，张师傅特意将车开得慢一些，客人也正好可以好好享受下眼部按摩仪的服务，然后看一路雪景，抵达酒店的路程轻快了许多。

哈尔滨松北香格里拉大酒店一顶雷锋帽的温暖。从温暖的南方出发前往冰天雪地的哈尔滨，最考验人的便是二十多度的温差。因为机场有两个出口，酒店礼宾部人员早在飞机落地时就给客人发了短信，告知具体接机口，后来客人发现酒店在两个出口都安排了人，以防出错。客人上车后惊喜地发现座位上竟然有一个东北虎玩偶，原来是酒店的吉祥物，叫北北。因为天气寒冷，酒店还特别备了一顶毛茸茸的雷锋帽，这也成了客人后面几天在哈尔滨户外游览的御寒装备。

拉萨香格里拉大酒店服务到家的接送机。酒店接送机的安排一般都是机场—酒店—机场，而一位客人在前往拉萨香格里拉大酒店时却收获了超出预料的惊喜——酒店跨城帮客人预约了从家里到深圳机场的专车服务，从家到机场的交通，竟然也被贴心关照到了，真的是"服务到家"了。

新加坡香格里拉大酒店深入机场飞机廊桥口的接机礼。飞机落地新加坡，出机舱门，刚过飞机廊桥，新加坡香格里拉大酒店的接机人员已然在等候。一般酒店的接机服务都在机场行李区的出口，像这样可以直接深入机场里面，完全出乎客人的意料。然后，一路放心，有迎宾员陪着入关，拿行李，最后坐上酒店的专车。还没到达酒店，就已经超前体验到了新加坡香格里拉大酒店的殷勤好客之道。

 复习思考题

一、简答题
1. 酒店代表店外迎送服务应注意哪些基本问题？
2. 酒店门童迎送宾客服务的关键环节有哪些？有何要求？
3. 散客抵离店行李服务流程是什么？应注意哪些问题？
4. 团队客人行李分发进房应遵循哪些基本原则？
5. 如何做好酒店行李寄存保管服务？
6. 简述金钥匙服务理念和我国金钥匙服务的主要内容。
7. 总机话务服务的基本要求有哪些？
8. 简要分析叫醒失误的原因及对策。

二、实训题
1. 扮演酒店代表，为抵离店客人提供机场迎送服务。
2. 扮演酒店门童，为抵离店客人提供店内迎送服务。
3. 扮演酒店行李员，为抵离店客人提供行李搬运服务和行李寄存保管服务。
4. 扮演酒店电话总机话务员，为客人提供转接电话、问询、留言和叫醒服务。

客房部概述

教学目标

知识要点	能力要求	重点难点
客房部的地位、作用与工作任务	（1）了解客房部在酒店中的地位与作用 （2）熟悉客房部的工作任务 （3）能够根据酒店的具体情况，具备在客房服务中解决问题的能力	重点：客房部的任务
客房部组织结构与机构设置	（1）了解客房部的组织结构及主要岗位职责 （2）熟悉客房部业务特点及人员素质要求	重点：客房部机构设置的原则 难点：客房部的组织结构模式
客房整体设计	（1）了解客房设计的原则 （2）熟悉客房的类型及物品配备 （3）能够科学、合理地安排客房的功能分区及美化装饰	重点：客房的功能设计 难点：客房的美化装饰
客房发展新趋势	（1）理解酒店客房人性化、个性化、无干扰服务理念 （2）掌握绿色客房的要求 （3）能够根据酒店市场定位与特色，制定主题客房设计方案	重点：客房服务新理念 难点：绿色客房

服务要关注客人的习惯（即需求）

《新周刊》杂志上，著名学者张颐武教授发出感叹："在大多数酒店，我觉得垫两个枕头太高，睡一个枕头太矮，怎么就找不到一家枕头高度正好合适的酒店？"想必有这样感受的客人不在少数。为什么酒店不提供一个半枕头高度的枕头呢？

严先生因为工作的关系经常入住酒店，习惯睡一个枕头，所以在酒店下榻时往往需要拿掉一个枕头。但是很少有客房服务员能在做床和开夜床服务中发现严先生的这个习惯从而改进服务。如果服务员主动在做床时根据客人的习惯也就是个性化需求改变一下传统的服务方式，效果又会如何呢？优秀的服务应是读懂客人的真实需求。当服务员做房时发现客人第一晚只用了一个枕头，那么做房或晚上开夜床时，根据客人的需求（即观察并根据其习惯）按照一个枕头做房或开好夜床，而不是按照传统的做法恢复成 4 个枕头（两层）的标准。类似的，当客人习惯性地把垃圾桶拿到书桌前、床前或沙发前，第二天做卫生时，服务员要针对性地将垃圾桶放置在书桌前、床前或沙发前。酒店人要学会关注客人习惯，用心关注客人的习惯往往比死板的、所谓规范的服务要实用得多，因为针对性地根据客人的习惯（需求）而设计并提供的服务自然会让客人贴心和满意。

问题： 作为酒店的主要产品，客房的物品配备及服务该怎样体现人性化与个性化呢？

在酒店提供的众多服务产品中，客房满足了客人最主要、最基本的需求，是客人停留在酒店时的主要活动场所，被称为客人的"家外之家"，其服务也是酒店服务的主体。因此，客房部是现代酒店的一个重要部门，其服务的好坏直接关系到客人对酒店的评价，其管理的优劣影响到全酒店的正常运转和持续发展。

5.1 客房部的地位与工作任务

客房部又称管家部或房务部，负责管理酒店所有的客房事物，主要承担酒店客房、公共区域、办公区域的清洁及设施设备的保养和管理工作，在为住店客人提供的服务中起着核心作用，同时客房部还承担着为其他部门提供一系列清洁服务的重任。

5.1.1 客房部的地位

1. 客房是酒店的基础设施和主体部分

向客人提供食宿是酒店的基本功能。客人在客房停留的时间最长，因此客房部为客人提供的服务最多。客房是向客人提供住宿、休息的物质承担者，是酒店的最基本的设施。客房数量的多少通常决定了酒店规模的大小。按照国际标准，客房数量在 300 间以下的为小型酒店；客房数量在 300~600 间的为中型酒店；客房数量在 600 间以上的为大型酒店。另外，客房数量的多少也决定了酒店的综合服务设施的数量。酒店综合服务设施与客房数量比例配置失调，就会造成设备设施的闲置或设备设施紧张，影响客人的正常使用。从建筑面积上，多数酒店客房的面积占总体面积的 60%~80%。客房及内部配备的设备物资无论种类、数量、价值都在酒店物资总量中占有较高比重。

2. 客房收入是酒店收入的主要经济来源

酒店的经济收入来源于客房收入、餐饮收入和综合服务收入，其中客房收入是酒店收入的主要来源。从收入的总量角度分析，客房收入在酒店营业收入中占有很高的比例。目前，我国的四星级、五星级酒店客房收入占酒店总收入的 60% 以上。随着近年来一些经济型酒店、快捷酒店的迅速扩张，客房收入在这些酒店的比例甚至达到 90% 以上。从利润的角度看，客房创利润较高。客房是以出租使用权和依靠服务人员提供劳务而获得收入的特殊商品。客房虽然在初建时的投资巨大，但每次销售之后，经过服务人员的清洁整理和补充必备的供应品之后，又可重复销售。客房的运营成本和费用相对较低，因而利润率较高。此外，客房也是带动酒店其他部门经营活动的枢纽。酒店只有保证了入住率，才能使酒店的各种设施设备充分发挥作用，才能带动餐饮、会议设施、商务中心、康乐中心等酒店接待部分的消费。

3. 客房服务质量是酒店服务质量的重要标志

客房是旅途在外客人的临时的家。客人住店后，除外出活动和到餐厅用餐、娱乐、健身、会务等活动外，在客房停留的时间最长，客房服务质量的好坏，客人的感受往往最敏锐，印象最深刻。因此，客房的清洁卫生状况、设施设备的档次及使用效率、客房部员工服务的水平和效率，在很大程度上反映了整个酒店的服务质量和水平。另外，客房部在为酒店其他部门服务方面也扮演着重要的角色，如提供工作场所的清洁和保养、布件的洗涤保管和缝补、工作人员制服的洗涤与更新等。以上这些服务水准的高低，也直接反映了酒店的服务质量。

4. 客房部的有效管理是酒店正常运行的重要保证

客房部负责酒店环境、设施的维护和保养，为服务顾客及其他部门的正常运行创造良好的环境和物质条件。客房部的设施设备众多，对酒店成本控制计划的实现有直接作用。另外，客房部员工占酒店员工总数的比例最大，其员工素质对酒店整体服务质量与形象塑造有着重要意义。因此，客房部是影响酒店运行管理的关键部门，其有效管理是酒店正常运行的重要保证。

5.1.2 客房部的工作任务

客房部管辖的范围广，管理的工作人员多。作为酒店的基本业务部门，客房部肩负着如下工作重任。

1. 负责客房及有关公共区域的清洁保养

客房部不仅要负责客房及楼层公共区域的清洁和保养，而且要负责酒店其他公共区域的清洁和保养。清洁卫生是保证客房服务质量和价值的重要组成部分，也代表了酒店的经营管理水平。因此，客房服务人员必须具备专业的清洁卫生知识和技能，为客人提供清洁、舒适的住宿环境。

2. 为住店客人提供一系列的服务

客房部是住店客人停留时间最长，也是客人接受服务项目最多、最细腻的地方。客房部为客人提供的服务有迎送服务、房间清扫服务、小酒吧服务、客房用餐服务、会客服务、洗衣服务、擦鞋服务、夜床服务等一系列的服务。客房服务员必须热情、主动、迅速、真心诚意地为客人提供专业的优质服务，确保每位客人在住宿期间的各种合理需求得到满足，使其感觉方便和满意。

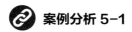 **案例分析 5-1**

服务不能"我以为"

一天，客房部经理与客人同乘一部电梯时，一位客人向其提出了一个问题："我没有拿房卡，让服务员开门，服务员很礼貌地给我打开了房门，但没有向我核实身份，让我心里很不舒服，希望你能重视这件事情。"客房部经理向客人了解了一下具体的情况，并进行了调查。

客人入住这个楼层已经两天了，当值服务员对客人很熟悉，当提到客人的投诉时，服务员也很委屈："我知道她在这里住两天了，每天的房间整理都是我做的，怎么会这样投诉我呀。"

"你给客人称姓服务了吗？""你给客人自我介绍了吗？"答案都是没有。其实这就是整个案例的问题所在。

分析： 酒店工作不讲话、不沟通是不行的。很多时候由于岗位的原因，楼层员工动手能力高于沟通能力，没有与客人说话的习惯。案例中的服务员认识客人，以为客人也认识她，其实不然，每天客人看到的都是统一的发式、统一的制服，没有特别的事情不可能熟悉服务员，因此多给客人一点互动，加深了解可以更好地开展自己的工作，也可以使客人更快地消除陌生感。称姓服务不仅可以拉近对客的距离，而且可以使客人放心服务员知道她的居住房间。或者做个自我介绍，"我是为您整理房间的××服务员，很高兴为您服务。"多说一句话，会让你的服务更精彩。

3. 控制客房部相关成本费用

客房部是酒店工作人员最多的部门之一，客房部日常工作涉及的物资设备也很多，如客用的低值易耗品、清洁用品、客房布件等用品具有消耗量大、易浪费流失的特点，客房内的设施设备能否正常运行则直接影响客房出租率。因此，必须合理组织客房部的人力、物力，充分调动员工的积极性，做到人尽其力、物尽其用，在保证服务质量的前提下，以最小的劳动消耗和物资消耗取得最大的经济效益。

4. 为其他部门提供一系列的服务

酒店作为一个经营整体，需要各个部门的通力合作才能正常运转。在为其他部门服务方面，客房部扮演着重要的角色，它为其他部门提供工作场所的清洁和保养，布件的洗涤、保管和缝补，制服的制作、洗涤与更新，以及花木、场景的布置。

5.2 客房部组织结构与机构设置

5.2.1 客房部机构设置的原则

客房部机构设置要从实际出发，贯彻以下原则。

1. 实用原则

客房部机构设置应该从酒店的规模、档次、设施设备、管理思想及服务项目等实际出发，不要生搬硬套。一个优秀的企业应当有自己独特的管理模式。一般而言，大型酒店组织机构内容多，而小型酒店内容少。例如，大型酒店客房部可能设有洗衣房、花房等，而小型酒店则没有。考虑到酒店前厅部与客房部的联系极其密切，大多数酒店将其前厅部和客房部合二为一，称为客务部或房务部。也有的酒店考虑到前厅部的销售功能，将前厅部划归为酒店的公关销售部，而将客房部设置为独立的部门。

2. 效率原则

客房部机构设置应根据实际需要，合理配员，以方便管理，提高对客服务效率。通常，大型酒店管理层次多，而小型酒店管理层次少。例如，大型酒店有客房部经理、主管、领班和服务员4个层次，而小型酒店一般只有经理、领班和服务员3个层次。进入21世纪，酒店各部门尽可能地减少管理层次，以提高沟通和管理效率，降低管理费用。

3. 分工明确原则

客房部机构设置应明确各岗位人员的职责和任务，上下级隶属关系及信息传达的渠道和途径，做到分工明确，以明晰权责；同时，应当防止机构臃肿和人浮于事的现象，特别注意要"因事设人"，而不能"因人设事"或"因人设岗"；还要注意"分工明确、机构精简"并不意味着机构的过分简单化，以致出现职能空缺的现象。

5.2.2 客房部的组织结构

1. 客房部组织机构模式

客房部设置组织机构的目的是规定客房部内部的信息传递渠道，明确各岗位的职责与权限，以及各分支机构之间的关系，以顺利完成客房部的各项任务。客房部机构的设置没有固定的形态和统一的模式，根据我国酒店的做法，大致可分为两种类型，即大中型酒店客房部组织结构与小型酒店客房部组织结构，分别如图5.1和图5.2所示。

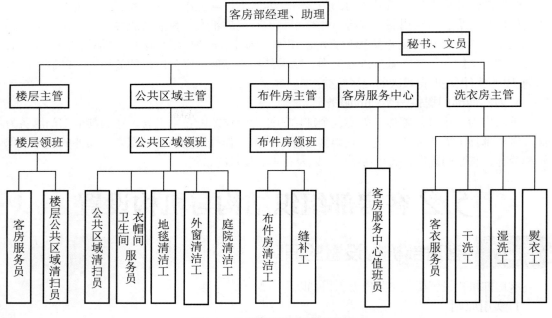

图5.1 大中型酒店客房部组织结构

2. 客房部主要机构职能

客房部的管理工作是通过设置组织机构和落实岗位职责来完成的，组织机构的设置将直接决定客房管理的效率和酒店的经济效益。因酒店规模等方面的不同，客房部的业务分工也有所不同，但一般都设有以下主要机构（或部门）。

（1）经理办公室。客房部经理办公室主要负责客房部的日常事务及与其他部门之间的联络协调等事宜。在大多数酒店里，客房部经理室与客房服务中心设在一起，其优点是便于管

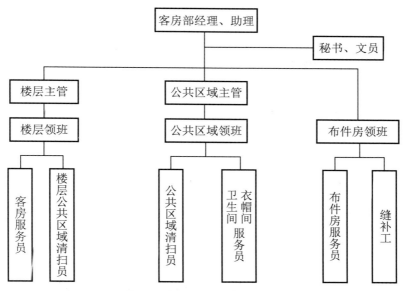

图 5.2 小型酒店客房部组织结构

理、节约场地。在这种情况下，经理室的部分事务就可以由客房服务中心的人员来承担。

（2）客房服务中心。现代酒店通常都设有客房服务中心。它既是客房部的信息中心，又是对客服务中心，负责统一调度对客服务工作，掌握和控制客房状况，同时还负责失物招领、发放客房用品、管理楼层钥匙及与其他部门联络、协调等工作。

（3）客房楼层。客房楼层由各种类型的客房组成，是客人休息的场所。每一楼层都设有供服务员使用的工作间。楼层人员负责全部客房及楼层走廊的清洁卫生，以及客房内用品的替换、设备的简易维修和保养等，并为住客和来访客人提供必要的服务。

（4）公共区域。公共区域在一些酒店也被称为厅堂组，主要负责酒店各部门办公室、餐厅、公共洗手间、衣帽间、大堂、电梯、通道、楼梯、花园和门窗等公共区域的清洁卫生工作。

（5）布件房。布件房也被称为布草房或棉织品房，主要负责酒店所有工作人员的制服及餐厅和客房所有布件的收发、分类和保管，及时修补损坏的制服和布件，并储备足够的制服和布件以供周转使用。

（6）洗衣房。洗衣房负责收洗客衣，洗涤员工制服和对客服务的所有布件。洗衣房的归属，在不同的酒店有不同的管理模式。大部分酒店都归客房部管理，但有的大型酒店，洗衣房则独立成为一个部门，而且对外服务。而小型酒店则可不设洗衣房，其洗涤业务可委托社会上专业的洗涤公司洗涤。

5.2.3 客房部主要岗位的基本职责

由于各酒店客房部规模、管理方式不同，这里只介绍主要岗位的基本职责。

1. 客房部经理

1）上下级关系

客房部经理的直接上级是分管客房的总经理或房务总监，直接下级是客房部副经理、各区域主管。

2）岗位职责

全面负责客房部的经营管理，直接管理客房部员工并确保正确履行客房职责。负责对楼层、公共区域卫生、洗衣、布件、客房服务中心各区域和各项对客服务进行指挥协调。具体职责如下。①在总经理或房务总监领导下主持客房部工作，传达、执行上级下达的经营指令。②根据酒店的总体目标，编制客房部年度工作计划并负责实施。③负责制定本部门的岗位职责、工作程序、规章制度，不断改进工作方式和服务程序，努力提高服务水平。④主持部门工作例会，听取汇报，督促工作进度，解决工作中的问题。⑤负责客房设施设备的使用管理工作，巡视检查并督促下属工作，定期进行考核检查。⑥负责客房部的安全管理工作。⑦与其他部门建立良好的合作关系。⑧建立良好的客户关系，广泛听取和收集客人意见，处理投诉。⑨执行酒店人力资源管理政策和制度，负责本部门员工的聘用、培训、考核、奖惩及调配。

3）职位要求/任职资格

①客房部经理作为一个重要部门的管理者应德才兼备，有强烈的事业心和责任感，能团结和带领本部门的全体人员共同工作，作风正派，严于律己，能将酒店利益放在首位，顾全大局，并能与酒店其他各部门保持密切的合作互助关系。②一般要求具有高等院校专科毕业文化程度或同等学力，若具有本科学历更好。客房部经理至少要能熟练运用一门外语阅读专业文献，并能流利、准确地与客人对话。③具有一定的决策计划能力、组织协调能力、激励沟通能力、评估培训能力及本部门的实际操作技能等。④具有识别一般的棉织品布料性质、工服款式、清洁剂和客用品用途等知识。⑤具有3~5年客房服务和管理工作经验。

2. 客房部主管

1）上下级关系

客房部主管的直接上级是客房部经理或副经理，直接下级是客房部领班。

2）岗位职责

客房部主管的具体岗位职责如下。①协助客房部经理计划、安排、督导全酒店的清洁工作。②做好各项清洁工作计划。③根据具体的接待任务，组织、调配人力。掌握VIP抵离情况，并按照客房布置要求通知楼层做好各类礼品和物品的配备工作。④协助客房部经理选拔、培训、督导员工。⑤负责失物招领工作。⑥制定合理的清洁用品消耗限额，控制清洁用品的发放。⑦汇总、核实客房状况，及时向前台提供准确的客房状况报表。⑧负责所属各班组的日常行政管理工作。对员工的工作态度、劳动纪律和工作质量进行统计考评。⑨执行客房部经理交给的其他工作。

3）职位要求/任职资格

①具有较强的事业心和责任感。办事效率高，能公平妥善处理各种关系。②具有中专或高中以上文化程度。达到中级英语会话能力。③掌握酒店管理的一般知识，熟悉客房管理专业知识、客房服务规程和接待礼仪。④具有较强的专业操作技能，能较好地培训和指导下属工作，并能处理客人的一般性投诉。⑤具有3年以上客房服务工作经验及1年领班工作经验。

3. 客房部领班

1）上下级关系

客房部领班的直接上级是客房部主管，直接下级是客房部服务员。

2）岗位职责

客房部领班的具体岗位职责如下。①安排员工工作，做好考勤记录。②完成主管下达的任务，检查员工完成任务的情况。③掌握、报告所辖的客房状况。④负责班组所属的服务设施设备的保养，对需要维修的客房及设施设备要及时报修。⑤负责本班所需消耗物资用品的申领、报销、报废等事项。按照消耗限额的要求，最大限度地节省开支，防止浪费。⑥带头执行并督促员工执行酒店的各种规章制度。

3）职位要求/任职资格

①有事业心、责任感，热爱本职工作，办事公平合理，熟知本岗位的工作程序和质量标准，能认真执行上级的指令。②熟悉客房服务、清洁和物料管理的规程和标准，懂得接待服务礼仪礼节和安全消防知识。③一般要求具有职业高中毕业文化程度或同等学力。达到中级英语会话能力。④具有过硬的专业操作能力，能检查、督导下属工作。⑤具有1年以上的客房服务工作经历。

4. 客房部服务员

1）上下级关系

客房部服务员是最基层的客房部员工，可分为楼层服务员、公共区域服务员。客房部服务员的直接上级是客房部领班。

2）楼层服务员岗位职责

楼层服务员的具体岗位职责如下。①清扫与整理客房，并补充客房供应品。②为住客提供各项服务。③报告客房状况。④检查并报告客房设备、物品损坏及遗失情况。⑤报告客人遗留物品情况。⑥清点布件。⑦填写客房清洁工作报表。

3）公共区域服务员岗位职责

公共区域服务员的具体岗位职责如下。①负责领班所安排的区域范围内的清洁工作。②正确使用清洁剂及清洁工具。③报告在公共区域内的任何失物。④在工作区域内，按要求喷洒药水或放置卫生药品，杀灭害虫。⑤将所负责区域内任何需要修理和维护的设施报告给该层领班。⑥负责公共区域植物的浇水、剪叶及清洁工作。

4）职位要求/任职资格

①遵守职业道德，执行酒店各项规章制度，具有较强的服务意识，工作认真，有团结协作精神，吃苦耐劳，积极肯干。②了解客房服务知识，熟悉客房服务工作流程和标准，掌握接待服务礼仪礼节和安全消防知识；掌握客房各种设备设施的使用和保养方法，熟悉客房清洁服务流程和标准。③具有初中以上学历，高中毕业更好。具有初级英语水平，能用一般英语与客人沟通，解决客人的困难。④精通本职工作，能在规定的时间内较好地完成本职工作，为客人提供优质服务。

5.3 客房整体设计

5.3.1 客房设计的原则

客房是酒店获取经营收入的主要来源，是客人入住后使用时间最长的场所，也是最具有私密性质的场所。为吸引顾客，酒店的每一间客房都应做到整洁舒适、温馨雅致。客房设计具有完整、丰富、系统和细致的内容。总体而言，客房设计应遵循安全性、舒适性、环保性、艺术性和效率原则。

1. 安全性原则

安全是客人对酒店的首要要求，酒店客房的安全主要表现在设备安全、防火、治安和保持客房私密性方面。首先，酒店客房设备应具有必要的安全标志，如配有电器的自动切断电源标志、冷热水龙头标志，提供具备防滑、防盗、防碰撞的设备等。客房的防火措施主要体现在客房内设置可靠的火灾早期报警系统；减少客房建筑材料、家具、陈设、布件的火荷载；客房门后张贴疏散路线指南，房内备有应急手电，客房通道保持畅通等。客房治安的工作重点是加强门锁的控制及对公共区域的监控，既方便对门锁和即时状况的控制，又可以提高客房的安全程度。客房是一个私密性场所，要求安静，不受人干扰。酒店应在设计和服务两方面为客人提供绝对的私密性。在设计上，现代酒店改变了传统的客房"门对门"设计方法，大多采用走廊错开房门的做法，减少了客人面面相觑的尴尬，同时还采用葫芦型走廊的做法，拉大客房门之间的距离，使客房门前形成一个较安静的空间。在服务上，酒店业有专门的访客制度来保证客人的私密性。

2. 舒适性原则

客房的设计应从客人的实际需求出发，注重客房物品的实用功能，同时必须考虑设备物品的日常维护保养和清洁卫生方便，做到既满足客人的生活需要又能在日常管理中节省人力和物力。客房作为客人休息及在酒店停留时间最长的场所，其设计一定要使客人有舒适感。客房的舒适感主要受到客房空间、家具摆设、窗户设计、装修氛围几个方面的影响。通常情况下酒店级别越高，客房空间越大，客人舒适感越高。客房的舒适性由客人主观评价形成，因此客房设计要详细分析目标市场的特点，根据"客人至上"的理念，营造舒适、美观和温馨的客房氛围。

3. 环保性原则

环境直接影响人的健康。酒店经营的环境保护意识已经得到消费者的认可。一方面，在客房设计时，必须重视隔音、照明和空调设计，控制视觉、听觉和热感觉等环境刺激，充分考虑自然采光、通风、观景等因素。另一方面，酒店应尽可能购买节能、低耗、低噪声等有益于环境和健康的客房设备和用品，尽可能购买可再生利用的产品，并通过宣传、告知等方式，逐渐减少放在客房内的而并非每个客人都需要的一次性用品的数量，为绿色环保做贡献。

4. 艺术性原则

客房的装饰布置是一门艺术，在注重实用的基础上，客房的设计和装饰布置还要强调和谐、美观，要使客房内的设施、设备、各种用品及其色彩成为一个和谐的整体。为此，一些大酒店还专门设有专职的室内设计员，负责房间内部的装饰、家具的摆设，室内颜色的搭配，窗帘、壁画、灯光之间的调节等。

5. 效率原则

效率问题实质上是设计与经营的经济效益问题。客房设计效率包括空间使用效率和实物使用效率两个方面。空间使用效率表现在客房空间的综合使用及可变换使用两方面。综合使用指一个空间区域的多功能、高效率使用。客房的空间使用可变性是指为了适应市场的变化，客房的类型设置与内部空间及布置也应有一定的可变性。客房的空间使用可变性尤为重要。提高实物使用效率对客房设计与经营都十分重要。客房内实物设计应以"物尽其用"为原则，并根据国内外先进经验，结合具体情况制定材料和设备的更新年限。

5.3.2 客房的类型

客房的分类方法很多，有按房间配备床的种类和数量划分，有按房间所处的位置划分等。客房类型多样，价格高低有别，这样才能满足不同旅游者的需求，尤其是适应不同的消费能力需要。

1. 客房的基本分类

客房主要是按房间数量、床的数量和大小进行分类，通常可分为以下几种。

（1）单人房（single room）。单人房是酒店中最小的客房，一般放置一张单人床，国外酒店通常在单人房中配置沙发两用床或隐蔽床，以增加白天起居活动的面积。这种客房的私密性较强，颇受独自旅行者的青睐。特别在发达国家的酒店中所占比例逐渐提高，其中商务酒店的单人房比例更高。

（2）大床间（double room）。大床间一般配备一张双人床，主要适合夫妇旅行者居住，也有单身旅行者选择此类房间居住。有的酒店为显示其豪华程度，在单人房间设置双人床，很受商务旅行者的欢迎。

（3）双床间（two bed room）。双床间即标准间，配备两张单人床，中间用床头柜隔开，可供两位客人入住。这类客房在酒店中所占比例最大，适用面也最广，符合旅游团体和会议客人的要求。国外有的酒店以两个双人床的标准设计，以显示其较高的规格。这种两个双人床的客房称为"double-double room"，可供两个单身旅行者居住，也可供一对夫妇或一个家庭居住。

（4）普通套间（junior suite）。普通套间又称双套间，一般由两个连通的房间组成，一间为卧室，另一间为起居室；卧室中配备一张大床或两张单人床，并设有独立卫生间。这种套房既可住宿，又可会客，适合全家人外出度假或一般商人居住。

（5）豪华套间（deluxe suite）。豪华套间又称高级套间，设施豪华齐全，室内注重装饰布置与温馨气氛的营造，一般由三间以上的房间组成，包括卧室、起居室、餐厅、会客室等，卧室通常配备大号双人床或特大号双人床，一般适合有经济实力的富商大贾和知名人士居住。

（6）总统套间（presidential suite）。总统套间装饰布置极其考究，设备用品富丽豪华。一般由五间以上的房间组成，最多可达十间以上，包括男主人房、女主人房、书房、餐厅、起居室、酒吧、厨房、随从室等。通常四星级以上酒店才设置这种套房，并且仅有一套。总统套间的设置被认为是衡量酒店级别的标志之一。但由于造价昂贵、房价高，有能力承受总统套间费用的客人较少，通常出租率较低。

2. 根据房间的位置分类

（1）外景房（outside room）。外景房是指客房的窗户朝向公园、湖泊、大海、山景、街道，视野开阔，景色迷人。

（2）内景房（inside room）。内景房是指客房的窗户朝向酒店内院。

（3）连通房（connecting room）。连通房是指相邻的两间客房，中间有连通门连接。连通门平时可以两面反锁，需要时可以打开，以连接两间客房。

（4）相邻房（adjoining room）。相邻房是指相邻的两间客房。

（5）角房（corner room）。角房是指客房位于走廊过道尽头或拐弯处。

3. 特殊类型的房间

（1）无烟客房（no-smoking room）。无烟客房的房间门上有禁烟的标志，房间内不放置烟灰缸，不接待吸烟客人入住。有些高星级酒店还专门设有无烟楼层，深受不吸烟客人的欢迎，也体现了酒店绿色、环保的理念。

（2）女士客房（lady room）。随着女性客人在酒店客源中的比例逐渐提高，有些高星级的酒店为女性客人设计了女士客房。此类房间充分考虑到女性的特点，房间布置温馨典雅，房内备有时尚的女性杂志，衣橱内配有多种衣架适合挂不同的衣物，卫生间内的一些客用品讲究品牌和种类，化妆镜的光线适合客人化妆。

（3）残疾人房（unable room）。残疾人客房充分体现了酒店以人为本、重视人文关怀的经营理念。房间的设计与装饰要充分考虑残疾人的生理特征。房间的门（客房门、卫生间门）应达到90厘米宽，以便轮椅进出和搀扶人同行方便。其门锁锁把应采用摇臂执手，而不宜选用球形执手。卫生间应有较大空间，方便轮椅回旋。在墙壁、浴缸、洗脸盆、马桶边应设牢固的扶手，扶手应具备水平段与垂直段的功能，可方便随处扶靠。房内及卫生间内均应设呼唤按钮，特别是卫生间按钮的位置，高低均应精心考虑，以方便使用。客房内应具备轮椅回旋的空间，通常设单人床，床的尺寸为1.37米×1.88米，比正常单人床宽、短。窗帘、空调、电视等均应能遥控。写字台下面的空间应使坐轮椅的人感到舒适。衣橱内的衣架杆应设计成升降式，可以自由升降到合适的位置。壁橱采用推拉门。房内所有设施尺寸高度，如面盆、窥镜、晾衣绳、门钩、疏散图等均应降低到乘坐轮椅的人使用方便的程度。房内应为患有耳疾和眼疾的残疾人提供视警安全装置。

5.3.3 客房功能空间设计

客房是客人在酒店逗留期间的主要休息和工作场所，因此，满足客人的休息与工作需要是客房的基本功能。在客房室内空间处理上，通常可具体分为以下5个功能区域。

1. 睡眠空间

睡眠空间是客房最基本的空间，其中最主要的家具是床。每间客房的床的数量不仅直接影响其他功能空间的大小和构成，还直接体现着客房的等级标准，在面积相近的客房中，床的数量越多，客房的等级标准越低。床的质量要求是床垫与弹性底座有合适的弹性、牢度好，可以方便移动及有优美的造型。在床头设有床头软板，以增加舒适感。床的高度以床垫面离地45~50厘米为宜，在小面积客房设计中为了在视觉上创造较宽敞的气氛，也有将床垫面离地高度降至40~45厘米。在床边设有床头柜。传统的床头柜只是作为客人摆放书籍及小物品的家具。现代酒店的床头柜的功能可以满足客人在就寝期间的各种基本需要，它包含的各种基本功能有电视机开关、床头灯、房间灯开关、脚灯、定时呼叫、电话机等。

2. 起居空间

标准间的起居空间在窗前区。这里放置软座椅、茶几（或小圆桌），供客人休息、会客、观看电视等。此处还兼有供客人休息就餐的功能，客人可在此饮茶、吃水果及简便食品等。这一区域的照明一般是落地灯。套间的起居空间基本与睡眠空间是隔断或独立的，豪华套间还配有专门的餐厅。一般的酒店为减少干扰，保证安全，不设阳台，但阳台作为起居空间的延伸，能为客人提供优美开阔的视野，令人心旷神怡，位于风景区的酒店较适于采用。

3. 书写空间

标准间的书写空间在床的对面。沿墙设置一张长条形的多功能柜桌。靠窗前一端上放置电视机，下方柜内往往是放置各种饮料的小冰箱。靠房门一端是固定式行李架，下面是贮存柜或鞋箱。中间是写字台，带有抽屉，可放置文具。有的写字台也兼作化妆台，墙面上设有镜子，同时配置一把琴凳。有的酒店将书写空间与梳妆台分开，写字台单独设在床对面或窗前，梳妆台则设在床头柜边或卫生间边、壁柜边。

4. 贮存空间

贮存空间用以贮存旅客的衣物、鞋帽、箱包，也可收藏备用的卧具如枕头、毛毯等。其形式一般是壁柜或箱子间，常位于客房小走道一侧，卫生间的对面，有的酒店将客房壁柜设在床的一侧，占有与卫生间长度相同的整片墙面，很气派。壁柜门的开启需注意是否影响客房走道的使用，因此推拉门、折叠门已成常见的形式。有的壁柜内部装有随柜门开启而自动开闭的灯，既增加壁柜内亮度又节能。客房中的微型酒吧通常与壁柜组合在一起，其上半部常陈列各种酒类、茶杯、托盘、冰桶等，下部放置一小型冰箱。有的高星级酒店或以商务客人为主的酒店还在客房内设微型保险箱，方便客人自编密码存放现金和贵重物品，给客房储物空间增加了新的内容。

5. 盥洗空间

客房卫生间是客人的盥洗空间，这是客房不可缺少的部分，也是显示酒店级别的一个重要方面。客人在卫生间通过沐浴消除一天旅游或工作的疲劳。卫生间的主要卫生设备有面盆、浴缸、坐便器、巾架、防水雾面镜、壁灯等。浴缸应带有淋浴喷头及浴帘，底部必须具有防滑功能，上方墙上有浴巾架。卫生间是与人近距离接触的场所，适宜的细节设计可以传达酒店对客人体贴入微的关怀，可以为客人带来舒适和愉悦。例如，有些高星级酒店将浴缸和淋浴分别独立设置，这样浴缸上就无须配置手持花洒龙头，客人使用起来也更方便。

5.3.4 客房室内陈设布置

酒店客房室内设计的内容包括家具的选择与陈设、物品配备、美化装饰等几个方面。

1. 客房家具的选择与陈设

家具是酒店客房室内布置的主要内容，因此需要在尺度、数量、位置，以及风格上有精心的设计。酒店客房家具一般有床、写字台、行李柜、电视柜、休闲椅、茶几、床头柜等。家具合理设计及风格可以弥补建筑及装修的不足，提升酒店档次及特色，出色的家具设计会给顾客留下一个很好的印象，从而对于提升酒店的整体形象起到一定的作用。酒店客房家具的质量也是很重要的一个方面，所以既要赋予它实用性和功能性，还应让它具有高尚的审美情趣。

家具布置应遵循以下原则：一是要有疏有密，疏者，要留出客人出入的活动空间，密者，以家具组成客人的休息、使用空间；二是要有主有次，突出主要家具、设备；三是要区域分开，功能突出。

2. 客房的物品配备

为满足住客的实际需要，提高客房的规格标准，增强客房的吸引力，客房内除配备各种家具之外，还应配备品种齐全、数量充足、美观实用的客用物品。

客房内应配备的客用物品通常可分为两大类，即客用固定物品和客用消耗品。客用固定物品是指客房内所配备的可再次使用的物资，主要包括布件类，如床罩、床单、枕头、窗帘、遮光帘、毛巾、浴巾等。客房内配备的客用消耗品在品种、数量、规格、质量方面有严格的要求，必须与酒店客房的规格档次相一致。客房内配备的固定用品和消耗物品通常要能满足住店客人的一般需要。为了满足某些住店客人的个别的、特殊的需要，酒店通常备有一些特殊用品，如接线板、加床等，供住客需要时临时租借。

客房物品配备应注重协调性，即物品的大小、造型、色彩格调等必须与客房整体风格相协调。因为客房面积一般都不太大，客人在其中逗留的时间又较长，如果陈设布置的反差对比太大，会使客房失去轻松柔和、宁静舒适的气氛。

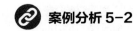 案例分析 5-2

荞麦皮枕头

一位山东籍军队高级将领下榻福建沿海某一城市的一家四星级酒店。酒店领导十分重视，公关销售部更是精心收集这位 VIP 的个性消费资料。当随行秘书提出酒店是否有荞麦皮枕头时，酒店客房部经理小王不免暗暗吃惊，据他所知山东人有睡荞麦皮枕头的习惯，而福建根本没有这种枕头，怎么办？小王急忙向总经理汇报此事。酒店总经理想起当地一家酒店用品公司，也许该公司了解货源渠道，就急忙与该公司总经理联系。事也凑巧，该公司老总正在北方出差，就答应立即捎上两个荞麦皮枕头回福建。当看到床上摆放着荞麦皮枕头时，高级将领非常满意，还以为是办事周到的秘书特意为他带来的呢。事后，几位管理人员试用了这种枕头，发现这种枕头虽然硬实而且沉甸甸的，但是头部枕靠在上面确实服帖而且不易移位，感觉很好。于是少量地购进了一批这种枕头，先在几个楼层试用，与软枕头搭配。经征求许多客人意见，都反映良好，他们决定继续购进一批荞麦皮枕头投放到客房。

分析： 某高级将领爱睡荞麦皮枕头，是个性化需求。个性化消费行为，看似个别人生活习惯使然，其实往往包含着合理成分和可取之处。把这种少数人的喜好产品推而广之，可能会受到许多人的欢迎而成为一种具有满足共性需要的时尚特色产品。本案例中的酒店关注客人消费喜好的细枝末节，在不起眼的一个枕头上费尽心思，由满足个性化需要推广为提供一种特色产品，其用心经营的态度确实值得同行学习。客房是酒店收入的主要开源，客房设施设备的个性化与人性化也是酒店竞争的重要内容。人无我有，则胜人一筹。这个"有"未必是大的产品，像客房里床上软硬枕头相配、客房卫生间易耗品托盘上多个牙签袋、每日一换的晚安卡上注明第二天的天气预报等"小产品"，都可能带给客人惊喜和温馨的记忆。经过匠心独运的情感震撼之后，还怕客人不成为酒店的忠诚顾客吗？

3. 客房的美化装饰

客房的美化装饰是客房商品价值在原有设施设备上的提升，是客房管理的重要工作之一。客房的美化装饰就是合理运用组合光线、色彩和艺术陈设品，在有限的空间里实现功能、气氛、格调和美感的高度统一，创造出适应客人生理和心理需求的良好的居住环境。

（1）客房的光线。光是创造室内视觉效果的必要条件，为了进一步创造良好的客房内视觉效果，展现室内空间，增加客房室内环境的舒适感，必须对酒店客房的照明进行设计。酒店客房应该像家一样，宁静、安逸和亲切是典型基调。客房内照明一般有整体照明、局部照明和混合照明 3 种方式。整体照明是指对整个室内空间进行照明的一种方式，又称主体照明。在选择整体照明时，应注意面积不超过 20 平方米，不宜采用较大灯具，避免光污染和资源的浪费。常用客房照明方式一般是将整体照明与局部照明相结合。客人不再希望靠一盏灯（整体照明）把室内照得亮堂堂，而是根据室内空间使用要求，在沙发旁、床边、写字台旁使用台灯、壁灯、落地灯、筒灯（局部照明），利用射灯对画、花、工艺品进行重点照明，使室内明暗层次丰富，产生多重空间效果。这样的灯饰布置效果，既满足使用要求，又能渲染神秘、含蓄、宁静、高雅的气氛。

（2）客房的色彩。在人们的视觉感知过程中，色彩比形体更引人注意，它能够影响人的情绪，创造某种氛围和情调。因此，如何在客人停留时间较长的客房内创造生动而协调的色彩效果，是客房管理者必须研究的一个重要问题。

客房美化装饰给人舒适感的重要来源在于色彩的选择。客房内色彩的构成因素繁多，一般有家具、纺织品、墙壁、地面、顶棚等。为了平衡室内错综复杂的色彩关系和总体协调，可以从同类色、邻近色、对比色及有彩色系和无彩色系的协调配置方式上寻求其组合规律。家具色彩是客房色彩环境中的主色调。家具色彩力求单纯，最好选择一色或者两色，既强调本身造型的整体感，又易和室内色彩环境相协调。床罩、沙发罩、窗帘等纺织品的色彩也是客房内色彩环境中重要的组成部分，一般采取明度、纯度较高的鲜艳色，以此渲染室内浓烈、明丽、活泼的气氛。纺织品的色彩选择还应考虑环境及季节等因素。墙壁、地面、屋顶的色彩通常充当室内的背景色、基调色，以衬托家具等物的主色调。墙壁、屋顶的色彩一般采用一两个或几个淡的彩色，有益于表现室内色彩环境的主从关系、隐显关系及空间整体感、协调感、深远感、体积感和浮雕感。此外，酒店客房的色彩要根据客源市场的特点，考虑不同顾客的生理、心理需要，还应考虑当地风俗特色和传统文化，以及当地的气候和空间朝向。

（3）客房的艺术品陈设。客房艺术品的点缀不仅能够增加客房的美感，而且能从视觉效果上增加客房的整体空间感。客房艺术品陈设主要是以摆设品和挂件为主。

客房的摆设品主要分两类。一类是能够显现客房档次和风格的艺术品摆件，如精美的雕刻等，对于艺术品摆件，在装饰设计时，要与客房的整体风格相适应。这里的相适应包括中西风格相适应，古今风格相适应。另一类是能够突出客房生机，改善客房环境的摆件，最常见的是植物盆景。植物盆景不仅要选择造型优美的，而且要能够净化室内空气，对人体安全无害的，如佛肚竹、南洋杉、印度橡皮树等。还有在选择盆景时，切记要选择无花的盆景，因为有花的盆景可能会使一些客人产生过敏，效果往往会适得其反。

室内装饰挂件有挂画、小型手工艺品等。挂画，最好选用原创的国画或油画，从侧面体现酒店管理者的品位。小型手工艺品也要尽可能精致或体现地方特色。

 知识链接 5-1

客房设计新动向

客房作为酒店出售的最重要的有形商品之一，客房设计是构成其使用价值的重要组成部分。科学技术的发展及客人要求的日益提高促使酒店客房设计出现了一些新的变化趋势，这些变化主要体现在人本化、家居化、智能化和安全性等方面。

1. 人本化

进入 21 世纪，客房设计更加体现"以人为本"的理念。对客房而言，人本化就是从客人的角度出发，使客人在使用客房时感到更加方便和舒适。例如，传统的床头控制板正在面临淘汰，取而代之的是"一钮控制"的方式，客人只需按一个按钮就可关掉所有的电器、灯光；插座的位置更加精心设计，以方便客人的使用；座椅将更加追求舒适感，至少应有方便移动的轮子，高低可以调节，以满足客人办公和休息的双重需要；照明的灯光既考虑美化环境，也兼顾阅读和工作的需要，具有足够的亮度等。另外，还应考虑到残疾客人的需要，在所有残疾客人可能抵达的楼层区域应进行无障碍设计，需要使用的设施应可自助使用，无须他人帮助，这也体现着社会文明。

2. 家居化

家居化趋势主要体现在以下方面。首先是客房空间加大，卫生间的面积更是如此。其次是通过客用物品的材料、色调等来增强家居感，如多用棉织品、手工织品和天然纤维编织品，普遍放置熨斗、熨衣板；卫生间浴缸与淋浴分开，使用计算机控制水温的带冲洗功能的马桶。另外，度假区酒店更是注重提供家庭环境，客房能适应家庭度假、几代人度假、单身度假的需要；儿童有自己的卧室，电视机与电子游戏机相连接等。

3. 智能化

可以说智能化趋势的出现将人本化的理念体现得最为淋漓尽致。因为在智能化的客房中，客人可以体验如下美妙感受：客房内将为客人提供网上冲浪等互联网服务，客人所需的一切服务只要在客房中的电视、计算机中按键选择即可；客人更可以坐在屏幕前与商务伙伴或家人进行可视的面对面会议或交谈；客人可以将窗户按自己的意愿转变为美丽的沙滩、辽阔的大海、绿色的草原；还可在虚拟的客房娱乐中心参加高尔夫球等任何自己喜爱的娱乐活动；房间内的光线、声音和温度都可根据客人个人喜好自动调节。

4. 安全性

安全的重要性是不言而喻的，但这需要更加完善的安全设施加以保障。例如，客房楼道中的微型监控系统的应用；客房门上的无匙门锁系统，客房将以客人指纹或视网膜鉴定客人的身份；客房中安装红外感应装置，使服务员不用敲门，只需在工作间通过感应装置即可知客人是否在房间，但不会显示客人在房间的行为。另外，在床头柜和卫生间安装紧急呼叫按钮，以备在紧急情况下，酒店服务人员与安保人员能及时赶到，这些设施大大增强了客房的安全性，同时又不会过多打扰客人，使客人拥有更多的自由空间而又不必担心安全问题。

5.4 客房发展新趋势

酒店的经营服务以客房为核心，客房的水平可以集中地、有代表性地体现一个酒店的档次和舒适度。近年来客房的主要发展趋势有以下几种。

5.4.1 客房服务新理念

1. 人性化服务

在当代社会，面对日趋激烈的社会竞争，人性化已经成为一种经营服务的共识。而酒店行业作为社会服务业的重要组成部分，将人性化服务作为酒店发展的一个重要目标显得异常重要。

客房服务人性化主要是以客房设备设施为载体为客人提供舒适、人性化的服务，具体而言就是要把尊重人、理解人、关心人作为酒店服务的基本出发点，结合客人的具体情况给予他们不同的完美服务，使他们真正感受到酒店真诚、细致的服务。

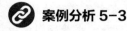

案例分析 5-3

永不凋零的玫瑰花

李小姐是一位白领，由于经常出入各酒店，对酒店服务水平、管理水平也时常评价，只有少数酒店能得到她的认可和满意。一次，她因公住进了一家五星级酒店。到客房后，她把带来的一枝玫瑰花插到了小花瓶里。过了两天，玫瑰花开始凋零。服务员发现李小姐的情绪似乎随着花儿的凋谢也开始低落，心里记下了此事，下班时向领班反映了情况并商定了一个处理方案。第二天，李小姐办完公务回到房间，一开门，发现一朵娇艳欲滴的玫瑰花插在花瓶中，走近一看，书桌上有一张便条，上面写着："李小姐，送您一枝玫瑰花，祝您永远像鲜花一样漂亮。同时祝您工作顺利、开心、愉快。您原来的那一支玫瑰花，我们将它放在服务指南册中，可制成干花永久存放。"李小姐看得眼眶湿润了。确实，她此次出差工作有些不顺，看到花儿凋谢，又引发了人生苦短的感慨，本想买一支换上，又没时间，再加上那支花是临行前男友所送，担心扔掉花儿不能见花思人。没想到服务员看出了她的心思，一举两得，让她如何不感动呢？

分析： 本案例充分体现了该酒店服务人员热情、真诚的服务态度，想客人之所想，真心关心客人，并且对客人观察细致入微，真正体现了现代酒店人性化的服务理念。

2. 个性化服务

标准化、程序化和规范化的服务是酒店服务质量的基本保证。但是，只有标准化，而没有个性化的服务是不完善的，是不能够真正满足客人的需求，令客人完全满意的。因此，在酒店业竞争日趋激烈的今天，个性化服务已经成为酒店之间竞争的有力措施，成为服务的大趋势。客房服务尤其如此。为提供个性化服务，取得客人的忠诚，客房通常建立完善的客史档案，并根据客人需求的变化不断调整服务的规程和标准。如提供夜床服务的酒店要能够保证为客人开喜欢的那张床，放客人喜爱的水果、茶叶等物品。不再强求所有客人看同一份报纸，而是根据客史档案将客人喜爱看的放进客房。

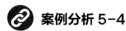 案例分析 5-4

绿茶变红茶

酒店的客房内，按常规要为客人准备一种茶叶。上海虹桥宾馆依据大多数客人的习惯，在客房内统一放上绿茶。一次，一位香港客人住进了上海虹桥宾馆，几天后离店时，无意中说道他不喜欢绿茶，喜欢红茶。不久，该客人第二次入住上海虹桥宾馆，走进房间意外地发现宾馆早已准备的红茶，他十分高兴。一连几天，服务员每次都给他放上红茶。临行前的晚上，他对该楼层的服务员说："你们怎么在我房内始终放红茶，而你们服务车上均是绿茶？"服务员答道："您上次入住宾馆时说过不喜欢绿茶，喜欢红茶。我们就记在了您的客史档案上。"这位香港客人惊喜地说："你们的工作真细致！这样高水平的服务，一定会赢得更多的顾客。"

分析： 案例中的服务员细心地捕捉到客人的个性要求，将客人喜欢红茶的信息载入客史档案，待到客人再次入住，即根据客史档案，投其所好，虽然仅一包红茶，却为客人留下了深刻的印象。酒店服务人员都应像上海虹桥宾馆的这位服务员一样，不满足于一般规范化的服务，而是针对每位客人的特殊要求提供修改服务，以满足客人个别的、特殊的要求，从而最大限度地让客人满意。

3. 无干扰服务

"无干扰服务"的提出，来自商业零售业。所谓无干扰服务，就是指在顾客不需要的时候感受不到，需要的时候招之即来的服务。商业零售业中的无干扰服务在酒店业中是同样适用的。在酒店业中，如果说规范服务是一种程式，那么服务员在具体执行过程中对热情的"度"的把握也就显得特别重要。热情不够会显得怠慢客人，但是热情过度又容易给客人造成拘谨和压抑的感觉。在客人"无需求"的情况下，服务员提供的服务不管是热情过头的规范服务，还是灵活不够的规范服务，只能说是服务员把自己的意志强加在客人身上，是对客人的一种干扰。客房作为客人在酒店的私人空间，在以客人的需求为导向的今天，树立无干扰服务的意识，实行无干扰服务具有非常现实的意义。

5.4.2 客房类型多样化

随着酒店业的发展，一些有远见的酒店已经开始营造自己的特色，而客房的类型是其区别于其他酒店的一个重要方面，由此，使得客房类型呈现多样化发展的趋势，酒店客房也逐渐形成了自己的特色，并尽力使自己所特有的细分市场上的客人满意。

1. 主题客房

酒店业的竞争越来越趋向一种更高质量的竞争即文化的竞争，客人的消费需求也日益呈现多样化、个性化、新奇化。主题客房以其鲜明的独特性、针对性、浓郁的文化气息等特点，成为酒店竞相展示文化魅力的又一舞台。

主题客房就是运用多种艺术手段，通过空间、平面布局、光线、色彩、陈设与装饰等多种要素的设计与布置，烘托出某种独特的文化气氛，突出表现某种主题的客房。

主题客房有很多分类方法，如以客人年龄、性别为主题可分为老年人客房、女性客房、蜜月客房、儿童客房等；以某种时尚、兴趣爱好为主题，可分为汽车客房、足球客房、邮票客房、电影客房等；还有以某种特定环境为主题的客房，如监狱客房、梦幻客房、海底客房、太空客房等。

酒店可以针对目标市场的一些个性需求，设计一定比例的主题客房，增加酒店产品的针对性及个性化。

 知识链接 5-2

日本的主题客房

在日本，除了传统的日式客房和西式客房以外，还有很多特殊主题的客房。这类客房不仅是为了招揽生意，在更大程度上是从日本的文化生活及历史中酝酿出来的，形成了构思独特甚至怪诞的客房。

船舱旅馆：这种客房以独特的船舱设计，把房间分为上下两层，房间长两米，高和宽各一米，进去后有一脚踏上船的感觉。客房为客人配备了存物箱和长睡衣。客人还可以洗桑拿、按摩、冲冷水浴等，或者是在宽敞的大厅里看看报纸，聊聊天。如果累了，钻进自己的舱房，放下帘子，就可以彻底放松了，还不用担心住宿费用，因为一个舱房的价钱比一般的旅馆床位便宜很多了。这种房间是为工薪阶层预备的，分男女舱，舒服又经济。

野外隐居客房：如果厌倦了城市里的喧嚣和工作的压力，可以去高山野外或者湖泊地区隐居几天。日本人把坐落在这些"隐居地"的西式小旅馆叫作"Pension"（膳宿公寓）。这类客房大部分按照家庭日常生活的方式出现，而且里面的摆设和布置基本上根据主人的兴趣和喜好，甚至连供给客人吃的食物都是家庭便饭，使客人感受到一种家的温暖，深受人们欢迎。

修身养性客房：日本有些寺庙可以接待一般的旅游者住宿。在庙中留宿的游客并不需要坐禅，也不受清规戒律的管制，投宿人可以自愿在这里体验写经书、冥想、听佛法等寺庙生活。庙里的食物都是不沾荤腥的素食，而且完全是采用庙里生产的原料，最常见的是蔬菜和豆腐。

2. 新概念客房

新概念客房是在市场调研的基础上，将客房的设计与客人的需求、酒店的主题、时尚的风格相结合，设计出既能满足不同客人个性化需求，又能突出酒店特色，同时能够体现时尚风格的客房。

目前，已经推出的各类新概念客房在设计上体现了各式各样的特色和风格，如睡得香客房、健身客房和精神放松客房、家居客房等。

（1）睡得香客房。一项调查显示，紧张和焦虑成为人们生活中的大敌，睡眠质量不高，乃至彻夜失眠已成为头号问题，这在白领和女性中尤为明显。基于这项调查，假日酒店采取一系列有效措施来让客人睡好，并把它称为"保证客人睡得香"的运动。首先，假日酒店采用了严格按照自己专利设计的床，从大小、软硬、外观都十分舒适、悦目，并不再使用毛毯，全部改为轻质的中空绒被，这样睡觉感觉柔和且温暖，更具家居情调。其次，引入了"枕头菜单"（pillow menu），客人进店可以按自己的习惯选择合适的枕头，包括软的、硬的和介于两者之间的；枕芯有人造绒的、天然填充物的，还有抗过敏、药疗和多种香料枕头供选择。提供多种可选择的舒适的床上用品，如此细节的设计和改造，都是为了一个目的——让客人尽可能睡得香甜。

（2）健身客房和精神放松客房。健身客房和精神放松客房是号称全球旅馆之冠的美国希尔顿酒店推出的两个新概念客房，客房内增设了按摩椅、放松泉池、瑜伽术教学录像带等。这些客房只是稍作更改和添置，每间投入仅1 500~5 000美元，而客人的反馈意见是新奇、舒适、印象深刻；睡眠效果确实好，为此支付稍高一点的价格也值得。

（3）家居客房。杭州萧山国际酒店装修完毕的新客房，以"家居客房"的形象展现在人们面前，给人耳目一新的感觉。房间的主色调呈乳白色，地毯为淡青色，配以灯光、空间的整体专业设计，使整个房间显得格外宽敞、明亮、简洁、柔美。每间房的门框上都安装了隔音条，防止外界噪声传入，衣橱也从原来的门后"搬"入了卧室内，从细节真正做到为客人着想，体现了客房设计的新概念。更值得一提的是，床靠背上方的床幔设计更是画龙点睛，给整个房间的休闲风格添上了浪漫而又唯美的一笔，明快、温馨在这里再一次得到了体现。装修后的新客房吸引了无数的商务客人。

尽管各类新概念客房在设计上体现出各式各样的特色和风格，但是客房设计新概念的宗旨却是相同的，即从客人的需要出发，为客人提供更便利、舒适、健康的居住休息环境，使客人得到了更大的满足感，同时也提高酒店的竞争力。

5.4.3 绿色客房

1992年6月联合国在里约热内卢召开了"联合国环境与发展大会"，并通过了21世纪议程，标志着世界进入了"保护环境，崇尚自然，促进可持续发展"的绿色时代。符合可持续发展思想的绿色酒店、绿色客房受到酒店经营者及顾客的普遍推崇和欢迎。

知识链接 5-3

绿色酒店

绿色酒店是运用安全、健康、环保理念，倡导绿色消费，保护生态和合理使用资源的酒店，其核心是为顾客提供舒适、安全、有利于人体健康要求的绿色客房和绿色餐饮。安全是绿色酒店的一个基本特征。在酒店，影响安全的主要是消防安全、治安安全、食品安全、职业安全和消费安全这5个因素。健康是指为消费者提供有益于健康的服务和享受，即绿色客房和绿色餐饮。因此，在建立绿色酒店的过程中，应把是否提供健康的服务和产品作为重要的特征和因素进行考虑。绿色酒店的环保主要包括3个方面。一是减少浪费、实现资源利用的最大化。例如，让消费者适量点菜、注意节约、提供剩菜打包、剩余的酒寄存服务等。二是在酒店建设和运行过程中，把对环境的影响和破坏降低到最小。例如，绿色酒店可根据顾客的意见，对没有使用完的用品不再添加等。三是将酒店的物资消耗和能源消耗降到最低点。例如，让客人随手关灯、随手关空调等。

客房作为酒店的最重要的产品之一，在创建绿色酒店中占有非常重要的地位。绿色客房是绿色酒店的重要组成部分。它是指酒店客房产品在满足客人健康要求的前提下，在生产和服务的过程中对环境影响最小和对物资消耗最低的环保型客房。绿色客房在旅游行业标准 LB/T 007—2015《绿色旅游饭店》中定义为室内环境满足人体健康要求，设施品质高，智能化程度高，能源、资源利用率高的客房。具体要求如下：客房室内空气质量优良，无异味，无装修材料污染；客房新风、排风系统有效，客房新风量每小时 30～50 立方米；客房有良好的隔噪处理，室内噪声低于 35 分贝，室内设备无噪声排放；客房可置放利于改善室内环境的植物；客房提供优质饮用水，提供优质、恒温、压力适宜的盥洗用水；客房提供优质照明；客房室内设备运行，如中央空调、照明等应实现智能化控制，并方便客人使用；客房采用建筑遮阳技术和自然通风。

 知识链接 5-4

绿色客房"6R"原则

绿色客房活动涉及的内容相当丰富，被国内外专家高度提炼为"6R"原则。

1. 减量化原则

减量化（reducing）原则是指减少客用物品的不必要包装、服务等。例如，相对固定进货渠道，建议生产厂商将非必要的包装减到最少；减少不必要的客用品的供应量，如拖鞋、梳子、牙刷、剃须刀等；减少布件的洗涤次数；降低洗澡用热水的温度，控制客房淋浴喷头、洗脸盆龙头每分钟的出水量，减少冲洗马桶的用水量等；减少客房的整理次数。减量化服务的开展要时刻注意客人的要求和反馈，以客人的需求为重，以客人的满意为先，故客房通常配有绿色服务提示卡。

2. 废物利用原则

废物利用（reusing）原则是指将废弃的床单改制成小床单、洗衣袋、枕套、抹布等，提高其利用率。

3. 再生利用原则

再生利用（recycling）原则是指注意回收旧报纸、易拉罐和玻璃瓶等，并将有机物垃圾专门堆放在一起，送往回收站，以便再生利用。

4. 替代使用原则

替代使用（replacing）原则是指将客房放置的洗衣袋从塑料制品改为纸制品，或用可以多次使用的竹篮或布袋等代替。用天然棉麻布件替代化学纤维含量较高的布件等。用节能灯替代一般照明灯。

5. 添加使用原则

添加使用（refilling）原则是指卫生间每天为客人配备的肥皂、罐装浴液、洗发液等卫生清洁用品，以前凡客人用剩的都扔掉，既浪费了资源，又污染了环境。绿色客房可将惯用的小罐子改成能添加的固定容器，以免浪费和污染。

6. 维修再用原则

维修再用（repairing）原则是指加强客房设备设施的维修保养，在酒店允许的折旧年限内，尽可能延长使用寿命，对某些设施设备的配件应考虑其延伸使用。

在实施以上这些做法的同时，一定要记住一个重要的前提，即必须尊重客人的意愿，引导而不是强制，不影响设备用品的使用效果，不降低服务质量。这些做法可以通过在客房或酒店公共区域放置告示牌或提示卡形式使客人知晓。

本章小结

客房部又称管家部或房务部，负责管理酒店的客房事务，主要承担酒店客房和公共区域、办公区域的清洁及设施设备的保养和管理工作。客房部的机构设置依据酒店的规模而设定，大中型酒店一般设有 4 个层次，即客房部经理、主管、领班、服务员，小型酒店则只有 3 个层次，即客房部经理、领班、服务员。员工素质依据其所处的层次有不同要求。

客房的类型众多，常见的客房类型有单人房、大床间、双床间、普通套间、豪华套间、总统套间。上述客房类型都具备睡眠、起居、书写、贮存、盥洗等功能。

客房是客人生活的室内环境。为吸引广大客人，酒店的每一间客房都应做到清洁舒适。客房设计应遵循安全性、舒适性、环保性、艺术性和效率原则。客房室内设计的内容包括家具的选择与陈设、物品配备、美化装饰等几个方面。其中美化装饰主要受光线、色彩和艺术陈设品等因素影响。

人性化、个性化、无干扰服务等是酒店客房服务发展的新理念。客房类型朝多样化发展，主题客房得到推广，新概念客房出现，绿色客房普及。

国际酒店赏鉴

世界上最美酒店客房

试想一下，带着心爱的人，一觉醒来就看到美丽风景、海平面、森林，是不是别有一番风情呢，连夜晚的睡眠都会好很多吧。图 5.3～图 5.8 展示了一系列美丽的让人马上想住进去的酒店房间，快来感受下吧。

图 5.3　圣卢西亚——风景占据了一面墙

图 5.4　意大利，阿玛菲海岸——美丽的仿佛不是这个星球上的房间了

图 5.5　南非——大象刚刚好被框进来

客房部概述 5

图 5.6 美国,纽约——这张图片大家肯定不陌生,曾因风景太好而红遍了朋友圈

图 5.7 挪威——坐在这里喝咖啡、聊天,应该是人生里最美好的事情吧

图 5.8 美国,加利福尼亚——直接能看到海

(以上图片来源:吉尔福德酒店培训,2017-8-30.)

 复习思考题

一、简答题

1. 客房部在酒店中的地位表现在哪些方面?
2. 客房部的主要任务是什么?
3. 举例说明客房部的组织结构设置原则。
4. 分析客房部经理和主管等主要岗位职责的异同。
5. 客房设计要注意哪些方面?

二、实训题

1. 调查当地大、中、小型具有代表性的 3 家酒店,了解其客房管理体制、各职能部门、组织机构与岗位设置。目的:熟悉酒店客房组织机构的设置。要求:

(1)分别绘出其组织结构图。
(2)比较分析它们的组织管理具有的特点。

2. 分组参观几家不同星级的酒店,了解酒店客房设计的主要风格特色,观察其客房的环境、布局及装饰有何特点。

客房部清洁服务

教学目标

知 识 要 点	能 力 要 求	重 点 难 点
客房清洁卫生	（1）了解客房日常清洁整理的内容和原则 （2）掌握客房清洁整理的基本程序和操作方法 （3）能够合理安排客房的计划卫生工作 （4）具有按客房卫生质量标准检查客房卫生的能力	重点：客房清洁整理的基本程序和方法 客房计划卫生的种类及要求 难点：客房卫生质量的控制
公共区域清洁卫生	（1）了解公共区域清洁卫生的特点及业务范围 （2）能够运用适合的方法并按要求清洁公共区域 （3）熟悉公共区域计划卫生的种类和要求	重点：公共区域的业务范围 难点：公共区域清洁卫生的要求和方法
清洁剂	（1）了解清洁剂的种类和用途 （2）熟悉酒店常用清洁剂的作用 （3）能够正确使用常用清洁剂	重点：酒店常用清洁剂的性质与作用 难点：清洁剂的种类和用途

导入案例

有一种职业叫"客房清洁员"

试想一下，再豪华的酒店如果没有保洁员的付出，顾客对酒店还会满意吗？来看看签约专职客房清扫服务员唐女士每天都要做哪些工作。

（1）唐女士每天都赶在 8:00 前来上班。

（2）工作第一件事情就是检查房务工具车，填写表格。

（房务工具车对于客房清洁员来说，不亚于一台精密的仪器。里面装着 70 多个项目，近 700 个物件。备货都有严格要求，需要细心花费时间去打理。）

（3）在工作间调好洗涤液……

（4）通过电脑查看当天的出租率。

（5）开工：把脏床单、被套、枕套全部拆下来；接着铺床。

（6）打扫卫生间需要 20 分钟。酒店配有五颜六色的抹布用于擦拭，比如红色擦马桶，绿色擦脸盆……

（7）杯子不用洗，要收好后集中清洗和消毒。要收集脏毛巾和浴巾。

（8）收尾。房间里的东西一样都不能少，否则会有相应处罚。

45 分钟后，客房打扫完毕。这样一个程序，每天至少要走 12 遍。她们一直在努力，一直在为自己的本职工作辛勤付出。

问题： 你觉得"客房清洁员"的工作简单吗？

据调查，客房清洁卫生是住店客人非常注重的一个问题。客房服务员必须严格按照清扫程序和卫生标准来操作，管理人员也必须严格检查和控制，确保客房卫生质量，从而使住店客人放心和满意。

6.1 客房清洁卫生

清洁卫生工作是客房部的一项主要任务，同时也是酒店一切工作的基础和前提。客房是客人在酒店逗留时间最长的地方，也是其真正拥有的空间，因而他们对于客房的要求也往往比较高。市场调查表明，客人选择酒店需要考虑各种要素，这些要素对不同类型、不同层次的客人来讲是不尽相同的或侧重点不同，但是对客房清洁卫生的要求甚高却是相同的。因此，搞好客房的清洁整理工作，保证客房清洁卫生、舒适典雅、用品齐全是客房部的一项重要任务。

6.1.1 客房清洁整理的内容

客房清洁整理又称为做房，通常包括以下几个方面的内容。

1. 物品整理

按酒店规定和统一要求，整理和铺设客人使用过的床铺；整理客人放乱的物品、用具；整理客人乱放的酒店衣物（如睡衣、拖鞋等）。一般不整理客人放置的私人用品和衣物。

2. 打扫除尘

用扫把扫清地面；用吸尘器吸净地毯、软座椅；用抹布擦拭门、窗、桌柜、灯罩、电视机等各种家具设备；倒掉烟灰缸中的烟灰、纸篓里的废物垃圾。

3. 擦洗卫生间

擦洗脸台、马桶、浴缸、水龙头等卫生洁具；擦洗四周瓷砖及地面；擦亮镜面及各种金属挂杆。

4. 更换及补充用品

按要求更换床单、被罩、枕套、面巾、手巾、浴巾、脚垫巾等棉织品；补充文具用品、火柴、茶叶、卫生纸、肥皂、沐浴液、牙膏、牙刷等供应品。

5. 检查设备

检查水龙头、抽水马桶等放水设备能否正常工作；检查灯具、电视机、音响设备、电话机、电吹风等电器设备的用电安全指数和性能是否正常；检查家具、用品等是否有损坏。

6.1.2 客房清洁整理的原则

为使清洁整理工作能够顺利进行，保证既能快速完成工作量，又能达到酒店规定的质量标准，服务员清扫客房时应严格遵循清洁整理的原则和方法进行操作。

1. 先卧室后卫生间

在清扫客房时，应先清理卧室，再清理卫生间。当然，根据房间状态和具体情况（如客人的要求），可灵活改变这一清扫顺序。

2. 从上到下

在进行抹尘、擦拭等工作时，应该采用从上到下的顺序操作。

3. 从里到外

在进行地面吸尘时，应采取从里面倒退着吸到外面的方法操作。特别是最后的吸尘和检查工作，由里向外工作既能保证整洁，又可防止遗漏。

4. 环形清理

为避免工作遗漏和重复跑动，也为操作人员自身的体力着想，在抹尘、擦拭或检查房间及卫生间的设施、设备、用品时，应遵循环形线路，即按照从左绕到右或从右绕到左的环形方式进行操作。

5. 先湿后干

擦拭设备设施及其他物品时，一般按先采用湿抹布抹尘，再用干抹布擦干水渍、擦亮物品的方式进行操作。但在擦拭不同的物品、设备时，应严格按照干、湿分开的原则区别对待。例如，擦拭电视机屏幕、灯具等物品时应用干布；擦拭电话机时，用湿布先擦去话筒上的灰尘和污垢，然后用酒精棉擦拭话机。

6.1.3 客房清洁整理的准备工作

为了保证客房清洁整理的质量，提高工作效率，必须做好客房清洁整理前的准备工作。

1. 到岗前的准备工作

（1）准备工作。要求换上工作服，并按规定穿着；佩戴好工牌，整理仪容仪表；将私人物品存放在自己的更衣柜内。

（2）接受检查。值班经理或领班须对服务员的仪容仪表、精神状态进行检查。如发现仪容仪表不符合要求，不允许进入工作岗位。

（3）签到。登记上班时间。签到的方式包括手工签到或机器打卡，多数酒店采用的是机器打卡。

（4）接受任务。服务员签到后，由值班经理或主管分配具体工作任务。下达工作任务后，每位服务员要明确自己的工作楼层、客房号、当日客情、房态及特殊要求或特殊任务等。接受任务的方法包括口头和书面两种形式。

（5）领取钥匙。工作钥匙由客房中心或楼层服务台统一收发保管。领取工作钥匙时，必须履行签字手续，填写钥匙收发登记表。服务员领取钥匙后必须随身携带，然后尽快到达自己的工作岗位并立即进入工作状态。

（6）进入楼层。进入楼层必须乘工作电梯或通过步行楼梯，不能乘客用电梯。

2. 到岗后的准备工作

（1）准备好房务工作车。工作车是客房服务员清扫整理房间的重要工具。准备工作车，主要是看用品是否齐全，要将干净的垃圾袋和布件袋挂在挂钩上，再把棉织品、水杯、烟灰缸、文具用品及其他各种客用消耗品备齐。

工作车的整理要求：①工作车要擦拭干净；②物品摆放有序（遵守重物在下，轻物在上的原则）；③贵重物品不能过于暴露；④布件袋挂牢，垃圾箱套上垃圾袋。

（2）准备吸尘器。检查吸尘器是否清洁，电线及插头是否完好，集尘袋是否倒空或换过，附件是否完好，同时要把电线绕好，不可散乱。

工作车和清洁工具的准备工作，一般要求在上一班次下班前做好，但第二天进房前，还须做一次检查。服务员在做好以上准备工作后，应再次检查一下自己的仪容仪表，然后将工作车推到自己负责的清扫区域，停在走廊靠墙的一侧，以免影响客人行走。吸尘器也推出放好。

3. 了解核实房态，决定客房清扫顺序

了解房间的使用状态有利于明确当日工作量，确定客房清扫顺序，安排工作节奏。服务员在了解核实了自己所要打扫的客房状态后，应合理安排房间的清扫顺序。确定清扫顺序时，应考虑以下几点因素：①满足住客的需要；②有利于客房的销售，提高客房的出租率；③方便工作，提高效率；④有利于客房设备用品的维护保养。

客房的一般清扫顺序：①挂有"请即打扫"牌子的客房；②总台或领班指示先打扫的客房；③VIP客房；④走客房；⑤普通住客房；⑥长住客房；⑦空房；⑧维修房。

合理安排清扫顺序，其目的在于既满足客人的特殊需求，又要优先考虑加速客房出租的周转。因此，以上清扫顺序不是一成不变的，如遇特殊情况可做灵活变动。如果在旅游旺季客房较紧张时，也可考虑先打扫走客房，使客房能尽快重新出租。

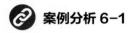
案例分析 6-1

"请即打扫"牌

一天中午，住在2972房间的客人从外面回到酒店，进到客房内，发现客房的卫生还没有打扫。客人有些不满意地找到了9楼的服务员说："我都出去半天了，怎么我的房间还没有进行清扫？"服务员对客人说："您出去的时候没有将'请即打扫'的牌子挂在门外。"客人说："看来倒是我的责任了。那么现在就打扫卫生吧，过一会儿我还要休息。"于是，服务员马上打扫了2972房间卫生。

第二天早晨，客人从房间出去时，把"请即打扫"的牌子挂在了门外的把手上。中午客人回来后，客房卫生仍然没有打扫。这位客人又找到这名服务员说："昨天中午我回来时我的房间没有清扫，你说是因为我出去的时候没有挂上'请即打扫'的牌子，今天我出去时把牌子挂上了，可是我现在回来了，还是没打扫卫生。这又是什么原因呢？"这名服务员又用其他的理由解释说："一名服务员一天要清扫十几间房，需要一间一间地清扫，由于比较忙，没注意到挂了'请即打扫'的牌子。"客人问："你工作忙，跟我有什么关系，挂'请即打扫'的牌子还有什么意义？"服务员还要向客人解释。客人转身向电梯走去，找到大堂经理投诉。事后，这名服务员受到了客房部的处理。

分析： 这名服务员遭到客人投诉，主要有以下几个原因。①客人找到服务员，问为什么没有打扫卫生，服务员应先向客人表示歉意并及时清扫，同时还应告知客人"明天我们一定尽早给您清扫房间"，并应及时通知领班做好记录，以便及时跟进落实，避免第二天同样情况再次出现。而不应该说是客人出去时没有把"请即打扫"的牌子挂在门上。客人挂牌与不挂牌，只是清扫的先后与急缓不同。除确认客人上午出去后，中午不会回房外，服务员是应当在中午前将房间清扫完毕的。②服务员在工作中没有按照规定的工作程序操作。服务员在每天早晨开始工作时，应首先了解住客情况，检查有无挂"请即打扫"牌子的房间，以确定客房的清扫顺序。从第二天的情况看，服务员根本没有按照工作程序操作，只是按房间顺序清扫，自己工作起来方便。如果这是理由，那么客人提出的要求和"请即打扫"的牌子及工作程序就失去作用了。③服务员在任何时候都不要将责任推给客人，客人并不想知道原因，他们要的是行动和结果。否则客人会因此失去对酒店的信任。从表面看，这名服务员说话的语气和方式存在问题，总是解释、强调自己的理由。其实关键是缺乏宾客意识。不从根本上转变观念，类似的投诉会更多。

 知识链接 6-1

客房状态及清扫要求

客房状态及清扫要求如下。①走客房，又称退房，是客人已结账的客房。此类客房经清洁整理、检查合格后可立即重新出售。因此，走客房要进行彻底、全面的清扫。②住客房，属于客人仍在使用、包租的客房。此类客房可进行一般清扫整理。另外，对于挂有"请勿打扰"牌的客房，由于客人要求不受打扰，一般在客人没有取消这一要求前，客房不予打扫。但是，如果客房长时间挂着"请勿打扰"牌或亮着指示灯，超过酒店规定的时间，则应按规定的程序和方法进行处理。③空房，即闲置客房。因已清扫过，并且目前尚未住人，所以进行简单清扫整理。④长住房，由固定客人长期连续包租的客房。可进行一般清扫处理，但一定时期后，应在客人方便时给予彻底清理。⑤维修房，因客房内设备设施等损坏或由于某种故障而处于维修状态，暂时达不到出租条件的客房，可进行简单清扫。

6.1.4　客房清洁整理的方法及要求

1. 住客房的清洁整理

住客房的清洁整理可概括为8个字：进、撤、铺、抹、洗、补、吸、检。

（1）进。进房清扫整理前先检查工作车上的备用品是否齐全，然后将工作车停放在待清洁房间一侧的房门口，吸尘器放在工作车一侧。进入客房后将"正在清扫"牌挂在门锁上。整个清扫过程中，房门必须始终敞开。清扫一间开启一间，不得同时打开几个房间，以免客人物品被盗。

（2）撤。撤走用过的客房用品，具体步骤如下。①拉开窗帘、窗纱至窗中间位置处，让光线照射进来。②把空调出风调至最大，温度调至最低，以加快房间空气对流，使房间空气清新。③依次将衣柜、行李柜、组合柜、冰箱、咖啡台、床头柜等处客人用过的物品撤走。如果房间内有免费招待的水果，要将不新鲜的水果及果皮盘一同撤走。在走客房状态下，还应检查是否有客人的遗留物品。清理住客房垃圾杂物时，不经客人同意，不得私自将客人的剩余食品、酒水饮料及其他用品撤出房间。④把电热水壶、冰壶拿到卫生间倒掉剩水，用过的烟灰缸要冲洗；把客人用过的杯具撤出放于工作车上。⑤逐条撤下用过的被套、枕袋和床单，放进工作车，并带入相应数量的干净被套、枕袋和床单。床单要一张张撤，并抖动一下以确定未夹带客人物品；床上有客人衣物时，要整理好；脏床单要卷好放在布件袋里，不要放在地上；切忌将脏床单和干净的床单混放，以免沾染细菌。⑥进入卫生间，撤下客人用过的布件（客人自带的巾类除外），要将布件一条条打开检查是否夹带其他物品；要注意消耗品的回收和再利用，将客人用过的香皂、浴液、发液分类放在清洁篮内，同时注意如有剃须刀等尖利物品和废电池等对环境有污染的物品应单独处理；用过的牙具等杂物应放在垃圾桶内，然后把垃圾桶内的垃圾袋卷起放于卫生间门侧的地板上。

（3）铺。铺床可分为西式铺床和中式铺床两种。现在大多数酒店取消了传统的西式铺床，而采用中式铺床的方式。中式铺床的一般程序如下。①拉床。站在床尾将床连同床垫同时慢慢拉出离床头板50厘米。对正床垫，并根据床垫四边所标明的月份字样，将床垫按期翻转，使其受力均匀平衡。②开单。用左手抓住床单一头，用右手提住床单另一头，并将其抛向床头边缘，顺势打开床单。③甩单。要求一次到位，床单毛边向下，床单中线不偏离床的中心线。④包角。可包直角，也可包45°角，但四个角的样式与角度应一致，角缝要平整、紧密。⑤套枕套。将枕芯反折90°，压在枕套口上，把枕芯一次放到位；套好的枕头必须四周饱满平整，枕芯不外露。⑥放枕头。将两个枕头放置居中，枕套口反向床头柜。⑦套被套。被套展开一次到位，被子四角以饱满为准，正面朝上。⑧铺被子。被边反折回约30厘米，与枕头成切线，两侧自然下垂；被尾自然下垂，中线与床单中线对齐。⑨铺床尾巾。将床尾巾平铺于床尾，不偏离中线，两侧自然下垂，距离相等。⑩将床复位。弯腰将做好的床缓缓推回原位置，最后查看做完的床。对不够整齐、造型不够美观的床面，尤其是床头部分，稍加整理。

（4）抹。抹尘的具体步骤如下。①从门外门铃开始抹至门框。按顺时针或逆时针方向抹，先上后下，先里后外，先湿后干，不留死角。灯泡、镜面、电视机等要用干布抹。②将物品按规定摆放整齐，抹的过程中应默记待补充的物品。③每抹一件家具、设备，就要认真检查一项，如有损坏，应在楼层服务员做房日报表上做好记录。抹尘时抹布要有分工，即房间用抹布和卫生间用抹布必须分开。不得用客人"四巾"（面巾、手巾、浴巾、脚巾）做抹布。

（5）洗。清洗卫生间。卫生间是客人最容易挑剔的地方，因为卫生间是否清洁美观，是否符合规定的卫生标准，直接关系到客人的身体健康，所以卫生间清洗工作是客房清扫服务的重点。具体步骤如下。①进入浴室，用中性清洁剂全面喷一次"三缸"（浴缸、洗脸盆、马桶）。②用毛球刷擦洗脸盆、云石台面和浴缸以上三格瓷片，然后用花洒放水冲洗。用专用的毛刷洗刷马桶。③用抹布擦洗"三缸"及镜面、浴帘。马桶要用专用抹布擦洗，注意两块盖板及底座的卫生，完后加封"已消毒"的纸条。④用干布抹干净卫生间的水渍，要求除马桶水箱蓄水外，所有物体表面都应是干燥的。不锈钢器应光亮无迹，同时默记卫生间需补充的物品。清洗卫生间时必须注意不同项目使用不同的清洁工具、不同的清洁剂。清洁后的卫生间必须做到整洁、干净、干燥、无异味、无脏迹、无皂迹和无水迹。

（6）补。更换、补充房间和卫生间内用品，按规定的位置摆放好。整理房间时，将客人的文件、期刊、书报等稍加整理，放回原来的位置，不得翻看。尽量不触动客人的物品，更不要随意触摸客人的照相机、计算器、笔记本式计算机和钱包之类的物品。

（7）吸。吸尘时要由里往外吸，先吸房间，后吸卫生间。注意行李架、写字台底、床头柜底等边角位的吸尘。

（8）检。检查清扫质量。具体要求如下。①吸尘后，客房的清扫工作就告结束。服务员应回顾一下整个房间是否干净，家具、用具是否摆放整齐，清洁用品是否遗留在房间等。检查完毕，把空调拨到适当的位置。②关闭总电开关，锁好门，取下"正在清扫"牌。若客人在房间，要礼貌地向客人表示谢意，然后退出房间，轻轻地将房门关上。③填写楼层服务员做房日报表。

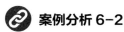

谁动了我收藏的可口可乐瓶？

7月9日晚，服务员清理8236房间时收走了所有的垃圾。晚上10:00点张先生回房间后反映，他花费了好长时间才收藏的一个可口可乐瓶子被当作垃圾收走了，引起了他的极度不满。酒店立即向张先生道歉，派服务员去垃圾站找回收藏品，并和总值班经理一同送到客人房间，再次向客人赔礼道歉，并做了升值服务，以消除客人不满。

分析： 客房整理不仅要将房间打扫干净，给客人创造一个整洁、干净的住宿环境，还要给客人以享受，给客人营造一种气氛，就是家的感觉。因此，在工作过程中要注意客人的一切，包括喜好、习惯等。在清理房间过程中，一定要谨慎，对于客人的东西不能乱动，该清理的要清理掉，遇到自己拿不准的应及时请示主管或经理，不可擅作主张，以免引起客人不必要的误会和不快。

 知识链接 6-2

清扫住客房时的几点注意事项

清扫住客房时的注意事项如下。①敲门后进入房间。轻轻敲门两次，每次相隔3秒，每次敲三下，并按门铃一次，报称"客房服务员"，等客人反应。须注意声音要适度，不要垂下头或东张西望，不得耳贴房门倾听。如听到客人有回音，服务员应说明来意，等客人开门后方可进入。如房内无反应，可用钥匙慢慢地把门打开，并再次报称"客房服务员"。如进房后发现客人在卫生间，或正在睡觉，或正在更衣，应立即道歉，退出房间，并轻轻把房门关好。如果客人在房间，首先应礼貌地向客人问好并询问客人是否可以清扫房间；操作要轻，程序要熟练，不能与客人长谈；若遇到有来访客人，应询问是否继续；清洁完毕，向客人致歉，并询问是否有其他吩咐，然后向客人行礼，退出房间，关房门。②客人中途回房间。应先核实来客身份，然后征求客人意见，是否继续清洁打扫。可以问："您好，请问可以继续打扫房间吗？"如未获允许应立即离开，待客人外出后再继续清扫，若客人同意，应迅速地将房间清扫好。离开时，对客人说："对不起，打扰您了，谢谢。"③房间电话来电。在清洁过程中，如电话铃响了，不应该接听。④注意客人的物品。不小心损坏客人的物品，应如实反映，向客人赔礼道歉。

2. 空房的清洁整理

空房是客人走后，经过清扫尚未出租的房间。空房的清洁整理，主要是擦净家具、设备，检查房间用品是否齐备。空房的整理虽然较简单，但必须每天进行，以保持其良好的状况，随时能住进新客人。空房的清洁整理具体包括以下内容。

（1）仔细查看房间有无异常情况。
（2）用干湿适宜的抹布擦拭家具、设备、门窗等（与住客房程序相同）。
（3）卫生间马桶、地漏放水排异味，抹卫生间浮灰。
（4）连续空着的房间，要每隔3天或4天吸尘一次。同时卫生间的水龙头放水1~3分钟，直到水清为止，以保水质洁净。
（5）卫生间"四巾"因干燥失去柔软性，须在客人入住前更换新的。
（6）检查房间设备情况，要看天花板、墙角有无蜘蛛网，地面有无虫类。

3. 维修房的清洁整理

维修房清洁整理的具体做法包括以下内容。
（1）先检查维修的设备设施是否已完好。如果故障仍未排除，应马上报告领班进行登记，并再次报修。
（2）按正常清扫顺序整理。
（3）整理完毕，应立即报告领班，以便检查后及时出租。

4. 小整理服务

小整理服务是对住客房而言的，就是在住客外出后，客房服务员对其房间进行简单的整理。其目的就是要使客人回房后有一种清新舒适的感觉，使客房经常处于干净整洁的状态。小整理服务是充分体现酒店优质服务的一个重要方面。各酒店应根据自己的经营方针和房价的高低等实际情况，决定是否需要提供小整理服务，一般应至少对VIP房和高档房间提供这项服务。小整理具体包括以下内容。
（1）拉回窗帘，整理客人睡后的床铺。
（2）清理桌面、烟灰缸、纸篓内和地面的垃圾杂物，注意有无未熄灭的烟头。
（3）简单清洗整理卫生间，更换客人用过的"四巾"、杯具等。
（4）补充房间茶叶和其他用品。

5. 夜床服务

夜床服务是对住客房进行晚间寝前整理，又称"做夜床"或"晚间服务"。夜床服务是一种高雅而亲切的服务，其作用主要是方便客人休息，使客人感到舒适，表示对客人的欢迎和礼遇规格。

夜床服务通常是从晚上6:00开始或按客人要求做，一般应在晚9:00之前做完，因为9:00以后再去敲门会打扰客人休息。夜床服务的基本操作程序包括敲门进入房间、开夜床、房间整理、卫生间整理四部分，具体要求如下。

1）敲门进入房间

敲门时报称"客房服务员"。如客人在房内，先礼貌地询问客人是否要做夜床，征得同意后方可进入。客人不需做夜床，要向客人表示歉意，并道晚安。若房内无人，则应开门进入房间。

2）开夜床

开夜床方法如下。①把床头柜一侧的棉被向外掀起，折成45°。②拍松枕头并将其摆正，如有睡衣应叠好放在枕头上，同时摆好拖鞋。③按酒店的规定放好晚安卡、小礼品等。开夜床还应注意：根据客房实际住客人数开床。如果是双人床睡两人时，左右两边都要开床；如果是两张单人床，睡一人时，开邻近浴室的床，开的方向朝床头柜。如果有加床，此时应将其搬来并开床；同时，增加一人的客用品。如果客人将较多私人物品或行李摊放在床上，则不要开夜床；如果物品较少，则要将其移开，放置妥当，再开夜床。

3）房间整理

房间整理的要求如下。①更换使用过的茶具、烟灰缸等生活用品，补充文具用品、服务用品。②清理桌面，扔掉垃圾桶内的垃圾，将垃圾桶重新套好垃圾袋。③轻轻拉上遮光窗帘和二道帘。④关闭其他灯，只开地灯或床头灯。

4）卫生间整理

卫生间整理的要求如下。①清理卫生间，倒掉垃圾桶内的垃圾。②将客人使用过的"三缸"用清水冲洗擦干，将防滑垫平面向上铺在浴缸正中。浴帘拉上三分之一，浴帘底部要抛进浴缸。③更换使用过的毛巾、口杯、烟灰缸，补齐卫生用品。④把脚垫巾平铺在靠近浴缸一侧的地面上。

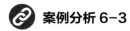

案例分析 6-3

需不需要开夜床服务？

一天，当某酒店客房服务员敲开某客房的房门时，房间客人很吃惊。问："有什么事情？"服务员则按要求问客人："需不需要开夜床服务？"客人反问道："什么是开夜床？"服务员回答："是睡前的房间整理。"客人又问："难道这房间没打扫干净？"服务员说："主要就是睡前房间和卫生间再小整理一下，补充一些消耗品。"客人说："我们是刚刚进来的，东西都没用，不需要了。"然后就"砰"的一声关上了房门。服务员把这个情况告诉了领班。领班说："其实很多客人都不知道什么叫开夜床服务，也不想要开夜床，因为这会打扰客人。当房间真的需要整理时，他们会打电话通知客服中心。但开夜床是酒店的规定，也是一种档次的象征。所以，我们酒店必须保留开夜床服务。"

分析： 对于酒店来说，客人的需要就是服务标准，客人的满意就是服务质量。如果提供的服务，客人感觉可有可无，那就是过度服务了。

6.1.5 客房计划卫生

客房计划卫生即周期性的清洁保养工作。客房计划卫生是指在搞好客房日常清洁工作的基础上，拟订周期性清洁计划，采取定期循环的方式，对清洁卫生的死角或容易忽视的部位及家具、设备进行彻底的清扫和维护保养，以进一步保证客房的清洁保养质量，维持客房设施设备良好状态。客房计划卫生弥补了日常清扫工作的不足，是酒店清洁保养工作的必要环节。各酒店应根据自己的设施设备和淡旺季合理地安排计划卫生的内容、周期和时间。

1. 客房计划卫生的分类

客房计划卫生一般分为以下两类。

（1）每天大扫除。除日常的清扫整理外，规定每天对某一部位或区域进行彻底的大扫除。例如，客房服务员负责 12 间客房的清扫，每天彻底大扫除一间，则 12 天即可完成他负责的所有客房的彻底清扫。也可以采用每天对几个房间的某一部位进行彻底清扫的办法。例如，对日常清扫不到的地方通过计划日程，每天或隔几天彻底清扫一部分，经过若干天后，也可以完成全部房间的大扫除。

（2）季节性大扫除或年度性大扫除。季节性大扫除或年度性大扫除只能在淡季进行。清扫的内容不仅包括家具，还包括对某一楼层实行封房，以便维修人员利用此时对设备进行定期的检查和维修保养。

知识链接 6-3

以某酒店客房计划卫生项目及时间安排表为例,介绍客房计划卫生的具体工作,见表 6-1。

表6-1　某酒店客房计划卫生项目及时间安排表

每天	3天	5天
清洁冰箱;打扫灯罩尘土;清洁地毯、墙纸上的污迹	地漏喷药;用玻璃清洁剂清洁阳台、房间和卫生间镜子;用鸡毛掸清洁壁画	清洁卫生间抽风机机罩;清洁吸尘机真空器保护罩;清洁卫生间的吸水箱;清洗地面
10天	**15天**	**20天**
空房马桶;清洁走廊出风口;清洁卫生间抽风主机网	清洁热水器、洗杯机;冰箱除霜;用酒精球清洁电话机;清洁空调出风口、百叶窗	清洁房间回风过滤网;用擦铜水擦铜家具、烟灰筒、房间指示牌(如无铜制设备物品,就用普通用具擦拭)
25天	**30天**	**季度**
清洁制冰机;清洁阳台地板和阳台内侧喷塑面;墙纸吸尘、遮光帘吸尘	翻床垫;抹拭消防水龙带;清洁床套	干洗地毯、沙发、床头板;洗毛毯;吸尘机加油(保养班负责完成)
半年	**一年**	
清洁窗纱、灯罩、保护垫	清洁遮光布;红木家具打蜡;湿洗地毯	

2. 客房计划卫生的管理

计划卫生的管理是保证计划卫生能够顺利实施、圆满完成的重要因素。做好计划卫生的管理可从以下几方面着手。

1)明确计划安排,抓好计划落实

根据酒店实际情况,制订出客房的具体计划卫生,并用简单明了的形式确定出每天的计划卫生工作和要求。领班要抓好对所辖楼层服务员的管理,做好每个服务员所承担工作任务的传达和安排,使计划卫生落到实处,而非一纸空文,并加强监督、检查工作。

2)注意卫生器具及清洁用品的管理

计划卫生具有很强的周期性,一项清洁内容通常要一段时间以后再进行重复,所以平时注意卫生器具和清洁用品的管理。如果保管不善,造成器具损坏、遗失等情况,将给计划卫生的实施造成不必要的麻烦和障碍,影响工作效率和卫生质量水平,甚至还会给酒店造成损失。

3)注重安全管理,强调规范操作

计划卫生工作中有许多方面牵涉到卫生死角和难点,有不少项目要求高空作业,具有一定危险性。因此,酒店必须注重计划卫生的安全管理,要求操作的规范性,强调操作时要谨慎、细心。如在清扫天花板、通风口等高处设备设施、物品时,要架梯子或借助凳子;擦外层玻璃时,必须系好安全带,以避免事故的发生。

4）重视卫生监督和检查工作

对于计划卫生的实施执行情况，酒店有关部门和领导要予以监督，有关各级人员要做好检查工作，如发现问题要及时返工。检查层次包括服务员的自身检查，领班的认真检查，质量检查小组的严格审查，以及酒店高层领导的定期或不定期巡查。总之，重视卫生监督，抓好检查工作，是保证计划卫生符合标准的重要环节，是计划卫生管理的重要内容。

6.1.6 客房清洁卫生质量的标准

客房清洁的总体要求：眼看到的地方无污迹，手摸到的地方无灰尘，房间安静无噪声，空气清新无异味。其质量标准分为视觉标准和生化标准。

1. 视觉标准

视觉标准指宾客和员工、管理者凭借视觉或嗅觉能感受到的标准，但因个体感受不同，标准只是表面现象。不少酒店将其规定为"六净"与"十无"。

1）"六净"

"六净"包括以下6个方面：①墙壁、天花板净；②地面净；③家具净；④床上净；⑤卫生洁具净；⑥其他物品净。

2）"十无"

"十无"包括以下10个方面：①墙壁、天花板无灰尘、蜘蛛网；②地面无果皮、纸屑及其他杂物；③家具无污渍、破损；④灯具无灰尘、污渍、破损；⑤茶水具无污痕、缺口；⑥床上用品表面无污迹、破损；⑦金属部位无污渍、锈渍；⑧房间卫生无死角；⑨卫生间清洁无异味；⑩楼面整洁无"六害"，即无老鼠、蚊子、苍蝇、臭虫、蚂蚁、蟑螂。

2. 生化标准

生化标准是由专业防疫人员进行专业仪器采样与检测的标准，包含的内容有茶水具、卫生间洗涤消毒标准，空气卫生质量标准，微小气候质量标准，采光照明质量标准及环境噪声允许值标准等。与视觉标准相比，客房清洁卫生质量更深层次的衡量标准是生化标准，具体包括以下几个方面。

1）茶水具、卫生间洗涤消毒标准

茶水具、卫生间洗涤消毒标准如下：①茶水具每平方厘米的细菌总数不超过5个；②脸盆、浴缸、拖鞋每平方厘米的细菌总数不得超过500个；③茶水具、卫生间不得查出大肠菌群。

2）空气卫生质量标准

空气卫生质量标准如下：①一氧化碳含量每立方米不得超过10毫克；②二氧化碳含量每立方米不得超过0.07%；③细菌总数每立方米不得超过2 000个；④可吸入灰尘每立方米不得超过0.15毫克；⑤氧气含量不低于21%。

3）微小气候质量标准

微小气候质量标准如下：①夏天：室内适宜温度为22～29℃，相对湿度为50%，适宜风速为0.1～0.15米/秒；②冬天：室内适宜温度为20～22℃，相对湿度为40%，适宜风速不得大于0.25米/秒；③其他季节：室内适宜温度为23～25℃，相对湿度为45%，适宜风速为0.15～0.2米/秒。

4）采光照明质量标准及环境噪声允许值标准

采光照明质量标准及环境噪声允许值标准如下：①客房室内照明度为50～100勒克斯；②楼梯、走道照明度不得低于25勒克斯；③客房内噪声允许值不得超过45分贝。

6.1.7　客房清洁卫生质量的控制

客房卫生管理的特点是管理面积大，人员分散，时间性强，质量不易控制。而客房卫生工作又要求高质量、高标准、高效率，其管理好坏是服务质量和管理水平的综合反映。因此，客房部管理人员必须抽出大量时间，深入现场，加强督导检查，以保证客房卫生质量。

1. 客房的逐级检查制度

检查客房又称查房。客房的逐级检查制度主要是指对客房的清洁卫生质量实行领班、主管及部门经理三级责任制，也包括服务员的自查和上级的抽查。这是确保客房清洁质量的有效方法。

（1）服务员自查。服务员每整理完一间客房，应对客房的清洁卫生状况、物品的摆放和设备家具是否需要维修等做自我检查。服务员自查应在客房清扫程序中加以规定。一般主要采用边擦拭灰尘边检查的方式，同时在清扫房间完毕准备关门前应对整个房间进行一次回顾式检查。通过自查可以加强服务员的责任心和检查意识，可以提高客房的合格率，同时也减轻了领班查房的工作量。

（2）领班普查。领班查房是客房清扫质量控制的关键。领班普查是服务员自查之后的第一关，常常也是最后一关。所以领班的责任重大，必须由工作责任心强、业务熟练的员工来担任。一般情况下楼层领班专职负责楼层客房的检查和协调工作。有的酒店既让楼层领班负责客房清扫的检查工作，又给其规定一定数量的客房清扫任务，使其检查的职能往往流于形式。

对于领班查房数量，不同的酒店有不同的规定。例如，有的酒店规定，日班领班一般应负责60～80间房的工作区域，每天要对负责的全部客房进行检查并保证清洁质量合格。有的酒店领班工作量较重，负责带6～8个服务员，检查80～100间客房，至少也要检查90%以上的房间。夜班领班的工作量一般为日班领班数量的2倍，要负责120～160间客房的工作区域。领班查房时如发现问题应及时记录和解决。对服务员清扫客房的漏项和错误，应开出返工单，令其返工，直到达到质量标准。领班还要注意对新员工进行跟踪检查。只要领班工作方法得当，这种检查可以达到在职培训的效果。

（3）管理人员抽查。管理人员抽查主要指主管抽查和经理抽查。在设置主管职位的酒店，客房主管是客房清洁卫生任务的主要指挥者，加强服务现场的督导和检查，是其主要职责之一。主管抽查客房的数量，一般为领班查房数的10%以上。主管检查的重点是VIP房，抽查长住房、OK房、住客房和计划卫生的大清扫房；还要检查维修房，促使其尽快投入使用。主管查房也是对领班工作的一种监督和考查。

客房部经理每天要拿出一定时间到楼层巡视，抽查客房的清洁卫生质量，特别要注意对VIP房的检查。通过巡视抽查掌握员工的工作状况，了解客人的意见，不断改进管理方法。同时客房部经理还应定期协同其他有关部门经理对客房内的设施进行检查，确保客房部正常运转。酒店总经理也要定期或不定期地亲自抽查客房，或派值班经理代表自己进行抽查，以保证客房的服务质量。

2. 发挥客人的监督作用

客房卫生质量的好坏，最终取决于客人的满意程度。所以搞好客房清洁卫生管理工作，要发挥客人的监督作用，满足客人需求，重视客人的意见和反映，有针对性地改进工作。其主要做法有以下几种。

（1）拜访客人。客房部管理人员要经常地拜访住店客人，了解客人的需求，征求客人的意见和建议，及时发现客房服务中存在的问题，以便进一步制定和修改客房清洁卫生工作的标准及计划，不断提高服务水准。

（2）客房设置客人意见表。客房部在客房放置客人意见表，以征询客人对客房卫生、客房服务及整个酒店的主要服务项目的意见和评判。意见表的设计应简单易填，要统一编号，及时汇总，以此作为考核服务员工作好坏的依据。

（3）邀请第三方检查。酒店聘请店外专家、同行、住店客人，通过明查或暗访的形式，检查客房的清洁卫生质量乃至整个酒店的服务质量。这种检查看问题比较专业、客观，能发现一些酒店自己不易觉察的问题，有利于找到问题的症结。

6.2 公共区域清洁卫生

凡是公众共有的活动区域都可以称为公共区域。酒店公共区域包括两部分，即客用部分和员工使用部分。客用部分主要包括酒店前厅、公共洗手间、餐厅、宴会厅、舞厅、会议室、楼梯、走廊、建筑物外部玻璃和墙壁、花园、停车场及酒店周边等。员工使用部分主要包括员工电梯和通道、更衣室、员工食堂、员工休息娱乐室、倒班宿舍等。酒店客房部一般下设公共区域组，专门负责公共区域的清洁保养及绿化布置工作。搞好公共区域的清洁卫生工作，是客房部服务与管理工作的重要组成部分。

6.2.1 公共区域清洁卫生的特点

与客房清洁卫生相比，公共区域（主要是客用公共区域）的清洁卫生有其自己的特点。

1. 客流量大，对酒店声誉影响大

公共区域是人流交汇活动频繁的地方。汇集在酒店公共区域的大量客人中，有的是住客或前来投宿者，有的是前来就餐、开会、娱乐者，有的是前来购物或参观游览者，他们往往停留在公共区域评头论足，将其作为衡量整个酒店的标准，他们对酒店的第一印象往往就是从这里获得的。因此，公共区域是酒店的门面，是酒店规格档次的标志。公共区域的服务人员被誉为酒店的"化妆师""美容师"。公共区域清洁卫生管理工作的好坏，直接关系到酒店在客人心目中的形象。

2. 范围广，项目繁杂琐碎

公共区域清洁卫生的范围涉及酒店的每一个角落，从餐厅到舞厅，从公共场所到综合服务设施、内庭花园、门前三包区域，是酒店中管理范围最广的一个部分。其卫生项目包括地面、墙面、天花板、门窗、灯具、除虫防害、绿化布置、公共卫生间等，十分繁杂。服务人员既有白班，又有夜班，而且工作地点分散，清洁卫生质量不易控制。由于项目多，各区域各卫生项目的清洁方法和要求不同，而这些区域又大多是客人集结的场所，不易清洁和保持。因此，要求每名服务人员具有较高的质量意识和工作自觉性，管理人员要加强巡视和督导，以保证公共区域卫生的质量。

3. 工作条件差，专业性强

公共区域清洁卫生工作比较繁重，劳动条件和环境比较差。例如，负责停车场和酒店周边卫生的服务人员，无论是烈日炎炎，还是数九寒天，都在室外作业，还要尽心尽力、尽职尽责。同时，这些工作又具有较强的专业性和技术性，因为工作中所接触的设备、工具、材料及清洁剂种类繁多，不是一般人能够胜任的。这就要求管理人员要根据员工队伍的实际情况，既要加强管理，重视对他们的技术培训，又要关心爱护他们，尽量改善其工作条件。

6.2.2 公共区域清洁卫生的业务范围

公共区域清洁卫生的业务范围，是根据酒店的规模、档次和其他实际情况而定的，一般主要包括以下方面。

（1）前厅、门前、花园、客用电梯及酒店周围的清洁卫生。
（2）餐厅、咖啡厅、宴会厅及舞厅等场所的清洁保养工作。
（3）酒店所有公共洗手间的清洁卫生。
（4）行政办公区域、员工通道、员工更衣室等员工使用区域的清洁卫生。
（5）酒店所有下水道、排水排污等管道系统和垃圾房的清洁整理工作。
（6）酒店卫生防疫工作，定期喷洒药物，杜绝"四害"。
（7）酒店的绿化布置和苗木的养护繁殖工作。

6.2.3 公共区域主要部位的清洁卫生

酒店公共区域管辖范围大，不同地点的清洁卫生，由于所处的位置不同，功能不同，设备材料不同，其任务和要求也就不完全相同。下面简要介绍公共区域主要部位的清洁卫生任务。

1. 前厅

前厅是酒店中客流量最大、最繁忙的地方，需要进行连续不断的清洁保养，使前厅始终保持清洁美观，给客人留下美好的印象。清扫前厅的时间要灵活安排，一切以不打扰客人为前提。清洁大厅的主要任务包括以下内容。

（1）推尘和抹尘。前厅的大理石地面，在客人活动频繁的白天，须不断地进行推尘工作。遇到雨雪天，要在门侧放上存伞架，并在大门内外铺上踏垫和小地毯，同时要在入口处不停地擦洗地面的泥尘和水迹。若地面过湿，一定要放置提示牌，以防客人滑倒。地面应经常打薄蜡，并用磨光机磨光，前厅内有地毯处要每天吸尘，每周要彻底清洗一次。服务员必须不断地巡视前厅各处，对前厅的柱面、墙面、台面、栏杆、座椅、沙发、玻璃门、指示牌等，要不间断地擦拭，使各处达到光亮、无浮尘、无水迹、无手印。

（2）清理烟灰。前厅休息处要随时清理、更换烟灰缸，保证烟灰缸内不能超过两个以上的烟头。倒烟灰缸时，一定要确保烟蒂已熄灭，另外要避免烟灰飞扬。

（3）整理座位。将客人使用过的沙发、茶几、桌椅及桌上的台灯等随时整理归位。如有垃圾、果皮、纸屑等立即清理。

（4）随时关注花盆内的烟蒂、杂物及纸屑，及时清除。

2. 公共洗手间

公共洗手间是客人最挑剔的地方，如果有异味或不整洁，会给客人留下很不好的印象。所以酒店必须保证公共洗手间清洁卫生、设备完好、用品齐全。

公共洗手间的清洁工作可分为一般性清洁工作和全面清洗工作两部分。一般性清洁工作主要包括：及时做好洗手间的清洗消毒工作，做到干净、无异味；将卫生间的香水、香皂、小方巾、鲜花等摆放整齐，并及时补充更换；擦亮不锈钢或电镀器具，使之光亮、无水点、无污迹；热情为客人递送香皂、小毛巾，定时喷洒香水。全面的清洗工作主要是洗刷地面并打蜡、清除水箱水垢、洗刷墙壁等。为了不影响客人使用洗手间，此项工作通常安排在夜间或在白天客人较少时进行。

3. 电梯

酒店的电梯包括客用电梯、员工用梯、行李电梯及运货电梯等多种，其中尤以客用电梯的清洁最为重要，因为客用电梯也是客人使用频繁的地方，卫生质量要求很高。

客用电梯内的厢壁、镜面、按钮、电话机、栏杆及地面等需要经常进行清洁和保养，对电梯内的烟头、纸屑、杂物等，要随时清理干净。电梯的地毯使用频率高，特别容易脏，一般可采取每天更换星期地毯的办法来保持其干净。

4. 酒店周围环境

酒店周围的广场、花园、绿地等要每天清扫，及时把汽车和行人带来的泥沙、污渍清除干净，清理花园、绿地里的烟头、纸屑、食品包装等杂物，定期对广场、花园、绿地等进行水洗，以保持酒店周围环境优美，给客人及社会公众留以整洁、美好的印象。

5. 绿化布置及清洁养护

绿化布置能给宾客耳目一新、心旷神怡的美好感受。所以酒店在店外的绿化规划和店内的绿化布置上都应有所开拓。当然掌握一般的绿化程序是基础。绿化布置通常包括以下内容：客人进出场所的花卉树木按要求造型、摆放；定期调换各种盆景，保持时鲜；接待贵宾或举行盛会时要根据酒店通知进行重点绿化布置；在进行绿化布置和楼面的鲜花摆放时要特别注意客人所忌讳的花卉。

清洁养护的要求：每天按顺序检查、清洁、养护全部花卉盆景；拣去花盆内的烟蒂杂物，擦净叶面枝杆上的浮灰，保持叶色翠绿、花卉鲜艳；及时清除喷水池内的杂物、定期换水，对水池内的假山、花草进行清洁养护；及时修剪、整齐花草；定时给花卉盆景浇水、定期给花草树木喷药灭虫；养护和清洁绿化时，应注意避免操作时溅出的水滴弄脏地面，注意不可影响客人的正常活动。

6. 餐厅、舞厅和多功能厅

餐厅在营业期间的清洁由其自行完成，全面的清洁保养由客房部负责，利用晚间停业后到次日开餐前的时间进行。工作内容包括清洁家具设备、擦亮金属器件、地面吸尘或磨光打蜡等。舞厅的清扫一般在上午进行，而多功能厅则要利用活动的间隙时间进行。

7. 后台区域

搞好后台员工区域的清洁卫生，能为工作创造良好舒适的环境，增强员工的责任感和服务意识，提高工作质量和效率。其清洁任务和标准可参照前台。

8. 垃圾处理

酒店内的所有垃圾，包括定期从垃圾管道里清除的垃圾，都要集中到垃圾房，然后统一处理。要经常对垃圾喷洒药物，然后装进垃圾桶加盖，以便杀死害虫和细菌，并定时将垃圾运往垃圾处理场。必须保持垃圾房的清洁卫生，垃圾桶要排放整齐，保证地面无遗留垃圾，尽量减少异味。

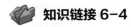
知识链接 6-4

公共区域主要部位清洁卫生标准

1. 前厅清洁卫生标准

①天花板及吊灯、壁灯无积尘、无蛛网，灯饰光洁无锈迹。②墙面无污渍、无灰尘，墙纸无破损，无营业性告示。③地毯整洁，无污点和霉坏，墙脚线、地角线及不易发现的地方无积尘、杂物、污渍。硬质地面及其接缝洁净，上蜡匀称光亮。④各种金属材料物品，如柱子、栏杆、指示牌、台架等光亮无锈迹和污渍。⑤各种玻璃幕墙、门、窗洁净透亮，玻璃滑槽、窗门滑槽干净，无积尘和沙粒。⑥服务台、茶几、沙发、椅子等家具洁净无污迹，椅子、沙发缝隙无杂物。⑦烟灰缸、垃圾桶及时更换。

2. 公共洗手间清洁卫生标准

①地面、墙角无积灰、杂物、污迹。②马桶、小便池内外干净无污渍。③脸盆下水口、溢水口及管道无污迹。④水箱内无水垢，内外无污渍。⑤风口、壁画无积灰。⑥镜框无锈迹，镜框顶无积灰。

3. 电梯清洁卫生标准

①地面无纸屑、杂物，地毯无污迹。②各种金属部分无污渍。③镜面无污迹，镜框无锈迹。

4. 酒店周围环境清洁卫生标准

①周围的假山、花槽、花盆无烟头、纸屑、口香糖等杂物。②各种花叶无积尘、无枯黄。③金鱼池的水质符合要求，水面无杂物，池里无太多青苔。④停车场无垃圾，地面无油污。

6.2.4 公共区域计划卫生

制订分期清洁保养计划类似于客房的计划卫生，但公共区域分块多、各处的使用情况有别、环境要求也不同，所以这一计划以各区分列为宜。由于公共区域各种计划卫生的清洁周期不同，可以将其划分为以下几类。

1. 每天的清洁保养工作

前厅地面吸尘、家具抹尘、地面和家具上蜡并抛光、擦铜器与不锈钢设备、擦洗大门和台面玻璃、更换蹭鞋垫或地毯、花卉浇水与更换、电话机消毒、冲洗卫生间便器、清理烟灰缸和垃圾桶、喷洒杀虫剂和空气清新剂等。

2. 每周的清洁保养工作

台面打蜡，门窗的框、沟、闭门器和地脚线清洁，百叶门、窗清洁打蜡，天花板通风口清洁，花岗岩地面的上蜡和抛光，地脚线和墙角的清洁，卫生间水池下弯管的清洁，水箱的清洗，小地毯的更换，金鱼池换水并冲洗等。

3. 每月的清洁保养工作

家具、墙体与门、帷帘的清洁除尘，壁灯、台灯座等装饰物件的清洁打蜡，走廊吊灯和吸顶灯清洁，金属、石料或木质家具及墙面的清洁打蜡，所有透明玻璃制品的彻底清洁（大吊灯除外），地面起蜡和打蜡，用干泡法清洗休息处的地毯。

4. 每季度的清洁保养工作

沙发、座椅的清洗，帷窗与软墙体的清洗，地毯的大洗等。

6.2.5 公共区域清洁卫生的质量控制

1. 划片包干，责任落实到人

由于公共区域卫生工作面积大，工作地点分散，不易集中监督管理，而且各类卫生项目的清洁方法和要求不同，很难统一检查评比标准，因此不仅要求每个服务人员具有较高的质量意识和工作自觉性，同时也要做到分类管理，定岗定人定责任。可将服务员划分为若干个小组，如楼道组、花园组等。注意做到无遗漏，不交叉。

2. 制订计划卫生制度

为了保证卫生质量，控制成本和合理调配人力、物力。必须对公共区域某些大的清洁保养工作，采用计划卫生管理的方法，制订计划卫生制度。清扫项目、间隔时间、人员安排等要在计划中落实，在正常情况下按计划执行。

3. 加强现场管理

公共区域管理人员要加强现场巡视，要让问题解决在可能发生或正在发生时，因为一旦清洁卫生遗漏、失误或欠缺已成事实，首先感知的往往是公众。管理人员要对清洁卫生状况进行密切监督，不定期或定期地检查和抽查，才能保证公共卫生的质量，才能维护公共区域的形象。

4. 检查督导

与楼层工作一样，检查是保证工作水准的一项必要措施。虽然所有工作区域的规定项目都要检查，但也应注意重点与次序。一般来说，公共区域的检查以客人活动区域为重点，可以按从前往后、自下而上的顺序进行。客房检查中所采用的顺时针或逆时针式的检查路线在此同样适用。为了检查和控制公共区域的工作质量，往往要求有书面检查记录和成绩评估。这些将作为奖金分配或培训需求的分析依据。

负责公共区域的主管和领班不仅仅是工作检查者，更应该是工作的协调和组织指导者。他们除了检查日常工作的完成情况外，要更多地了解员工的工作状态和操作细节，其中是否正确使用清洁剂和清洁工具就是一项重要内容。如果这一环没抓好，不仅会导致清洁剂浪费和工作效率降低，而且往往达不到应有的清洁保养效果，甚至带来额外的麻烦。

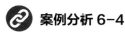

案例分析 6-4

严格按照程序进行公共区域的清洁

某酒店，公共区域服务员小张在晚上 12:00 开始前厅地面的清洁工作，她把清洁剂洒到地面准备拖地，但想到没有放置安全警示牌，于是用抹布把洒有清洁剂的地面围起来，然后急忙去拿警示牌。这时两位在酒店夜总会消费后离店的客人出现在前厅，小张正想提醒客人注意安全，不想客人已经走到洒有清洁剂的地面，一位客人摔倒在地。客人极为不满，向酒店大堂副理投诉，酒店免费为客人清洗了弄脏的衣物，并赔付了一定的医疗费。

分析： 案例显示公共区域服务员没有按照清洁程序工作，应先放置安全警示牌，后进行清洁操作，尽管是在客人较少的深夜工作，但仍然不可避免地有客人突然出现，对客人形成伤害，造成酒店的损失。

6.3 清 洁 剂

在进行清洁保养过程中,清洁剂是必不可少的工具之一。因为它们的使用可以得到如下效果:使清洁工作更加容易;消除或减少尘污的附着力;防止物件因受热、受潮、受化学污染或摩擦而遭受损坏;延长物品的使用寿命;美化物品的外观等。但是清洁剂一般为化学药品,如果对这些化学药品缺乏一定的认知,使用不当,则会对使用者和使用对象产生严重后果。

6.3.1 清洁剂的种类和用途

清洁剂的化学性质通常用 pH 来表示。按清洁剂的 pH 可划分为以下 3 种类型:酸性清洁剂、中性清洁剂和碱性清洁剂。

1. 酸性清洁剂(0 < pH < 7)

酸性清洁剂通常为液体,也有少数为粉状。因酸有腐蚀性,所以在用量、使用方法上都需特别留意,使用前要特别留意说明书,最好先做小面积试用。因酸性具有一定的杀菌除臭功能,所以酸性清洁剂主要用于卫生间的清洁。一般禁止在地毯、石材、木器和金属器皿上使用酸性清洁剂。酒店常用的酸性清洁剂有柠檬酸、醋酸、盐酸稀释液、硫酸钠、草酸、马桶清洁剂。

2. 中性清洁剂(pH = 7)

化学上把 pH = 7 的物质称为中性物质。中性清洁剂配方温和,可起到清洗和保护被清洁物品的作用,因此在日常清洁卫生中被广泛运用。中性清洁剂有液体、粉状和膏状,其缺点是无法或很难清除积聚严重的污垢。现在酒店广泛使用的多功能清洁剂即属中性清洁剂,如多功能清洁剂、洗地毯剂。

3. 碱性清洁剂(pH > 7)

碱性清洁剂对于清除油脂类脏垢和酸性污垢有较好的效果,但在使用前应稀释,用后应用清水漂清,否则时间长了会损坏被清洁物品的表面。碱性清洁剂既有液体、乳状,又有粉状、膏状,如碳酸氢钙、碳酸钠、氢氧化钠、氨水、次氯化钠漂白剂、过硼酸钠漂白剂、玻璃清洁剂、家具蜡、起蜡水。

6.3.2 酒店常用清洁剂介绍

1. 万能清洁剂

万能清洁剂是一种中性清洁剂,在使用过程中如加入沐浴露可以增加润滑作用和芳香味道,调和使用可用于浴室脸盆、马桶、浴缸等的清洗,以去除附在浴缸与墙壁的油脂、水垢及肥皂残余物等。

2. 玻璃清洁剂

玻璃清洁剂用以清理玻璃、镜子的污渍及灰尘;也可加入酒精以增加挥发性,使用后洁净明亮并可防止灰尘吸附。

3. 地毯清洁剂

地毯清洁剂用于地毯清洗或局部污渍清理。依地毯材质及脏污程度选用各种类别的药剂,可使地毯颜色亮丽、洁净芳香。使用地毯清洁剂时依地毯污渍的程度可稀释 10~20 倍使用。建议清洗地毯前先用吸尘器吸干净,待地毯清洗后晾干再吸尘一次。

4. 除锈水

除锈水用以清除铁锈污渍，使用时避免触及衣物造成腐蚀。

5. 酒精

酒精可用于电话机消毒和清理轻微黏胶，但必须是药用酒精，而且应避免触及木器油漆，以免造成泛白痕迹，擦拭印刷品也会造成字迹褪色。

6. 瓷洁

瓷洁用于马桶、瓷砖等污垢的清理，要避免触及不锈钢物品或花岗石地板。

7. 化油剂

化油剂用于清洗一般污渍、油渍，若大面积时可与万能清洁剂掺和使用。

8. 漂白水

漂白水用于瓷砖缝、浴帘等发霉漂白；茶杯、茶壶、盘子、洗脸盆水塞等漂白；水杯的清洁杀菌。在清理过程中应避免溅到衣物或眼睛，若沾到不锈钢应立即冲水。漂白水禁止与瓷洁混合使用，以防产生气爆。

9. 三合一清洁剂

三合一清洁剂属于中性清洁剂，一般不会造成损坏，可用于清理黏胶、纤维质污点及黏在地毯上的口香糖，效果良好。

10. 碧丽珠

碧丽珠用以打蜡磨亮家具，倒在专用抹布上，均匀涂抹于家具后用力擦亮，但避免用量过多，会造成湿黏；房门等木器不宜上蜡，以防发霉。

11. 铜油

铜油用以擦亮铜器用品，均匀涂抹后用力擦亮；镀铜用品不可使用，以免破坏保护膜。

12. 香蕉水

香蕉水是油漆的调和剂，可用于黏胶的清理及玻璃、镜面污渍清理，但不得擦拭塑胶、家具、亚克力等制品，那会造成表面腐蚀。

13. 地毯芳香剂

地毯芳香剂用以清除地毯霉味，增加芳香，倒在专用抹布上，均匀涂抹后擦亮，但避免用量过多，会造成湿黏。

14. 不锈钢保养油

不锈钢保养油用于不锈钢门等大面积的不锈钢清理，表面污渍的清理，形成保护膜后要将多余的油渍擦干净，并依序喷洒均匀后再用力擦拭，以保持光亮。

15. 不锈钢金属防护剂

不锈钢金属防护剂为水溶性乳化剂，对于锈蚀、斑点清洁效果显著，保养后不使金属表面起磨痕或刮伤，能保护金属表面，并能有效防止手印痕迹及水斑等。

16. 不锈钢清洁光亮剂、地板亮光蜡

大理石、聚氯乙烯等各种地板打底时使用，能让地板平坦、耐用，而且保养容易，洁亮持久。地板要彻底清理干净并风干后才能上蜡；平日可用磨光机抛光，以增加地板亮度。

17. 地面蜡

地面蜡有面蜡和封蜡之分。

（1）面蜡（地面抛光剂）。主要用于地面的清洁保养，其品种有油性（溶剂型）与水性（水基型）两种。它们都能为地面留下一层保护层，因而被称为面蜡。油性面蜡用于木材等多孔质地面，待溶剂挥发后会留下一层蜡质保护层。它易变暗，但只要经常打磨即可恢复光泽。

水性面蜡则适用于少孔塑料地板、花岗岩和云石等。它是一种混合了蜡与聚酯物的乳状液体，干后能留下一层坚硬的保护层，同时具有防滑的作用。

（2）封蜡（底蜡）。封蜡其实是一种填充剂，使用后能通过渗透将一些细微的孔隙封住并在地表形成一层牢固的保护层，以防止污垢、液体、油脂甚至细菌的侵入。根据使用情况的不同，封蜡层可在 1~5 年内有效。封蜡也有油性和水性两种。油性封蜡一般多用于木质地面，也可用于水泥地、石料地；水性封蜡一般用于塑料地板、橡胶地砖、大理石和水磨石地面等。

18. 起蜡水

起蜡水用于需再次打蜡的大理石和木板地面，可将陈蜡及脏垢浮起而达到起蜡功效。由于碱性强（$10 \leq pH \leq 14$），因此起蜡后一定要反复清洗地面后才能再次上蜡。

6.3.3 清洁剂使用注意事项

为了有效地使用清洁剂，充分发挥其效能，减少浪费，提高清洁保养工作的安全性，有必要对酒店常用清洁剂进行严格的管理与控制，在使用过程中应注意如下事项。

（1）一般清洁剂皆为浓缩液，使用前必须严格按照使用说明进行稀释，配水比例适中。浓度高，既浪费清洁剂，又对被清洁物有一定的损伤作用；浓度过低，则达不到清洁效果，不能达到星级酒店的卫生要求，影响酒店服务质量。

（2）不能使用粉状清洁剂。因为粉状清洁剂对被清洁物表面尤其是卫生洁具表面有摩擦作用会损伤物体的表层。同时，粉状清洁剂在溶解过程中易沉淀，往往难以达到最佳的清洁效果。

（3）应根据被清洁物不同的化学性质、用途及卫生要求选择合适的清洁剂，达到酒店清洁保养的要求。

（4）清洁剂在首次使用前应先在小范围内进行试用，效果良好的才可以在大范围内推广使用。

（5）应做好清洁剂的分配控制工作，减少不必要的浪费。

（6）高压罐装清洁剂、挥发溶剂清洁剂，以及强酸清洁剂在使用中都应注意安全问题。前者属易燃易爆物品，后者对人体肌肤易造成伤害，服务员应在日常工作中掌握正确的使用方法，使用相应的防护工具，禁止在工作区域吸烟等。

（7）任何清洁剂一次使用过多都会对被清洁物产生不同程度的副作用，甚至是损伤，因此，不能养成平日不清洁，万不得已时再用大量的清洁剂清洗的坏习惯。这种方法费时、费力，效果也不好，也不要指望好的清洁剂对任何陈年脏垢都非常有用。

（8）酒店应根据各自的资金状况选择合适的清洁剂。

本章小结

清洁卫生工作是客房部的一项主要任务，也是酒店一切工作的基础和前提。

客房清洁卫生工作可分为客房日常清扫和客房计划卫生两部分。客房清洁整理又称做房，通常包括物品整理、打扫除尘、擦洗卫生间、更换及补充用品、检查设备等。在进行客房日常清洁卫生时，应严格按照清扫的程序和要求工作。客房计划卫生弥补了日常清扫工作的不足，是酒店清洁保养工作的必要环节。

客房清洁卫生质量的标准可分为视觉标准和生化标准。不少酒店将视觉标准定位"六净"和"十无"。客房清洁卫生质量可以通过逐级检查制度和发挥客人的监督作用来控制。客房的逐级检查制度主要是指对客房的清洁卫生质量实行领班、主管及部门经理三级责任制,也包括服务员的自查和上级的抽查。

公共区域清洁卫生工作,也是客房部服务与管理工作的重要组成部分,主要包括大厅、公共洗手间、电梯、酒店周围环境等的清洁保养。

清洁剂在客房部清洁保养工作中必不可少。由于清洁剂一般为化学药品,因此应正确使用并妥善管理清洁剂。

国际酒店赏鉴

日本帝国饭店让人惊艳的服务细节

众所皆知,日本是一个非常注重细节的国家,对于细节孜孜不倦的追求,让很多人都望尘莫及。而这种吹毛求疵的日本细节精神,在帝国饭店体现得淋漓尽致。

一切细节的初衷,都是考量客人的需求,虽然看似单调又微不足道,但是理所当然又至关重要。以下客服部几大细节绝对会让客人惊艳到。

客人遗留物都可"续住"一晚

帝国饭店在客人退房后,房务人员会仔细检查客人遗留物,连留下的纸屑都因可能记载着重要信息而好好包装,让它再住一晚。

这个服务因为曾有退房客人询问过"房间桌上是否留有我写的便条?"才新增的。从那时起,客人留下的物品不再是"垃圾",而是"遗留物",即使是一张被撕破的纸张,对客人而言也可能是重要的。

担任过五年房务人员的住房部客房课夜间经理山口丰治细数,包括报纸、期刊、笔记本、收据、空瓶、未吃完的蛋糕等,光一层楼的遗留物就高达100件以上,必须分门别类放置一天,若无人认领,第二天傍晚才会送到垃圾场。

山口丰治真的碰到过客人回头来找一团纸球的事情,只要千万位客人中有一位客人因这样的服务受惠,他们就会坚持下去。

客房服务员诚恳地对着关上的门深鞠躬

访问帝国饭店员工,哪一项服务最引以为傲?十个有九个会提到,房务人员对着已关上门的客房,45°深深鞠躬。

故事是这样的。不知多久前,曾有一位服务人员,每次送餐到房间,退出房间关上门后,总会对着房间深深一鞠躬。按理说,敬礼已没必要,因为客人根本看不到,但她却坚持这么做。

有一次被其他路过的房客看到,非常感动,还特意写了一封表扬信给饭店。从那之后,房务人员纷纷仿效。"无论是否在客人的视线内,表达感谢是很重要的。"帝国饭店社长定保英弥肯定地说。

客房清洁一丝不苟　检查细目多达190项

客房清洁最能完美体现帝国饭店对细节的一丝不苟,他们要求绝不能留下上一位房客的任何痕迹。

客房清洁通常两人一组,一个人清扫浴室,另一个人整理床铺,尤其是消除前一位客人留下的味道。"人类的嗅觉通常短暂几秒就能适应，所以打开房门就要立即处理味道。"客房部夜间经理山口丰治强调。

房务人员打扫完毕，一定要脱下鞋子，用吸尘器由内往外吸，以免留下脚印。但这样还不能让客人入住，必须让检查员做最后把关。

检查员是帝国饭店在1999年增设的特有编制，堪称全世界饭店第一。从房门把手开始，电话机是否正常运作、闹钟是否准时、玻璃杯有无手印、便条纸有无写过的痕迹等，项目多达190个，光入口门就有12项。

山口丰治脱下鞋子、拿着手电筒示范，连床底下都不放过，"光着脚才知道地毯是否清洁干净"他回想刚开始检查一间客房要花1小时，除了试坐每一件家具，还会躺进浴缸，以客人泡澡的视角去看马桶的下缘是否干净，现在熟练后只需要30分钟。

"即使时间再赶，浴缸里的一根毛发也不能放过。"山口丰治骄傲地说。

电梯是"最小的房间" 里面都有一朵玫瑰花

帝国饭店有一则平面广告，画面是电梯里摆着一个花瓶，瓶里装着一朵含苞待放的粉红色玫瑰花，广告词写着"欢迎来到最小的客房"。

原来帝国饭店把不到两坪大（1坪＝3.3平方米）的电梯空间也当成客房来经营，即使客人在电梯内待的时间只有十几秒，也要让他们感受到客房的温馨。

粉红色玫瑰每天更换，早上8点多就可看到服务人员拿着玫瑰花站在电梯口等待更换。帝国饭店没有一朵人工塑胶花，不管是客房或餐厅，还是摆在大厅正中央的那一大盆花，都是鲜花。花苞紧闭或过于盛开都不合格，唯有含苞待放时最美。

每件衣服都是贵客 百年洗衣部纽扣齐全

帝国饭店的洗衣服务十分出名。据说曾有一位纽约客人，每半年就带着堆积如山的衣服，搭飞机送到帝国饭店清洗。好莱坞影星基努李维（Keanu Reeves）还曾在电影里即兴说出一句台词"如果要送洗衣服，请送到帝国饭店洗衣部"。

洗衣工场负责人浅野昭夫说，帝国饭店是全日本第一家提供洗衣服务的饭店，已拥有百年历史。饭店地下一楼，放置了大大小小的洗衣机、烘衣机和熨衣板，比洗衣店还专业。

他们每天平均收到1 000件衣物，第一件事不是将衣物丢到洗衣机，而是先检查。员工对饭店提供的食物和酱汁了如指掌，只要是在饭店沾染的污渍，绝对有办法清洗干净。

最特别的是，为了怕纽扣在清洗时不慎脱落，他们从世界各地搜集了超过100种纽扣及各种颜色和材质的线，会视情况，取下衣服上的纽扣，待衣服清洗熨烫之后再重新补上。

浅野昭夫拉开文件柜介绍，光是白纽扣就分两孔和四孔，厚度也不一样。但浅野昭夫仍感觉不够，"近年衬衫流行厚纽扣，和先前搜集的不一样，很苦恼"。

虽然只是一颗小纽扣，却是极严重的事，可能让一件衣服变得毫无用处，而衣服又承载了客人的回忆。曾经发生过，洗衣前忘记检查纽扣状态，洗完发现纽扣不见了，后来员工分头到东京每家裁缝店寻找一样的纽扣。

"衣服就是我们的客人，对待每件衣服要像对待客人一样小心仔细。"浅野昭夫说。

（资料来源：Lookhotel，2017-08-22.）

复习思考题

一、简答题

1. 客房的日常清洁整理的准备工作包括哪些？
2. 客房整理的基本程序是什么？
3. 试述住客房清扫程序的八字诀。
4. 公共区域清洁卫生的特点是什么？其主要部位的清洁要求是什么？
5. 酒店常用的清洁剂有哪些？各自的作用是什么？

二、实训题

1. 在模拟客房，练习中式铺床。
2. 在模拟客房，练习开夜床服务。
3. 参照表6-2，以领班的身份对实习酒店的一间客房进行质量检查。

表6-2 客房质量检查表

检查人员：

检查日期：

项目	序号	标　准	评估分数	备注	项目	序号	标　准	评估分数	备注
房门	1	门锁是否灵活			灯具	15	开关是否正常		
	2	开门是否有声音				16	灯罩接缝处是否放在背面		
	3	门脚磁吸是否起作用				17	灯泡是否有积尘		
	4	门后是否有火警疏散示意图				18	灯罩是否清洁、无尘		
	5	门锁后是否挂有"请勿打扰"牌			垃圾桶	19	是否有垃圾		
						20	垃圾桶内、外是否清洁		
衣柜	6	衣架是否足够			墙壁	21	墙壁是否有污渍		
	7	衣架竿上是否有积尘				22	天花板是否有裂缝、漏水、霉点		
	8	衣柜门是否开关正常				23	墙角是否有尘土、蜘蛛网		
	9	衣柜内是否有积尘			空气调节	24	调节器是否在控制范围内		
写字台茶几	10	抽屉是否活动自如，是否有尘土				25	温度是否适中		
	11	烟灰缸是否干净，托盘内物品是否齐全干净				26	出风口是否发出响声及藏有灰尘		
	12	家具表面是否脱色和破损			电话机网络接头	27	电话机是否操作正常		
	13	电视机是否正常工作，频道是否已经调好				28	电话机及线是否清洁卫生		
						29	网络预留接头是否完好		
	14	茶杯内是否清洁			电壶	30	电热水壶内是否清洁无积水		

续表

项目	序号	标 准	评估份数	备注	项目	序号	标 准	评估份数	备注
床	31	床铺是否完美、平整、定期翻转			天花板	45	是否有松脱、霉点		
	32	床铺是否清洁卫生无破损				46	抽风机是否运转正常		
沙发	33	垫、布料是否有损坏,摆放是否整齐			座厕盆台	47	盖板、座板是否清洁		
凳	34	垫下是否藏有灰尘、纸屑				48	座厕去水系统是否正常		
装饰画	35	是否悬挂正常				49	座厕内壁是否清洁		
	36	是否有积尘、破损				50	座厕外壁是否有污渍		
地面	37	清洁程度、边角卫生如何,有无毛发				51	马桶水擎按手是否松紧适度		
窗帘	38	窗帘是否清洁、悬挂美观				52	盆、浴缸、水嘴等是否清洁		
	39	窗帘钩是否有松脱				53	冷热水龙头是否操作正常		
	40	窗帘轨道是否操作自如				54	盆去水系统是否正常		
窗	41	玻璃是否光洁明亮				55	盆内水塞是否有毛发、皂渍		
浴室门	42	门锁转动是否灵活,是否贴靠墙壁				56	石台是否清洁明亮、无磨损		
	43	门表面是否有破损、变形、水渍			浴室用品	57	漱口杯、洗发液、浴液、卫生纸、拖鞋、牙刷、毛巾等补充是否齐全		
镜子	44	是否有水渍、水银脱落			气味	58	地漏是否有异味		
					摆放	59	物品、用品是否摆放在指定位置		

注:评分标准,5分为优,4分为良,1~3分为合格,0分为不合格。

客房日常服务

教学目标

知 识 要 点	能 力 要 求	重 点 难 点
客房日常服务概述	（1）理解客房服务中心模式 （2）掌握客房日常服务要求	重点：客房日常服务要求 难点：客房服务中心运作特点
客房日常服务项目	（1）能规范地完成迎送服务 （2）能准确、高效地完成送餐服务 （3）能灵活提供访客服务 （4）熟练掌握洗衣服务操作程序 （5）正确处理遗留物品 （6）能周到地为客人提供私人管家服务 （7）熟悉擦鞋服务流程 （8）能及时为客人提供借用物品服务 （9）能够熟练地为会议客人提供服务 （10）掌握贵宾客人服务流程 （11）能够灵活对待醉酒客人服务，细心体贴地为生病客人、残疾客人提供服务	重点：迎、送服务流程 访客接待注意事项 洗、送客衣服务 难点：私人管家服务程序 贵宾服务流程 醉酒、生病、残疾客人服务要点

善意的洗衣服务

一天，一位南方客人想要清洗一件西服上衣，便对正巧进房间的服务员说："请你帮我填写一张洗衣单，我要洗西服上衣。"服务员听后，欣然答应，马上填写好洗衣单，而且注明水洗。可万万没想到，洗衣房按洗衣单要求洗好后，衣服出现了破损。客人对此非常气愤，质问服务员："我说干洗，你为什么填写水洗？"随即就向酒店提出投诉，要求赔偿金额不能少于西服上衣价格的一半。客房经理对此事进行了详细的调查和妥善处理。

案例中洗衣赔偿纠纷，起因是服务员为客人代填洗衣单。按规定客房服务员一般不接受客人代填的要求，如确需代填，填好后务必请客人确认并签字。在为客人服务的过程中，严格执行酒店的规章制度和服务程序，这才是对客人真正的负责。随着客人消费经验的日趋丰富，对服务质量的要求也越来越高。酒店只有不断提高日常服务的技巧与艺术，才能不断升华与完善服务质量。

问题： 如果你是一名客房服务员，遇到客人交办事项，应该怎么办？如果你是客房部经理，遇到这种情况会怎么处理？

7.1 客房日常服务概述

客房服务是酒店服务工作的重要组成部分。一方面，客房部应从本酒店目标市场的需求出发，设置服务项目，包括从客人入住到离店的服务全过程，以满足客人需求，使客人满意而归。另一方面，客房服务项目的设置既要与酒店的接待能力相匹配，也要有助于提升酒店的服务水准，提高酒店的经济效益，树立酒店良好的市场形象。

7.1.1 客房日常服务模式

传统的客房日常服务模式有两种，即楼层服务台和客房服务中心，两者在服务规程上有很大的不同。过去多采用楼层服务台模式，现在国内外的大多数酒店主要采用客房服务中心模式。近些年来，不少高星级酒店在客房对客服务中针对酒店的一些重要客源群体，推出了一些新的服务模式，收到了很好的效果，行政楼层的出现便属此类。

1. 客房服务中心模式

客房服务中心又称房务中心，是联络协调对客服务、满足对客服务需求，沟通客房内部与酒店相关部门的信息中心。客房楼层不设服务台和台班岗位，客人住店期间的服务要求由客房服务中心统一协调和调度。

1）客房服务中心的运作模式

根据每层楼的房间数目，分段设置工作间。工作间在形式上是不对外的，也不担任接待客人的任务。客人由行李员引领进入房间，客用钥匙的管理由前厅部负责。客人住宿期间的服务要求则由客房服务中心统一安排服务员为其提供。客房服务中心提供24小时连续服务，视工作量安排人员和班次，通常实行三班轮换制以保证服务质量。

2）客房服务中心的运作特点

①建立了专业化的对客服务队伍，统一了服务程序，提高了对客服务质量。②营造了安静的楼层环境，这种无干扰服务让客人感到酒店处处都在服务却又看不到服务的场面，如同在自己家里一样自由自在、无拘无束、方便舒心。③实现了客房对客服务工作的专业化，便于统一调度和控制客房部的日常服务工作，整合客房各种资源，提高工作效率。④客房服务中心成为沟通信息的桥梁，可随时保证内部信息和外部信息的有效畅通。

3）客房服务中心的设置条件

①酒店应有比较高的安全系数，具备现代化的安全设施和严格的保安措施。客房楼层应和其他区域严格分开，员工通道和客人通道分开。②客房服务中心应有先进的通信设备，一般应具备同时接听两个及两个以上电话的能力，最好具有小型交换机的功能，以保证信息的畅通。同时必须建立一个独立的内部呼叫系统，以便于客房服务中心快速联系到各楼层的服务员。③客房内应有齐全的设备，能提供较全的服务项目。这样，客人的大部分需求在客房内部就能得到解决，如国际国内直拨电话、服务指南、游览图、电热水壶和充足的生活用品等。

2. 客房服务中心和楼层服务台相结合模式

楼层服务台是酒店客房区域各楼层的服务台，又叫楼面服务台。服务台常设在客房楼层的适当位置，配备专职的服务员值班，负责本楼层的各项日常服务工作。由于服务质量难以控制，国内多数酒店都不再采用这种模式，而是采取楼层服务台和客房服务中心相结合的模式。既设立客房服务中心又设立楼层服务台，可以吸取这两种模式的优点，同时也能克服部分缺点。具体的做法有两种。

（1）客人活动的高峰期安排楼层值台员。在客人活动的高峰时间安排专职的楼层值台员负责对客服务。客人外出或夜间休息时，对客服务工作相对较少，可以不安排专职楼层值台员，否则会出现人力浪费现象。客人需要服务时，可通过客房服务中心协调安排。

（2）在部分楼层设立服务台。在部分楼层设立服务台，安排专职值台员负责对客服务工作，这些楼层主要用于接待内宾或需要特别关照的客人。其他楼层的对客服务工作由客房中心统一调控。

3. 行政楼层模式

1）行政楼层的诞生

随着世界经济的快速发展，商务活动日益兴盛，庞大的商务客流已成为酒店极为重要的客源群体。商务客人一般素质较高，有一定的身份和地位，消费水平较高。客人的主要目的是从事商务活动，他们通常会选择通信便利、交通便利、洽谈生意便利的酒店入住。因此，商务客人对酒店各方面的服务要求都很高。国际上的发展趋势早已提出了对商务客人"服务到客房"的口号。许多高星级酒店为了满足商务客人的需求，开辟了行政楼层。

2）行政楼层的运作模式

商务客人不必在前台办理入住等有关手续，客人的住宿、登记、结账等手续直接在行政楼层由专人负责办理。客房内装有专线插座，客人可以在任何一个房间获得国际互联网的链接。如有需要，可向商务中心租借计算机，在客房内即可收发邮件和浏览网页。行政楼层设有休息室，供客人用早餐、读报、休息和喝咖啡等，休息室成了商务客人临时的办公室和会议室。酒店为其提供完整的商务设备并提供24小时服务。

示例链接 7-1

丽思·卡尔顿酒店行政楼层
——为宾客打造"酒店中的酒店"尊尚体验

丽思·卡尔顿是一个高级酒店及度假村品牌，分布在 24 个国家的主要城市，总部设于美国马里兰州。丽思·卡尔顿作为全球奢华酒店品牌，从 19 世纪创建以来，一直遵从着经典的风格，因为极度高贵奢华，她一向被称为"全世界的屋顶"，尤其是她的座右铭"我们以绅士淑女的态度为绅士淑女们忠诚服务"更是在业界被传为经典。不管在哪个城市，只要有丽思酒店，一定是国家政要和社会名流下榻的首选。

是什么让丽思·卡尔顿酒店及度假村在中国奢华酒店市场的激烈竞争中脱颖而出？对于商务及休闲客人来说，答案很简单，那就是丽思·卡尔顿酒店行政楼层为其提供的优质服务和设施。私密、舒适及个性化是丽思·卡尔顿行政楼层的代名词，以别具匠心的服务和礼遇，为客人打造"酒店中的酒店"尊尚体验。

行政楼层位于每家酒店的高楼层，兼具舒适与奢华的环境，让客人独享城市上空的奢华体验。行政酒廊是感受丽思·卡尔顿行政楼层舒适、私密及便捷的最佳场所。设计宽敞明亮，氛围轻松惬意，中英图书整齐地摆放在书架上供客人阅读之悦，国际报纸、期刊让客人随时知晓天下事。尽职的礼宾司随时恭候为客人服务，预订炙手可热的餐厅，或更改航班。为了保障私密与安全，选择入住丽思·卡尔顿行政楼层的客人，通过专用电子房卡才可抵达相应楼层。

不同城市的行政酒廊设计与布局也各具特色。北京金融街丽思·卡尔顿酒店（图 7.1）的行政酒廊，其设计以中国当代风格融合风水原理，寓意客人在中国首都和金融区生意成功。

图 7.1　北京金融街丽思·卡尔顿酒店

天津丽思·卡尔顿酒店（图 7.2）可谓一座经典的欧式地标建筑，其行政酒廊则打造成家庭式厨房和客厅风格的公寓，极富空间感又不失私密。

入住丽思·卡尔顿行政楼层，客人可选择豪华客房或套房，享受房内快速办理入住服务，省去烦琐手续。抵达酒店时，酒店绅士淑女早已恭候多时。办理入住后抵达房间，免费熨烫衣服服务，可保证衣物在一小时内送回。

餐饮服务是行政楼层最吸引人的亮点之一。热气腾腾的自助早餐，开启活力一天：麦片粥、点心、新鲜水果、当地佳肴等一应俱全，还有现场烹饪的美食等各色早餐。午餐可挑选精致小巧的三明治、健康沙拉或热菜。14:30—16:30 的下午茶时光，是帮客人预留的闲适时光，精致下午茶，包

图 7.2　天津丽思·卡尔顿酒店

括司康饼、手指三明治、甜品及中西茶茗。华灯初上，一天行程结束，可在行政酒廊品尝鸡尾酒及餐前小吃。甜美入梦前，行政酒廊还准备了香甜饮品和巧克力，伴客人一觉到天明。

私密与舒适不仅限于行政酒廊里，客人若需现煮咖啡或泡制香茗。无论何时，行政楼层的绅士淑女会在十分钟内送到客房。此外，若想在酒店周边进行短途游览，行政楼层每天 7:00—22:00 提供专属豪华轿车送达服务。

结束行政楼层体验，账单早已提前备好，只需前往行政酒廊办理退房手续即可，省事方便。绅士淑女们向客人欢欣道别，并赠予酒店小纪念品，为丽思·卡尔顿尊尚体验画上完美句号。

丽思·卡尔顿酒店集团亚太区副总裁简维德先生表示："丽思·卡尔顿行政楼层尊尚体验是我们实践对客人承诺的重要组成部分，这让我们在温馨、轻松、精致的氛围中，以个性化服务为客人带去愉悦与欢乐。"

总之，客房日常服务模式不是一成不变的，它是随着市场需求的变化而不断发展变化的。为了迎合商务客人的需求，许多高星级酒店设立了行政楼层；为了提高顾客的满意度，南京中心大酒店推出了楼层管家服务新模式；随着女性商务客人的不断增多，一些酒店开辟了女宾楼层，配有女保安和"妈妈服务员"，为女性宾客提供富有人情味的"保姆式"服务等，无疑这都是对客房日常服务模式的丰富和有益探索。

7.1.2　客房日常服务要求

客房是最应该让客人找到回家感觉的地方，客人对服务的要求自然会很高，总是期望客房服务尽善尽美。不同的客人对服务的要求千差万别，但是对服务的基本的、共同的要求是相同的。

1. 真诚主动

服务态度是衡量酒店服务质量优劣的标尺。真诚是对客人友好态度的最直接表现。因此，客房日常服务首先要突出"真诚"二字，实行感情服务，避免单纯的任务服务。主动就是服务于客人开口之前，是客房服务员服务意识强烈的集中表现。如客房服务员主动与客人打招呼，主动迎送，帮提行李等。

2. 礼貌热情

礼貌就是要有礼节、有修养，尊重客人心理，既不妄自菲薄，在客人面前低三下四，又不盛气凌人，要继承和发扬中华民族热情好客的一贯美德。热情即在客房服务过程中态度诚恳、热情大方、面带微笑。礼貌热情要求在仪容仪表上要着装整洁、精神饱满、仪表端庄；

在语言上要清楚、准确,语调亲切、柔和;在行为举止上要乐于助人、帮助客人排忧解难,恰当运用形体语言。

3. 耐心周到

耐心就是不厌其烦地为不同的客人提供具体的优质服务,工作繁忙时不急躁,对爱挑剔的客人不厌烦,对老弱病残客人的照顾细致周到,客人有意见时耐心听取,客人表扬时不骄傲自满。周到就是要把客房服务做得细致入微,周详具体,要了解不同客人的生活喜好,掌握客人生活起居规律,了解客人的特殊要求,有的放矢地采用各种不同的服务方法,提高服务质量,并且要求做到有始有终,表里如一。

4. 尊重隐私

客房是客人的"家外之家",客人是"家"的主人,而客房服务员则是客人的管家。尊重"主人"隐私是管家应具备的基本素质。客房服务人员有义务尊重住店客人的隐私。

5. 准确高效

客人对客房服务的等待是缺乏耐心的,准确、高效的服务是客房优质服务的重要内容。服务效率直接影响到客人对酒店服务质量的总体评价。因此,客房服务应该是既快又准。

 知识链接 7-1

什么样的客房服务才能不断吸引酒店回头客?

服务员的工作状态可以分为三种层次:第一种,眼里没"活"、心中无"意"——眼里看不到该做的事,心中也没有主动服务的意识;第二种,眼里有"活"、心中无"意"——虽然看到了该做的事,但缺乏主动服务的意识;第三种,眼里有"活"、心中有"意"——不但看到了客人需要,并且主动去做了。

要使服务员的工作状态达到第三种层次,酒店需三管齐下:一是灌输正确意识,二是建立激励机制,三是加强现场督导,以此促使员工形成自觉自愿、积极主动的服务习惯。

很多客房日常服务项目并不复杂,有的甚至是举手之劳,当然也都是服务员应该做的,但如果服务员缺乏主动服务意识,则很难发现,或者发现了也不会主动去做,或者做了也可能做得不精不细。反之,服务员如果能站在客人的角度,想客人之所想,甚至想客人之未想,具有强烈的主动服务意识,就会敏锐地察觉和发现问题,积极地找到该干的"活",并且认真细致、精益求精地去满足客人的需要。酒店的好名声是靠"眼里有活、心中有意"的员工一点一滴做出来的。

7.2 客房日常服务项目

7.2.1 迎送服务

迎送服务是客房接待工作的起点和终点,是客房服务的重要环节。做好这两项工作不仅可以使客人来时高兴,住时愉快,走时满意,而且可以极大地提高客人对酒店整体服务质量的感知。

1. 迎客服务

迎客服务是客房工作的首要环节,指的是从客人在前台办理完入住登记手续到进入房间过程中的服务。做好迎客服务工作不仅会给客人留下深刻的第一印象,而且会为其他的服务打下良好的基础。

（1）准备工作。服务员应该做好充分的心理准备和物质准备。首先，应尽可能详细地了解客人的基本情况。掌握客人抵店时间、接待规格和标准、房间分配情况，客人的身份、国籍、风俗习惯、宗教信仰和生活特点等；接待团队还应了解团队名称、人数、日程安排等方面的情况。其次，根据掌握到的客情信息布置整理房间，按照接待规格备好客房用品。要及时撤出客人的忌讳用品以示尊重。如果是重要客人，还应备好鲜花、水果及总经理的名片等。仔细检查客房设施设备是否完好，使房间保持适宜的温度和新鲜的空气。若客人晚间抵达，应拉好窗帘，开亮房灯，做好夜床。

（2）迎接工作。服务员在迎接时要善于把握时机，讲求服务效率，保证服务效果。客人走出电梯，服务员应立即迎上前去，微笑问候，查验房卡，打开房门后请客人先进；摆放好行李；向客人介绍房间内部设施，告知客人如有需要可拨打电话与服务人员联系。询问客人是否需要其他服务后，向客人道别，面向客人退出房间，将门轻轻带上。

2. 送客服务

送客服务是客房服务工作的最后环节，客房服务员应高度重视，努力为客人创造完美的住店经历，谨防产生"100-1=0"的恶果。

（1）准备工作。客房服务员应准确掌握客人的离店时间，了解客人费用是否结清，确保客人离店前将其消费客房服务的各种账单送到收银处，防止漏账和跑账。认真检查客人委托代办事项是否均已完成。关照客人仔细收拾好行李物品，尤其是贵重物品。提醒清晨离店的客人让总机叫早，询问客人离店前还有无需要帮助的地方。如果涉及其他部门，服务员应尽量做好协调工作，与其他部门一起通力协作，做好客人离店前的准备工作。

（2）送客检查。热情地将客人送至电梯口，按下电梯按钮，以敬语向客人道别，欢迎客人再次光临，待电梯门关后方可离开。然后迅速进入房间仔细检查是否有遗留物品，若有遗留物品应派人立即追送，来不及的交给客房服务中心登记保管；仔细检查客房设施设备有无损坏，各种物品是否齐全，发现问题应及时通知前台，以便妥善处理。

7.2.2 小酒吧服务

为方便客人享用酒水饮料和小食品，同时增加酒店收入，体现酒店服务水准和档次，三星级（包括三星级酒店）以上的酒店要求客房设置小酒吧，配备小冰箱。

1. 配备

在小酒吧配备方面，首先，应根据本酒店的星级及目标市场，确定饮料的配备品种及数量；然后在账单上列出饮料及其他备品的品种、数量、价格及有关注意事项。此外，房内还需配备饮料杯、酒杯、杯垫、调酒棒、开瓶器等用品。客房部管理人员应注意研究客人的消费情况，根据客人的需要定期调整小酒吧的品种。

2. 检查

为了加强对酒水饮料的管理，要求客人将自己每天饮用的酒水饮料如数填写。对于住客房小酒吧的检查，通常由服务员在每次例行进房时进行。若有消费，应立即输入账款做好补充。如果客人已填好客房小酒吧账单，应收取并补充新账单，还要注意查对账单是否填写正确。

3. 盘点

客房部需定期统计和盘点楼层的小酒吧饮料，确保所有房内小酒吧饮料不超过保质期。一般每月检查一次，将快过期的酒水食品调至餐饮部及康乐部。在淡季可能会出现康乐部消化不了客房部快过期酒水的情况，报废率会因此而提高。为解决这一问题，酒店可以与供货商进行协商，将从房内撤出的酒水与供货商调换，但前提通常是撤出的饮料距保质期 3 个月以上。

4. 注意事项

（1）如发现客人使用过小酒吧，应核对客人是否填写酒水耗用单。

（2）如客人填写有误，应注明检查时间，待客人回房时，主动向客人说明并更正；如客人没有填写，应代客补填并让客人签名同时注明日期。

（3）如客人结账后使用了小酒吧，应礼貌地向客人收取现金，并将酒水单的第一联作为发票交予客人。收取的现金连同酒水单的第二联交给收银处。

（4）领取和补充小酒吧的酒水和食品时，要检查酒水的质量和饮料、食品的有效保质期。

7.2.3 送餐服务

房间送餐服务是指根据客人要求在客房中为客人提供的餐饮服务。它是酒店为方便客人、增加收入、减轻餐厅压力、体现酒店等级而提供的服务项目。

1. 接听电话

送餐服务订餐电话必须具备来电显示功能，以便准确掌握客人的房间号码；服务员应在电话铃响三声以内接听电话，准确记录并复述客人所点食品、酒水、数量、特殊要求，客人的姓名、人数、要求的送餐时间等内容；告知客人送餐预计需要的时间；向客人道谢并等客人挂机后再挂断电话。

2. 下单制作

服务员在填写订单时应认真核对订餐的内容，以免遗漏；订餐单上要注明下单的时间，以便传菜组、厨房等环节掌握时间；厨房在接到送餐订单后，要特别注意时效及出菜的同步性。

3. 送餐准备

送餐准备工作是否全面无遗漏，直接关系到送餐服务质量和服务效率。服务员应根据客人所点菜品及酒水准备好用餐餐具、酒杯、开瓶器等；准备好牙签、小方巾、盐瓶、胡椒瓶及其他调味品；准备好账单、找零用的零钱（如客人现金支付）、签字笔（如客人签单挂房账），提前与总台确认客人签单的权限等。

4. 客房送餐

餐饮部应对服务员进行严格的进房程序培训，进房前必须先敲门、通报身份，在客人示意进房后方可进入。如遇客人着装不整，应在门外等候，等客人穿好衣服后再进房送餐；进房后应征询客人用餐位置的选择及餐具回收的时间（或留下餐具回收卡，以便客人知道回收餐具的联系方式）；退出房间前应面向客人礼貌道别。

5. 餐具回收

餐具回收因跨部门合作，回收不及时容易导致餐具遗失或剩菜存放过久变质影响环境卫生等。因此，在餐具回收环节要注重以下细节：送餐组设立送餐餐具登记单（一式两联，餐饮、客房各一联），列出所有送餐的房号、餐具种类、名称、餐具回收的时间等，送餐完毕请客房中心签收并各自留下一联。到了约定时间或客人来电收取餐具时，应及时收取餐具并核对。

7.2.4 访客服务

访客也是酒店潜在的重要客人,做好访客服务工作有助于提高客人的满意度,树立酒店良好的市场形象。访客服务工作既要做到热情款待又要加强对访客的安全管理,以防止社会上的不法分子混入酒店伺机作案。具体在接待过程中应当注意以下几点。

(1)访客来临时,服务员应礼貌地询问其姓名及有关事项,并请来访者填写会客登记单,见表7-1。

表7-1 酒店会客登记单

来客姓名	性　别	关　系			单位或住址	电　话
		工作	亲属	朋友		
会见何人					房号	
会见时间	年　月　日　时　分				离开房间时间	时　分
证件名称					号码	
备注	① 会客时请出示身份证,按规定登记。 ② 待服务员征得被访客人同意后,方可允许进入房间。 ③ 本店会客时间为 8:00—22:00,不得留宿,谢谢合作。					

注:此会客登记单一式两份,客人离店时将此单收回,并将访客离店时间填在存根上。

(2)及时为访客提供茶水和座椅等服务,主动询问住客是否还需要提供其他服务,并尽力帮助解决。

(3)如果住客不在房内,向访客说明并提示其可以去总台办理留言手续或到公共服务区等候。如果住客不愿意接见访客,应先向访客致歉,然后委婉地请其离开,不得擅自将住客情况告知访客。如果住客同意会见,按住客的意思为客人引路。如果住店客人事先要求服务人员为来访客人开门,要请住客去大堂副理处办理有关手续。来访客人抵达时,服务人员须与大堂副理联系,证实无误后方可开门。

(4)为保障安全,访客来访期间,服务员应密切关注楼层有无可疑动向。

(5)如果是晚间来访,探访时间超过了酒店规定的会客时间,服务员应礼貌地请访客离开住客的房间。若访客需留宿,应请客人到总台办理住店手续。

(6)做好访客进离店的时间记录。

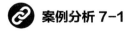
 案例分析 7-1

访客时间已过

晚上 11:00,518 房间还有访客,服务员小张用电话与该房间的住客联系。用和蔼、委婉、歉意的语气提醒客人:"您好,黄先生,我是9楼服务员,很抱歉打扰您,只是酒店规定的访客时间已过。"停顿一下,见对方沉默不语,感觉到客人的谈话还要继续时,又建议到:"哦,可能您还有事没谈完,您再谈一会吧,过一会我再给您来电话。"由于语气平和,并给了对方一个余地,对方一时无言。

已经过了 11:30，服务员再次拨通电话："您好，黄先生，欢迎您的访客来我店，只是现在酒店规定的访客时间已过，如果您还要继续会谈，欢迎您和您的朋友到我们楼下的咖啡厅，24 小时为您提供服务。"顿一顿，"如果您的访客要留宿，我们很欢迎，请您的朋友到总台办理登记手续；如果您不方便，总台也可以到房间为您的朋友办理入住手续。"服务员耐心的一席话，使访客愉快地离开了酒店。

分析： 为了酒店和住店客人的安全，酒店对访客时间有一定的限制。访客到时没有离店，一般有两种情况，一是想留宿，二是确有事情商谈。访客时间已过，服务员需要智谋，得体的语言，恰到时机的服务提醒，既尊重了客人，又执行了酒店的规定，这对服务员是一种考验。

7.2.5 洗衣服务

洗衣服务是酒店为满足商务客人和因公长住客人的需要而提供的一项日常服务，但也是一项容易引起宾客投诉的服务项目。客房部要加强对洗衣服务的管理和控制，这是减少投诉和提高宾客满意度的重要措施。

1. 洗衣服务的种类

（1）按照洗涤方式可分为水洗、干洗和熨烫 3 种。

（2）按照送洗方式可分为普通洗衣服务（即上午交洗、晚上送回或下午交洗、次日送回）和快洗（即不超过 4 小时，但要加收加快费）两种。

2. 送洗及送回方式

1）常见的送洗方式

①客人致电洗衣房或客房部要求洗衣。②客人留下字条，让服务员代填洗衣单，并把衣物装在袋内或放在显眼的地方。③将衣物直接交给服务员。

2）常见的送回方式

①洗衣房收发员送回客房。②洗衣房收发员送回楼面，由客房服务员送入客房。

3. 洗衣服务程序

1）收取客衣

收取客衣服务程序如下。①检查是否有客人填写的洗衣单，并检查洗衣单上的项目是否齐全。②将洗衣单上客人填写的房号与房间门牌号进行核对，看是否一致。③将洗衣袋口系紧。④不要放在工作车上，以免被他人取走，造成损失。⑤如客人在休息，可暂时不收取，注意观察客人进出情况，方便时再去收取。

2）送洗客衣

送洗客衣服务程序如下。①由客房服务员代填写的洗衣单要保留存根后送交洗衣房。②每份客衣单要写明件数、经手人姓名。③登记客衣单时不要将客衣放在地上。④洗衣房来收取或送交时，要在交货单上签名。⑤发现不成双配套、短缺的小物品，客房服务员不要私自处理。⑥只烫不洗的客衣，要注意保持清洁。

3）送回客衣

送回客衣服务程序如下。①房号不清的客衣不要随意送入房间。②房间挂有"请勿打扰"牌，可暂时不送或将特制的说明留言条从门缝处塞进房间，告诉客人送洗的衣物已在客房服务中心待取。

洗衣单的具体格式见表 7-2。

表7-2 洗衣单

LAUNDRY & VALET SERVICE 编号

请填写表格通知收取客衣，费用计入房间账户

姓名　　　　　　　　　房间号码　　　　　　　　日期

NAME_____ ROOM NUMBER_____ DATE_____

请填大写（Please use block letters）

SPECIAL INSTRUCTION

□折叠	□悬挂	□无浆	□轻浆	□重浆
FOLDED	ON HANGER	NO STARCH	LIGHT STARCH	HEAVY STARCH

号码　　　　　　　　　　　　　　签名

Mark NO:_____ GUEST SIGNATURE:_____

□基本服务：当日上午 10:00 前收取衣物可在同日下午 6:00 送回。

REGULAR SERVICE: Garments collected before 10:00 am will be returned the same day after 6:00 pm.

□特快服务：衣物可在 4 小时内送回（最后收衣为下午 3:00），费用双倍。

EXPRESS SERVICE: Garments will be returned within 4 hours from the time of collection (latest collection 3:00 pm). A 100% express charge will be applicable.

数量 count	项目 Description	干洗 Dry clearing			湿洗 Laundry			净熨 Pressing only		
	男装 gentleman	价格 price	数量 count	共计 total	价格 price	数量 count	共计 total	价格 price	数量 count	共计 total
	大衣 overcoat	50.00						25.00		
	西服（二件）套 suit	50.00						25.00		
	T恤 T-shirt	24.00			18.00			10.00		
	衬衣 shirt	26.00			18.00			10.00		
	背心 waistcoat	15.00						8.00		
	外套 jacket	28.00			26.00			14.00		
	毛衣 sweater	22.00			20.00			10.00		
	西裤/牛仔裤 trousers/jeans	24.00			20.00			12.00		
	围巾，领带 scarf/tie	10.00						5.00		
	运动套装 sport suit				30.00			15.00		
	短裤 shorts				18.00			9.00		
	内衣 undershirt				10.00					
	内裤 underpants				10.00					
	手帕/袜子 handkerchief/socks				7.00					
	羽绒服（长）down coat				60.00					
	羽绒服（短）down jacket				40.00					

续表

数量 count	项目 Description	干洗 Dry clearing			湿洗 Laundry			净熨 Pressing only		
	女装 lady	价格 price	数量 count	共计 total	价格 price	数量 count	共计 total	价格 price	数量 count	共计 total
	晚礼裙 evening dress	30.00						15.00		
	大衣 overcoat	50.00						25.00		
	西服（二件）套 suit	50.00						25.00		
	T恤 T-shirt	24.00			18.00			10.00		
	衬衣 shirt	26.00			18.00			10.00		
	西裙 skirt	24.00			18.00			12.00		
	外套 jacket	28.00			26.00			14.00		
	毛衣 sweater	22.00			20.00			10.00		
	西裤/牛仔裤 trousers/jeans	24.00			20.00			12.00		
	围巾/领带 scarf/tie	10.00						5.00		
	运动套装 sport suit				30.00			15.00		
	短裤 shorts				18.00			9.00		
	内衣 undershirt				10.00					
	内裤 underpants				10.00					
	手帕/袜子 handkerchief/socks				7.00					
	羽绒服（长）down coat				60.00					
	羽绒服（短）down jacket				40.00					
	基本费：basic charge									
	快洗费：express charge									
	总　计：grand total									

　　备注：任何付托酒店清洗衣物，在清洗过程中有损坏或过失，须由付托人负责（如衣物洗后缩衣、褪色或财务遗漏等）有关衣物数量，除非事前经由本店点收，否则以本店记录为实数。任何有关清洗服务之投诉，须在 24 小时内进行，赔偿丢失或洗坏衣物不超过洗涤价格的 10 倍。

　　REMARKS：All articles sent to be cleaned are accepted by the centre at owner's risk，although management will exercise reasonable care，the centre can't be held responsible of any damage resulting from the dry clean process or loss of buttons left in the pockets，unless is specified.Our count must be accepted as correct.Any claim concerning the finished loss or damage will not exceed ten times the amount of the item charged.

All charges are quoted in RMB

定价以人民币计算

收衣服务员　　　　　　　　　　　　　　　　　　　送衣服务员

COLLECTED BY_____　　　　　　　　　RETURNED BY_____

收取时间　　　　　　　　　　　　　　　　　　　　送衣时间

COLLECTED TIME_____　　　　　　　　RETURNED TIME_____

 案例分析 7-2

干洗还是湿洗？

江苏省某市一家酒店住着台湾某公司的一批长住客。一天其中一位客人的一件名贵西装弄脏了，需要清洗。当他看到服务员小江进房打扫时，便招呼她说："小姐，我要洗这件西装，请帮我填一张洗衣单。"小江想客人也许累了，就爽快地答应了，随即按她所领会的客人的意思帮客人填写洗衣单湿洗一栏，然后将西装和单子送到洗衣房。接手的洗衣工恰恰是刚进洗衣房工作不久的新员工，她毫不犹豫地按洗衣单上的要求对这件名贵西装进行了湿洗，不料造成西装口袋盖背面出现一点破损。

台湾客人收到西装发现有破损，十分恼火，责备小江说："这件西装价值 4 万日元，理应干洗，为何湿洗？"小江连忙解释说："先生真对不起，不过，我是照您交代填写湿洗的，没想到会……"客人更加气愤，打断她的话说："我明明告诉你要干洗，怎么硬说我要湿洗呢？"小江感到很委屈，不由分辨说："先生，实在抱歉，可我确实……"客人气愤之极，抢过话头，大声嚷道："这真不讲理，我要向你上司投诉！"

客房部曹经理接到客人投诉，要求赔偿西装价格的一半，即 2 万日元。他立刻找到小江了解事情原委，但究竟是交代干洗还是湿洗，双方各执一词，无法查证。最后酒店领导做了反复研究，尽管客人索取的赔款大大超出了酒店规定的赔偿标准，但为了彻底平息这场风波，稳住这批长住客，最后他们还是接受了客人过分的要求，赔偿 2 万日元，并留下了这套西装。

分析： 本案例中将西服干洗错作湿洗处理引起的赔偿纠纷，虽然起因于客房服务员代填洗衣单，造成责任纠缠不清，但主要责任仍在酒店方面。第一，客房服务员不应接受替客人代写的要求，应婉转地加以拒绝。在为客人服务的过程中严格执行酒店的规章制度和服务程序，这是对客人真正的负责。第二，即使代客人填写了洗衣单，也应该请客人过目后予以确认，并亲自签名，以作依据。第三，洗衣房的责任首先是洗衣单上没有客人签名不该贸然下水；其次，洗衣工若能敏锐发现对名贵西服要湿洗的不正常情况，重新向客人了解核实，则可避免差错，弥补损失，这就要求洗衣工工作细致周到，熟悉洗衣业务。

7.2.6 遗留物品服务

酒店的住客或来店的其他客人，都有可能在酒店逗留或离店时将其个人物品遗忘在客房，遇到这种情况时，客房服务员应立即设法还给客人；对于不能当面交还的，客房有责任为其妥善保管遗留物品。

1. 服务程序

（1）在酒店范围内发现遗留物品，应及时通知总台查询客人的动向，若客人尚未离店，应立即交还给客人。如果是在客房内发现的一般物品，应直接通知客房服务中心；其他情况应先通知大堂经理，再通知客房服务中心。无法交还客人的，应交由客房服务中心统一保管。

（2）请拾遗人详细填写遗留物品登记单，见表 7-3。

（3）客房服务中心服务员查对遗留物品登记单及遗留物品，并填写遗留物品登记簿。

（4）将遗留物品登记单和物品一起装入透明塑料袋内，封口，写上日期。

（5）贵重物品送至财务部保管，请接收人在遗留物品登记簿上签字。其他的物品按日期顺序，存放于遗留物品储存柜中。

表7-3 遗留物品登记单

登记遗留物品具体情况	日期		时间	
	地点（房号）		姓名（客人）	
	物品名称（描述规格、型号）			
	是否与客人联系			
	发现人		经办人	
领取遗留物品具体情况	日期		时间	
	领取人证件号码			
	领取人姓名		经办人	
	备注			

（6）客人询问有关失物情况，应查对遗留物品登记簿记录，积极协助查询，给予答复。

（7）失主认领遗留物品时，须请客人说明有关失物详细情况。确认无误后，请客人到大堂经理处办理领取手续，同时立即将遗留物品和遗留物品登记单送给大堂经理，请客人交验身份证件，在遗留物品登记单上签字。领取贵重物品须留有有效证件的复印件，以备查核。经签字后的登记单应返回客房服务中心，贴附在登记簿背面备查。

（8）客房服务中心应定期整理清点遗留物品。对于无人认领的遗留物品的处理结果均须在遗留物品登记簿上予以说明。

2. 注意事项

（1）配备储存柜并确定保管期。酒店要视自身的规模和星级，配备遗留物品的橱柜，方便存放和查对。遗留物品的保管期没有硬性规定，惯例为3～6个月。高星级酒店的遗留物品中，有相当一部分是客人不要的遗弃物，只不过客人没把它们放入垃圾桶罢了，因此遗留物品的量很大，因而保管期也就比低星级的要低。贵重物品和现金的保管期为6～12个月，水果、食品为2～3天，药物为2周左右，衣物类保存应先送洗衣房洗净。

（2）确定保管期后的处理方式。客房部应对遗留物品超过保管期后如何处理做出规定。按国际同行业惯例，遗留物品应归物品的拾获者。贵重物品和现金须上交给酒店。国外一些酒店在联系不到客人的情况下，将物品拍卖并将所得钱款捐给慈善机构。客房部员工在处理客人的文件、资料时应特别慎重，凡未被放进垃圾桶的，都应视为遗留物品，不可将其随意扔掉。

7.2.7 私人管家服务

私人管家又称酒店保姆，他们既是服务员又是客人的私人秘书，负责打理客人在酒店的一切事物。客人一踏进酒店，私人管家就开始全方位地为客人提供服务。帮助客人办理入住手续，照顾客人的饮食起居，帮助客人打理日常工作事务。他们不仅会给客人端茶送水、调酒、熨烫衣服、嘘寒问暖，还会根据需要为客人打印文件、翻译资料等。显然，私人管家应具备渊博的知识，掌握娴熟的服务技巧，对酒店业务了如指掌，沟通能力强。

许多私人管家通过优质的日常服务，赢得了客人的高度信任和赞赏，与客人建立了深厚的友谊，客人也因此成为酒店的回头客。私人管家这种一对一的服务模式，极大地提高了客人的满意度，也为酒店赢得了良好的声誉。

1. 服务程序

（1）抵店前的服务工作。检查客史记录，了解客人喜好；与有关部门沟通，及时跟进客人喜好安排；抵店前两小时检查房间、水果盘和赠品的摆放。

（2）住宿期间的服务工作。及时和客人联系，提前十分钟到大厅迎候客人，客人到后做简单介绍，引领客人至房间，介绍酒店设施及房间情况；客人进房后送欢迎茶；与总台等部门密切配合安排客人的房间清洁、整理、夜床服务及餐食准备情况的检查、点单、餐中服务；根据客人需求每日为客人提供房内用餐服务、洗衣服务、叫醒服务、商务秘书服务、用车、日程安排、当日报纸、天气预报、会务商务会谈、休闲等服务；做好客人喜好的观察和收集，妥善处理好客人的意见和建议；做好酒店各部门的沟通和跟进，满足或超越客人的愿望。

（3）离店前的服务工作。掌握客人离开的时间；为客人安排车辆、叫醒服务和行李服务；了解客人对酒店的满意度，确保客人将满意带离酒店。

（4）离店后的服务工作。做好客人档案管理，包括公司、职务、联系地址、电话、电子邮箱、个人照片、意见或投诉、个人喜好、未来的预订及名片；保存好客人的遗留物品。

2. 注意事项

（1）注意客人的尊称，能够用客人的姓名或职务来称呼客人。
（2）客人是否有宗教忌讳。
（3）将你的联系方式告诉客人，向客人介绍管家服务是 24 小时服务。
（4）注意客人的性格，选择相应的沟通和服务方式。
（5）房间的温度、气氛及音乐是否调到适宜。
（6）管家需量力而行，如果服务内容超过了自己的能力，有特殊状况发生时，需逐级请示，不能擅自承诺客人或脱离工作范围。

示例链接 7-2

丽晶酒店的私人管家服务

丽晶品牌自 1980 年创立至今，最为人赞赏称道的是服务政商名流、影视巨星的经验。此形象自 1990 年全球卖座电影"Pretty Woman（风月俏佳人）"在比佛利山庄丽晶酒店拍摄取景时开始深入人心。自此之后，惠特妮·休斯顿、玛丽亚·凯莉、迈克尔·乔丹、席琳·迪翁等都是丽晶酒店的座上客。女神嘎嘎 2011 年入住丽晶酒店，使酒店及顶级购物中心——丽晶精品再度成为全球媒体关注的焦点。

能够获得巨星们的青睐，除了顶级奢华、品味独具的硬件，丽晶酒店的团队更关注独特且非凡的丽晶定制化服务；丽晶酒店集团早在 1990 年便计划于各酒店成立私人管家培训班。私人管家是奢华五星级酒店提供给顶级贵宾们的贴心服务，管家们在贵宾下榻期间满足其全天候全方位的服务需求；从贵宾入住前客房的准备工作到入住时迎接、办理入住、熨烫衣物、餐饮服务、整理行装、提供购物资讯等，服务范围包罗万象。整个培训过程长达 6 个月，除了加强沟通能力外，还要到厨房、中西餐厅、客房部、前厅部等各部门实习，了解各项运作流程。

7.2.8 擦鞋服务

客房服务员通常在两种情况下为客人擦鞋，一是客人吩咐，二是发现客人鞋脏时，尤其是雨雪天气，应主动为客人提供服务。客房服务员在做夜床和每天的例行清扫时，应注意看鞋篮内有无摆放皮鞋。

1. 服务程序与标准

（1）房间内备有鞋篮，客人将要擦的鞋放在鞋篮内或电话通知，客房服务员在接到有关擦鞋服务的电话或要求后，在规定的时间内赶到客人房间收取皮鞋。也有酒店直接在客房内放置擦鞋纸。

（2）收取皮鞋时，在小纸条上写明房号放入皮鞋内，以防送还时出现差错。

（3）擦鞋应在工作间进行，擦鞋时先在鞋下垫上一张废报纸，用布和鞋刷将表面上的浮土擦去。

（4）根据客人皮鞋的面料、颜色选择合适的鞋油或鞋粉。特殊颜色的皮鞋，在选用近色的鞋油时，可在鞋后跟处轻轻试刷。若不符，可用无色鞋油替代，以免皮鞋串色。

（5）用刷子将鞋油擦均匀，鞋油不宜过多。鞋底和鞋口边沿要擦净。5分钟后，再用干净鞋刷擦亮，最后用干净的擦鞋布擦，使之达到客人的要求。

（6）将擦好的鞋送至客人房间，如果客人不在，应放于壁橱内的鞋篮旁，不要忘记取出鞋内小纸条。

2. 注意事项

（1）要避免将鞋送错房间。

（2）对没有相同色彩鞋油的待擦皮鞋，可用无色鞋油。

（3）若遇上雨雪天气，服务员应在客人外出归来时，主动询问是否需要擦鞋服务。

（4）进行擦鞋服务时，规范的做法是使用鞋篮，特别要注意做好标记，防止出错。

（5）电话要求服务的客人，通常是急于用鞋，所以要尽快提供服务，并及时将鞋送回，而且注意询问客人何时需要送回擦好的皮鞋。

（6）如果鞋已经破损，应向客人讲清楚，如果客房服务员不能处理，可提示客人送出去修理。

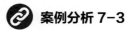

案例分析 7-3

让人感动的免费擦鞋服务

有一天，某酒店客房服务员在为一位外国客人做夜床时，发现鞋篮里有一双沾满泥土的皮鞋，就用湿布将鞋擦干净，上完鞋油后放回原处。这位长住客一连几天从工地回来，都把沾满黄泥的皮鞋放在鞋篮内，而那位服务员每天都不厌其烦地将皮鞋擦得发亮。客人被服务员毫无怨言而又有耐心的服务感动了，在第9天将10美元放进了鞋篮。服务员照常将皮鞋刷净擦亮，放进鞋篮，而金钱却分文未取。免费提供擦鞋服务使客人佩服之余又有几分不安。因此，一再要求酒店总经理表彰这种无私奉献的精神。

分析： 擦鞋服务的操作程序看起来简单，但有时候技术难度比较大，要求服务员熟悉各种皮鞋及鞋油的性能。根据客人皮鞋的特性，选择适宜的鞋油和不同的擦拭方法，特别是高档皮鞋更应注意鞋油与擦拭方法的选择。如果服务员没有把握，就应向客人道歉，说明理由，不要接受此项工作。

7.2.9 借用物品服务

酒店提供的服务不可能完全满足客人的需要，为方便住店客人的生活起居，酒店一般备有熨斗、熨衣板、婴儿车、变压器、接线板和万能插座等供客人临时使用，并在服务指南中明示客人如何获得此项服务。

酒店可供客人借用物品的种类取决于酒店的服务标准及该酒店客人的需求，客房管理人员应根据客人需求的变化，不断补充借用物品的品种，调整其数量。客房部可通过租借物品记录表了解宾客需求。租借物品记录表记录了借出物品的名称、客人房间号、借出的时间和收回的时间。该记录表不仅可以反映出客人需求量大的物品，还能反映出各借出物品所在房间，从而可以确保所有物品能够及时收回。

客房部应对租借物品进行编号，根据酒店的实际情况，确定存放位置，最好将不太常用的物品放于客房服务中心，将常用的物品放于楼层工作间。客房管理人员须制定服务的时间标准，即在接到客人的电话或通知后，必须在规定时间内将物品送至客人房间。借用物品时，要检查其清洁、完好情况，并详细记录在酒店租借物品记录表上，请客人签字。收回时要检查完好情况，并做好记录。

 案例分析 7-4

有没有多齿的梳子

夏季的一个晚上，入住某酒店406房间的高小姐要去参加一个很重要的宴会。她洗完澡后，在卫生间里想把头发吹干定型，但由于客房里的小梳子十分不顺手，因此难以将头发整理到她满意的状态。在没办法的情况下，她打电话到客房服务中心问："你们有没有多齿的梳子？"服务员小刘接到电话后说："我想想办法，找到后立刻给您送到房间。"放下电话后，小刘立刻与酒店的美容室联系，很快就借到一把多齿的梳子并送到高小姐房间。高小姐非常高兴，打电话到客房服务中心表示感谢。

分析： 许多客人都喜欢洗头之后自己吹头发，尤其是在夏季。但由于没有多齿的梳子，整理头发的工具不顺手，使得客人常常难以满意。在此情况下，案例中客房服务员以最快的速度为客人借到了梳子，由此可见最好的服务未必是面对面的服务，也未必需要很大的投入。有时，这种不见面的客用品投入更能让客人体会到酒店的关心和体贴。

7.2.10 会议服务

客房服务员常常会为在客房楼层举行的会议、会见、会谈及签字仪式等提供会议服务。会议服务包括布置会场和会场服务两个环节。

1. 布置会场

布置会场是会议服务的起点，服务员应依据会方的要求，会议的性质、规格、特点，客人的身份、国籍、习俗、人数、客厅的大小等进行会场布置。会场要求桌椅摆放整齐、协调、主次分明，视听效果良好，适当点缀一些花卉，力求达到会场美观雅致，整体氛围符合会议特点的效果。

2. 会场服务

（1）会前半小时服务员应按规格摆好茶杯、杯垫、便签、圆珠笔或铅笔等物品，是否配备烟灰缸应征求会务组的意见。

（2）客人陆续到会后，服务员应热情地为他们泡茶，是否送小方巾视会方要求、会议规格而定。

（3）会议期间服务员要注意适时更茶续水，更换烟灰缸。会议休息间歇服务员也应随时做好为客人服务的准备。

（4）如果会议时间较长，服务员应适时为客人续毛巾和茶水。

（5）若是重要的会谈，服务员要尽量少进出，以免打扰客人。若是保密会谈，客人明示不需要服务，会场外也应留人值班，以便随时根据客人的需要提供服务。

（6）会议结束后，服务员应及时检查会场，如发现客人遗忘的物品应及时与会方取得联络。

3. 注意事项

（1）会议进行中要保持会场周围的安静，做好安全保卫工作。为避免干扰客人，除必要的服务外服务员一般不应该频繁进出会场。

（2）会议服务过程中应做到"四不"，即不听、不问、不说、不评，做好保密工作。

（3）当有人来找客人时，服务员要问清需见客人的姓名及来访者的姓名、单位。若认识，服务员可直接去找；若不认识，服务员应找到接待联络员向其讲明情况，请联络员处理。

7.2.11 贵宾服务

贵宾的身份、地位、知名度等都较高，对酒店有很大的影响力。对于贵宾，酒店往往在接待礼仪和服务规格标准上区别于一般客人，以显示对他们的特殊礼遇，这也是酒店优质服务的集中体现。贵宾服务有助于显示酒店的接待能力和服务水准，提高酒店的经济效益，提升酒店的形象，扩大酒店的知名度。

1. 抵达前的准备工作

客房部在接到贵宾接待通知书后，应编制相关的服务方案，做好针对性服务。客房部要根据不同的客人布置房间用品。如电影明星，则在房间内多放些纸巾、棉球；若是文化人，则在房间内摆放多份报纸、期刊或其代表作等。准备高级别的时令水果、精致豪华的艺术插花，撰写专门欢迎贵宾光临的欢迎函。安排服务技能娴熟的服务员提供日常服务，服务员应熟悉和掌握客人的各种生活习惯、喜好和禁忌；了解客人的行程安排，对贵宾入住到退房的全过程安排做到心中有数；对级别较高的客人则需根据需要安排24小时专人服务。

2. 抵达时的服务工作

贵宾抵达时，酒店应根据贵宾的等级，组织有关人员在大厅列队迎接，由不同级别的管理人员陪同贵宾到楼层。客房服务员必须礼貌问候客人，热情引领客人，及时为客人提供茶水等服务，视情况向客人介绍客房设施及服务项目。

3. 住店期间的服务工作

保持周围环境的安静，严禁任何外界噪声的干扰；不得随便打扰客人，清扫客房时不能移动客人物品；为不同的客人提供针对性服务，重点在于满足客人高层次的精神需求。相关服务人员应具有为贵宾保密的意识，客人的个人资料、生活习惯等都不得随便泄露。

4. 客人离店时的服务工作

接到贵宾退房的信息后，楼层服务员应立即检查客房，特别要注意贵宾房内是否有遗留物品，要求动作迅速、检查准确并将结果报告总台。

5. 贵宾客史档案的管理

客房部应组织相关人员开会，特别要注意接待贵宾服务过程中存在的问题。对表现好的员工给予适当鼓励，对贵宾接待工作进行记录、总结和建立客史档案（包括贵宾的姓名、国籍、抵离店日期、房号、人数、风俗特点、宗教信仰、特殊要求）等。

案例分析 7-5

贵宾房的准备

某酒店9楼是客房部的行政楼层，主要接待一些重要的商务客人和身份较高的贵宾。按照工作程序，接到VIP到店通知单后，楼层领导首先要安排服务员对房间再次进行彻底清扫，对房间内的所有设备和用品进行检查，然后依次由领班检查，主管抽查。此外，根据客人等级的不同，客房部经理对准备的房间进行抽查。

这天，领班小刘接到一张VIP到店通知单，将有一位重要客人入住905房间。小刘安排一名客房服务员按照通知单上的房号和要求准备房间。因为所安排的客房服务员业务熟练，工作责任心强，所以小刘就没有对准备好的房间进行再次检查。

当天下午开完会后，总经理在客房经理的陪同下，来到905房间查看准备情况。房间的设备、用品都没有问题，在检查卫生间时，发现有一只用过的一次性牙膏没有清理出去。这种情况在其他客房都是不允许的，更不要说是贵宾房了。

分析： 出现这样的问题，首先是服务员清扫和准备贵宾房间的工作不认真，客房服务员被扣罚了半个月的奖金。领班小刘没有按照工作程序对准备的房间再次检查，属于失职，受到了严厉的批评并扣罚一个月奖金。贵宾一般希望在酒店的每个服务环节上，每时每刻都能得到与其身份、地位相适应的尊重。一名员工、一个部门细小的疏忽都可能导致其他员工良好的服务付诸东流。因此，相关部门和相关岗位的接待是做好贵宾接待工作的重要环节，任何环节出现疏漏，都会影响贵宾的接待质量。

7.2.12 团队客人服务

团队客人是酒店的重要客源，接待好团队客人对建立稳定的客源市场，提高酒店的出租率，保持与增加收入有重要的意义。在团队客人抵店前，客房部应做好一切准备工作，以最佳的客房状态来迎接客人。

1. 服务内容

（1）入住之前的服务工作。团队抵店时间相对集中，一次占房量较大，客房部需按要求准备好相应的房间；做好客房的清洁卫生工作，特别是卫生间的卫生、杯具要按标准进行消毒清洗，客房用品要配备到位。

（2）入住之时的服务工作。客人到达楼层后，服务员应主动将客人引入房间，协助行李员搬运行李；尽可能用客人的母语与团队客人打招呼，使其产生宾至如归的感觉。

（3）住店期间的服务工作。做好叫醒服务，具体要做到主动、热情和周到；做好个性化服务，尊重每一位客人及其生活习惯；对于在住店期间生病的客人，服务员要给予适当的关心和问候。

（4）离店时的服务工作。协助行李员在规定时间内把行李集中起来，放到指定地点，清点数量，并会同接待单位核准行李件数，以防遗漏；主动热情地送客人至电梯间，欢迎客人再次光临。

2. 注意事项

（1）按照团队接待标准布置好房间，晚间抵达的客人要开好夜床。

（2）团队客人临时提出加房、加床的要求，要严格按照合同和操作程序处理。首先，应明确订房机构是否能够给予确认。如订房机构同意确认，应请陪同、领队出具书面证明并注明原因，在挂账单上签名，然后将书面证明连同客人资料一起交至总台收银处。如订房机构不同意负担客人加房、加床等费用，则需向客人按门市价现收，并请领队、客人在书面通知上签名，然后将书面通知底单连同客人资料一同交给总台收银处。

7.2.13 醉酒客人服务

醉酒客人的破坏性较大，轻则行为失态，大吵大闹，随地呕吐；重则危及生命或是酿成较大的事故。服务人员遇上醉酒客人时，头脑应保持冷静，根据醉酒客人的不同特征分别对待。

1. 服务内容

（1）客房服务员在楼层发现醉酒客人，需注意醉酒程度及行为，护送醉酒客人回房。若客人为中度醉酒，应及时报告上级和保安。

（2）将客人送入房间后，应调节好空调温度，设法使客人保持安静，询问客人或其同伴是否要看医生。

（3）提供相应服务，将纸巾、热水瓶、水杯、垃圾桶等放在床边，方便客人取用。

（4）将房间的打火机、火柴等撤出，以防发生意外；将床头灯、过道灯和卫生间灯打开，以便于客人辨别方位。

（5）特别注意房间动静，注意观察醉酒客人的动静，以防客人受伤。

（6）将醉酒客人的房间号及处理过程记在交接本上，做好交接；晚间可与保安部联系，注意监控，如有异常应随时通知客房中心。

2. 注意事项

（1）若客人醉酒后在楼层或公共区域大吵大闹、损坏物品，干扰和影响其他客人，服务员应立即请保安人员前来协助。

（2）如需搀扶客人回房休息，服务员千万不可个人独自搀扶，可请同事或保安人员帮忙。客人回房休息后，服务员不可随便为其宽衣，以免发生误会。

（3）安排醉酒客人休息后，服务员千万要注意房内动静，以免发生火灾。

（4）若客人醉酒后造成客房设备和物品损坏，服务员应做好记录，等客人清醒后按酒店规定让客人赔偿。

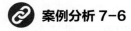

案例分析 7-6

醉酒客人耍无赖

某酒店 802 房间，客人喝醉了。"拿瓶酒来！"客人冲着服务员小刘大喊。小刘答应一声，跟服务中心联系，拿了一瓶酒。这时，小刘要求小张跟她同去，谁想刚进房间，客人就指着小张说："你进来干什么？我只要她送酒，你出去！"小张一愣，随即便退出在门口等小刘。小刘小心翼翼地走到客人旁边，将酒放下。客人一拍桌子道："你怎么了？还不快为我斟酒。"客人伸手去拿酒，身体向前一倾，一把把小刘拉过来说："小姐，你陪我喝酒吧。"小张听到后立马通知王领班，然后冲进房间。客人见到小张，便喊："你进来干什么？出去！"小张急中生智，忙对客人说："先生，您酒杯里有东西在动？好像有虫子。"客人心里一惊，马上往酒里望。小张赶紧用力拉开小刘并说道："真对不起，我们还要招呼其他客人呢。"这时，王领班已来到 802 房间，如果不是小张拉开小刘，王领班也会采取行动的。

分析： 一个情绪低落且拼命酗酒的客人，最容易失态和发怒，也容易出现醉酒失控，会导致案例中极端事件的发生。如果客人与服务员失去理智，都不愿意去理解对方，发生冲突的可能性就会大大增加。对于这起事件，服务员比较沉着，采用"冷却"处理法，用"哄""稳"的办法使客人安静下来，从而使事端得到了化解。

7.2.14 生病客人服务

客人在酒店期间,身体可能会偶有不适或突发疾病,服务员一旦发现应及时汇报处理,一般性疾病要帮请驻店医生,严重性疾病要派人派车将客人送往医院。另外,在客房的卫生间还应设有紧急呼救按钮或紧急电话,以备客人突发疾病时使用。

1. 服务内容

(1)一般性疾病。客人可能会偶感风寒或有其他小恙。服务员发现后可询问情况,帮助客人请驻店医生。在此后的几天中应多关心该客人,多送些开水,提醒客人按时服药。

(2)突发性疾病。突发性疾病包括心脑血管病、肠胃疾病、食物中毒等。面对突发性疾病客人,服务员要立即请医生来,同时报告管理人员,绝对不能自作主张地救治病人,那样可能导致更严重的后果。在没有驻店医生的情况下,如果患者头脑尚清醒,请服务员帮助购药服用,服务员应婉言拒绝,劝客人立即到医院或请医生到酒店治疗,以免误诊。客人病情严重的,客房部要立即与同来的家属、同伴或随员联系。若客人独自住在酒店,客房部经理应立即报告驻店经理或大堂副理,请酒店派人派车送客人去医院救治。必要时还要设法与客人公司或家中取得联系。对于突发性疾病的处理,应做出详细的书面报告,说明发生的原因、处理经过及后续追踪的结果。

(3)传染性疾病。如果发现客人患的是传染性疾病,必须立即向酒店总经理(夜间是前厅值班经理)汇报,并向防疫卫生部门汇报,以便及时采取有效措施,防止疾病传播。对患者使用过的用具、用品要严格消毒,并在客人离店后对房间、卫生间严格消毒。对接触过患者的服务人员,要在一定时间内进行体检,防止疾病扩散。

2. 注意事项

(1)发现客人生病,客房服务员应立即上报,不能轻易乱动客人或擅自拿药给客人服用。

(2)如住客患上重病或急病,客房部应立即通知大堂副理或值班经理,将患病客人送到附近医院治疗。未到医院之前,由驻店医生进行紧急处理。

(3)若发现客人休克或出现其他危险情况,应立即通知上级采取相应措施,服务员不能随便搬动客人,以免发生意外。

(4)照料生病客人时,服务员只需做好必要的准备工作即可离去,不得长时间留在生病客人房间,生病客人如有需要会电话联系。

7.2.15 残疾客人服务

残疾客人是极为特殊的客人群体,虽然人数比例不高,但服务员对这些客人服务时要特别细心、周到。为残疾客人服务要求客房服务员必须接受专业化培训,包括有关残疾人心理方面的知识培训、手语培训、残疾人的生活起居特点的培训等,能够从残疾客人的角度考虑他们的特殊需求,适时提供恰当的服务。

1. 服务内容

(1)在思想上树立正确的认识,把他们当成普通客人对待,千万不可以用异样的眼光看他们,更不可流露出轻视的样子。

(2)专人负责,实施跟房服务。

(3)残疾客人是酒店的特殊客人,残疾客人的致残部位不同,则需求存在差异。所以,酒店应根据不同的残疾客人,制定具有针对性的服务项目规程及规范。①对腿脚不方便的客人，酒店应提供轮椅供客人使用。如果没有陪同照顾客人，酒店可根据情况派专人为客人提供保姆式服务。②对聋哑的客人，服务员在服务过程中发生交流困难时，可及时提供纸笔让客人写出来，以免造成误会和不良后果（如有可能，酒店可自备一套聋哑人助听器，供客人使用）。③对失明的客人，尽可能安排在各楼层电梯口附近出入方便的房间，客人如有单独出门情况，要及时征求客人意见"是否需要服务"，及时通知陪同以免发生意外事故。

（4）残疾客人具有与健全人不同的心理特征，比健全人更敏感、多虑。因此，在接待残疾客人时要注意言行得体，设身处地为客人着想。尽量避免因用语不当、举止不当给客人带来伤害。

（5）残疾客人由于身体上的残障，造成生活中的诸多不便。所以，要求客房服务员运用娴熟的服务技巧确保服务效率。

（6）应注意尊重和保护残疾客人的隐私，不能随意向他人泄露任何关于客人残障的信息。

2. 注意事项

（1）日常服务主动热情，耐心周到，针对性强，对客人的残障原因不询问、不打听。

（2）服务残疾客人时，服务员要尽量不凸显残疾客人的特别之处，将服务细微化、平常化，表面轻描淡写，实际无微不至。

（3）服务员要理解残疾客人的不便之处，恰当谨慎地帮助他们，服务用语要恰当，服务要适度。

（4）残疾客人有些行动不方便，有些听力受损，服务员敲门时，有时不能及时开门，容易给服务员房间无人的误会。所以，服务员在做好基本服务外，应尽量减少进房间次数，以免造成对残疾客人的打扰。

本章小结

客房是酒店的主要产品，是供客人休息、会客和洽谈业务的场所。除了做好硬件的配套外，软件质量的优劣也成为关注的焦点。能否提供优质的客房服务，直接影响客人对酒店产品的满意度。为使客人在每个环节都能享受到热情周到的服务，客房部应设计好各种服务程序，控制并实施好各种服务标准。

客房日常服务模式包括客房服务中心模式、客房服务中心和楼层服务台相结合模式、行政楼层模式。过去多数酒店都采用楼层服务台模式，现在主要是客房服务中心模式。服务模式并不是一成不变的，而是会随着市场需求的发展不断变化，行政楼层模式便是对客房服务模式的一种探索。客房日常服务要求包括真诚主动、礼貌热情、耐心周到、尊重隐私和准确高效。

客房服务项目包括迎送服务、小酒吧服务、送餐服务、访客服务、洗衣服务、遗留物品服务、私人管家服务、擦鞋服务、借用物品服务、会议服务、贵宾服务、团队客人服务、醉酒客人服务、生病客人服务和残疾客人服务。客房服务员应根据具体情况适时地为客人提供各种针对性的服务。

📖 **国际酒店赏鉴**

丽思酒店体贴入微的客房服务

　　丽思酒店位于巴黎一区的旺多姆广场北侧，是被称为"世界豪华酒店之父"的凯撒·丽思于1898年创办的，距今已有100多年的历史了。虽然其外观看起来并不十分起眼，但它却以最完美的服务、最奢华的设施、最精美的饮食和最高档的价格而享誉世界。

　　酒店共有106间标准间和56间豪华套房。客房的墙壁上贴着浅蓝、米黄、粉红等不同颜色的壁纸；墙上画框里的画作是欧洲18世纪著名画家的真迹。如果把丽思酒店所有客房的画作集中起来，差不多相当于一个中型艺术博物馆的收藏量。客房的地毯都是来自土耳其的上等货色，地毯之厚之软足以将脚趾埋没。壁炉是拿破仑时代的式样，红木材质的椅子、床、衣柜一律是路易十六时代的风格；茶几和化妆台上摆放的花瓶据说购自印度，件件堪称宝贝。花瓶里的玫瑰每天更新，整个酒店所用的玫瑰花需要3个花店专门供应。更为奢侈的是，每间客房都会根据客人的嗜好专门配制不同的香水。至于前厅、走廊等公共空间，则选用埃及香料，然后通过送风口向外散播香气。它有希腊神庙风格的地下游泳池，水中音乐令人销魂；有藏酒达3.5万种的全球酒品最全的酒窖和驰誉世界的海明威酒吧，客人可在此享受一流保调制的酒品；著名的丽思烹饪学校就设在酒店内，有兴趣的客人可以在这里学习怎样制作美味的蛋糕。

　　海明威曾言："当我梦想进入另一个世界的天堂时，我就如同身处巴黎的丽思酒店。"海明威把丽思酒店比作天堂并非夸大之词，丽思酒店的确有过人之处，个性化的体贴服务就是其成功秘诀之一。在丽思酒店，常客有着不同寻常的意义，酒店门卫领班米歇尔对所有丽思的常客都了如指掌，他简直就是酒店常客的一部活字典。他说："我们将每位客人的习惯都详细记录在案，这样我们就可以提前预知客人最细小的需求。"资生堂的首席香水师塞尔日·鲁腾斯只要在巴黎就住到旺多姆广场15号的丽思酒店常包房，这位年过60的唯美主义审美家只崇尚永不过时的东西。他感慨："丽思是一座宫殿，它拥有你需要的一切，但并不是一个缺乏个性的炫耀场所，而是一个大家庭。在这里，你有回家的感觉，服务生对客人直呼其名。无论岁月怎样流逝，你遇到的始终是同样的楼层服务生、侍者和女服务员，他们个个都对你的怪癖了如指掌。"

　　丽思酒店的旧式服务始终是酒店的传统，以突出自己的特色。服务人员与客人的关系被奉为至上，550名服务生为106间房和56套套房服务，也就是说平均每套房有3名以上的服务生。体验过丽思酒店精致服务的名流不计其数，卓别林、科克多、奥尔逊·威尔士、伍迪·爱伦、艾尔顿·琼恩都光顾过丽思。另一个传奇人物可可·香奈尔从1934年到她去世的1971年一直住在丽思酒店。酒店专门为她安装了私人专用电梯，电梯从她的豪华套房一直延伸到酒店后面的钢蓬街大门，方便她只需穿过钢蓬街就到了办公室。

　　100多年来，丽思酒店就是以这种完美的设施和高档次的服务吸引着世界上最尊贵的客人。爱德华七世，波斯国王，瑞典、葡萄牙、西班牙的国王，以及俄国大公爵，威尔士亲王等西方近代史上的著名人物，都曾经在这里入住或就餐；不爱江山爱美人的温莎公爵（爱德华八世）让出英国王位后改名换姓和辛普森夫人搬进丽思酒店长住。为了表示对他们的敬意，至今丽思酒店仍有一个套房被命名为"温莎公爵"。在丽思酒店长长的客人名单里，还有赫本、嘉宝、泰勒、霍夫曼及麦当娜、施瓦辛格等众多好莱坞明星。而最让丽思人津津乐道、同时也是给丽思带来不衰声誉的客人，则是我们最为熟悉的海明威、香奈尔和戴安娜。

复习思考题

一、简答题

1. 客房日常服务模式有几种？试说明客房服务中心模式是如何运作的？
2. 酒店日常服务的要求有哪些？
3. 如何提供小酒吧服务？服务过程中应该注意哪些问题？
4. 客人要求在客房用餐，服务员应该怎么做？
5. 怎样提供洗衣服务？如何避免在洗衣服务中出现差错？
6. 为贵宾提供客房服务的具体内容包括哪些？

二、实训题

1. 某客人外出后打电话给总台说房间有衣服要送洗，客房服务员在不知干洗或湿洗的情况下应该如何处理？
2. 王先生想在酒店客房招待客人，同时提供小酒吧服务，请模拟场景提供服务。
3. 某客人住宿期间感冒发高烧，而且没有同伴相随，作为客房服务员发现后应如何处理？
4. 某酒店客房服务员在清理一个团队退房后，发现1206室和1208室内有遗留物品。1206室遗留的是一些放置在抽屉内用文件袋装好的文件及放置在床上的迷你仪器，1208室遗留的是客人挂在衣橱内的一件运动服和洗浴室的一些洗漱用品。请依据上述情况正确填写遗留物品登记表，同时分析上述情况并给出正确的处理办法。

客房物资管理

8

教学目标

知 识 要 点	能 力 要 求	重 点 难 点
客房物资管理概述	（1）明确客房物资的分类与管理要求 （2）掌握客房物资管理的方法	重点：客房物资管理的范围、要求 难点：客房物资的管理方法
客房布件的管理	（1）掌握布件的分类与选择 （2）掌握布件需要量的核定方法 （3）理解布件的日常控制的内容和方法	重点：布件的分类和选择 难点：布件的日常控制管理
客房用品的管理	（1）熟悉客房用品日常管理的内容 （2）掌握客房用品消费定额的计算方法	重点：客房用品日常管理的内容 难点：客房用品消费定额的制定

外宾对洋酒账单说"No"

南方某旅游城市一家三星级酒店，前厅结账台前一位外宾指着账单大为生气。收银员循着客人的手指看去，原来是一瓶洋酒的支付款项。客人连连说着："No！No！"收银员立即向客房部了解情况，证实外宾用房的酒柜里有一瓶洋酒外包装被打开，因此这瓶酒已被记入账内。但是外宾摇摇头、摊摊手说，自己打开外包装想饮酒，却发现房间内没有配置开启红酒的启瓶器。打不开酒瓶，没喝一滴酒，为什么要付酒钱？客人不愿支付没有消费过的酒钱。酒店拿着拆了包装的酒甚是尴尬。碰到这样的事，酒店只好承担损失，并划去了账单上洋酒的费用。

这件事确实给酒店上了生动的一课。此后不仅学会了处理类似的事件，而且能够举一反三：发现客人买了水果，马上给客人准备一把水果刀，甚至餐巾纸；发现客人带了商用小电器，马上给客人递上一个多功能的接线板；发现客人有许多朋友来访，马上给客人多准备一些椅子、茶叶、开水等。

问题： 客房用品的配置不仅要满足客人需要，而且要方便客人使用。结合实际，谈谈如何才能保证客房物资准备齐全，做到令客人满意？

客房物资是客房部员工从事客房商品生产的物质条件和技术保证，是客人获得酒店产品使用价值的物质基础，是体现酒店等级水平和规格的重要方面。良好而有效的客房物资管理与控制，不仅能够提高服务质量，而且是降低消耗、达到客房预期利润目标的重要途径和保证。

8.1 客房物资管理概述

客房物资是客人在住店期间必不可少的物质保障。客房物资主要包括床上用品、卫生间布件、卫生用品、服务提示用品、文具用品、饮品与饮具等。这些客房物资的质量和配备的合理程度，装饰布置和管理的好坏，是客房商品质量的重要体现，是制定房价的重要依据，所以，对种类繁多的客房物资需要进行有效的管理。

8.1.1 客房物资的分类

1. 按使用功能分类

（1）客房布件。客房布件主要指提供给客人的床上用品、卫生间布件及客房的窗帘、纱帘。床上用品与卫生间布件尽量选择以白色为主、布面光洁、透气性能良好的全棉制品，要求无疵点、无污渍，应符合规定。窗帘与纱帘选择要考虑到与客房的整体搭配效果。

（2）客房用品。客房用品主要指提供给客人在住店期间使用的各类生活用品与卫生用品。客房用品选择要求安全、无污染、使用方便，具有明显的功能性标志及必要的使用方法提示，以免客人操作不当。

2. 按消耗形式分类

（1）一次性消耗物品。一次性消耗物品也称供应品，是提供客人一次性使用消耗完成价值补偿或用作馈赠客人而供应的用品，如香皂、牙刷、牙膏、浴液、洗发水、信封、明信片、针线包等。

（2）多次性消耗物品。多次性消耗物品也称客房备品，是可供多批客人使用，价值补偿要在一个时期内逐渐完成，但不能让客人带走的用品，如毛巾、浴巾、床单、烟灰缸、漱口杯、茶杯、纸篓等，这些客房用品为客人的生活起居带来方便，是客房内不可或缺的物品。

示例链接 8-1

客房"六小件"走向环保之路

一次性牙刷、一次性牙膏、一次性香皂、一次性浴液、一次性拖鞋、一次性梳子这 6 种生活常用品，是酒店最初提供的一次性消费用品，通常被称为酒店六小件。酒店六小件全部是一次性消费用品，回收能力相当差，浪费了国家大量不可再生资源。

根据国家旅游局颁布的《绿色旅游饭店》标准，降低客房物资消耗一项中列出，客房用品减量使用、多次使用；取消一次性用品等。这也意味着酒店六小件将成为创建绿色旅游酒店的阻碍。因此，许多五星级酒店开始将酒店六小件和环保挂钩，对六小件产品进行升级，以达到可循环利用的目的。

提供质量更好的六小件应该是未来各五星级酒店工作的重点。豪华酒店中，喜达屋集团旗下酒店的客用品是宝格丽产品，客人评价说："即使这个客用品需要我去购买，我也愿意去支付合理的价格。"也就是说，即使现在强制性地取消"六小件"，酒店销售给客人的客用品应该是比以前更好，是精品，让消费者切身地感受到物超所值。酒店六小件要越做越好，做到可以让客人带走。同时，酒店可以把六小件升级为吸引忠诚会员的方式。例如，万达索菲特高级套房提供的爱马仕六小件、喜达屋的总统套房提供的宝格丽洗漱产品，都深受酒店常住客喜爱。

此外，五星级以下的普通酒店可以仿效连锁经济型酒店的六小件自购模式，客人可以选择在入住前自己携带洗漱用品，也可以到达酒店后自行去总台购买。

8.1.2 客房物资的配置

客房物资用品配置的基本要求主要体现在以下方面。

1. 体现接待规格

不同酒店的各类客房由于等级、规格、风格不同，客房用品的配置可根据各自的经营方针和实际需要进行增减，但不能违背经营原则和降低客房规定的标准，要从满足客人需要出发，使客房用品的"价"和"值"相符，高档客房应配置高档用品，低档客房配备较经济的用品，这样就能让客人感到酒店对其住店生活的关心和接待规格，还能使客人容易接受酒店的房价，使客人感到物有所值。

2. 广告推销作用

客房用品不仅是供客人使用的，而且是很好的宣传广告。酒店在客房用品上印制酒店的名称、标志和地址、电话等，可以加深客人对酒店的印象和了解，起到广告宣传的作用，通过信息的广泛传递，招徕更多的客人。

3. 客房用品的配套性

客房用品的配套性有两层含义：一是客房用品的外观配套，包括色彩、造型、质地的统一，否则会给人一种东拼西凑的感觉；二是某一用途的客房用品要自身配套。例如，一张西式床要配备保护垫（褥子）一条、床单两条、毛毯一条、枕芯两个、枕套两个、被子一床（一般放在壁橱里）、床罩一床。

4. 摆放的协调性

客房用品大多是可以移动和变更的，摆放的协调性是指各种用品配套齐全后，应形成一个协调的整体，给客人以舒适的感觉，方便客人取用，同时也方便服务员的工作。

8.1.3 客房物资管理的要求

客房物资管理应具备科学性与合理性。对于客房部门来说，客房物资管理主要是做好物资用品的计划、使用控制和储存保管工作，这些工作是客房部正常运营的保证。

客房物资的管理应达到"4R"的管理要求。

1. 适时（right time）

在客人要用这些客房物资用品时，能够及时供应，保证服务的延续性和及时性。

2. 适质（right quality）

提供使用的客房物资的品质要符合酒店的相应标准，能够满足客人的需要。

3. 适量（right quantity）

客房物资的数量要适当控制，确定合适的采购数量和采购次数，在确保适时性的同时，做到不囤积，避免资金积压。

4. 适价（right price）

以最合理的价格取得所需的客房物资。

8.1.4 客房物资管理的方法

客房物资种类繁多，价值相差悬殊，酒店必须针对自身的经营采用科学的管理方法，做好客房的各项管理工作。一方面，要求品种、数量、质量、规格必须与酒店客房的档次相一致，符合标准要求；另一方面，在不影响服务质量的前提下，应控制消耗，防止浪费和流失。

1. 核定各种物资的需要量

客房各种物资的需要量是由客房管理者根据经营状况和自身的特点提出计划，由客房物资主管部门进行综合平衡后确定的，客房管理者需要对每月客房各种物资的需要量进行预测，再通过预测的需要量与实际消耗量进行比较，调整将来的预测需要量。客房物资管理，必须科学合理地核定其需要量。

示例链接 8-2

希尔顿酒店的编制预算

编制预算是希尔顿酒店发展成功的经验之一。作为国际知名的酒店管理集团，希尔顿酒店集团在国际享有盛誉，其成功的管理经验值得推广、借鉴。希尔顿先生认为，20世纪20年代和30年代美国酒店业失败的原因，是美国酒店业者没有像卓越的家庭主妇那样编制好酒店的预算。他规定，任何一家希尔顿酒店每个月底都必须编制当时的订房状况，并根据上一年同一月份的经验资料编制下一个月每一天的预算计划。他认为，优秀的酒店经理应正确地掌握每年每天需要多少客服务员、前厅服务员、电梯服务员、厨师和餐厅服务员。否则，人员过剩时就会浪费金钱，人员不足时就会服务不周到。对于容易腐烂的食品补充也是这样。他认为，除了完全不能预测的特殊情况，酒店的决算和预算大体上应该是一致的。

在每一家希尔顿酒店，有位专职的经营分析员。他每天填写当天的各种经营报表，内容包括收入、支出、盈利与亏损，以及累计到这一天的当月经营情况，并与上个月和上一年度同一天的相同项目的资料进行比较。这些报表将送到希尔顿酒店总部，并汇总分送至各部，使有关的高级经理人员都能了解每天最新的经营情况。

2. 建立和完善岗位责任制

物资的分级管理，必须有严格明确的岗位责任做保证。岗位责任制的核心是责、权、利三者的结合，既要明确各部门、班组、个人使用物资用品的权利，更要明确他们用好、管理好各种物资的责任。责任定得越明确，对物资的使用和管理越有利，也就越能更好地发挥各类物资用品的作用。客房管理者首先应确保各楼层严格遵守部门关于各项物资控制的所有制度，杜绝私自拿用、浪费等现象。其次可以激励员工进行费用控制，根据不同的消耗进行适当的奖惩。

3. 客房用品的消耗定额管理

客房用品价值虽然较低，但由于其品种多、用量大、不易控制等特点，容易造成浪费，影响客房的经济效益。实行客房用品的消耗定额管理，是指以一定时期内，为保证客房经营活动正常进行必须消耗的客房用品的数量标准为基础，将客房用品的消耗数量定额落实到每个楼层，进行计划管理，合理利用客房用品，达到增收节支的目的。

4. 提倡环保节约客房物资用品

随着绿色酒店理念的提出，客房物资用品的控制可以从环保的角度出发，采取一些有效的措施，引导客人进行绿色消费，在方便客人的同时控制客房用品。例如，鼓励住宿超过一天的客人重复使用一些可以反复使用的牙具、香皂、拖鞋等客房用品；使用简单包装的客房用品；安装液体（洗发液、沐浴露）分发器等。

示例链接 8-3

客房物资用品的消费升级

两面针（江苏）实业有限公司位于中国最大的酒店用品产业集聚地——杭集工业园，是由上市公司柳州两面针股份有限公司投资6 000余万元兴建的专业生产酒店用牙膏、牙刷、香皂、洗发露、沐浴露等酒店用品的规模企业。作为酒店行业的产业链供应商，两面针（江苏）实业有限公司总经理兰进表示，消费升级已经成为全球经济增长的新引擎，在中国，消费升级带来的市场机遇会更大一些。"改革开放30年，我们中国人的财富增长非常快，实现了从少到多。但是相当一部分的人群富而不贵，我们理解的消费升级可能就是从多到精，或者说从富到贵的过程。"

现在酒店用品产业或者酒店运营者会面临一个比较大的困惑，即客人的舒适度跟环保之间的冲突，尤其像拖鞋这样的产品，可能用几天就废弃掉，确实对环境会造成一定的污染。现在两面针（江苏）实业有限公司生产的某种鞋子，完全可以把它剥离开来清洗。这种鞋子放在酒店里，当标价89元一双时，一年竟然卖掉了2 400双。89元一双的鞋子带给酒店的利润是40元，仅此一项，酒店除自己节约了成本，还赚了近十万元。"这其实更多地体现了消费者真正消费升级的时代已经到了，消费者也想用到更好的产品，只是要看看我们运营者是否能够为他们提供这样一些好的产品。"

8.2 客房布件的管理

布件又称布草、布巾。在客房经营活动中,布件作为一种日常生活必需品提供给客人使用,同时也用于客房装饰环境和烘托气氛等。

8.2.1 布件的分类

1. 按照用途分类

(1)客房布件。客房布件主要指客房卧室的床上布件,如床单、被罩、棉被、枕芯、枕套及床罩等。

(2)卫生间布件。卫生间布件包括方巾、面巾、浴巾及地巾等。地巾又称为脚巾、脚垫,主要用于卫生间地面,起清洁、防滑、保温、装饰的作用。

(3)装饰布件。装饰布件指酒店用来美化环境、烘托气氛、点缀所使用的各种布件,包括窗帘、纱帘、椅套及裙边等。为了保持良好的装饰效果和清洁美观的视觉效果,装饰性布件也要定期更换和洗涤,必要时更新淘汰。

2. 按照质地分类

(1)棉织物。棉织物又称棉布,是以棉纱为原料的机织物,具有良好的吸湿性和透气性,手感柔软,光泽柔和、质朴,但是棉织物具有色牢度不够好、弹性较差、易产生皱褶及折痕、易发霉、变质等缺点,主要用于客房内床上布件及卫生间布件等。

(2)麻织物。麻织物具有凉爽、吸湿、透气的特性,而且刚度高、硬挺、不沾身,主要用于客房的装饰物的制作等。

(3)丝织物。丝织物可分为蚕丝、柞蚕丝、人造丝等。丝织物的性能是有光泽、柔软平滑、拉力强、弹性好、不易褶皱起毛、不导电,另外还有吸湿、遇水收缩卷曲的特点,主要用于客房的装饰物或豪华客房的睡衣、睡袍等。

(4)混纺织物。混纺织物主要有棉麻混纺织物和棉涤混纺织物,具有弹性、耐磨性较好,尺寸稳定,缩水率小,不易皱褶,易洗、快干的特点,主要用于窗帘的制作等。

> **知识链接 8-1**
>
> ### 客房布件三问
>
> (1)酒店床旗有什么作用?酒店床旗,通俗一点的说法为"床尾一条布"。床旗的设置主要作用包括:作为一种整体搭配的装饰;防止灰尘,大家随意坐下时也可以避免将衣服上的污渍染到床单上;不同酒店品牌的床旗图案设计、材质都有所不同,侧面起到了宣传的效果。
>
> (2)酒店床品为什么是白色的?现在酒店大多采用浅色甚至是白色床品,有人认为这是因为"浅色显得干净",这是真的吗?白色床品的确干净整洁,而且浅色系让人更容易入睡,但还有一个秘而不宣的原因,那就是酒店的床品要频繁洗涤、烘干、消毒、熨烫,艳丽的颜色很容易褪色或遭到破坏。
>
> (3)酒店为什么要放四个枕头?酒店放四个枕头的目的在于便于住店客人调整自己的睡姿到理想状态。枕头一定要垫到脖子处。大家可自我测试,当躺下时,下巴最低处若朝天就表示枕头太低,若下巴往下压,即枕头太高,下巴保持水平,才是舒服且正确的枕头高度。至于枕头的高低,年轻人可稍低,年纪大后要稍高些,因为颈椎的柔软度会随年龄改变,越老越僵硬,就需要更多的支撑。

8.2.2 布件的选择

1. 床上布件的选择

一般情况下，客房床上布件宜选用全棉、浅色为主的床单、被罩与枕套。全棉制品具有布面光洁、舒适度高和透气性能较好的特点，白色看起来清洁和舒适，并且易于洗涤和保养。如果选用了有色高级布件，则应考虑到其使用成本的问题，包括洗涤剂的选用等。布件的选择主要包括所需布件的质量与规格。

1）床上布件的质量要求

床上布件质量的选择主要根据以下几点。①纤维质量。纺织纤维比较长，纺织出来的纱会比较均匀、强力高，纺织物也会漂亮、细腻、平滑、舒适。反映在使用上，即为耐洗、耐磨。②纱的捻度。纱纺得紧一些，使用过程中不容易起毛，强度也比较好。③织物密度。密度高而经纬分布均匀的织物比较耐看、耐用。④断裂强度。一般情况下，织物的密度较高则其强度就高，不容易断裂。⑤制作工艺。卷边要平整、够宽，针脚要直而密，缝线的牢度要够。

2）床上布件的规格尺寸

对于床单，即使是同一种类的，其尺寸也可能有所不同。因此，为了简化对布件的管理，提高工作效率，不少酒店都尽可能地减少床单的规格种类。常用的不同规格尺寸的床单主要有4种，分别为单人床单、双人床单、大号床单与特大号床单。尽量不要选用太大的床单，这样不仅节省资金，而且方便铺床操作和洗涤保养。被罩与枕套的规格尺寸则要跟棉被与枕芯的尺寸相配套。床罩的大小与床的大小合适即可。

2. 卫生间布件的选择

卫生间布件基本上属于毛圈织物，故可以统称为毛巾。毛巾是与客人身体直接接触的，其选择讲究手感舒适、吸水性好、透气性好等。卫生间布件的选择主要包括所需布件的质量与规格。

1）卫生间布件的质量要求

卫生间布件质量的选择主要取决于以下因素。①毛圈的数量和长度。毛圈多而长，则其柔软性好，吸水性佳；但毛圈太长容易被钩坏，一般控制在3毫米左右。②织物密度。毛巾类织物是由地经纱、纬纱和毛经纱组成的，而且纬纱越密则毛圈抽丝的可能性越小。③原纱强度。地经纱要有足够的强度以经受拉扯变形，故常用股线；毛经纱是双根无捻纱，这就提高了其吸水性和耐用性能。④毛巾边。毛巾边应牢固平整。每根纬纱都必须能包住边部的经纱；否则，边部易磨损和起毛，影响毛巾的使用寿命。⑤缝制工艺。要查看其折边、缝线和针脚等是否符合要求。

2）卫生间布件规格尺寸

①方巾可供选择的规格：20厘米×20厘米、26厘米×26厘米、28厘米×28厘米、30.5厘米×30.5厘米、33厘米×33厘米。②面巾可供选择的规格：32厘米×76厘米、34厘米×78厘米、32厘米×92厘米。③浴巾可供选择的规格：51厘米×102厘米、56厘米×112厘米、61厘米×122厘米、68厘米×137厘米、76厘米×152厘米、96厘米×132厘米。④地巾可供选择的规格：40厘米×70厘米、50厘米×70厘米、50厘米×80厘米。

对于方巾、面巾及浴巾规格尺寸的选择，酒店内部最好使用完全统一大小的规格，这样在换洗时可以减少服务员的工作量。对于地巾，其大小应与卫生间浴缸或玻璃浴室前易滑地面大小相一致，选择较大地巾不容易铺设平整，选择较小地巾又容易移动。

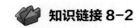
知识链接 8-2

酒店布件和家纺用品的区别

酒店布件注重产品内在品质的控制。由于酒店布件需要适应频繁的工业化洗涤,因此酒店更注重产品的内在质量指标。质量偏差、断裂强力、吸水性、耐洗色牢度和耐摩擦色牢度等是保证星级酒店用纺织品使用性能的基本指标。

家用纺织品则主要注重外观花形和色调,与家纺相比,酒店布件呈现以下的特点。

(1)毛巾类产品平方克重相对较高,更有质感、蓬松度,吸水性能更出众。

(2)颜色以素色为主,色调较家纺单一,追求简约大气。

(3)面料类产品纱支高,密度大,制作更精细,柔软度更出众,接触皮肤的舒适度更好。

(4)被芯、枕头类的填充物品质要求高,注重回弹性、环保性及粉尘的控制,保证睡眠无污染。

(5)染色工序符合国家酒店协会严格的环保指标检测,用料更考究,更注重染料的环保性,以保证与皮肤接触产品的无污染性。

8.2.3　布件的消耗定额管理

客房部每天需要使用大量的布件,而客人对布件的质量要求很高,布件的内在质量和外观清洁程度直接影响到酒店的服务质量和规格。同时,由于酒店布件属于易耗品,做好布件的日常管理和控制,从经济效益上看也非常重要。布件的管理主要是指布件的消耗定额管理。布件的消耗定额是指在酒店现有经营条件下,为客人提供一定服务量所应消耗的各类布件的数量标准。

1. 确定布件的需要量

布件的消耗定额管理首先需要核定各布件的需要量,主要从以下几个方面进行考虑:①能够满足酒店客房出租率达到100%时的周转需求;②能够满足酒店客房一天24小时营业运转的使用特点;③能够适应洗衣房的工作制度对布件周转所造成的影响;④适用酒店关于客用布件换洗的规定和要求;⑤规定的布件调整和补充的周期及可能会发生的周转差额、损耗流失量等;⑥最好能让洗熨出来的布件有一段搁架保养的时间。

按酒店制定的布置规定将所有客房布置齐全,其需要的量就称为一套。以中式铺床的服务规格为例,一套床上布件指一条床单、一条被罩、两条枕套。自设洗衣房的酒店要求配备3~5套。其中,一套在客房,一套在楼层布件房或工作车,一套在洗衣房,另外一套或两套在中心布件房,而在店外洗涤布件的酒店则还应多配置一套。

2. 确定布件的年损耗率

损耗率指布件的磨损程度。酒店要求对破损或陈旧过时的布件进行更换,以保持酒店的规格和水准。确定损耗率要考虑两点:一是布件的洗涤寿命,不同质地的布件有着不同的洗涤寿命;二是酒店的规格等级要求,不同规格等级的酒店对布件的损耗标准是不同的。

根据布件的洗涤寿命和酒店确定的损耗标准,可以计算出布件的损耗率。例如,某酒店客房床单单间配备为3套,床单每天更换1次,其洗涤寿命为250次,试确定该酒店床单的年度损耗率。计算方法如下:

$$每张床单实际年洗涤次数 = 360/3 = 120（次）$$

$$每张床单的年度损耗率 = 250/120 = 2.08（年）$$

$$年度损耗率 = 1/2.08 = 48.1\%$$

3. 确定布件的年消耗定额

布件的年消耗定额计算公式如下。

$$A = B \times X \times F \times R$$

式中，A 为单项布件年度消耗定额；B 为布件单房配备套数；X 为客房数；F 为预计的客房年平均出租率；R 为单项布件年损耗率。

8.2.4 布件的日常控制

布件的日常控制是客房物资管理中重要的一部分，可以避免布件的浪费，主要包括把好质量验收关、定点定量存放布件、建立布件收发制度、确立布件报废与再利用制度、禁止员工私自使用布件及定期进行存货盘点等。

1. 把好质量验收关

客房部管理者应对新购进的布件进行验收，仔细检查布件的品种、数量、规格、质地等，保证新进布件的质量符合客房要求。

2. 定点定量存放布件

布件除了在客房里的一套之外，工作车上要布置多少，楼层小库房应存放多少，中心库房要存放多少，布件的摆放位置和格式怎样等，这些都应有规定的格式。有了统一的规定，员工就有章可循。一般工作车放置一个班次的量，楼层小库房存放本楼层一天的量，中心库房存放则按客房数配备的每房一套或两套的总量。

3. 建立布件收发制度

建立布件收发制度的目的是控制好布件的数量和质量，减少不必要的布件损耗。布件数量的控制原则是送多少脏布件换回多少干净布件。客房布件收发一般有两种形式，布件收发员直接到各楼层收发布件及客房服务员到布件房送领布件。

客房部领月布件，必须填写客房布件换洗单，见表 8-1。通常由楼层杂工将脏的布件送交洗衣房，由洗衣房收发员清点复核，在布件换洗单上签字确认即可。楼层杂工凭此单到中心库房领取相应数量的干净布件。

表8-1　客房布件换洗单

项目	床单	枕套	面巾	浴巾	方巾	地巾	收发员
收到数							
发放数							值台员
备注							

在保证进出的布件数量正确的同时，凡是有污点的要及时送还重洗，有破损的布件应与完好的分开堆放，送去处理或者报废，并做好登记。

4. 确立布件报废和再利用制度

对破损、有无法清除污迹及使用年限已满的布件，应定期分批报废。布件报废也有严格的审批手续：一般由中心库房主管核对并填写布件报废记录单（表8-2），由洗衣主管审批。布件房收回旧的布件后，要视情况分别予以处理，凡能再次利用的就要加以利用，比如报废的布件可以改制成小床单、抹布、枕套、盘垫等。

表8-2　布件报废记录单

品名：　　　　　规格：　　　　　填报人：　　　　　批准人：

报废原因	数量						报废总数
	床单	枕套	面巾	地巾	方巾	浴巾	
年限已到							
无法修补							
无法去渍							
其他							
合计							

5. 禁止员工私自使用布件

在日常工作中，要严格禁止员工私自使用各种布件。例如，用布件做抹布或私自使用客用毛巾等，这样既造成了浪费，又没有严格的劳动纪律。

6. 定期进行存货盘点

布件房应对布件进行分类，同时登记实物数量和金额，并设"在库"和"在用"科目，分别控制实物和楼面在用数量。在设立账卡的基础上，布件房要每月或每季度进行一次存货盘点。布件盘点统计分析表见表8-3。这个制度不仅是为了控制布件的数量，也是为了方便会计核算。在对布件盘点的基础上进行统计分析，能及时帮助客房部管理人员发现存在的问题，堵塞漏洞，改进管理工作。

表8-3　布件盘点统计分析表

部门：　　　　　盘点日期：　　　　　制表人：

品名	额定数	客房		楼层布件房		洗衣房		中心布件房		盘点总数	报废数	补充数	差额总数	备注
		定额	实盘	定额	实盘	定额	实盘	定额	实盘					

案例分析 8-1

没有补上的洗衣袋

早上客人退房时，在结账清单上发现多了20元，就问是怎么回事，当班服务员解释在查房时，客房少了一个洗衣袋。按酒店规定，如果客人拿走一个洗衣袋（棉纺布品）要扣20元。总台服务员的解释就是他拿了一个洗衣袋所以要扣20元钱，即加收20元。客人听了很生气地说："什么洗衣袋？我没有拿过，是你们的服务员昨天拿了没有补回去。"他在前厅大吵大闹。后来，客房服务中心打电话给前天值早班的小芹、清洁服务员和领班，清洁服务员和领班都没印象，而小芹想起来了，她确实收了客人的洗衣袋，没有补回去，也没有登记交班。最后由经理出面向客人道歉、赔礼，还给客人打了八折，客人才罢休。

分析： 客房服务一定要按照工作程序进行，不能图快而忽视质量；工作时一定要注意客人房间里的物品和设施，一定要做到心里有数。本案例中，客房部员工没有按照岗位程序进行规范化工作。有多人进入了房间都没有发现少了洗衣袋，尤其是领班，她最主要的职责就是检查房间的物品是否齐全、设施有没有损坏。所以，酒店应该加强对客房用品的有效管理，只有这样才能为客人提供满意的服务，保证酒店的经济利益，维护酒店的信誉。

8.3 客房用品的管理

客房用品是客房的基本物资，属于客房的低值易耗物料用品，是供客人使用的生活必需品。为了满足客人在客房中的生活需要，应该在客房中配备各种用品，供客人使用，真正为客人创造一个温馨舒适、方便的生活环境，保证客人在住店期间身心愉悦。

8.3.1 客房用品的日常管理

在客房部的费用中，客房用品的耗费占较大的比重，其耗费的伸缩性也很大。由于客房用品的种类繁多，使用频率高，数量大，较实用，所以流失环节多。客房用品的日常管理与控制工作是最容易发生问题的一环，也是最重要的一环。

1. 加强客房用品发放控制

客房用品发放控制应由专人负责，主要由客房部中心库房客房用品的发放员或客房服务中心负责。在客房部中心库房发放用品之前，各楼层领班应将其所管辖范围的库存情况了解清楚。为了方便工作，并使各楼层的工作有条不紊，减少漏洞，客房用品的发放应根据楼层小库房的配备量、楼层的消耗量明确规定一个周期和时间。在发放日之前，楼层服务员应将本楼层库房的消耗及现存情况统计出来，按楼层小库房的规定配备标准填好客房用品申领表，并填写用品申领单，见表8-4。报领班审批，凭申领单到中心库房领取，或由中心库房物品领发员发送到各楼层，请领班验收。

表8-4 用品申领单

楼层： 　　　　　　　　　　　　　　　　　　　　　　　　日期：

项 目	申 领 数	实 发 数	项 目	申 领 数	实 发 数
普通信封			洗衣袋		
航空信封			鞋刷		
普通信纸			鞋油		
航空信纸			垃圾袋		
客人意见书			请打扫牌		
服务指南			卫生袋		
熨衣单			明信片		
干洗单			浴帽		
烫衣单			肥皂		
档案夹			擦鞋纸		

续表

项　　目	申　领　数	实　发　数	项　　目	申　领　数	实　发　数
签字笔			茶叶		
铅笔			火柴		
烟灰缸			留言便条		
面纸			记事册		
厕纸			水杯		

客房用品的日常控制通常采用三级控制。

（1）一级控制。一级控制是楼层领班对员工的控制。具体内容：①通过工作表控制员工的消耗量。②检查与督导。

（2）二级控制。二级控制是建立客房用品的领班责任制。具体内容：①楼层配备物资用品管理人员，专人负责；②每日汇总本楼层消耗用品数量；③每周末根据存量与消耗量开出用品申领单，交库房核准；④每月末配合客房中心库房盘点各类用品。

（3）三级控制。三级控制是客房部对用品的控制。具体内容：①制度控制，客房用品领用制度、客房用品使用的奖惩制度；②总量控制，客房中心库房对用品的控制、楼层主管对用品的控制。

2. 做好客房用品的统计工作

做到客房用品每日统计。客房服务员在做房后，对主要用品的消耗情况进行统计，并上交楼层，由楼层进行汇总，上报客房部。最后，由专人对整个客房部所有楼层的用品的耗用量进行汇总，填写每日客房用品消耗汇总表（表8-5），进行定期分析。客房部根据每日的统计资料，定期（通常为一个月）对各楼层的客房用品消耗进行汇总，并以经过整理、汇总的统计资料为基础，对用品的消耗情况进行分析。通过分析研究，要不断总结经验，摸索管理规律，提高管理水平，降低成本消耗，保证客房部经营活动的顺利进行，为酒店获得更多的经济效益。

表8-5　每日客房用品消耗汇总表

填表人：　　　　　　　　　　　　　　　　　　　　　　　　　　　　　日期：

项目	梳子	牙具	香皂	洗发液	沐浴露	卷纸	擦鞋纸	浴帽	原子笔	针线包	明信片	铅笔	记事册
一层													
二层													
……													
合计													
金额													

3. 做好客房用品定期分析工作

一般情况下，客房用品定期分析应至少每月进行一次。其内容包括以下方面。

（1）根据每日客房用品耗量汇总表制定出月度各楼层耗量汇总表。

（2）结合客房出租率及上月各项客房用品的消耗情况，制作每月用品消耗分析对照表。

（3）结合年初预算情况，制作月度预算对照表。

（4）根据控制前后对照，确定每间天平均消耗额。

（5）通过对当月消耗情况分析，对下个月及将来几个月的消耗情况进行预测。

4. 控制客房用品的流失

客房用品的流失有两种情况：一是有些客人在服务员做房时从工作车上"顺手牵羊"，拿走部分用品；第二种情况，也是更普遍、更严重的现象，是服务员利用工作之便，拿走用品自用或者送给他人。因此，酒店要做好员工的思想教育工作并建立完善的客房用品管理制度。要加强员工的思想教育工作，教育员工不私自使用客房用品，同时为员工创造不使用客房用品的必要条件。例如，在员工卫生间和浴室里配备员工用的香皂和消毒用品等，这些用品要有明显的标志，以与客房用品相区别。建立完善的管理制度，要求客房服务员在整理房间时，工作车要紧靠房门口停放，以便监督；服务员要做好用品的领取和使用记录，以便考核；定期公布各楼层的用品消耗量，实行奖惩制度；建立月末盘点制度等，这些都可以有效减少客房用品的浪费。

5. 做好客房用品的节约工作

加强员工的思想教育，服务员在整理房间、为客人更换和补充客房用品时，大多数情况都是独立作业，能否尽量减少用品的浪费和损坏，在很大程度上取决于员工的职业道德水准、工作责任心和经营的意识。一方面，对于客房内客人没有使用的用品，应继续使用，不应随手扔掉；另一方面，客房管理工作应紧随"绿色潮流"，尽量使用固定的罐装容器盛放卫生用品，减少不必要的浪费和对环境造成污染。

8.3.2 客房用品消费定额制定

制定客房用品消耗定额是客房用品管理的基础。客房用品消耗是逐日、逐月在整个楼层的接待服务中实现的，所以，必须将各种客房用品的消耗定额落实到每个楼层、每个班组。在制定年度消耗定额的基础上，根据季节变化和业务量的变化，分解为不同楼层、班组的季度、月度消耗定额，按照实际需求量进行发放，并加强日常的控制，这样才能把对客房用品消耗进行定额控制管理落到实处。

1. 一次性消耗品的年度消耗定额制定

一次性消耗品消耗定额的制定方法，是以单房配备量为基础，确定每天需要量，然后根据预测的年平均出租率来制定年度消耗定额。计算公式如下。

$$A = B \times X \times F \times 365$$

式中，A 为每项客房用品的年度消耗定额；B 为每间客房每天配备额；X 为酒店客房总数；F 为预测的年平均出租率。

例如，某酒店有客房 300 间，年平均出租率为 80%，牙膏的单间客房每天配备额为 2 盒。求该酒店牙膏的年度消耗定额。根据上述公式，得

牙膏的年度消耗定额 $= B \times X \times F \times 365 = 2 \times 300 \times 80\% \times 365 = 17.52$（万盒）

2. 多次性消耗品的年度消耗定额制定

多次性消耗品定额的制定基于多次性消耗品的年度更新率的确定。其定额的确定方法，应根据酒店的星级或档次规格，确定单房配备数量；然后确定其损耗率，即可制定消耗定额。计算公式如下。

$$A = B \times X \times F \times R$$

式中，A 为每项客房用品的年度消耗定额；B 为每间客房每天配备额；X 为酒店客房总数；F 为预测的年平均出租率；R 为用品的损耗率。

3. 客房用品消耗标准配备量

客房用品是每天按客房物品的配备标准进行配备的，但并不是所有客房用品都于当天消耗完，部分客房用品可能没有消耗或没有全部消耗。所以，在实际工作中，客房部管理人员

要注意督察，根据客房用品消耗情况的统计资料，掌握各种客房用品的消耗标准。客房用品消耗标准可按下列公式计算。

单项客房用品消耗标准＝客房出租间天数 × 每间客房配备数 × 平均消耗率

例如，客房的牙膏，每间客房每天供应 2 盒，而平均每间客房每天的消耗量为 1 盒，即 50%。如果某一楼层本月客房出租总数为 500 间，那么该楼层本月牙膏消耗量为

$$500 \times 2 \times 50\% = 500（盒）$$

多次性消耗品与一次性消耗品的标准配备量的确定方式不同，主要区别在于多次性消耗品的配备主要与酒店的其他功能有关，如棉织品的配备量取决于酒店是否设洗衣房及酒店洗衣房的洗涤量；而一次性消耗品的配备主要与各种物品在运转过程中的消耗率有关，如沐浴露取决于客人的使用量和喜好程度。

多次性消耗品的配备量除日常周转所需外，还应在仓库中配备一定数量备用。而一次性消耗品的配备量用最高和最低库存量来表示，当某种客房用品的数量降至最低库存量时，就需要申请采购。

本章小结

客房物资是客房部员工从事客房商品生产的物质条件和技术保证。良好而有效的客房物资管理与控制，不仅能够提高服务质量，而且是降低消耗、达到客房预期利润目标的重要途径和保证。

客房物资管理应具备科学性与合理性。客房物资管理的主要内容包括做好物资用品的计划、使用控制和储存保管工作，这些工作是客房部正常运营的保证。

布件的消耗定额管理主要包括确定布件的需要量、确定布件的年损耗率及确定布件的年消耗定额；布件的日常控制则是要尽量避免布件不必要的浪费与损耗，包括把好质量验收关、定点定量存放布件、建立布件收发制度、确立布件报废制度和再利用制度、禁止员工私自使用布件、定期进行存货盘点等。

客房用品是供客人使用的生活必需品。在客房部的费用中，客房用品的耗费占较大的比重，其耗费的伸缩性也很大。客房用品的日常管理与控制是工作中非常重要的一环。

国际酒店赏鉴

酒店布件共享能走多远？

共享办公、共享出行、共享住宿，随着共享经济在国内市场愈发火热，酒店也与"共享"擦出了不少火花。近日，兔小二 & 远望谷酒店智能布件租洗新共享模式引起业界的专注。

"通过酒店智能布件租洗新模式，酒店布件采购投入预计节省 70%，入住率日损耗节省 20%～40%，这将大大改善酒店布件租洗管理效率，降低酒店经营成本。"上海兔小二科技有限公司 CEO 张健东说。

1. 酒店布件"痛点"多

布件采购方面，一般酒店都需要配备高于床位数 3 倍以上的布件，才能做到一套铺床上、一套送洗涤厂、一套放仓库备用。但是酒店入住率不固定，导致大量布件闲置浪费；洗涤方面，每家酒店布件的规格、洗涤要求、折叠方式等都不一样，导致洗涤厂很难规模化、批量化洗涤；

配送方面，每家酒店、洗涤厂都得开辟独立的配送渠道，不能共享，以致整体效率低下。与此同时，所有布件的进出基本由人工手记，缺乏大数据管理，布件的丢失、损耗率极高……

2. 共享模式控成本

针对酒店布件管理的诸多痛点，兔小二公司和远望谷酒店合作，推出酒店智能布件租洗业务，从布件生产、租赁、洗涤、配送、管理等方面节省酒店采购资金，提高了布件的使用效率，降低了整体运营成本。在布件租赁方面，兔小二酒店智能布件租洗模式打破了酒店自行采购布件、每日固定损耗的模式，使酒店实现每日租赁，按需下单，从源头上控制布件损耗。兔小二酒店智能布件租洗模式的亮点还在于每件布件上均安装了芯片，相当于每件布件都有唯一的身份认证，其生产环节、洗涤环节、流通环节均有实时数据跟踪，进而实现酒店布件一站式托管。

3. 布件共享能走多远

中青旅山水时尚酒店管理有限公司集团综合管理部总经理邓琼表示，从降低成本、便于管理的角度，布件共享是可行的。"随着布件租洗模式的成功落地，酒店多年的硬伤得到解决，连锁型酒店的革命有望由此拉开。"华美顾问集团首席知识官、高级经济师赵焕焱表示，布件清洁外包、芯片植入是规模经营的途径，应该提倡。"集中处理可以减少酒店投资和营运成本，也可以节约社会资源。目前美国很多酒店的布件都是外包集中清洁的，布件和员工服装都植入芯片，大大提高了管理水平。相比之下，此模式在经济型酒店中大有可为，有助于经济型酒店布件处理的标准化、统一化，而高端酒店由于对布件材质等方面的要求较高，混合经营的难度比较大。"赵焕焱同时提醒，无论传统布件洗涤还是共享布件租洗，关键还是要保证清洁的质量，方能长远发展。

（资料来源：中国旅游报 2018-05-10 作者：李凤）

 复习思考题

一、简答题

1. 简述客房物资的类型。
2. 客房物资管理的要求有哪些？
3. 如何做好布件的消耗定额管理？
4. 客房用品的统计工作包括哪些内容？

二、实训题

1. 某酒店有客房 200 间，年平均出租率为 85%，每间客房每天茶叶的配备额为 4 包，该酒店茶叶的年度消耗定额应为多少？
2. 某酒店有客房 300 间，客房床单单间配备为 3 套（每套 4 张），床单每天更换 1 次，其洗涤寿命为 250 次，预计客房出租率为 70%，试确定该酒店床单的年度损耗率、年度消耗定额。
3. 某酒店在客房用品的发放方面，原来的做法是由领班根据用品使用情况将用品领上楼层，再由服务员自行补充，余下的客房用品由楼层保管，留待下次再用。但在实际使用过程中发现客房使用数与领用数不等的情况。请问：①该酒店对楼层客房用品管理采取什么方法可以取得较满意的效果？②一次性客房用品怎样发放比较节省？

客房设备管理

教学目标

知 识 要 点	能 力 要 求	重 点 难 点
客房设备概述	（1）了解客房都有哪些设备 （2）掌握客房中的各类设备都有哪些特点	重点：客房设备的含义 客房设备的特点 难点：客房设备的种类
客房设备管理的内容	（1）掌握客房设备选购的标准 （2）能够根据设备的特点和酒店客房的实际情况正确选购客房设备 （3）熟悉客房每一类设备的维护保养的方法及应注意的事项 （4）清楚客房设备更新改造的一般规律	重点：客房设备的选购标准 难点：客房设备的选购方法 客房设备的维护保养

9 客房设备管理

设备问题引起的事故

某日下午,在1723房间住宿的王女士在卫生间不慎摔倒。服务员得知后马上报告给主管,并会同领班一起进入客房进行探望,所幸客人并无大碍。经过认真检查,发现是由于卫生间洗脸台的下水管滴水,客人进入卫生间时踩在积水处,不慎摔倒。事故发生后,当班主管、经理均进房间表示了慰问和道歉,并安排了医生前往问诊。工程部及时更换了老化的下水管,客房部领导讨论决定,将现有的一次性拖鞋全部更换,采购防滑性能更好的产品。王女士对酒店的处理表示满意。

问题: 客房设备管理有何重要性?本案例给我们带来什么启示?

客房作为商品出租,不仅要为客人提供舒适优雅的休息环境,还要使客房设施设备保持良好的状态。设备设施的完好程度直接影响到客人对酒店的满意程度,最终影响客房出租,因此要求酒店在做好客房服务工作的同时,认真做好客房设备的管理工作。这不仅关系到能否为客人提供优良的服务,而且可以延长设备的使用寿命,减少更新次数,达到降低营业成本、提高经营利润的目的。

9.1 客房设备概述

在客房设备管理中,客房设备是指客房部所使用的家具、机器、电器、仪器、工具等各种物质技术装备的总称。

9.1.1 客房设备的特点

酒店客房设备与其他企业的设备相比有其特殊性,其特点主要表现在以下几个方面。

1. 种类繁多,不便管理

酒店客房设备种类繁多,如客人休息、书写、盥洗等生活需要的家具、电器设备,为客人提供水、电、暖的供应设备系统,维护客人生活安全的报警系统等装置设备。这些设备的种类多、数量大,并且分布在客房的每一楼层,不同设备的使用方法、管理方法、维修和保养方法又各不相同,给设备的使用和管理带来了不小的难度。

2. 技术先进,不易控制

为了满足宾客对舒适性的追求和提高管理水平,酒店客房一般都会选择技术最先进的设备,如先进的门锁系统设备、安全消防系统设备、供电设备、电器设备等。另外,先进的设备在使用过程中由于涉及不同的部门,如有的设备是由客房使用,设备部维修,而有的设备是客人使用,客房员工保养,再加上客房是24小时连续使用,客房设备也必须是24小时的连续运行状态。所以,客房设备呈现出复杂的连续运转和多人、多部门参与的复杂现象,这些增加了客房设备管理和控制的难度。

3. 投资额度大,运行成本高

酒店客房设备由于要按照国际标准和等级规定来配置,再加上酒店客房设备自动化、智能化的不断发展,新技术、新产品的不断推出,使得原有的客房设备功能落后、价值贬值而

219

被迫降低使用价值或被淘汰，使得酒店不得不在客房设备方面不断地投资，使其更新换代，符合时代进步的要求和酒店的规格档次和特色。

除了投资额度大之外，酒店客房设备在运行的过程中所产生的费用也很大，主要表现在两个方面。一是能源费用高。由于客房在酒店业务中的主体地位，客房设备种类多、范围广，是酒店最主要的耗能大户、用水大户，如中央空调系统、多种电器设备、照明系统等，都增加了酒店的用电量。二是维护、维修费用高。酒店的客房设备需要不断进行维护、保养、维修，客房设备的能耗、折旧、维护等运行成本远远超出为客人提供低值易耗品的成本付出。

4. 服务质量对设备的依赖性高

酒店产品包括设施设备、服务水平、安全保卫及饮食产品等几个方面。因此，客房设备的档次、运行情况是酒店产品的内容之一。客房服务质量如果要达到和酒店星级相对应的标准，就必须保证客房内的各类设备不能出现故障，而且要安全正常运转。

5. 更新周期短

酒店客房设备运行时间长，磨损较快，而且酒店为了提高其竞争力，还需要不断对客房设备进行更新换代，使其跟得上时代发展的潮流，因此，酒店客房设备更新周期短，甚至大大短于其他行业同类型设备。

9.1.2 客房设备的分类

客房部的设备种类繁多，主要包括客房客用设备、客房清洁设备及其他设备。

1. 客房客用设备

（1）家具。家具是酒店客房内最主要的设备之一。从功能上划分，有实用性和陈设性两大类家具，其中以实用性家具为主。客房使用的家具主要有卧床、床头柜、沙发、写字台、电视柜、小圆桌、座椅、行李柜、衣柜等。客房家具按制作材料区分，有木制、藤制、竹制、塑料制、金属制及各种软垫家具等。木制家具造型丰富，木质纹理优美，有亲切感，导热性小，档次较高，在客房中使用最广泛。客房木制家具要严防受潮、暴晒，平时应经常用干布拭擦，并定期打蜡保护。

（2）地毯。地毯是客房的高档装饰品。地毯主要有纯羊毛地毯、混纺地毯、化纤地毯3种。不同种类的地毯有不同的特点。纯羊毛地毯高雅华贵、弹性强、色泽美观，但造价较高，维护保养困难，多用于豪华级房间。混纺地毯具有纯羊毛地毯质感舒适的特点，价格又低于纯羊毛地毯，再加上具有良好的观赏价值和使用价值，是酒店比较普遍使用的地毯。化纤地毯的外表和触感与羊毛地毯相似，美观、易洗、耐磨、价格低廉，多用于经济型酒店。对地毯应注意使用科学的方法保养地毯，尽量延长其使用寿命。

（3）电器设备。客房内的主要电器设备如下。①照明灯具。客房内的照明灯具主要有门灯、顶灯、地灯、台灯、床头灯等。它们既是照明设备，又是房间的装饰品。酒店客房照明采用局部采光，平时要加强灯具的维护和保养，要定期检修，确保灯具的照明效果和使用安全。目前，节能灯是酒店的最佳选择，不但节能，而且使用寿命长，减少了检修、更换的人工成本开支。②电视机。电视机是客房的高级设备，可以丰富客人的生活。电视机不应放在光线直射的位置，每天清扫房间时，要用干布擦干净外壳，并定期检修。③空调。空调是使房间保持适当温度和调换新鲜空气的设备。一般中高级酒店都采用中央空调系统，为了满足客人对温度的不同需求，每个客房都有空调旋钮或开关，分为"强、中、弱、停"4挡，客人可根据需要自己调节。对空调系统要保持空调风口的清洁，并定期检修。④电话机。房间内一般设两部电话机,一部放在床头柜上,另一部装在卫生间,方便客人接听电话。客房服务员每天要对电话机进行抹尘,经常用消毒水对话筒进行消毒,并定期检修。⑤电冰箱。在中高级酒店客房中,为保证客人饮料供应,常设有客房小酒吧,并配备小冰箱,在冰箱内放置酒品饮料,方便客人随意饮用。目前,大多数酒店选用无霜冰箱,从而节省除霜及维护费用。

(4)卫生间设备。卫生间的设备主要有洗脸台、浴缸、毛巾架、镜子、坐便器等。洗脸台、浴缸和坐便器需要每天清洁消毒,保持干净。毛巾架和镜子需要经常擦拭保持清洁。上、下水道和水箱需要定期检修,避免发生堵塞或水箱漏水的事故。水龙头、淋浴器和水箱扳手等金属设备每天要用干布抹净、擦亮。浴缸现在已经不再受客人喜欢,现在普通客房卫生间里大多配备淋浴房,有水流按摩功能的则更加受客人喜欢,只有高级客房才使用盆浴设备。

2. 客房清洁设备

客房清洁所用设备是指客房员工为了清洁客房、维护客房设备所使用的设备工具。现代酒店的客房大多采用高档的装修材料,室内的装饰和布置高雅别致,因而对客房室内外清洁的标准提出了更高的要求。为了满足高标准的清洁要求,酒店必须配备现代化的清洁设备和工具。

(1)房务工作车。房务工作车(图9.1)是客房服务员清理客房时用来运载物品的工具车。使用房务工作车可以减轻劳动强度和提高工作效率,而且当房务工作车停在客房门外时,可以成为"在清扫客房"的标志。房务工作车必须坚固、轻便,能携带一定数量的布件、供应品及清洁用具。房务工作车通常设计为一面开口的车身,这样停在楼层走廊时,就不会有物品暴露在两边,外观较整洁。房务工作车的前部有弹性缓冲装置,以免撞伤墙面。房务工作车最好选用有两个定向轮和两个转向轮的,平时应定期加机油进行润滑和消声。

图9.1 房务工作车

(2)吸尘器。吸尘器也就是电动真空吸尘器。它可以将外界物品上附着的灰尘吸进机内的集尘袋中,以达到清洁的目的。吸尘器主要在地板、家具、帘幕、垫套和地毯等上面使用。吸尘器不但可吸取缝隙、凹凸不平处,以及形状复杂的各种摆设上不能用其他清洁工具除尘的尘埃,而且不会使灰尘扩散和飞扬,清洁程度和效果都比较良好,是酒店日常清扫中不可或缺的清洁工具。

(3)洗地毯机。酒店的地毯虽然每天都要经过吸尘,但总有未除去的污物粘在地毯的绒毛上,在餐厅、客房的地毯上,还会有其他污渍,时间一久,毯绒还会倒伏,影响其美观和使用效果。使用洗地毯机(图9.2)能除去地毯上的污垢,还能使倒伏的毯绒直立起来。洗地毯机一般采用真空抽吸法,脱水率在70%左右,地毯清洗后很快就能干燥。洗地毯机可清洗各种类型地毯,省时省力,工作效率高。

图9.2 洗地毯机

(4)洗地设备。酒店地面大多用大理石、花岗岩、木地板、地砖等铺成,这些地面称为硬质地面，用于清洁硬质地面的设备叫洗地设备，主要有刷地机和多功能自动洗地机。

① 刷地机。刷地机的主要部件有手柄、导杆、马达刷座、各种盘刷和附件。按洗地的功能不同，刷地机可分为单速刷地机和双速刷地机。单速刷地机又分为低速和高速两种。低速刷地机配上不同的附件和盘刷，可清洗不同的地面，有清洗和打蜡两种功能。高速刷地机的主要功能是对打蜡后的硬质地面进行打磨和刮光。双速刷地机具有多种功能，配上不同的配件和盘刷，可清洗不同的地面，如硬质地面的清洗、打蜡、抛光；清洗地毯；清理胶粒地板和木地板翻新等。

② 多功能自动洗地机。多功能自动洗地机将高速刷盘与吸水刮互相配合装在一起，可同时进行。工作时高速刷盘在前面清洗地面，吸水刮在后面立即将清洗后的污水吸入污水箱。此设备洗地速度快、效率高、质量好，但价格不菲。

3. 其他设备

（1）安全装置。为了确保宾客安全，客房内一般都装有烟雾感应器、窥视镜和安全链。门后张贴安全指示图，标明客人现在的位置及安全通道的方向。楼道装有电视监控器、自动灭火器。安全门上装有昼夜照明指示灯。客房和走廊装配消防报警系统中的烟雾感应器和自动喷淋器等设备，一旦发生火灾，烟雾感应器会启动报警，自动喷淋器的安全阀即会自动融化，水会从喷淋器内自动喷出，达到灭火效果。安全装置应经常保养检修，以免因损坏或失灵造成严重后果。

（2）系统设备。为了保证客房的使用功能，客房和走廊内配备了多种系统设备，具体有安全系统设备；供水系统设备，包括冷、热水的供应；供电系统设备，主要包括输电设备、配电设备和用电设备等；通信系统设备，包括电话通信系统、内部通信系统、电传和传真系统等；音响系统设备，如音乐、广播系统等。

9.2 客房设备管理的内容

客房设备管理是指围绕客房的各类设施设备物质运动形态和效用的发挥，对其进行选择评价、购置安装、维修保养、更新改造及报废处理的全过程的管理。客房设备是客房进行经营活动必要的物质条件，设备的先进与否和它的完好率直接影响酒店的级别和服务质量。因此，客房管理人员应加强对客房设备的管理，以保证客房各类设备的正常运行。

客房设备管理的内容主要包括设施设备的选购、配置，设施设备的使用和维修保养，设施设备的更新改造，制定相关的管理制度等几个方面。

9.2.1 客房设备管理的意义

客房设备品种繁多，能否保持完好无损，直接影响对客服务的质量和客房的出租，与酒店的正常运转有密切关系。所以加强客房设备管理，对客房商品营销活动及提高经济效益等具有十分重要的意义。其意义主要表现在以下几个方面。

1. 可以保证酒店客房商品经营活动的正常进行

客房是酒店出售的最主要商品。客房商品经营活动就是通过提供客房设施设备及员工的服务性劳动，满足客人的住宿需要。因此，只有加强客房设备管理，管理好各种设施和设备，使他们处于完好状态，才能为客人提供住宿的基本条件。

2. 酒店降低成本、提高经济效益的重要途径

客房属于高级消费品，设备一般比较昂贵。与设备相关的各项费用如折旧费、维修费等在服务费用中的比重越来越大。另外，客房设备使用频繁，极易受到损坏。如不重视设备的管理，则再次投入的成本是难以估量的。在酒店总营业额一定的前提下，降低成本就是增加利润。因此客房设备管理工作的好坏关系着酒店的经济效益。

3. 提高客房服务质量的必要物质条件

服务质量就是能够满足宾客物质上、精神上享受的程度，其内容包括有形的设施和无形的服务。因此，客房服务质量在很大程度上依赖于完善的服务设施和设备。否则，客房服务质量就是无源之水、无本之木，提高服务质量就无从谈起。

4. 提高酒店等级的手段之一

评定酒店等级时主要从建筑设备、酒店规模、服务质量、管理水平等几个方面进行考量。因此，加强对客房设备的管理，对陈旧过时的设备及时升级改造，对运行中的设备进行维护和保养，对出现故障的设备及时进行维修，有利于加速实现酒店客房服务手段的现代化，提高酒店的等级。

9.2.2 客房设备的选购

选购客房设备是为了选购技术上先进，经济上合理，符合酒店档次，适应客人需要的最优设备，有利于提高工作效率和服务质量。每个酒店要根据自身的特点，确定客房设备的选购标准，这是进行客房设备管理的基础。

1. 客房设备选购的标准

客房设备的选购主要考虑以下几个方面。

（1）适应性。适应性是指客房设备要适应客人需要，适应酒店等级，与客房的格调一致，造型美观，款式新颖。

（2）方便性。方便性是指客房设备使用方便、灵活、简单、易操作，同时易于维修、保养、工作效率高。

（3）节能性。节能性是指能源利用的性能。随着水、电能源的日益紧张，人们的节能意识在逐渐加强。酒店用电、用水量都比较大，节水、节电成了大家比较关心的问题。在选择设备时，应该选购节能设备。

（4）安全性。安全是酒店客人的基本要求。在选择客房设备时要考虑是否具有安全可靠的特性和装有防止事故发生的各种装置，商家有无售后服务也是设备安全的重要保证。

（5）协调一致性。协调一致性是指各种设备的配套，以保持风格的一致性和外观的协调性。设备的配套包括两层含义：一是客房设备本身及各设备之间要配套；二是客房设备要与酒店的经营管理相配套，与酒店的发展规模相配套。

（6）可发展性。为了配合新时代商务旅客对酒店服务的需要，酒店在选购设备时要综合考虑其设备的经济性和发展性，尽量选购具有升级发展空间的设备，从而节约成本。

2. 客房主要设备的选购

（1）家具的选购。家具必须实用、美观，构架结实、耐用和易于保养。家具的表面要耐火、耐高温、耐污染、防水、防划和防撞压。家具的拉手和铰链必须简单、坚固，使用时无噪声。①床。床是酒店为客人提供休息和睡眠的主要设备，大多数床包括弹簧、床垫和床架3个部分。弹簧使床具有弹性并提供支撑；床垫覆盖弹簧并加以衬料；弹簧和床垫都安放在床架上。客房用床的尺寸要合适。一般来说，客房用床应有 1.95 米长，0.55~0.66 米高，主要考虑客人的舒适程度和服务员的工作强度，使用时要舒适、安静无声。②床头柜。床头柜的高度要与床的高度相配套，通常在 0.60~0.70 米。③组合柜。要求抽屉不宜过多。否则客人容易遗忘东西。④衣柜。深度以 0.55~0.60 米较为理想。宽度平均不小于 0.60 米，最好采用拉门或折叠门。

（2）卫生间设备的选购。客房卫生间是客人盥洗空间，面积一般为 4~7 平方米，主要设备是浴缸、马桶和洗脸盆三大件。卫生间的三大件设备应在色泽、风格、材质、造型等方面相协调。①浴缸。有铸铁搪瓷、铁板搪瓷和人造大理石等多种。以表面易清洁和保温性良好为最佳。浴缸按尺寸分为大、中、小 3 种。一般酒店多采用中型浴缸，高档酒店采用大型浴缸。浴缸底部要凹凸或光毛面相间的防滑措施。近年来，一些高档酒店的豪华客房选用了各种按摩、冲浪式浴缸。②马桶。尺寸一般为 0.36 米宽，0.72~0.76 米长，前方需要有 0.50~0.60 米的空间，左右须有 0.30~0.35 米的空间。③洗脸盆。有瓷质、铸铁搪瓷、铁板搪瓷和人造大理石等多种，使用最多的是瓷质，因其具有美观且容易清洁的优点。

（3）地毯的选购。地毯的品种有纯羊毛地毯、混纺地毯和化纤地毯。纯羊毛地毯的装饰性和保温性是其他任何地毯不能比拟的，但是价格较高。混纺地毯是以羊毛纤维和化学纤维按照一定比例混合织成的地毯，弥补了纯羊毛地毯和化纤地毯的某些缺陷和不足。因此，混纺地毯经济实惠，是国内外酒店比较普遍使用的地毯。化纤地毯虽具有美观、价廉、易洗涤的特点但是规格档次较低。选用地毯要考虑以下因素。①与酒店的等级、客房的档次相一致，选购怎样的地毯与客房的位置、档次及预算等因素有关。②应体现装饰艺术效果，使客人进入房间有一种舒适、安宁、温暖的感受。

（4）清洁设备的选购。清洁设备的恰当选购不仅关系客房的经济效益，而且是保证客房部清洁卫生工作顺利进行的一个基本条件。因为不少清洁设备的投资比较大，使用的周期长，其选购的得当与否对于客房部的清洁保养能力和效果具有不可忽视的制约作用。任何一家酒店都应根据自身的等级、规模、清洁保养要求和经费预算等，做出购买设备或转让承包的决策。

清洁设备的选购应注意遵循协调、实用、经济的原则，还应特别注意清洁设备的安全可靠性，如电压是否相符，绝缘性如何等。为了保证清洁效率、节约酒店资源，清洁设备应具备操作方便、易于保养、使用寿命长、噪声小等特点。

示例链接 9-1

上海虹桥元—希尔顿酒店荣获 TRENDS
"中国优选客房设施酒店"

2011 年 10 月，上海虹桥元—希尔顿酒店荣获 2011《诠释 TRENDS》十大风格酒店之"中国优选客房设施酒店"。

作为最早在上海开设五星级酒店的国际酒店品牌，希尔顿酒店一直是上海人、甚至是中国人心目中豪华酒店的标杆。2010 年 11 月新开业的上海虹桥元—希尔顿酒店，标志着希尔顿品牌在亚洲地区迅速、成功地扩张。上海虹桥元—希尔顿酒店也将延续希尔顿酒店一贯的热情好客、与时俱进的服务品质，为往来宾客提供舒适怡人、与众不同的入住体验。

酒店拥有 675 间独具个性、布局时尚的客房和豪华套房。无论是一号楼内 46 平方米的标准双人房，还是二号楼内的豪华房，或是三号楼内 59 平方米的行政客房，又或是分布于三座大楼之中的 79~238 平方米的套房，大部分都可以远眺高尔夫球场的辽阔景致。客房内有舒适的工作和休息区域、淋浴和浴池独立的四分式浴室、无线和高速网络接入、远程打印、42英寸LCD高清数字电视、室内保险箱、熨衣设备及茶、咖啡自助设备，以及迷你酒吧。

知识链接 9-1
客房设施设备质量标准

（1）客房种类与面积。酒店有单人房、双人房、标准房、套房，种类不少于4种，各类客房比例安排合理，适应不同类型的客人需求和酒店目标市场结构需要。单人房面积不小于18平方米，标准房不小于24平方米。室内设施设备齐全，布局合理，客人活动空间宽敞。

（2）房门与窗户。客房房门应选用耐磨、抗裂、耐用、防擦伤的材料，经过阻燃处理，表面光洁、明亮、色彩柔和。窗户玻璃应宽大，有装饰窗帘和幕帘，阻燃性能良好，门窗无缝隙，遮阳保温效果好。房门和窗户均需开启方便，无杂音，手感轻松自如。

（3）墙面与地面。墙面满贴高档墙纸或墙布、耐用、防污、防磨损，不易破旧，色彩、图案美观舒适，易于整新和保洁，无开裂、起皮、掉皮现象发生。墙面有壁毯或壁画装饰，安装位置合理、协调美观，尺寸与装饰效果与客房等级相适应。壁柜、房门和窗户与墙面装饰协调，在适当位置配备镜子供客人使用。地面铺设地毯或木质地面。地毯铺设平整，色彩简洁明快，质地柔软、耐用、耐磨。木质地板打蜡光洁明亮，有舒适感。

（4）天花板与照明。天花板选用耐用、防污、反光、吸音材料，经过装饰，光洁明亮，牢固美观，无开裂、起皮、掉皮现象。室内壁灯、台灯、落地灯、夜灯等各种灯具选择合理，造型美观，安装位置适当，具有装饰效果，插头处线路隐蔽。室内灯光照明营造舒适、恬静的温馨气氛。

（5）冷暖与安全设备。采用中央空调或分离式空调，安装位置合理，外形美观，性能良好。室温可随意调节，开启自如。暖气设备隐蔽，暖气罩美观舒适。室内通风良好，空气清新。房门装有窥镜、防盗链、走火图。天花板有烟感装置和自动喷淋灭火装置，过道有消防装置与灭火器，安装隐蔽。安全门和安全通道通畅。对各种安全设备实行专业管理，始终处于正常状态，客人有安全感。

（6）通信与电器设备。客房配程控电话机，通常客房和洗手间各有一部电话副机，功能齐全，性能良好，可直拨国内长途。室内配有电视机，高档套房配双套电视，有国际卫星天线。客房设酒吧，配有冰箱，摆放位置合理。室内功能分区协调，始终处于正常运转状态。

（7）客房家具用具。配备高级软垫床、床头板、床头柜、办公桌椅、沙发座椅、梳妆台镜、壁柜、行李架、衣架、小圆桌等家具用具齐全，按室内分区功能合理设置和摆放。高档客房配花架、花几或工艺品展示观赏柜，摆盆栽盆景。客房各种家具用具造型美观，质地优良，色彩柔和，使用舒适。档次规格与客房等级和酒店星级标准相适应。

（8）卫生间设备。卫生间面积不小于4平方米，满铺瓷砖，天花板、墙面、地面光洁明亮，地面防滑、防潮，隐蔽处有地漏，墙角机械通风良好，盥洗台采用大理石或水磨石台面，墙上满嵌横镜，宽大、舒适、明亮，抽水马桶、浴盆分区设置合理，高档客房内的淋浴与浴盆分隔，照明充足，有100V/220V电源插座。

（9）设备配套程度。同一等级、同一类型的客房，其照明、安全设备、电器、冷暖空调设备、家具用具、卫生间设备和门窗等，在造型、规格、型号、质地、色彩上统一、配套。各种设备安装位置合理，突出室内分区功能，整体布局协调美观，给客人创造一个舒适、典雅的住宿环境。

（10）设备完好程度。客房各种设备有健全的维修制度和维修程序，日常维护良好，损坏修理及时，始终处于正常状态。各种设施设备的完好率趋于100%，不低于98%。

9.2.3 客房设备的维护保养

客房设备的维护保养工作也是一项十分重要的工作。设备经过良好的维护和保养,就可以减少设备发生故障的概率和维修的次数,就可以保持设备良好的运行状态,从而延长设备的使用寿命,降低酒店运行成本。

1. 客用设备的维护保养

客用设备的保养主要在于平时的清洁和计划保养,对客用设备如家具、地毯、电器的维护保养需要注意几点。①客房设备不可随意搬进搬出。②所有需要出门维修的物品,都必须经过客房中心予以记录和填附维修单。同时,要将该处打上维修标志或以备用品补充上去,直至维修好的物品送回原处为止。③各种设备都应注意防潮、防锈、防腐蚀、防超负荷使用。④存放在库房中的备用设备或维修、报废设备都必须抹净、摆放整齐,并应加盖布兜以遮挡灰尘。

2. 清洁设备的维护保养

清洁设备的维护保养一般容易被客房员工忽视。酒店清洁设备的使用效果和寿命与日常的保养工作有很大的关系。清洁设备的保养要注意以下几个方面。①员工应该知道如何按照操作要求去使用清洁设备,并将不同的设备以正确的方法用于相应的工作项目中。②所有清洁设备在使用后都应进行全面的清洁和必要的养护。③设备使用前后都应检查其完好状况,发现问题要及时处理。④严格按照规定的维修保养程序进行,并建立设备保养卡。⑤要具备良好的存放条件并按要求摆放在规定的位置。⑥要有供存放所有附件的柜子、抽屉、架子、挂钩等。⑦要具备可供进行设备清洁保养的工作台、冷热水池和电源插座、灯光照明等。

 知识链接 9-2

客房设施设备的保养

(1)地毯的保养。①坚持每天吸尘,保持地毯清洁。②对地毯进行定期清洗,尤其是地毯上出现污渍时,应及时予以清除,否则时间一长就很难除去。③每年清洗一次地毯。可以采取干洗和湿洗两种不同的方式对地毯进行清洗。

(2)空调的保养。①大型空调要注意在使用时不能让水溅到开关上,否则会导致漏电,造成触电事故。另外,如果空调在使用过程中发出异常声响,应立即关闭电源,通知工程部进行检查和维修。②中央空调应由专人负责管理与操作。应定期对鼓风机和导管进行清扫,每隔3个月左右对进风过滤网进行一次清洗,定期对电动机轴承传动部分加注润滑油。

(3)电视机的保养。①将电视机放置在光线直射不到的地方,否则会加快电视机显像管的老化速度。②避免将电视机放置在潮湿的地方,同时要注意防止酸、碱等气体的侵蚀,以免引起电视机金属件的生锈或元件断裂,从而导致电视机接触不良。③清扫客房时,要注意用干布擦去电视机外壳上的灰尘。④电视机不用时,要用布将其罩住,并定期用软毛刷清除机内的灰尘。⑤在比较潮湿的雨季,应注意每天将电视机通电一段时间,以散发热量来驱除潮气。⑥要尽量避免经常搬动电视机,以减少意外事故的发生。

(4)电冰箱的保养。①将冰箱放置于干燥通风、温度适中的地方,最好使其背面、侧面距墙10厘米左右,以利于电冰箱散热。②要注意经常对冰箱进行清洗,尤其是门下面的胶边,是非常容易脏的地方,更要注意清洁。③在使用一段时间之后,要注意对冰箱进行内部清理,以此来避免积留污物,滋生细菌。

（5）木器家具的保养。对于室内的木器家具，应经常进行除尘工作，保持其清洁光亮。另外，还要注意防潮、防水、防蛀和防热。

（6）卫生设备的保养。客房内的卫生设备应勤洗勤擦，保持其清洁与光泽。在清洗时，要注意选择正确的清洁剂，一般是选用中性的清洁剂，不能是强酸或是强碱等，因为后者会对浴缸、洗脸盆等设施的釉质造成损伤，破坏瓷面的光泽，另外还会腐蚀下水道。

（7）门窗的保养。①雷雨天或是刮风时应注意关好客房的窗户，以防止摔坏玻璃或是雨水进入房内。②平常开关窗户时应养成轻开轻关的习惯。

（8）墙面的保养。①为了保证墙面的清洁，应经常对墙面进行吸尘。②在对墙面进行大清洁时，应在清洁之前先用湿布在小块墙纸上擦一下，查看墙纸是否掉色，然后再确定是用水清洁还是用膏型的去污剂。③如果天花板有漏水等现象，应及时通知工程部前来维修，以防止墙面脱落或是发霉等。

9.2.4 客房设备的更新改造

随着时间的推移和客人需求的变化，酒店内一些客房设备会变得陈旧或者落后。为了保持并扩大对客源市场的吸引力，确保酒店规格档次，酒店必须有计划地对客房设备进行更新改造，并对一些设备用品实行强制性淘汰。所以，酒店要制订客房设备的更新改造计划。

1. 常规修整

常规修整一般每年至少进行一次，对相关设备进行更新，以保证与酒店档次相一致。常规修整主要包括地毯、饰物的清洁，墙面的清洗和粉饰，常规检查和保养，家具的打蜡油漆，窗帘、床罩的洗涤等。

2. 部分更新

客房使用5年左右，即应对部分设备进行局部更新，包括更换地毯，更换墙纸，更换沙发布及靠垫，更换窗帘、床罩，更换灯具、电器等设备。通过更新，以期总是给客人清洁、舒适、常新的感受。

3. 全面更新

一般10年左右要对客房设施进行一次全面更新。全面更新需要对客房的陈设、布置及格调等进行全面彻底的改变。其项目包括橱柜、桌子的更新，衣柜、写字台的更新，床垫和床架的更新，座椅、床头板的更新，灯具、镜子、画框等装饰品的更新，地毯的更新，墙纸和油漆的更新，卫生间设备的更新（包括墙面和地面材料、灯具和水暖器件等）。

 知识链接 9-3

未来酒店客房的标配设备

酒店在不断进行装备竞赛和技术升级。未来，以下酒店客房设备将成为酒店标配。

1. 移动酒店客房钥匙

现在，RFID（无线射频识别）技术成本在逐渐降低，已经日益成为主流；酒店已经越来越不会考虑安装磁卡门禁系统，酒店人似乎也达成了共识，磁卡门禁系统已过时，RFID技术才是大势所趋。

RFID技术不仅能提升客人的入住体验，而且能监控酒店的内部活动。RFID酒店门禁系统（图9.3）通过自动分配和终止客房进入权限简化了客房钥匙管理程序，基于云技术的解决方案可在客人入住前就将客房入住编码发送给客人，也就是说客人无需在前台登记入住就可以凭编码进入酒店客房。客人在经历一天长途旅行后，最不想做的就是排长队等候登记入住，所以酒店智能客房锁对于客人来说意味着更加愉悦的入住体验。

图 9.3　RFID 酒店门禁系统

2. 酒店客房感应器

酒店目前正在研发不同类型的感应器（图 9.4）。比如，体温感应器可以感测客人身体的温度，然后调节酒店客房的室内温度；情绪感应器可以感测客人的情绪，然后根据客人的情绪来播放歌曲。

图 9.4　客房感应器

3. 镜子电视

对于商务客人来说，时间非常重要。他们通常一起床，还未洗脸就希望能够了解全球的动态与时事新闻。镜子电视（图 9.5）可以有效地帮助这类客人节省时间。

图 9.5　镜子电视

镜子电视就是将镜子和电视机的功能合为一体，安装在浴室内。客人在洗漱的同时，可以看电视，了解实事动态和新闻资讯。

（资料来源：迈点网）

9.2.5 客房设备的日常管理

1. 制定设备使用和保养制度

客房设备种类繁多，周转环节复杂，只有制定切实合理的管理制度，严格设备的工作程序和岗位职责，才能避免管理上可能出现的漏洞和疏忽。客房设备使用制度主要包括设备使用操作规程、设备维护保养规程、操作人员岗位责任制、交接班制度及其他日常管理制度等。各项规程要落实到班组和个人，定机定人，使全体员工在制度的约束下，按规程操作，管好、用好、养好设备。

2. 加强对员工设备使用知识的培训

客房部要加强其员工的技术培训，提高他们的操作技能，使每一位员工都能掌握楼层各类设备的用途、性能、使用及保养方法，减少员工工作中的错误操作对客房设备的影响。同时，培养客房服务人员爱护设备的自觉性和责任心，服务员要及时准确地向客人介绍客房设备的使用方法，以避免客人不当使用或不会使用而造成设备损坏。如遇宾客损坏设备，要分清原因，适当索赔。专门设计关于客人损坏或带走客房设备物品的赔偿价格表放在客房内是目前大多数酒店的做法，以提醒客人爱护酒店的设施设备。

3. 充分合理地使用客房设备

客房设备应该经常使用，不应长期处于搁置或闲置状态。使用时要尽可能达到充分使用，特别是客用设施设备。在使用客房设备时还要注意不能超负荷、超工时、超维修保养使用。要注意对客房设备的维修和保养，制订计划预修制度，确定客房各设施设备停用维修保养的时间和工作安排。

本章小结

客房设备是酒店设施设备的重要组成部分，具有种类繁多，不便管理；技术先进、不易控制；投资额度大，运行成本高；服务质量对设备的依赖性高；更新周期短等特点。作为酒店对客服务的重要部门之一，客房部对客服务的整体质量如何，客房设施设备在其中起着非常重要的作用。

为了保证客房各类设备能够正常运行，酒店需要对正在使用中的客房设备进行经常性维护和保养，在最短时间内发现其故障，并以最快的速度进行维修。因此，加强对客房设施设备的管理，既是为客人提供满意的服务的需要，又是酒店节约运行中成本消耗的需要。

客房设施设备的先进性及其运行情况，对客房服务产品来说至关重要。为了提高其自动化、智能化的程度，从而保持酒店客房设备的先进性，酒店需要根据自身的等级，按照一定的选购标准采购合适的设备，对较陈旧的设备及时进行更新和改造。

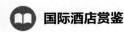 **国际酒店赏鉴**

"远东贵妇"——香港半岛酒店

香港半岛酒店是香港现存历史最悠久的酒店,也是香港乃至全球最豪华、最著名的酒店之一。

香港半岛酒店开业于 1928 年,有"远东贵妇"的称号,是当时全亚洲最先进及豪华的酒店之一。当时的建筑物只有七层,呈 H 型。酒店共有 4.8 万件纯银餐具,市值 100 万美元,每天需启动八部打磨机擦拭,令餐具亮丽如新。这些餐具自开业至今,都是出自同一个制造商。香港半岛酒店以全港最宽敞的客房和套间,为客人提供最奢华的住宿享受。每一间客房既舒适又时尚,并且都配备了各种技术先进的设备,为客人的住宿带来了更多方便,而与之结合的是闻名世界的半岛服务,它使每一位客人感到体贴入微,关怀备至。香港半岛酒店的餐厅和酒吧堪称全香港最尊贵、最高雅的美食场所。半岛酒店的劳斯莱斯车队是全球最大的劳斯莱斯车队。曾入住香港半岛酒店的名人包括美国前总统理查德·尼克松、影星奇勒基宝、NBA 球星迈克尔·乔丹等,英国女皇伊丽莎白二世也指定下榻。

2013 年,香港半岛酒店采用新技术标准对客房进行升级,并增加了 ENVI(遥感图像处理平台)功能和移动流媒体,以满足半岛酒店奢华服务。

通过 ENVI 产品,香港半岛酒店客人只需动动手指,便可在客房中随意操作使用客房设备。客人通过轻触式挂墙显示屏,可随意控制空调、客房灯光、窗帘开关、服务呼唤、电视、网络电视及电台频道,以及全新的"半岛名城(PenCities)"网上时尚生活旅游志等,并且设有 5 种语言供选择。此外,ENVI 的移动流媒体功能可以使客人在酒店的任何一个角落通过自己的移动设备或者半岛酒店在每一客房提供的便携式计算机(即平板电脑)看电视或者欣赏一部从超过五十部的电影菜单中选中的电影。

 复习思考题

简答题

1. 客房设备如何分类?
2. 客房设备如何进行选购?
3. 客房设备如何进行维护和保养?

客房销售管理

10

教学目标

知 识 要 点	能 力 要 求	重 点 难 点
房价管理	（1）了解客房产品的价值体现和价格特点，能向顾客传递客房产品的价值 （2）熟悉房价的影响因素、定价方法和价格策略，能结合实际制定酒店房价 （3）熟悉酒店市场行情，能结合酒店具体情况，改进房价调控政策和制度	重点：房价的种类与计价方式、影响客房定价的因素、常见的客房定价策略 难点：常见的客房定价方法、房价调控政策、制度和策略
客房销售渠道管理	（1）掌握常见客房销售渠道的类别、特点和优缺点 （2）能结合酒店实际来选择和管理客房销售渠道	重点：客房销售渠道的种类、客房销售渠道的选择 难点：客房销售渠道的管理
收益管理	（1）掌握收益管理的核心内容和主要功能 （2）能结合酒店情况，运用收益管理基本思想进行需求预测和优化控制	重点：收益管理的核心内容和主要功能 难点：收益管理在房价管理中的应用
客房经营统计分析	（1）掌握常见的客房经营效益指标，能结合具体实际分析酒店客房经营效益 （2）根据酒店客房经营效益分析，能提出未来经营策略和具体措施	重点：常见客房经营指标分析 难点：酒店客房经营效益提升策略

到底该收多少房费?

王先生凌晨 3:00 入住 A 酒店,当天晚上 20:00 退房时,酒店前台向他收取两天房费,合计 560 元。王先生对此十分气愤。他认为,酒店客房标价为每天 280 元/间,一天是 24 小时,自己只住了 17 小时,酒店却要收取 48 小时的钱,显然是不合理的。可是酒店解释说:按酒店行业惯例和大多数酒店规定,凌晨 5:00 以后入住才算第二天,因此凌晨 3:00 入住到当天中午 12:00 就算一天。而且酒店行业一般规定,次日 12:00 以后、18:00 以前办理退房手续者,酒店可以加收半天房费;次日 18:00 以后办理退房手续者,酒店可以加收一天房费。自 20 世纪 90 年代国内酒店行业与国际接轨后一直遵循这个国际惯例,一般在旅客入住登记表中对此都进行了说明,应该理解为顾客入住酒店,即视为接受了该合同条款。对此,王先生认为该酒店这种计费方式的"惯例"是霸王条款,酒店业的"惯例"做法对消费者有失公平,违反了《中华人民共和国消费者权益保护法》。

问题:A 酒店对王先生收取 560 元的房费是否合理?为什么?你认为 A 酒店该向王先生收取多少房费?

房价管理和客房销售渠道管理是酒店经营管理的重要工作,对现代酒店房务管理具有十分重要的意义。房价不仅是影响顾客购买消费的主要因素,也是涉及客房经营收入和利润的主要变量。实践经验表明,酒店客房经营业绩很大程度上取决于房价决策是否科学合理。

10.1 房 价 管 理

在客房营销策略组合中,价格既是一个重要的因素,又是一个重要的竞争手段。房价是否合理不仅影响客房的销路和市场竞争力,而且关乎酒店的经济收入和利润水平。因此在客房经营管理过程中,酒店要根据客房产品的特点、成本和市场状况,并充分利用各种统计信息,制定科学合理的房价。

10.1.1 房价概述

1. 房价的定义

房价即客房销售价格,是指客人住宿一夜所应支付的住宿费用,是客房商品价值的货币表现。客房作为酒店的基本设施,是酒店获取营业收入和赢利的最主要来源。决定客房营业收入的因素很多,其中最重要的因素之一就是房价。房价也是调节酒店业市场的重要经济杠杆。合理的、有吸引力的房价,既能让顾客满意,又能使酒店获得预期的收益。因此,房价管理是酒店经营成功与否的关键性工作。

知识链接 10-1

客房产品的价格与价值

（1）客房产品的价值集生理需求、心理需求和精神享受于一体。客房产品是酒店的主要产品，既包括有形的实物产品，又包括无形的服务产品，是一种综合性产品。其中，有形的实物产品是看得见摸得着的，主要包括客房空间、客房设备、客房用品等；无形的服务产品则主要是指向客人提供的无形服务和客人对服务的综合感受，如客房运转、客房安全、客房卫生、客房服务等。许多成功人士把入住高星级奢华酒店作为身份地位的象征和自我实现的需要。所以，对于高星级酒店而言，客房产品的价值更多地体现在心理需求、精神享受和自我价值实现的层面，而不是简单的生理需求和物质价值层面。

（2）客房产品的价值具有不可储存性。客房产品的价值随时间的流逝而消逝，在规定的时间内若不能出售客房产品，其产品的价值就永远不能实现，不能为酒店收回投资和创造赢利。也就是说，客房产品价值的实现是服务过程和消费过程的统一，在时间上是不可分离的。因此，客房产品的销售管理十分重要，它要求酒店必须密切关注市场，适时积极促销，促进产品销售，实现客房价值。

（3）客房产品的价格受多种因素影响。客房产品的价格不仅受消费者支付能力和市场竞争左右，而且受季节、气候、节假日等多种因素影响，具有明显的季节波动性，特别是观光型酒店和度假型酒店尤为明显。因此，客房产品的价格制定要有灵活性，要根据市场需求和竞争状况及时调整，以实现利润最大化。

2. 房价的种类

（1）门市价。门市价（rack rate）又称为牌价、散客价，即在酒店价目表上明码公布的各类客房的现行价格。

（2）合同价。合同价（corporate rate）是指酒店与公司或机构签订房价合同，并按合同规定向对方客人以优惠价格出租客房，以求双方长期合作。一般房价优惠的幅度视对方能够提供的客源量及客人在酒店的消费水平而定。

（3）团队价。团队价（group rate）主要是针对旅行社的团队客人制定的折扣价格，其目的是与旅行社建立长期良好的业务关系，确保酒店长期、稳定的客源，提高客房出租率。团队价格可根据旅行社的重要性和所能组织客源的多少及酒店淡、旺季客房出租率的不同加以确定。为了吸引团队客人，很多酒店给予团队客人的优惠价往往低于酒店标准价的50%。

（4）小包价。小包价（package rate）是酒店为客人提供的一揽子报价，除了房费以外，还有可能包括餐费、交通费、游览费或其他费用的一种价格。

（5）折扣价。折扣价（discount rate）是酒店向常客或长住客或其他有特殊身份的客人提供的优惠价格。

（6）白天租用价。白天租用价（day use rate）是指酒店针对钟点房和退房时间超过了规定时间而采取的收费方式。对于钟点房一般按小时出售收费，通常要求在早上6:00点以后，下午18:00点以前开房，主要是给客人提供一个舒适的环境做短暂休息，时长不超过6小时。对于退房时间超过规定时间的收费，一般酒店规定退房时间超过下午14:00加收半天房费，超过下午18:00加收一天房费。

（7）深夜房价。深夜房价（midnight charge）即凌晨房价，是指对深夜凌晨抵店的客人给予的价格折扣，一般酒店对深夜抵店入住，当日中午退房的客人给予房价8折左右的优惠。

但目前，国内酒店对凌晨房收费的处理各不相同，没有统一的标准，有待规范。

（8）免费。免费（complimentary rate）是指酒店由于种种原因，为某些特殊客人提供免费房。免费房的使用，通常需要经过酒店总经理审批。

 知识链接 10-2

房价的计价方式

按国际惯例，酒店的计价方式通常有以下 5 种。

（1）欧式计价（European plan，EP）。欧式计价是指酒店标出的客房价格只包括客人的住宿费用，不包括任何其他服务费用的计价方式。目前世界上绝大多数酒店都使用这种计价方式。

（2）美式计价（American plan，AP）。美式计价是指酒店标出的客房价格不仅包括客人的住宿费用，而且包括一日三餐的全部费用的计价方式。因此，美式计价又称全费用计价方式。这种计价方式多用于度假型酒店。

（3）修正美式计价（modified American plan，MAP）。修正美式计价是指酒店标出的客房价格包括客人的住宿费用、早餐费用和一顿午餐或晚餐（两者任选其一）的费用的计价方式。这种计价方式多用于旅行社组织的旅游团队。

（4）欧陆式计价（Continental plan，CP）。欧陆式计价是指酒店标出的客房价格包括客人的住宿费用和每日一顿欧陆式简单早餐费用的计价方式。欧陆式早餐主要包括冻果汁、烤面包、咖啡或茶。

（5）百慕大式计价（Bermuda plan，BP）。百慕大式计价是指酒店标出的客房价格包括客人的住宿费用和每日一顿美式早餐费用的计价方式。美式早餐除含有欧陆式早餐的内容外，通常还包括鸡蛋、火腿、香肠、咸肉等肉类食品。

示例链接 10-1

按小时结算——重庆有望实现酒店分时入住

2017 年"重庆指商圈"平台联合多家酒店推出了分时住宿模式，这是一种比传统住宿模式更科学、更公平的入住方式。将按天为单位的计算入住模式升级为按小时为单位的分时入住模式，消费者购买一定时间入住后，未用完的剩余时间将累积，不清零，下次继续使用。如客人在晚上 10:00 入住，第二天早上 8:00 退房，那么可以剩下 14 个小时留到下一次消费使用，这将大大节省消费者的成本。"重庆指商圈"运营总裁郑兴华介绍，2012 年以来指商圈酒店分时对北上广、江浙沪，以及中西部 50 多个城市做了 3 年多市场调研，2016 年最终将重庆作为战略市场。自 2016 年 11 月植入市场以来，短短几个月的时间签约酒店 200 多家，全国落地 1 000 多家。重庆市酒店业协会会长梅凤林认为，酒店进行分时改造后，将提高酒店的复住率和入住率，吸引有剩余时间的客户重新入住，大大提高回头客的比例，在降低成本的同时减少反复抽佣，降低对 OTA（在线旅行社）的依赖度，与其他非分时酒店相比形成鲜明的产品独特性。

（资料来源：重庆商报，A04 版，2017-8-17.）

10.1.2 房价的影响因素

影响客房定价的因素有以下几种。

1. 定价目标

定价目标是指导客房产品定价的首要因素，也是客房价格决策中的首要问题，客房定价目标的选择直接影响客房价格决策。通常，客房定价目标有以下 4 种类型。

（1）追求利润最大化。追求利润最大化即制定合适的价格，实现客房利润最大化。但是，由于客房产品是一种需求弹性很大的非生活必需品，其需求量除了受价格影响外，还受许多其他不确定的因素影响，而且在实践中很难说清楚需求量的变化是由哪一个因素引起的，以及每一个因素对需求量的影响程度有多大。因此，追求利润最大化需要做大量的市场调查，分析酒店在不同历史时期房价变化对客房需求量的影响程度，掌握价格弹性和市场需求规律。

（2）提高市场占有率。提高市场占有率即采取低价策略，以低价争取客源，提高市场占有份额。这种定价策略在发达国家酒店集团向发展中国家扩张时经常被采用。但是，酒店以低价争取市场份额，只有在客房出租率不高，旅游者对客房价格敏感性较大，低价会大大刺激市场需求，而且低价不会严重影响损害酒店形象时适用。此外，在使用低价策略时，还需防范同行竞争者的报复，防止价格战，以防扩大市场份额、提高市场占有率的计划落空。

（3）应付或防止竞争。应付或防止竞争即制定一个有竞争力的价格来应付或防止市场同行之间的竞争。例如，当酒店客房产品与竞争者的类似产品档次相同，而且没有明显差别和特色，市场格局比较稳定，顾客也比较成熟时，宜采用与竞争者同价的策略。当然如果酒店的客房在硬件设施和软件服务方面明显高于竞争对手，则应该确定较高的房价，以体现优质优价的原则，强调客房产品的优良品质。

（4）实现预期投资收益率。实现预期投资收益率即根据预期的投资收益率来制定房价。它是一种在充分评价运行成本，确定投资回收期和投资收益率的基础上，以一定时期内收回投资为目标的定价策略。

2. 供求关系

市场价格的形成，是供求关系不断变化的结果。供求关系也是一个影响价格水平的重要因素。虽然酒店客房供给在一定时段相对稳定，但是客房消费需求受季节、气候、节假日等多种因素影响而不断变化。而且，在客房产品定价阶段，供求关系是很难科学准确地计算和预测的。如果先假定一定的价格水平为产品定价做市场需求和供给预测，就使问题陷入以假定前提推断假定结果的逻辑矛盾之中。虽然有时候市场上也会出现类似于土豆价格越低销量越小、香水价格越高销量越大的情况，但是市场一般还是遵循这样的基本原则：当供给大于需求时，不得不考虑降低价格；当供给小于需求时，可以考虑提高价格；当供求平衡时，当前市场的价格即为合理价格。而且，供求关系是不断变化的，平衡是暂时的。因此，客房产品的价格需随供求关系的变化不断进行调整。

3. 成本水平

客房产品的成本是定价的内在依据。低于成本水平，酒店就要亏损，从长期看是绝对不行的。只有高于成本水平的价格，才有意义。简单地说，客房产品的成本构成分为固定成本和变动成本。固定成本不随商品销售量的变化而变化，是时间的函数，每天固定要发生的，如管理人员的工资、贷款利息、土地租金、广告费、固定资产折旧等。在酒店中，这部分成本比例较大。因此，一旦酒店经营不景气，其庞大的固定成本将成为投资者不堪承受的重负。变动成本是随着产品销量变化而变化的费用，是销售量的函数，如客房消耗品费用、临时工的工资等。每间客房的平均变动成本，是酒店客房产品定价的下限，而酒店客房产品的盈利单价自然在客房单位成本（即平均固定成本与平均变动成本之和）之上。

4. 产品质量与特色

客房产品质量与特色也是客房产品定价要考虑的重要因素。首先，要考虑酒店的区位条件和客房的硬件设施设备条件。凡处于交通方便位置的酒店和设施设备豪华的酒店,如临近客源市场,在客流运动的节点位置,靠近旅游目的地的酒店,酒店的定价可以稍高于同档次的竞争对手的价格。其次,要考虑酒店服务质量的高低,如员工的礼貌礼节、服务态度、服务技巧、服务效率等。质量高和拥有良好声誉的酒店可以通过较高价格以谋求在市场上的独特地位。另外,根据市场规律,客房产品所处的生命周期阶段,即产品在市场上所经历的过程和当前所处的阶段,也会影响价格决策。

5. 市场竞争状况

酒店客房产品在定价上虽有一定的自主性,但同时又受到竞争者的约束。竞争对手的价格是酒店制定房价的重要参考依据。市场竞争越激烈,酒店客房定价就要越重视竞争对手和本地区同档次其他酒店的房价。相对过高的房价,会让消费者觉得价格虚高;相对过低的房价虽具有一定的竞争力,但不利于酒店形象和长远发展。

6. 价格门槛

价格门槛是指人们对一种产品愿意接受的价格上限和下限。在一定的生活水平基础上,当人们认为某种产品价格过高时,便不愿意购买。当人们认为其价格过低时,也不愿意购买。因为,当某种产品的价格比人们认为应该具有的价格低得太多时,人们会怀疑产品的质量有问题。大量的研究都发现,在消费者购买行为中存在这种尚未被定量化描述出来的价格门槛,这就启发酒店在定价时必须考虑到消费者的心理感受问题。

7. 有关部门和组织的价格政策

酒店价格政策和客房产品的价格制定,还受政府主管部门和行业协会等组织机构的价格政策约束。例如,2010年为控制节假日酒店房价可能出现价格暴涨,国家发展和改革委员会、国家旅游局、国家工商行政管理总局共同发布《关于规范酒店客房市场价格的意见》,特别强调节假日、大型活动期间,管理部门要对旅游接待重点区域的酒店房价加强监管,各地监管部门可根据《中华人民共和国价格法》的规定,对酒店客房价格实施最高限价等临时价格干预措施,旅行社、订房中心等经营单位应当共同维护酒店客房价格市场秩序。

示例链接 10-2

酒店房价暴涨政府实施临时限价

每年春节期间海南酒店房价暴涨,三亚不少五星酒店每晚房价达数万元,堪比国际知名海岛顶级度假酒店,价格已超"国际化"。有网友表示,"三亚酒店价格已与迪拜帆船酒店接轨""海南一夜堪比马尔代夫七天",三亚的酒店房价正在不断缔造和刷新国内酒店房价之最。不过,春节过后,海南房价立刻暴跌,喧嚣一时的海南酒店房价终于以暴涨暴跌而收场。

近年来,海南省对春节黄金周期间全省酒店客房价格实施临时价格干预措施。据海南省物价局介绍,海南省物价部门将对旅游和酒店价格信息加强监管,实行动态管理,建立企业诚信档案,定期发布包括客房价格在内的重要商品和服务价格、酒店接待能力、客房预订率等信息,增加客房价格透明度,引导社会消费。今后将主要采取三个措施进行调控。一是合理制定主要节假日的指导价。区分不同地区、不同星级、不同类别酒店,按照企业自报、行业协会评议、所在地价格主管部门审核,合理确定政府指导价,并实行经营者执行价格备案制度。二是加强明码标价管理。按《海南经济特区旅游价格管理规定》要求监督经营者按标示的价格销售和结算,不得虚高标价,扰乱秩序。三是加强市场监督检查,打击哄抬价格和炒卖客房行为。

海南三亚酒店只是一个缩影,国内酒店逢节必涨,高开低走的态势早已形成。高昂的价格,不仅让游客望而却步,更引发人们普遍的反感。许多专家认为海南省物价部门对酒店房价加强监管，打击哄抬炒作酒店房价行为，并根据市场的发展变化拟定价格调控方案，综合平衡了企业、社会、消费者等各方的利益，维护了城市经济形象，值得其他地方借鉴。但是，也有不少专家认为这对酒店而言并非好事，政府不能为了限价而限价，应事先了解市场，给企业一个好的指引。企业也要懂得经营，不能因政府有无限价而改变服务水准，要始终给客人物有所值的服务。

10.1.3　客房定价方法

成本、市场需求与竞争是影响酒店客房定价的主要因素，也是酒店在定价时主要考虑的因素。因此，酒店客房定价的基本方法主要有三大类型，即以成本为中心的定价法、以需求为中心的定价法和以竞争为中心的定价法。

1. 以成本为中心的定价法

以成本为中心的定价法即以酒店客房经营成本为基础制定客房产品价格的一种方法，主要有千分之一定价法、成本加成定价法和目标收益定价法。从酒店财务管理的角度看，客房产品价格的确定应以成本为基础，如果价格不能保证成本的回收，则酒店的经营活动将无法长期维持。

（1）千分之一定价法。千分之一定价法是根据客房造价来确定房间出租价格的一种方法，即将每间客房的出租价格确定为客房平均造价的千分之一。例如，某酒店有客房300间，总造价为3 000万美元，若每间客房布局统一，则平均每间客房的造价为10万美元，按照千分之一规律，房价应为10万美元除以1 000等于100美元。

千分之一定价法是人们在长期的酒店建设和经营管理实践中总结出来的一般规律，可以用来指导酒店（尤其是新建酒店）客房的定价，判断酒店现行客房价格的合理程度。千分之一定价法通常是根据酒店建设的总投资和客房总数来计算每间客房的平均房价，存在一定的假设条件及局限性。

首先，千分之一定价法计算出来的房价是客房的平均价格，实际上酒店客房的类型、面积、设施设备的豪华程度等有所不同，价格也要有所差别。其次，千分之一定价法要求酒店客房、餐饮及娱乐设施等规模和投资比例适当。否则，如果酒店在餐饮和娱乐设施方面的投资比例很大，则客房方面的投资比例相应缩小，这样按照总投资额和客房数计算的平均房价就很高，就不一定合理了。再次，千分之一定价法存在一定的假设条件，它假定酒店的客房出租率应维持在60%左右，而且假定酒店的餐饮、康乐等营业部门能够提供一定数额的利润，这些利润能够支付酒店的日常营业费用。如果各种假设成立，则经过5年左右的经营，酒店建设总成本可以通过客房的销售额得到回收。另外，由于千分之一法只考虑了酒店客房的成本因素，而没有考虑供求关系及市场竞争状况。因此，据此制定的客房价格只能作为参考，酒店经营管理人员应在千分之一定价法的基础上，结合当时当地的供求关系及竞争状况加以调整，这样的房价才具有合理性、科学性和竞争性。

（2）成本加成定价法。成本加成定价法也称成本基数法，其定价方法是按客房的成本加上若干百分比的成本利润率进行定价。因此，成本加成定价法需要先估算单位客房每天的总成本（包括固定成本和变动成本），然后在总成本的基础上加上成本利润率，就可获得单位客房产品的价格。虽然成本加成定价法简化了定价过程，但是成本加成定价法没有充分考虑市场需求和竞争状况，不能准确预测客房产品的销售量，自然不能保证经营者通过产品的出售获得预期利润。单位客房价格的计算公式如下。

$$客房价格= \frac{（单位变动成本＋单位固定成本）×（1＋成本利润率）}{1-销售税率}$$

（3）目标收益定价法。目标收益定价法又称目标利润定价法，是在预测成本的基础上，按照目标收益的高低确定产品价格的方法。其计算步骤如下：①确定目标收益额；②确定目标利润额；③预测总成本，包括固定成本和变动成本；④确定预期销售量；⑤确定产品价格。因此，目标收益定价法需要先确定一个总的目标利润，然后根据预测的产品销售量把总利润分摊到每件产品的售价中。但是，在实际过程中，价格的高低反过来对产品的销售量有很大的影响，不能确保所定价格能够实现预期销售量目标。所以，目标收益定价法只从卖方的利益出发，没有考虑竞争因素和市场需求的情况。这种方法一般用于在市场上具有一定影响力的企业、市场占有率较高或具有垄断性质的企业。

2. 以需求为中心的定价法

以成本为中心的定价法有一个共同缺点，即忽视了市场需求和竞争因素，完全站在企业角度去考虑问题。以需求为中心的定价方法则以市场导向观念为指导，从客人的需求出发，认为产品的价格主要应根据客人对产品的需求程度和对产品价值的认同程度来决定。这种定价方法认为，一种产品的价格、质量及服务水平等在客人心目中都有一个特定的位置。当产品价格和客人对产品价值的认识理解水平大致一致时，客人才会接受这种价格。反之，如果定价超过了客人对产品的价值的认知，客人是不会接受这个价格的。酒店客房产品的价值，不仅取决于该产品对满足客人某种欲望的客观物质属性，而且取决于客人的主观感受和评价。通常采用的方法有以下3种。

（1）直觉评定法。直觉评定法即邀请客人或中间商等，对酒店的客房进行直觉价值评价，以确定房价。例如，某酒店除了拥有与竞争者酒店相同的标准客房外，还具有地理位置优越、环境清洁卫生、安全可靠、服务热情体贴等特点，为此根据直觉评定法，可以得出标准房价如下。

竞争对手房价	400 元
地理位置优越	10 元
环境清洁卫生	10 元
服务热情体贴	20 元
标准客房价格	440 元

（2）相对评分法。相对评分法首先对多家酒店的客房产品进行评分，再按分数的相对比例和现行平均市场价格，计算出客房产品的理解价格。例如，将100分按适当比例分配给不同的酒店，假定有甲、乙、丙3家酒店，经过综合测评每家得分分别为40分、35分、25分，这三家酒店的客人愿意支付的平均房价为400元，则每家酒店的房价分别如下。

甲酒店房价＝400×40/33.3＝480（元）
乙酒店房价＝400×35/33.3＝420（元）
丙酒店房价＝400×25/33.3＝300（元）

（3）特征评分法。特征评分法要求消费者按各家酒店客房产品的可感知性、可靠性、反应性、保证性及怡情性5个特征对自己的相对重要性来评定各家酒店产品的直觉价值等级。每个特征的相对优劣程度分配总分为100分，并按每个特征对消费者的相对重要性分配100分，每个特征的得分用重要性权数加权，求出全部特征相对优劣程度的总得分（表10-1）。

表10-1 客房产品特征直觉价值等级评分

特 征	重要性（%）	优势相对分数			特征得分		
		甲酒店	乙酒店	丙酒店	甲酒店	乙酒店	丙酒店
客房设施	25	40	40	20	10	10	5.0
服务质量	30	50	25	25	15	7.5	7.5
服务手段	15	33	33	33	5.0	5.0	5.0
客房安全	15	45	35	20	6.7	5.2	3.0
情感满足	15	33	33	33	5.0	5.0	5.0
合计	100				41.7	32.7	25.5

从表10-1中可见，甲、乙、丙3家酒店产品特征直觉价值总分分别为41.7分、32.7分、25.5分，如果市场平均房价为400元，则结果为

甲酒店房价＝400×41.7/33.3＝501（元）

乙酒店房价＝400×32.7/33.3＝393（元）

丙酒店房价＝400×25.5/33.3＝306（元）

3. 以竞争为中心的定价法

如果酒店行业的竞争异常激烈，酒店在定价时就会把竞争因素放在首位，这样就形成了以竞争为中心的定价法。以竞争为中心的定价法主要有随行就市定价法和边际效益定价法。

（1）随行就市定价法。随行就市定价法主要有两种形式。第一种形式是以酒店业的平均水平或习惯定价水平作为酒店的定价标准。在酒店成本难以估算，竞争者的反应难以确定时，酒店会感到"随行就市"是唯一的也是最明智的选择。因为这种定价法反映了行业中所有企业的集体智慧，这样定价既能获得合理的利益，也能减少因价格竞争带来的风险。第二种形式是追随"领袖企业"和同档次竞争对手的价格，即产品定价不是依据自己的成本和需求状况，而是与"领袖企业"和同档次竞争对手保持相应的价格水准。

（2）边际效益定价法。根据盈亏平衡原理，产品单价减去单位产品变动成本的余额，称为边际效益或边际收入，其作用是补偿单位固定成本。因此，只要边际效益大于零时，多出售一间客房，就能对固定成本有所补偿。这样，在竞争激烈、客房出租率较低时，酒店可以把边际效益作为定价原则。

例如，某酒店客房单位固定成本为400元，单位变动成本为120元，公布房价为880元。时值销售淡季，客房出租率只达35%。某公司客户要求以公布房价5折预订客房。从表面上看，客房单位总成本为520元，如果按照公布房价5折销售，则酒店要亏损80元。但进一步分析成本结构，就会发现每间客房每天变动成本仅为120元，如果按照公布房价5折出售，酒店可获得320元边际收益，收回一部分固定成本分摊，减少酒店损失。因此，边际效益定价法规定了客房价格的最低限，即房价不能低于单位产品的变动成本。一般在客房出租率较低时，采用边际效益定价法可以减少损失，保住市场。

知识链接 10-3

客房价格策略

1. 高牌价、高折扣策略

高牌价可以维护与酒店星级相适应的高档次市场形象，而高折扣政策（包括对散客）则有利于提高酒店的竞争力。这种策略可以在不损害酒店形象的前提下，提高酒店客房的利用率和竞争力。

2. 随行就市的价格策略

大部分酒店都采用随行就市的价格策略，即客房的价格根据淡旺季的不同、时段的不同、客房预订情况的不同、出租率的不同而变化，以期最大限度地提高酒店客房的利用率和经济效益。

3. 相对稳定的价格策略

一些酒店为了取信于消费者，维护酒店在消费者心目中的良好形象，在一段时间内会采取稳定的价格策略，即使客房供不应求，也不随意提高价格。这种定价策略的缺点是，可能会使酒店在短期内丧失很多潜在的获取利润的市场机会。但对企业的长期发展有利。同样，有些酒店即使在市场竞争激烈的情况下，也不轻易下调房价，目的也是为了维护其高档次的市场形象。当然，相对稳定并非绝对不变，最终要不要上浮或下调价格，还要看客房供不应求的程度或市场竞争的激烈程度，以及这种供不应求（或供过于求）是暂时的还是长期的。在供不应求（或供过于求）的状况长期存在或供不应求（或供过于求）的程度很高的情况下，如果一味地为了稳定价格而保持价格不变也是不可取的，它会使酒店长期蒙受损失或失去竞争力。

4. 中低价策略

中低价策略即酒店对外公布的牌价始终保持同档次酒店中的中低价水平（不打折或打折幅度很小），给人以稳定、实惠的价格形象，以此来吸引客人，取得竞争优势。

10.1.4 房价的调控

1. 房价的控制

房价的控制需要制定一系列的规章制度，以便总台工作人员操作执行。一般要明确规定以下内容细则。①对优惠房使用的报批制度。②对各种优惠种类和程度的规定。③对优惠价格的享有者应具备条件的规定。④有关管理人员对浮动价格所拥有的决定权的规定。⑤对各类特殊用房的留用数量的规定。⑥对与客人签订房价合同的责任规定。

2. 房价的调整

在实际运营过程中，酒店房价应保持连续性、一致性和相对稳定性，但是房价并不是一成不变的，需要根据实际情况变化及时进行调整，以适应市场需求和变化。无论是调高房价，还是调低房价，都要有充足的理由，并经过慎重的分析和研究。一般来说，当客房供不应求，或者酒店服务质量或档次有明显提升，或者市场物价上涨等导致酒店成本费用不断增加时，酒店可以适当提高房价，以保持或增加酒店赢利。通常，酒店调高房价的方法主要有明调和暗调两种。明调，即公开涨价，直接提高客房房价。暗调，即采取一定的方法使房价保持不变，但实际房价隐性上升，如取消或降低折扣、实行服务收费、减少客房产品的不必要功能、在客房产品线中增加高价产品等。当市场供大于求，竞争激烈，经营不佳时，酒店可以考虑适当调低房价进行市场促销。酒店客房降价促销既可以是直接降价，也可以是间接降价。直接降价就是直接降低房价，间接降价就是保持价目表上的价格不变，通过增大各种折扣、赠送其他系列服务等手段，降低产品的实际价格。例如，为鼓励消费者大量购买和频繁购买，可以对客房销售实行数量折扣；为减轻淡季客房闲置压力，调整淡旺季的销售不均衡，可以实施季节折扣；为鼓励消费者提前偿还欠款，加速资金周转，可以实行现金折扣等。无论是调高房价还是调低房价都会引起客人和竞争者的各种反应，酒店应充分考虑各种可能出现的情况，做好应对准备，使房价的调整真正达到预期目标。

知识链接 10-4

客人及竞争者对客房调价的反应

1. 客人对客房调价的反应

衡量客房定价成功与否的重要标志是客人能否在认可房价的基础上接受其客房产品。当酒店准备调整房价时，首先应考虑的是调整后的价格能否为客人所接受，客人将如何理解这种调价行为，以便采取相应措施。例如，当酒店提高房价时，有的客人会认为酒店客房产品质量提高，物价上涨，通货膨胀，房价自然上涨，或者认为酒店客房畅销，供不应求，因此提高了售价；也有的客人认为这是酒店想通过提高房价获取更多利润。一般而言，降价容易涨价难，调高房价往往会遭到消费者的反对。因此，酒店在调整房价时，要着重分析消费者可能出现的各种反应，尤其是提高房价时，要掌握好涨价幅度、涨价时机，并注意及时与消费者进行沟通。

2. 竞争者对客房调价的反应

酒店在调整房价时，除了要考虑消费者的反应，还要考虑同行酒店即竞争者的反应。因为竞争者的反应直接决定着酒店采取某种价格策略和调整房价的效果。例如，当酒店房价上调时，如果市场上产品供不应求，竞争者一般就会跟随涨价，这样大家都有好处，所有酒店客房都能在较高的价位上销售出去。但是，如果竞争者并不随之提价，那么就有可能会导致提价酒店客房销售受到影响，导致原有市场份额缩小。又如，当酒店房价下调时，如果竞争者的策略保持不变，则可能会起到扩大市场份额的作用；如果竞争者也随之同幅或更大幅度降价，则酒店降价的效果可能就会被抵消，销售利润会下降，甚至不如调价前的利润高。当然，竞争者也可能采取非价格手段来应付竞争，但更多的情况是竞争者会追随酒店进行产品降价，使行业间进入新一轮的产品价格竞争。此外，酒店在行业中所处优劣势地位也影响着竞争者对调价的反应。例如，如果酒店在行业中处于优势地位，作为整个行业价格变动倡导者可能会引发更多同业竞争者的追随。如果酒店在行业中处于劣势地位，则酒店主动调价要非常谨慎，以免导致行业中的优势酒店对自己进行报复。当然，劣势酒店如果把握好时机主动调价，也会令优势酒店措手不及，从而迅速扭转不利的市场局面。

10.2 客房销售渠道管理

销售渠道是销售体系的命脉，在整个销售管理体系中十分重要。销售渠道的成功运作必将为产品的整个销售工作奠定坚实的基础；反之，则会为销售工作制造出一道又一道的障碍。因此，做好客房销售渠道管理是客房销售管理的一项重要工作。

10.2.1 客房销售渠道的种类

销售渠道又称分销渠道，是指宾客从产生消费动机，进入酒店，到最终消费酒店服务产品整个过程中所经历的过程及相应的一切活动的总和。在市场经济条件下，大部分酒店产品必须依靠一定的销售渠道，才能将产品转移到宾客手中。它既是酒店产品商品化的必由之路，也是连接产品和宾客的中介。酒店客房销售渠道主要包括直接销售渠道和间接销售渠道两种。

1. 直接销售渠道

直接销售渠道又称零层次渠道，指酒店不通过任何中间商直接向宾客销售产品，亦即宾客直接向酒店购买产品。通常，酒店有 3 种直接销售渠道可供选择。①酒店直接向登门的宾客出售酒店产品和服务，这是酒店最传统的销售方式。②客户通过电话、传真、网络等途径直接向酒店预订产品和服务。③酒店在经营区域或目标市场领域自设销售点，如酒店在机场、车站等设立销售点，直接面向宾客销售产品和服务。

2. 间接销售渠道

单靠直接营销渠道很难有效地吸引分散在各地的宾客，直接销售渠道愈显脆弱。许多酒店开始借助批发商、零售商、代理商等销售机构和个人在销售信息上的优势开展销售活动。这种借助中间商将酒店产品转移到最终消费者手中的途径称为间接销售渠道。

根据中间商介入的数量不同，间接销售渠道有不同的长度和宽度。销售渠道的长度指产品从酒店转移到宾客这一过程中所涉及的中间商的数量。中间商的数量越多，销售渠道越长。所谓销售渠道的宽度，指一家酒店在具体销售渠道中中间商及销售网点的数目和分布格局。中间商及销售网点多的属于宽渠道；反之，则可称为窄渠道。酒店通常有两种间接销售渠道可供选择。①酒店将产品以较低的价格出售给零售商，由零售商组织客源。②酒店在与批发商（如经营团体包价旅游的旅行社）进行价格谈判的基础上，以大幅度低于门市价的价格，将其产品批量销售或预订给批发商，批发商则委托零售商将产品出售给最终宾客。

对于酒店来说都应尽可能地避免采用三级以上的销售渠道，这是因为在销售渠道中中间商越多，产品或服务的价格就会越高，极不利于产品的销售。酒店也难以对这些渠道的中间商进行控制和管理。

 知识链接 10-5

直销还是分销：酒店业面临营销渠道艰难抉择

由于自身直销平台缺失，很多酒店受制于强势分销商的处境不断浮出水面。业内人士指出，如果酒店过度依赖某一个分销商，最终将有可能丧失客房定价权，包括佣金谈判的权利。中国旅游研究院院长戴斌教授指出，由于中国酒店产业目前是弱渠道的供应商，而且处于分散经营的态势，因此在与强势的渠道商进行交易时，不可避免地处于事实的低议价权地位，而这是产业演化与市场竞争的结果。

酒店想要在市场竞争中拥有话语权，建立自身直销渠道是最好的选择。但遗憾的是，除了一些经济型连锁酒店品牌外，中国酒店自身直销渠道的建设不仅先天弱势，而且缺乏自身的特色品牌，酒店直销道路并不好走。对于酒店直销平台的建设，艺龙旅行网（以下简称艺龙）CEO崔广福表示，酒店应该建立自己网上直销的能力。戴斌也指出，酒店企业、特别是集团化发展的酒店企业拓展自己的销售渠道是必然的战略选择，但任何渠道建设都是有成本的。于是，现实中很多酒店将自建直销平台的成本变成了强势分销商的佣金。

10.2.2 客房销售渠道的选择与管理

优秀的酒店经营管理者不会忽视客房销售渠道管理，都懂得如何使用销售渠道，如何利用销售渠道的优势，如何最大限度地激发销售渠道中间商的积极性，为酒店创造效益。

1. 选择销售渠道

酒店客房销售渠道主要包括直销、旅行社、订房中心、协议单位、互联网分销平台、航空公司等。酒店在选择客房销售渠道时，首先要掌握各目标市场消费者购买酒店客房产品的主要渠道，再根据酒店实力、客房产品特点和竞争对手的客房销售策略确定酒店的销售渠道类型，然后运用经济效益、年输送客源量、市场声誉等评估各渠道质量，择优而定。

知识链接 10-6

酒店常见营销渠道大比拼

1. 旅行社

纵观酒店营销市场，旅行社与酒店的关系可谓相容共生，就订房量来说，旅行社几乎是酒店最大的常客。撇开房价不谈，旅行社的团队能为酒店输送大量客源，对酒店入住率的拉动效应十分明显。但是旅行社的客户并非全部是品质型客户，质量和品质优秀的酒店往往未必是市场的最后赢家。针对这一渠道方式，酒店还是应该明确自身定位，并与旅行社维持正常融洽的合作关系，过分追求这部分客源的比重，并不一定对酒店的业绩构成显著提升。对于高星级酒店而言，在旅行社渠道的关系上应避免随意性。

2. 订房中心

订房中心为酒店开拓异地客源的作用功不可没。但由于绩效考评，订房中心也越来越将返佣作为利润跟踪指标。酒店给的佣金影响着酒店在网页上的排位，影响着电话呼叫中心的推荐指向。从某种意义上说，这部分客户是网站的客户，并没有真正融入酒店成为酒店的客户。而且现在不少网络公司要求酒店在任何情况下都必须预留2～3间客房，否则终止合作。这些霸道的做法，已经引起了部分酒店的不满。

3. 协议客户和大客户

协议客户和大客户是酒店的顶梁柱。很多酒店的主营收入来源就是单位协议客户。这部分客户主要是当地重要的大型国有企业、跨国公司及政府部门，而这部分客源也是各家酒店争夺的焦点。在日常营销工作中，酒店销售部的主要精力和工作重心无疑应放在大协议客户上，一般销售部高层会亲自维系这部分客户。不过，由于大协议客户数量增长有限，而且许多客户已经和熟悉的酒店打交道，对其他酒店而言是一个难题。而且，中小企业往往与多家酒店签订协议，他们也许一年也不到酒店来一次。可见，签订这种协议并不能够有效地吸引和稳定客户。

4. 商务散客

商务散客和旅行社客源市场不同，它没有明显的淡季和旺季之分，而且商务散客对价格不敏感，在他们身上酒店往往可以赚到更多的利润，获得更可观的利润率。如果商务散客比例上升，不仅会提升整个酒店的房价体系，还会增强酒店对旅行团队的议价能力和叫板砝码。目前商务散客已经成为众多酒店追逐的目标。不过，由于异地商务散客往往通过本地客户接触和了解酒店市场。因此，本地商务散客对酒店的认知度就显得极为重要。但是，由于本地的商务散客人数众多，布局分散，不是集中于几个单位，几个写字楼，而是分散于城市的各个地区。因此，销售部的扫楼和亲临拜访效果并不确定，如果找到一种有效覆盖本地商务散客的方式，对酒店将大有裨益。

2. 建立销售网络

建立销售网络即与选定的中间商联络、谈判，介绍酒店客房产品，协商促销办法，并签订协议。

3. 日常渠道管理

一方面酒店要及时向销售网内各渠道成员提供酒店的最新动态、产品信息、宣传资料和销售策略变化，严格而灵活地执行双方协议，进行联谊和激励。另一方面酒店要每月评估各中间商和各渠道的销售业绩，分析得失原因，采取相应措施，遇到渠道成员的违规操作行为时，应及时制止，保护酒店利益。

4. 调整和更新销售渠道

销售渠道是需要根据市场变化和发展需要不断进行调整和更新的，但在调整前应事先进行经济效益分析和影响分析，对原来销售渠道及中间商和新的销售渠道及中间商进行评价，综合考虑新老销售渠道的经济性、可控制性和适应性，做到慎重而行。

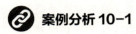案例分析 10-1

后携程时代的酒店多渠道管理

携程旅行网（以下简称携程）的出现，改变了中国酒店业的营销渠道。作为一个独特的资源整合者，携程一只手掌控着全国数十万会员客户，另一只手则控制了全国数千家酒店，逐渐形成了"低价销售—扩大市场规模—更低代理价格—更低价格销售"的循环模式，以佣金形式赚取垄断利润。高昂的成本，推高了佣金，但酒店却是"敢怒不敢言"。因为对于他们中的绝大多数而言，高达 30% 来自携程这一单一渠道的事实，让携程已成了他们想扔却无法放下的拐杖。

与国内一些酒店高达 30% 的客源来自携程或艺龙等渠道商不同，跻身全球酒店业百强的金陵饭店集团有限公司（以下简称金陵饭店）2007 年年初就与携程结束了合作关系，自己通过 IT 平台整合了多种订房渠道，"冲淡"了一家独大的渠道格局。金陵饭店对携程说不，给了国内酒店业者不小的反思。对于相对弱小的中国酒店业而言，更应该综合运用自身网络、订房网站、旅行社等多重销售渠道，变被动为主动，平衡各种销售渠道之间的比重，切忌"在一棵树上吊死"。

分析： 中国酒店业面对迅速发展中的互联网订房公司，酒店集团除了提升自身的客房销售能力外，还应该拓展多元化的销售渠道。全球连锁的瑞士酒店预订系统非常完善，但同时仍与 80 多家酒店预订网站和旅行社合作，而国内许多酒店则明显忽视了这方面的渠道建设。

10.3 收益管理

收益管理最早出现于航空业，后被引入酒店业。近年来，收益管理在国际酒店中得到了愈来愈广泛的应用，是未来酒店经营管理的重要发展趋势。

10.3.1 收益管理概述

1. 收益管理理论起源

收益管理理论最早起源于美国航空业。在 1978 年《解除航空公司管制法》颁布以前，美国政府制定了统一的国内票价，根据飞行的距离来衡量航空业的平均成本，所有航空公司的航班只要飞行距离相同，都必须执行相同的票价。1978 年以后，伴随着价格管制的解除，收益管理应运而生。当时出现了一家新的航空公司——人民捷运公司，推出了低价机票。一些大航空公司，如美洲航空公司和联合航空公司，为了与人民捷运公司竞争，将一部分座位以低价出售，但同时将剩余的座位仍然以高价出售。通过这种方式，他们既吸引了人民捷运公司那些价格敏感型的顾客，同时又没有失去高价顾客，结果大量人民捷运公司的顾客转投大航空公司，人民捷运公司最终破产。人民捷运公司前主席唐纳德·伯尔（Donald Burr）认为，人民捷运公司破产的主要原因是缺乏收益管理系统。

酒店业最先开发使用收益管理系统（revenue management system，RMS）的是万豪国际酒店。由于收益管理系统的开发使用，不仅帮助酒店经营管理者迅速、准确地做出各种决策，同时也使酒店的总收益获得提高。因此，近年来，美国许多中高档酒店（如假日酒店、希尔顿酒店、凯悦酒店、上海威斯汀大饭店等酒店集团）都先后开发了各自的收益管理系统。据报道，自从收益管理系统建立以来，凯悦摄政俱乐部客房的预订率上升了20%，各个预订中心平均房价也有所上调。希尔顿酒店已经创造了空前的收入纪录。

2. 收益管理的核心内容和主要功能

收益管理的核心是通过制定一套灵活的且符合市场竞争规律的价格体系，再结合现代化的微观市场预测及价格优化手段对企业资源进行动态调控，使得企业在实现长期目标的同时，又在每一具体营运时刻充分利用市场出现的机遇来获取最大收益。概括而言，收益管理目标是使企业产品能在最佳的时刻，以最好的价格，通过最优渠道，出售给最合适的顾客。

一般来说，不同的酒店由于其各自的市场定位、客源情况、管理理念及控制机制的不同，其开发使用的收益管理系统也各有差异。但是，这些收益管理系统均具有两大共同功能：需求预测和优化调控。

需求预测功能是准确地预测未来旅客需求及客户供给的情况，使管理者对今后的市场变化有一个较清晰的认识。该功能在分析酒店以往有关客房预订的历史资料及当前旅客预订的情况基础上，正确估计出未来每天的旅客需求和空房的供给，其中包括每天不同时段可能有多少旅客会来预订房间、他们是什么样的旅客、要住什么样的房间、要住多长时间，以及每天各个时段有多少空房可供预订等。有了这些精确的预测，再根据各种客人对价格的敏感度等，酒店就能很好地控制资源，提高收益。为保证预测的准确性，收益管理系统往往进行长期、中期和短期的预测。长期预测的时间通常为3～9个月，中期预测为7天至3个月，短期预测为当天多个时段至以后的7天。由于许多旅客是当天临时登记入住的，有的收益管理系统还每间隔几个小时就进行一次短期预测。

优化调控功能是制定最佳房价并推荐最佳空房分配的方案，以供管理者决策参考。这些最佳房价与最佳空房分配方案的制定，是在以持续增长的酒店总收益为目标，并依据旅客需求与客房供给的预测及考虑其竞争对手的情况下，通过建立和分析复杂的数学模型而获得的。其中最佳房价包括每天各个时段不同房间的价格，最佳空房分配方案则是动态地调控每日不同时段各种空房供给的配额。根据各种不同的预售和价格控制系统，酒店业普遍采用的优化方法主要包括线性规划、动态规划、边际收益控制、风险最小化等。这些办法最终转换为可操作的控制机制，如最短最长控制、完全长度控制等。

 知识链接 10-7

收益管理如何提升酒店绩效

一是能够从事复杂和繁多的数据运算，减轻了人工劳动，节省了用工时间，提高了工作效率。收益管理的核心工作内容之一就是对未来某一个时期市场需求情况的预测。以前在没有系统帮助的情况下，管理者需要花费大量的时间来收集客史数据和从事复杂的数学运算。收益管理系统借助计算机技术，通过与酒店总台管理系统连接，便可自动获取所需的客史数据并加以整理，通过系统中已建立好的预测模型来对复杂和繁多的数据进行运算，可在非常短的时间内计算出管理者所需要的预测结果，把管理者从繁重的数据运算中解脱出来，使他们有更多的精力来从事市场分析、运筹和决策工作。

二是能够解决人工难以实现的技术难题，实现诸如价格优化、动态定价及容量控制等功能。价格优化需要通过建立房价、需求量和收入之间的需求函数关系，并通过需求的价格弹性分析来获得。动态定价要求房价随着市场需求的波动而发生相应的变动，每一天会产生数次乃至数十次以上的波动变化。容量控制是指对现有客房存量的有效分配，不仅需要建立复杂的数学模型，而且要运用优化排列组合和嵌套控制及非线性关系需求曲线等复杂的数学概念。这些带有随机性的复杂数学运算都是人工无法替代的，需要借助计算机系统来完成。

三是可为酒店管理者及时提供竞争对手信息和相关分析报告，做到知彼知己、百战不殆。收益管理系统供应商往往为了增强其产品功能，提高产品市场竞争力，一般都会建立相应的渠道或通过一定的技术手段来及时获取相关酒店市场信息，从而为其用户提供更多的类似竞争分析等方面的服务，对酒店管理者制定和调整收益管理策略，提高对市场判断的前瞻性方面都具有十分重要的意义。

四是为酒店实现全面管理信息化奠定了基础。酒店实现全面管理信息化，除了在总台管理、销售管理、餐饮管理、客房管理、康乐管理和财务管理等方面实现计算机智能化管理外，收益管理作为一门综合了运筹学、营销学和管理科学等领域理论的学科，更需要运用计算机来替代手工工作。只有补上收益管理系统这一板块，才能使酒店向全面实现管理信息化迈进。否则，可谓是全面管理信息化中的一项缺失。收益管理系统作为连接客户、直分销渠道和酒店总台管理系统的重要媒介，对酒店整体管理信息系统的构建起着重要的作用。

3. 收益管理的实施

收益管理需要对市场和客源进行细分，对不同目的的顾客在不同时刻的需求进行定量预测，通过优化方法实行动态控制，从而实现酒店收益的最大化。

收益管理的实施主要是做好存房管理和订房管理。存房管理是指总台管理人员为各个细分市场的顾客合理安排一定数量的客房；订房管理是指预订部的管理人员根据不同时期的客房需求量，确定不同的房价。因此，收益管理采用的是一种新的更有效的差异定价法，它可以根据不同的客人、未来时期客人对酒店的预订情况及酒店客房的储备情况，在不同的季节、不同的时间及一天中不同的时段，随时调整和改变客房价格，以期实现酒店收益的最大化。例如，在客房需求量较高时，可以限制低价客房数量，停售低价房和收益差的包价产品，只接受住宿时间较长的顾客预订和愿意支付高价位的团体预订。在客房需求量较低时，可以向散客提供特殊的促销价，招徕低价的团体顾客，或向当地市场推出少量廉价的包价活动。

总之，收益管理的精髓和关键是对客房需求情况进行准确的预测，并根据预测情况，确定具有竞争力的、能够保证酒店最大收益的客房价格。

 知识链接 10-8

实施收益管理的几点提示

1. 前厅部要有营销部的理念

要做好前厅的收益管理，当务之急是前厅部经理要具备"前厅部也是营销部"的理念，在做好部门的日常管理工作之余，向前厅部员工灌输"前厅部是酒店第二营销部"的理念，并对总台接待班组和大堂副理进行营销业务培训，把走进酒店的每一位客人当成营销的对象。

2. 要制定前厅收益管理的奖励制度

为了推动前厅部的收益管理工作成效，前厅部应制定"超平均房价"和"超入住率"的奖励方案，报酒店管理层批准实施，以维护员工的工作积极性。前厅部还可制定员工售房促销奖励制度。

3. 调控好前厅散客的入住比率

由于酒店协议客人的房价一般是一年一签，基本不变，前厅的收益管理运作对象主要是前厅散客这一部分。所以，前厅收益管理需要适时、适度地调整前厅散客的房价，提高入住率和入住房价，这样才能让前厅收益管理功能凸显。

4. 关注非标准房类的房间资源的收益管理

酒店的协议客人使用的房间大都集中在普通标准客房，而酒店的豪华房、豪华套房、行政套房、总统套房等豪华房类的空置率都比较高。这些豪华房类的出租由于受到酒店房价政策的限制通常较难出售。为了改变这种资源闲置的情况，酒店管理层要向前厅部充分授权，给前厅员工有卖出豪华房类的洽谈空间。

5. 重视节假日和重大活动的价格需求控制

节假日和重大活动时段的营业对酒店的总体房务收入有较大作用，对平均房价的提升和净利润的增加有明显的拉动效应。在国家确定的每年两个黄金周、清明节、端午节、中秋节等节假日和当地政府策划的重大商贸活动期间，酒店要"该出手时就出手，该提价时就提价"，对当期的房价进行调整提升，对低价房给予数量控制。

10.3.2 收益管理的应用现状、实施障碍与应用前景

1. 收益管理在我国的应用现状

收益管理系统在国外已经十分普遍，但在国内还是凤毛麟角（主要集中在国外酒店集团管理的酒店），基本处于空白状态，然而其开发应用的主要条件已基本成熟。因为随着计算机的日益普及，国内许多四星级、五星级酒店或酒店集团，已先后建立并逐渐完善了信息管理系统，而收益管理系统正是以信息管理系统为基础。

由于收益管理系统需要大量的投入（主要是购买和开发收益管理系统），因此，酒店业收益管理不可一哄而上，应从酒店集团及四星级、五星等高星级、大规模酒店开始，以后逐步推广到中小型酒店。但这并不意味着中小型及中低档酒店与收益管理无缘。对于单体中小型及中低档酒店而言，虽然采用计算机收益管理系统的条件还不成熟，但利用收益管理理念，通过人工的方法进行酒店收益管理还是可行的，也是必要的，这取决于酒店前厅及销售管理人员的经验和素质。

2. 收益管理的实施障碍

影响有效运用收益管理的障碍主要有两方面。

一方面来自酒店内部。例如，对收益管理缺乏正确的认识，将收益管理简单解释为折扣价，甚至认为收益管理意味着价格战。而且由于收益管理是以历史数据信息为基础的，酒店如果缺乏足够准确的信息，即使有计算机，也无法进行需求预测和对产品进行控制管理。现实中有许多酒店缺乏收集和记录支持收益管理所需的销售信息，或者此类信息数量有限，因为收集和处理这些数据往往会增加酒店经营成本。尤其是那些没有实现计算机化的小酒店，收集数据及对其自动化预测的额外投资确实很大。另外，收益管理运用得当，不仅房价卖得高，而且出租率也很高。但有时由于信息和情报的错误，加大了房价控制力度，推掉了一些较低房价的顾客，可能导致实际抵达的顾客比预期的少，不能完成预期的出租率。所以，一些酒店认为目前市场风险因素较多，实施风险较大。尤其是对一些酒店依靠其合作的旅游经营商或旅行社获得了很好的销售量，或者和主要的企业客户都已经协商好了房价，这些情况下酒店既不容易进行价格调整，又不愿承担市场风险，自然为收益管理的实施增加障碍。

另一方面则来自酒店外部环境。例如，政府对于旺季和淡季分别规定了价格限制，从而限制了酒店在旺季提价的范围和淡季打折的范围。而且，收益管理也会给一些客人造成混乱的印象，继而引起他们的不满，因为同样的客房和服务，客人却要付出不同的价格——仅仅是因为预订时间的不同。顾客对机票价格的变化可能已经习以为常，但对酒店价格的如此变化却可能引起他们的不满。

3. 收益管理的应用前景

收益管理是 20 世纪 80 年代发展起来的一种现代科学营运管理办法，其在酒店业、汽车出租业、影剧院业、广播电视业和公共事业等行业获得了成功应用。《华尔街日报》认为在目前出现的商业策略中，收益管理是排在第一位的，并称收益管理是一种有待探索、前途光明的实践。甚至有人认为："那些忽视应用收益管理使收益和利润最大化的企业将失去竞争力。"

由于收益管理系统对公司决策和创利的巨大影响，世界许多著名酒店集团，特别是欧美的主要酒店集团管理层都对收益管理高度重视，先后建立了专门的收益管理部门，并配置了能进行大量数据分析和实时优化处理的计算机系统。这些系统和酒店的总台系统、预售系统及数据库相连，为酒店管理提供了多功能、快捷的决策辅助，使得酒店从被动式管理变成主动式控制，从而在市场竞争中获得先机。根据对美国一些常年进行收益管理的酒店的统计，价格和收益管理现已成为最大的利润增长手段。一个现代化的收益管理系统每年可为酒店增加 4%～8% 的额外收益。对许多企业而言，这几乎相当于 50%～100% 的净利润。

随着计算机和信息技术的迅速发展，酒店已经引入了计算机联网的预售及客房管理系统，使得酒店管理进入了数字化阶段。酒店业的价格与收益管理系统的功能也日益显得重要起来。一个有效的收益管理系统不仅能对一个酒店的资源进行最佳管理，而且是提高酒店管理人员现代管理意识的有效工具。特别是面对日益激烈的竞争环境和越来越复杂的产品组合，收益管理在许多情况下已成为一种不可或缺的决策工具。

示例链接 10-3

鸿鹄收益管理系统助力河南永和铂爵国际酒店收益稳步提升

上海鸿鹄收益管理系统（HiYield RMS）是中国收益管理教父、美国著名收益管理专家胡质健先生带领中、美、加三国精英专门为中国旅游酒店业量身定做的酒店收益管理系统。河南永和铂爵国际酒店是 HiYield RMS 在河南省的第一家白金五星级酒店用户。自 2016 年 7 月河南永和铂爵国际酒店开始系统地实施收益管理策略后，首先是客房出租率不断提升，增幅越来越大。特别是当 HiYield RMS 上线后，用电脑加人脑来做收益管理之后，客房出租率增幅比手工时显著提高。其次是酒店市场占有率有了明显的变化，在使用 HiYield RMS 之后，市场渗透指数开始逐步上升，在使用 3 个月后，得到了较大幅度的提升，同时平均房价指数、收入产生指数也得到了显著的提升。再次是酒店的 Rev PAR（revenue per available room，每间可售房的平均收益）在使用 HiYield RMS 3 个月后，在竞争群中的优势更为明显。

10.4 客房经营统计分析

客房经营统计分析既是酒店管理者及时了解客房销售信息和存在的问题，制定科学合理的房价和销售策略，实现客房销售收益最大化的有效工具，也是考核酒店经营管理者业绩的重要指标。通常评价酒店客房经营效益的指标主要有客房出租率、平均房价（average room rate，ARR）、Rev PAR 和 GOP PAR（gross operating profit per available room，每天每间可售房的经营毛利润）。

10.4.1 客房出租率

客房出租率是反映酒店客房经营状况的一项重要指标，是酒店实际出租的客房数与酒店可供出租客房数的百分比。其计算公式为

$$客房出租率 = \frac{已出租客房数}{可供出租客房数} \times 100\%$$

客房出租率是表示酒店客房利用状况，反映酒店经营管理水平的一项重要指标。一般来说，酒店要获得更多的盈利，必须扩大客房销售，提高客房出租率。因此，酒店经营管理者总是设法提高客房出租率。但是，酒店要想严格控制质量，在市场竞争中保持长久的实力，就必须有意识地控制客房使用，不能一味地追求高出租率，以便为客房维修和全面质量控制创造机会。因为设施设备长期超负荷使用，必然缺乏保养维护，这样会缩短使用寿命，而且会导致使用功能和效果不佳。客房服务人员长期超负荷工作，自然会工作疲劳，服务质量下降，而且没有时间参加培训学习，不利于未来发展。所以，一些专家建议理想的年平均出租率在 80% 左右，最高不要超过 90%。

 知识链接 10-9

双 开 率

双开率是指两位客人同住一个房间的房数占所出租房间总数的百分比。其计算公式为

$$双开率 = \frac{双人使用的房间数}{已出租客房数} \times 100\%$$

$$= \frac{客人总数 - 已出租客房数}{已出租客房数} \times 100\%$$

例如，某酒店下榻客人数为 280 人，当日出租客房数为 200 间，则其双开率为

$$双开率 = \frac{280 - 200}{200} \times 100\% = 40\%$$

双开率是反应每间客房利用状况的重要指标，也是酒店增加收入的一种经营手段。例如，酒店在客房销售淡季，遇多位客人一起住宿时，可以通过价格优惠鼓励同行客人单独开房，有意提高出租率。而在客房销售旺季，产品供不应求，遇多位客人一起住宿时，可以通过价格优惠鼓励同行客人合伙开房，有意提高双开率。

10.4.2 平均房价

平均房价是酒店客房经营状况的第二个重要指标，是客房销售总收入与已出租客房数的比值。其计算公式为

$$平均房价 = \frac{客房销售总收入}{已出租客房数}$$

影响平均房价的因素主要是每间客房的实际出租房价和已出租客房的数量及类型结构。一般来说，高价位客房销售数量越多，平均房价越高。相反，低价位客房销售越多，平均房价越低。由于客房销售时存在各种优惠、折扣等情况，所以客房实际出租的房价要低于门市

价。所以，当客房销售数量和类型结构相同时，客人享受的优惠、折扣等越少，已出租客房的平均房价就越高。因此，总台接待员要掌握一定的推销技巧，一方面要根据客人需求情况，适时推销高档次客房，一方面要善于传递产品价值，避免一味地以折扣优惠吸引客人。

 知识链接 10-10

客房销售效率

客房销售效率是指实际客房出租所得销售额占全部可出租客房的牌价出租销售总额的百分比。其计算公式为

$$客房销售效率 = \frac{客房实际销售额}{全部客房牌价出租的销售总额} \times 100\%$$

例如，某酒店拥有可出租客房 270 间，其中房间类型和公布牌价如下：单人间 50 间，房价 400 元；标准间 180 间，房价 700 元；普通套间 30 间，房价 1 250 元；豪华套间 10 间，房价 1 800 元。假设某日该酒店客房销售额为 120 000 元，则其客房销售效率为

$$客房销售效率 = \frac{120\ 000}{50 \times 400 + 180 \times 700 + 30 \times 1\ 250 + 10 \times 1\ 800} \times 100\% = 59.6\%$$

客房出租率和客房销售的平均房价变化都直接影响客房销售效率。客房销售效率比单纯的客房出租率或平均房价更完善、更准确，可以更好地衡量客房销售的实际效果。

10.4.3　Rev PAR

Rev PAR 是指一定时期内（通常以一年为单位），酒店每间可售房的平均收益。当这种收益表现为每日收益水平时，Rev PAR 就表现为酒店可售房间的平均房价。其计算公式为

$$Rev\ PAR = \frac{计划期客房总收入}{计划期天数 \times 酒店可售房间数} = \frac{计划期日平均客房总收入}{酒店可售房间数}$$

由于

$$酒店可售房间数（即可供出租客房数） = \frac{已出租客房数}{出租率} \times 100\%$$

所以

$$Rev\ PAR = \frac{计划期日平均客房总收入}{已出租客房数} \times 出租率 = 平均房价 \times 出租率$$

因此，只谈已出租客房的平均房价是没有意义的，只有与客房出租率结合使用，才能反映酒店客房的经营效益。因为较高的平均房价可能意味着较低的客房出租率，而较高的客房出租率则可能隐含着较低的平均房价。同样，只用客房出租率作为衡量酒店客房经营业绩的标准也是不科学的。尤其是对于那些为了追求高出租率而实施低价竞争的酒店而言，客房出租率根本不能说明问题。而 Rev PAR 这一国际酒店业普遍采用的衡量指标反映的是以每间客房为基础所产生的客房收入，既考虑到了客房的平均房价，也考虑到了客房的出租率，因而能够较好地反映酒店客房的盈利能力和酒店经营状况。酒店经营管理者的目标就是要通过客房出租率和平均房价的提高来实现 Rev PAR 的最大化。它能够衡量酒店客房库存管理的成功与否。

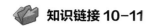
知识链接 10-11

理想平均房价

理想平均房价是指酒店各类客房以现行牌价按不同的客人结构出租时可达到的理想的平均房价。其计算方法如下。

（1）假设为客人排房时，总台依次从低档到高档为客人安排房间，直至给客人全部安排完为止，计算低价出租客房时的平均房价 P_1。

（2）假设为客人排房时，总台依次从高档到低档为客人安排房间，直至给客人全部安排完为止，计算高价出租客房时的平均房价 P_2。

（3）计算低价出租客房时的平均房价 P_1 和高价出租客房时的平均房价 P_2 的平均值，即为理想平均房价。

理想平均房价可以说是酒店客房的一个平均标准收益，需要将实际平均房价与这个平均标准收益（理想平均房价）进行比较，才可以客观地评价客房经营的收益程度。如果实际平均房价高于理想平均房价，则说明酒店经济效益较好，酒店可以获得较理想的盈利。这种比较也可以在一定程度上反映酒店客房牌价是否符合市场需求，如果两者相差甚远，则说明酒店客房牌价可能过高或过低，不符合市场需求，需要进行调整。

10.4.4 GOP PAR

GOP PAR 具体含义为每天每间可售房的经营毛利润（GOP）。在这一定义中，经营毛利润等于酒店总收入减去部门经营总成本和经营开支。

尽管 Rev PAR 是国际酒店行业公认的而且是最常用的经营业绩衡量指标，而且能够提供大致的市场趋势和一些收入指数，但是在仅以 Rev PAR 为基础分析一家酒店的经营业绩时也存在一些值得注意的不足。于是，国际上的一些专家提出了一种可以弥补 Rev PAR 不足的业绩衡量概念，即 GOP PAR。因为 Rev PAR 作为衡量酒店客房经营效益的指标，其增加固然是酒店效益的增长，但不一定是效益的最优增长。这是由于 Rev PAR 是平均房价与平均出租率两个因子的乘积，其增长可以源自两种情况，一是出租率的上升，二是房价的上涨。而出租率的上升和房价的上涨对经营毛利润率和 GOP PAR 增长的影响是不完全一样的：前者通过售出更多的客房来实现 Rev PAR 上升，客房的直接支出成本（如客用品的日耗、布件的洗涤等）相应增加，因此在其他条件不变的情况下，经营毛利润率没有增加，GOP PAR 虽有增加，但增加比例相对较小；后者通过以较高价格卖出同样数量（甚至数量较少）的客房来实现 Rev PAR 上升，客房的直接支出成本不变甚至会减少，因而在其他条件不变的情况下，不仅经营毛利润率与 GOP PAR 都会增加，GOP PAR 的增长幅度也相对较大。因此，相比较而言，源自房价上涨因素，与经营毛利润率、GOP PAR 联动同向增长的 Rev PAR 的上升，才是酒店效益更优的体现。

国际品牌管理的酒店，其管理合同一般规定管理费用的结构由根据营业收入总额百分比提取的基本管理费和根据经营毛利润总额百分比提取的奖励管理费两大块组成，有的合同还规定奖励管理费的提取要以一定比例的经营毛利润率为起点，在此起点之上，经营毛利润率越高，奖励管理费的提取比例越大。这就决定其经营与收入管理的目标不只是限于 Rev PAR 的增加，而是必须同时关注经营毛利润率与 GOP PAR 的上升，即实现 Rev PAR 与经营毛利润率、GOP PAR 的联动增长。因此，在经营管理的实际操作中，国际品牌酒店的管理者一般以此为导向，较多地诉诸房价上涨的因素，实施坚挺的价格政策，在竞争中尽量避免削价拼争，而注重以增进内涵来支撑或上涨房价。

 **本章小结**

　　房价管理是酒店前厅管理的一项重要内容，直接关系到酒店的客房出租率和酒店的客房经营效益。前厅管理人员需要根据当地酒店市场竞争状况及酒店客房经营成本，制定有竞争力的客房价格。酒店客房定价方法主要有3类，即以成本为中心的定价法、以需求为中心的定价法和以竞争为中心的定价法。

　　销售渠道是销售体系的命脉，既是酒店产品商品化的必由之路，也是连接产品和宾客的中介。做好客房销售渠道管理是客房销售管理的一项重要工作。酒店客房销售渠道主要包括直接销售渠道和间接销售渠道两大类。除了要大力提升自身的客房销售能力外，还应该拓展多元化的销售渠道，充分利用各种销售渠道的优势为酒店创造效益。

　　源自航空业的收益管理定价法是未来酒店房价管理的新趋势。它能使酒店客房产品在最佳的时刻，以最好的价格，通过最优渠道，出售给最合适的顾客，从而取得最佳的经济效益。通过实施收益管理，可以使酒店资源（主要指客房，但不限于客房）得到最有效的利用。就酒店客房管理而言，收益管理在日常工作中实施，主要是做好存房管理和订房管理。存房管理是指总台管理人员为各个细分市场的顾客合理安排一定数量的客房；订房管理是指预订部的管理人员根据不同时期的客房需求量，确定不同的房价。

　　评价酒店客房经营效益的指标主要有客房出租率、平均房价、Rev PAR 和 GOP PAR。其中 Rev PAR 是一个能够反映酒店客房经营状况和盈利能力的重要指标。但是 Rev PAR 的增长可以源自两种情况，一是出租率的上升，二是房价的上涨。相比较而言，源自房价上涨因素，与经营毛利润率、GOP PAR 联动同向增长的 Rev PAR 的上升，才是酒店效益更优的体现。

 国际酒店赏鉴

上海凯宾斯基大酒店精准营销保持利润增长

　　近年来，五星级酒店年利润的总额持续下滑，利润2011—2016年平均降幅超50%。造成利润下滑的原因主要是供大于求、互联网崛起、经济下行及其他。在这些因素相互叠加的作用下，许多星级酒店不得不选择转型或退出。但是，有些酒店却在有效运营机制下脱颖而出，上海凯宾斯基大酒店就是其中之一。上海凯宾斯基大酒店坐落于浦东陆家嘴金融区。陆家嘴金融区是目前国内规模最大，资本最密集的CBD，成熟的商业环境带来了大量商务活动，推动着五星级酒店的繁荣。陆家嘴金融区周边的星级酒店约有20家，像香格里拉、丽思·卡尔顿、四季在内的国际高端连锁酒店就有9家之多，无论是从硬件设施、软性服务还是品牌知名度上，凯宾斯基似乎并没有明显的优势。为了能区别于其他品牌酒店，并能够在市场上占有一席之地，凯宾斯基大酒店设法将酒店与客人和员工凝聚在一起。首先，凯宾斯基是历史悠久的欧洲酒店品牌，有很多品牌忠诚度较高的欧洲客群，对于欧洲客人，他们需要下榻一家拥有舒服、轻松、熟悉的欧洲品牌酒店，为此酒店特别聘请了欧洲的工作人员来提供贴心服务。其次，酒店在强化服务的同时还加强了宣传营销力度，针对商务旅客进行有目标性的广告投放，以此提高自身的品牌影响力，将一些潜在的目标客户进行转化。酒店广告投放分别锁定了不同国家及地区的目标人群和潜在的商旅客户，《华尔街日报》以西欧国家为主，《金融时报》以英国市场为主，中国境内市场与携程合作……所有的广告投放的主要目的是强化品牌形象和认知度。最后，酒店在内部成本上进行了有效的控制和合理的调整，比如在采购流程上进行严格控制和审核,对行政后勤人员也有工作效率上的调整,减少所有不必要的资源输出及资源浪费,从而有效控地制了后台成本。从 2013 年下半年至今,酒店的收益提高了 40%~45%,酒店全年的营业额在 3 亿~3.2 亿元,利润在 47%~48%。

希尔顿全球酒店集团借力IDeaS加强全球收益管理

希尔顿全球酒店集团在旗下 2 700 多家酒店部署 IDeaS 新一代 G3 收益管理系统。它将进一步支持希尔顿全球酒店集团的全球收益优化计划,协助酒店业主更好地管理客房利用率及定价,使得每家酒店的收益和盈利最大化。G3 收益管理系统将与希尔顿现有系统实现无缝集成作业,通过跟踪并分析历史及当前经营业绩,以优化公司整体收益。它也为希尔顿全球酒店集团提供非常有价值的数据及衡量标准,以构建未来的分析应用。希尔顿酒店线上及区域市场营销、收益管理部全球主管 Chris Silcock 表示:"希尔顿全球酒店集团致力于成为行业中收益管理的领导者。通过使用 G3 收益管理系统及其他先进分析工具,我们把'猜测'剔除在收益管理及定价工作之外。G3 收益管理系统协助我们的酒店管理者及业主做出更明智的收益管理决策,确保我们集团及特许经营伙伴实现长期的经济效益。"

 复习思考题

一、简答题

1. 酒店客房产品的价值体现在哪里?
2. 影响酒店客房定价的因素有哪些?
3. 常见的酒店客房定价方法有哪些?
4. 如何科学合理地选择和管理客房销售渠道?
5. 什么是收益管理?其核心内容是什么?
6. 简述收益管理在我国的应用现状和实施障碍。
7. 常见的客房经营评价指标有哪些?如何科学地评价酒店的客房经营效益?

二、实训题

1. 模拟客房销售过程与销售技巧。
2. 调查并了解当地某星级酒店的房价制定方法和房价策略。
3. 调查并了解当地某星级酒店的客源市场结构。
4. 调查并了解当地某星级酒店客房销售渠道的种类和管理措施。
5. 调查并了解当地某星级酒店收益管理的应用情况。
6. 调查并了解当地某星级酒店的客房销售状况和经营业绩。

前厅客房服务质量管理

教学目标

知 识 要 点	能 力 要 求	重 点 难 点
前厅客房服务质量概述	（1）熟悉服务质量及优质服务的概念 （2）掌握前厅客房服务质量的内容 （3）熟悉前厅客房服务质量的特点 （4）了解无形产品质量和有形产品质量的区别与联系	重点：前厅客房服务质量的特点 难点：前厅客房服务质量的内容
前厅客房服务质量管理的内容	（1）熟悉前厅服务质量的标准 （2）熟悉客房服务质量的标准 （3）掌握前厅客房服务质量管理的基本方法 （4）清楚如何对前厅客房服务质量实施有效控制	重点：前厅服务质量的标准及要求 客房服务质量的标准及要求 难点：前厅客房服务质量管理的方法
宾客关系管理与宾客投诉处理	（1）掌握与客人进行有效沟通的方法 （2）了解大堂副理和宾客关系主任的职责 （3）掌握处理投诉的原则 （4）能够熟练运用处理投诉的方法处理宾客的投诉 （5）熟悉宾客档案管理的内容	重点：处理投诉的原理及技巧 难点：与客人进行有效沟通的方法

一份特快专递的启示

叶先生欲把一包物品转交给下榻某酒店的美国客商理查德先生。征得总台马小姐同意后，叶先生将物品放在了总台，并再三嘱托一定要尽快将物品转交给理查德先生。马小姐微笑着点头答应了，接着立即打电话至理查德先生的房间，不巧的是，客人此时不在房间。马小姐一直没有忘记此事，在接下来的几个小时内，她连续几次打电话至客人房间，但客人一直到晚上 10:00 都未回酒店。第二天早上 8:30，叶先生打电话到酒店，询问物品是否已转交到客人手上，得到的答复是物品仍在总台，但客人已在 7:30 退房离开了。于是叶先生在电话那端勃然大怒，声称酒店这样的服务已影响了他的大笔生意，责问总台小姐为什么不给客人留言，要求酒店对此事件做出一个明确的解释，并给他满意的答复。

面对非常生气的叶先生，大堂副理首先就此事表示了诚恳的歉意，接着表示酒店将尽一切努力挽回他的损失，并建议是否可告知理查德先生下榻上海酒店的地址，以便酒店能以特快专递的方式迅速寄出物品。感于酒店的一片诚意，叶先生最后将理查德先生在上海的地址和邮编及电话号码留了下来，并告知若以特快专递寄出，理查德先生肯定能在上海收到物品。

问题： 假如你是马小姐，将怎样合理处理此事？针对此事，酒店应对员工进行哪些方面的培训工作以提高酒店的服务质量？

11.1 前厅客房服务质量概述

11.1.1 服务质量及优质服务的概念

1. 服务质量

服务质量是指服务能够满足规定和潜在需求的特征和特性的总和，是指服务工作能够满足被服务者需求的程度。服务质量的内涵包括以下几个子概念。

（1）服务水平。好的服务质量不一定是最高水平，管理人员首先要识别酒店所要追求的服务水平。当一项服务满足其目标客人的期望时，服务质量就可认为是达到了优良水平。

（2）目标客人。目标客人是指那些由于他们的期望或需要而要求得到一定水平服务的人。随着经济的发展和市场的日益成熟，市场的划分越来越细，导致每项服务都要面对不同的需求。应当根据每一项产品和服务选择不同的目标客人。

（3）连贯性。连贯性是服务质量的基本要求之一。它要求服务提供者在任何时候、任何地方都保持同样的优良服务水平。

根据以上概念，可以得出服务质量是指服务活动所能达到的规定要求和满足目标客人需求的能力与程度。在酒店，服务质量是以其所拥有的设施设备为依托，为宾客提供的服务在使用价值上适合和满足消费者物质及精神需求的程度。由此可见，酒店服务质量不仅包括设施设备、实物产品、服务环境等有形产品质量，还包括酒店员工在为客人提供服务时所付出的劳务这一无形产品质量。

因此，服务质量就是指服务产品在物质上、精神上适合和满足客人需求的程度。酒店所提供服务的使用价值适合和满足宾客需要的程度高低即体现了酒店服务质量的优劣。适合和满足宾客的程度越高，服务质量就越好，反之，服务质量就越差。

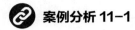
案例分析 11-1

积极主动帮助客人

一个星期天，北京某酒店服务台问询处，乔治先生在问询台前踌躇，似有为难之事，问询员小胡见状，便主动询问是否需要帮助。乔治先生说："我想去游览八达岭长城，如果乘旅行社的专车，他们配有英语导游，对我游览有很大的帮助。"小胡问："乔治先生，您昨天预订旅行车票了吗？"乔治答："没有，因为昨天不想去。"小胡知道，酒店规定，去长城游览的客人必须提前一天登记，这样旅行社的车第二天才会到酒店来接客人，而昨天没有一个客人登记，这样旅行社的车肯定不会来了。小胡想了想对乔治先生说："请您稍等，我打电话联系旅行社，若还没发车，请旅行社开车到酒店来接您。"小胡马上打电话给旅行社，旅行社告之去八达岭的车刚开走，请直接与导游联系，并告之导游手机号。于是，小胡又马上与导游联系，导游同意并说马上将车开到酒店接乔治先生。小胡放下电话，对乔治先生说："乔治先生，再过 10 分钟，旅行车就来接您，请您稍等。"乔治先生感动得连声说："谢谢！"

分析：问询员小胡对乔治先生的接待是积极主动的，见到客人有困难的样子主动询问，了解清楚原因后积极帮客人解决困难。小胡在不违反酒店原则的情况下，为客人提供了超常规服务，表现了小胡善于动脑，办事效率高。前厅部工作质量的好坏，效率的高低，对酒店整体形象、业务的开展、订房率高低的影响是非常大的。案例中的问询员小胡深知这一点，因此他在工作中观察细心，主动及时给予乔治先生帮助，给客人留下了美好的印象。

2. 优质服务

对于优质服务，每家酒店都有自己的理解。有的把它理解为"微笑服务"，有的理解为"周到服务"，有的认为是"宾至如归的服务"，还有的认为是一种"超值服务"，如此种种，都有其切实可取的一面。美国旅馆和汽车旅馆协会主席 W.P. 费希尔认为，优质服务指服务人员正确地预见宾客的需要和愿望，及时地做好服务工作，充分满足宾客的需要和愿望，尽量提高宾客的消费价值，使宾客愿意与酒店保持长期关系。

酒店是否提供了优质服务，必须以客人物质和精神满足程度作为最终评价标志。同时，在实施服务中应按客人的需要和要求做好服务工作。酒店的优质服务作为一种特殊产品，它的使用价值只有在为客人进行服务中才得以实现，酒店必须时时处处考虑到客人的存在，为客人的利益而工作，全面满足客人需求，这正是优质服务的真实含义所在。

在酒店业中，百分之百的规范服务并不能换取全部客人的百分之百的满意，这是因为服务需求的随意性很大，尽管服务员已尽心尽责，但客人会因其自尊、情绪、个人嗜好等原因提出服务规范以外的各种要求。因此，酒店服务要规范化，但又不能囿于规范。酒店业讲究"于细微处见个性"，这种个性化的服务，能使服务"锦上添花"，给客人一种超常服务的享受。所谓超常的服务，就是用超出常规方式满足客人偶然的、个别的、特殊的需求。这一点最容易打动客人的心，最容易给客人留下美好的印象，也理所当然最容易招徕回头客。个性化服务追求的是更主动的服务和酒店的效益。因此，一方面服务人员要严格执行服务标准，培养自觉遵循规范的良好习惯；另一方面又要灵活运用规范与标准，使日常操作升华为个性服务。将规范服务、个性服务、超常服务、延伸服务相互交融，适时运用才能全面真正满足客人需求，做到优质服务。

知识链接 11-1

服务的含义

将服务（SERVICE）一词用英文诠释，主要包括以下7个方面。①微笑（smile），意指微笑待客。要求员工对待客人要给以真诚的微笑。微笑是最简洁、最生动的欢迎辞，也是最有效的"通行证"。它需要员工进行长期的自我训练和专门培训，最终形成职业型的微笑。也就是说，员工在服务时的微笑不受时间、地点、人数的多少、客人的态度、自身的心情等因素的影响。②精通（excellence），意指精通业务。要求员工熟悉自己的业务工作和各项制度，提高服务技能和技巧。这对提高酒店的服务质量和工作效率、降低成本、增强竞争力都具有重要作用。③准备（ready），即要随时准备好为客人服务。"工欲善其事，必先利其器"。只有各项工作事先都准备好，为客人服务时才能得心应手。④重视（viewing），意指不怠慢每一位客人。员工千万不能以貌取人，而忽略细微服务，要重视和善待每一位客人，让他们心甘情愿地消费。⑤邀请（invitation），意指要真诚邀请每一位客人下次再度光临。关键在于每次为客人服务即将结束时，员工是否发自真心并且通过适当的口头和体态语言来邀请客人再次光临，这是给客人留下深刻美好印象的重要因素之一。⑥创造（creating），意指为客人创造温馨的气氛，形成积极、健康的酒店文化。要强调服务前的环境布置，服务过程中节奏和谐、态度友善等，同时要尽可能掌握客人的偏好或特点，让客人觉得住在酒店就像回到家里一样。⑦真诚（eye），意指要用眼神表达对客人的关心。服务的细腻主要表现在对客服务中善于观察、揣摩客人心理，预测客人需求并及时提供服务，使客人倍感亲切，这就是超前服务意识。

11.1.2 前厅客房服务质量的内容

前厅客房服务质量带有无形性的特点，同时又有物质性和有形性的特点。因此，服务质量实际上包括有形产品质量和无形产品质量两个方面，是有形产品质量和无形产品质量的完美统一。有形产品质量是无形产品质量的有效载体，无形产品质量是有形产品质量的完善和必要补充，两者相辅相成，构成了完整的服务质量的内容。

1. 有形产品质量

前厅客房有形产品质量主要包括以下几个方面。

1）设施设备的质量

设施设备主要包括客用设备设施和供应用设备设施两种。

（1）客用设备设施也称为前台设施设备，是指直接供客人使用的那些设施设备。在前厅部，如前厅的客人休息区的沙发、贵重物品保管箱、照明灯具等，在客房部，直接供客人使用的设备，如电视机、计算机、电话机、打印机、床和沙发等。它要求做到设置科学、结构合理，配套齐全、舒适美观，操作简单、使用安全，完好无损、性能良好。另外，客用设施设备的舒适程度是影响酒店对客服务质量的重要方面。舒适程度的高低主要取决于设施设备的配置和对设施设备的维修保养两个方面。因此，设施设备随时保持完好无损，保证各种设施设备正常运转，充分发挥设施设备效能，是提高酒店服务质量的重要组成部分。

（2）供应用设施设备是指酒店经营管理所需的不直接和客人见面的生产性设施设备，如制冷供暖设备、厨房设备等。供应用设施设备也称后台设施设备，要求做到安全运行，保证供应，否则也会影响服务质量。酒店只有保证设施设备的质量，才能为客人提供多方面的、感觉舒适的服务，进而提高酒店的声誉和服务质量。

2）实物产品的质量

实物产品是指直接满足客人的物质消费需要的实物产品。其质量高低也是影响客人满意度的一个重要因素，是酒店服务质量的重要组成部分。

前厅客房的实物产品质量通常包括客用品质量和服务用品质量。

（1）客用品质量。客用品是实物产品的一个组成部分，是指直接供客人消费的各种生活用品。客用品质量应与酒店星级相适应，避免提供劣质客用品，否则会给客人留下恶劣的印象。提供的客用品数量应充裕，能够满足客人需求，而且供应要及时。另外，客用品的品种还应切实满足宾客的需要，而不仅仅是摆设。而客用品品种过多势必增加酒店成本，所以客用品配备应适度，以能够满足本酒店客源需求为佳。最后，还必须保证所提供客用品的安全与卫生。

（2）服务用品质量。服务用品质量是指在提供服务过程中供服务人员使用的各种用品，如客房部的清洁剂、前厅部的行李车等。它是提高劳动效率、满足宾客需要的前提，也是提供优质服务的必要条件。服务用品质量要求品种齐全、数量充裕、性能优良、使用方便、安全卫生等。

3）服务环境的质量

服务环境质量就是指服务气氛给客人带来感觉上的美感和心理上的满足感。它主要包括独具特色、符合酒店等级的酒店建筑和装潢，布局合理且便于到达的酒店服务设施和服务场所，充满情趣并富于特色的装饰风格，以及洁净无尘、温度适宜的酒店环境和仪表仪容端庄大方的酒店员工。所有这些构成酒店所特有的环境氛围。它在满足宾客物质方面需求的同时，又可满足其精神享受的需要。通常对服务环境质量的要求是整洁、美观、有序和安全。在此基础上，对于星级酒店来说，还应充分体现出一种带有鲜明个性的文化品位。

由于第一印象的好坏，很大程度上是受酒店环境气氛影响而形成的，为了使酒店能够产生这种先声夺人的效果，管理者应格外重视酒店服务环境的管理。前厅部位于客人进入酒店最先接触的部门，因此，前厅要有特色，美观大方，有吸引力。前厅应成为酒店重要的景观，是酒店的标志，体现酒店的档次与风格。不同星级酒店对前厅环境的要求不尽相同。客房部是酒店的一个重要的职能部门，是酒店经营管理的关键部门之一。客房部环境的好与坏直接关系到宾客对酒店的评价。

2. 无形产品质量

前厅客房无形产品质量也是酒店无形产品质量的一部分，主要包括以下几个方面。

1）礼貌礼节

礼貌礼节是以一定的形式通过信息传输向对方表示尊重、谦虚、欢迎、友好等态度的一种方式。礼貌偏重于语言行动，礼节偏重于仪式。它表明了酒店对宾客的基本态度和意愿。酒店礼貌礼节主要要求服务人员具有端庄的仪表仪容、文雅的语言谈吐、得体的行为举止等。前厅部和客房部服务员直接面对宾客进行服务的特点使得礼貌礼节在酒店管理中备受重视，因为它直接关系着客人的满意度，是酒店提供优质服务的基本点。

2）职业道德

职业道德是人们在一定的职业活动范围内所遵守的行为规范的总和。酒店服务过程中，许多服务是否到位实际上取决于员工的事业心和责任感。因此遵守职业道德也是前厅部与客房部服务质量的最基本构成之一，它无可避免地影响着酒店的服务质量。作为前厅部和客房部的员工，应遵循"热情友好，真诚公道；信誉第一，文明礼貌；不卑不亢，一视同仁；团结协作，顾全大局；遵纪守法，廉洁奉公；钻研业务，提高技能"的职业道德规范，真正做到敬业、乐业和勤业。

3）服务态度

服务态度是指前厅部与客房部服务员在对客服务中所体现出来的主观意向和心理状态，其好坏是由员工的主动性、创造性、积极性、责任感和素质高低决定的。因而酒店要求前厅部与客房部服务员应具有"宾客至上"的服务意识并能够主动、热情、耐心、周到地为客人提供服务。前厅部和客房部员工服务态度的好坏是很多客人关注的焦点,尤其当出现问题时,服务态度常常成为解决问题的关键,客人可以原谅酒店的许多过错,但往往不能忍受服务人员恶劣的服务态度。因此,服务态度是无形产品质量的关键所在,直接影响酒店服务质量。

4)服务技能

服务技能是酒店提高服务质量的技术保证,是指酒店服务人员在不同场合、不同时间,对不同宾客提供服务时,能适应具体情况而灵活恰当地运用操作方法和作业技能以取得最佳的服务效果,从而所显现出的技巧和能力。服务技能的高低取决于服务人员的专业知识和操作技术,要求其掌握丰富的专业知识,具备娴熟的操作技术,并能根据具体情况灵活地运用,从而达到给宾客以美感和艺术享受的服务效果。也只有掌握好服务技能,才能使服务达到标准,保证前厅部与客房部的服务质量。

5)服务效率

服务效率是指员工在其服务过程中对时间概念和工作节奏的把握。它应根据宾客的实际需要灵活掌握,要求员工可以在宾客最需要某项服务时随时提供。因此,服务效率并非仅指快速,而是强调适时服务。酒店服务效率有3类。①用工作定额来表示的固定服务效率,如清扫一间走客房用30分钟、夜床服务5分钟、宴会摆台用5分钟等。②用时限来表示服务效率,如总台入住登记每位宾客不超过3分钟,办理结账离店手续不超过3分钟,租借物品服务要求服务人员5分钟内送至宾客房间,接听电话不超过三声等。③有时间概念,但没有明确的时限规定,是靠客人的感觉来衡量的服务效率,如代购物品何时完成等,这类服务效率问题在酒店中大量存在,若使宾客等候时间过长,很容易让宾客产生烦躁心理,并会引起不安定感,进而直接影响客人对酒店的印象和对服务质量的评价。

6)安全卫生

酒店安全状况是客人外出旅游时考虑的首要问题,因此,酒店必须保障客人、员工及酒店本身的安全。酒店在环境气氛上要制造出一种安全的气氛,给客人心理上的安全感,但不是戒备森严,否则,更会令客人感到不安。前厅部和客房部的清洁卫生主要包括前厅和客房各区域的清洁卫生、用品卫生、个人卫生等。前厅部与客房部的清洁卫生直接影响客人的身心健康,是优质服务的基本要求,所以也必须加强管理。

服务质量除上述内容外,还包括员工的劳动纪律、服务的方式方法、服务的规范化和程序化等内容,同样应为酒店管理者所关注。我国的星级评定标准中对前厅客房服务质量有明确的评分体系,见表11-1。

表11-1 前厅客房服务质量评定标准及检查表

序号	标准	评价			
		优	良	中	差
2.1	前厅服务质量				
2.1.1	总机				
2.1.1.1	在正常情况下,电话铃响10秒内应答	3	2	1	0
2.1.1.2	接电话时正确问候宾客,同时报出酒店名称,语音清晰,态度亲切	3	2	1	0
2.1.1.3	转接电话准确、及时、无差错(无人接听时,15秒后转回总机)	3	2	1	0
2.1.1.4	熟练掌握岗位英语或岗位专业用语	3	2	1	0

续表

序号	标 准	评价 优	良	中	差
2.1.2	预订				
2.1.2.1	及时接听电话，确认宾客抵离时间，语音清晰，态度亲切	3	2	1	0
2.1.2.2	熟悉饭店各项产品，正确描述房型差异，说明房价及所含内容	3	2	1	0
2.1.2.3	提供预订号码或预订姓名，询问宾客联系方式	3	2	1	0
2.1.2.4	说明饭店入住的有关规定，通话结束前重复确认预订的所有细节，并向宾客致谢	3	2	1	0
2.1.2.5	实时网络预订，界面友好，及时确认	3	2	1	0
2.1.3	入住登记				
2.1.3.1	主动、友好地问候宾客，热情接待	3	2	1	0
2.1.3.2	与宾客确认离店日期，对话中用姓氏称呼宾客	3	2	1	0
2.1.3.3	询问宾客是否需要贵重物品寄存服务，并解释相关规定	3	2	1	0
2.1.3.4	登记验证、信息上传效率高、准确无差错	3	2	1	0
2.1.3.5	指示客房或电梯方向，或招呼行李员为宾客服务，祝愿宾客入住愉快	3	2	1	0
2.1.4	*行李服务				
2.1.4.1	正常情况下，有行李服务人员在门口热情友好地问候宾客	3	2	1	0
2.1.4.2	为宾客拉开车门或指引宾客进入酒店	3	2	1	0
2.1.4.3	帮助宾客搬运行李，确认行李件数，轻拿轻放，勤快主动	3	2	1	0
2.1.4.4	及时将行李送入房间，礼貌友好地问候宾客，将行李放在行李架或行李柜上，并向宾客致意	3	2	1	0
2.1.4.5	离店时及时收取行李，协助宾客将行李放入车辆中，并与宾客确认行李件数	3	2	1	0
2.1.5	礼宾、问讯服务				
2.1.5.1	热情友好，乐于助人，及时响应宾客合理需求	3	2	1	0
2.1.5.2	熟悉饭店各项产品，包括客房、餐饮、娱乐等信息	3	2	1	0
2.1.5.3	熟悉饭店周边环境，包括当地特色产品、旅游景点、购物中心、文化设施、餐饮设施等信息；协助安排出租车	3	2	1	0
2.1.5.4	委托代办业务效率高，准确无差错	3	2	1	0
2.1.6	*叫醒服务				
2.1.6.1	重复宾客的要求，确保信息准确	3	2	1	0
2.1.6.2	有第二遍叫醒，准确、有效地叫醒宾客，人工叫醒电话正确问候宾客	3	2	1	0

续表

序号	标 准	评价 优	评价 良	评价 中	评价 差
2.1.7	结账				
2.1.7.1	确认宾客的所有消费,提供总账单,条目清晰、正确完整	3	2	1	0
2.1.7.2	效率高,准确无差错	3	2	1	0
2.1.7.3	征求宾客意见,向宾客致谢并邀请宾客再次光临	3	2	1	0
2.2	前厅维护保养与清洁卫生				
2.2.1	地面:完整,无破损、无变色、无变形、无污渍、无异味、清洁、光亮	3	2	1	0
2.2.2	门窗:无破损、无变形、无划痕、无灰尘	3	2	1	0
2.2.3	天花(包括空调排风口):无破损、无裂痕、无脱落、无灰尘、无水迹、无蛛网、无污渍	3	2	1	0
2.2.4	墙面(柱):平整、无破损、无开裂、无脱落、无污渍、无蛛网	3	2	1	0
2.2.5	电梯:平稳、有效、无障碍、无划痕、无脱落、无灰尘、无污渍	3	2	1	0
2.2.6	家具:稳固、完好,与整体装饰风格相匹配。无变形、无破损、无烫痕、无脱漆、无灰尘、无污渍	3	2	1	0
2.2.7	灯具:完好、有效,与整体装饰风格相匹配。无灰尘、无污渍	3	2	1	0
2.2.8	盆景、花木、艺术品:无枯枝败叶、修剪效果好、无灰尘、无异味、无昆虫,与整体装饰风格相匹配	3	2	1	0
2.2.9	总台及各种设备(贵重物品保管箱、电话机、宣传册及册架、垃圾桶、伞架、行李车、指示标志等):有效、无破损;无污渍、无灰尘	3	2	1	0
	小计				
3.1	客房服务质量				
3.1.1	整理客房服务				
3.1.1.1	正常情况下,每天14:00前清扫客房完毕。如遇"请勿打扰"标志,按相关程序进行处理	3	2	1	0
3.1.1.2	客房与卫生间清扫整洁、无毛发、无灰尘、无污渍	3	2	1	0
3.1.1.3	所有物品已放回原处,所有客用品补充齐全	3	2	1	0
3.1.1.4	应宾客要求更换床单、被套、毛巾、浴巾等	3	2	1	0
3.1.2	*开夜床服务				
3.1.2.1	正常情况下,每天17:00—21:00提供开夜床服务;如遇"请勿打扰"标志,按相关程序进行处理	3	2	1	0
3.1.2.2	客房与卫生间清扫整洁、无毛发、无灰尘、无污渍	3	2	1	0
3.1.2.3	所有物品已整理整齐,所有客用品补充齐全	3	2	1	0
3.1.2.4	床头灯处于打开状态,遮光窗帘已充分闭合	3	2	1	0

续表

序号	标 准	评价			
		优	良	中	差
3.1.2.5	床边垫巾和拖鞋放置到位,电视遥控器、洗衣袋等放置方便宾客取用	3	2	1	0
3.1.2.6	床头放置晚安卡或致意品	3	2	1	0
3.1.3	*洗衣服务				
3.1.3.1	洗衣单上明确相关信息(服务时间、价格、服务电话、送回方式等),配备酒店专用环保洗衣袋	3	2	1	0
3.1.3.2	应宾客要求,及时收集待洗衣物,并仔细检查	3	2	1	0
3.1.3.3	在规定时间内送还衣物,包装、悬挂整齐	3	2	1	0
3.1.3.4	所有的衣物已被正确洗涤、熨烫,如果污渍不能被清除,书面告知宾客	3	2	1	0
3.1.4	*微型酒吧				
3.1.4.1	小冰箱运行状态良好,无明显噪声,清洁无异味	3	2	1	0
3.1.4.2	提供微型酒吧价目表,价目表上的食品、酒水与实际提供的相一致	3	2	1	0
3.1.4.3	食品、酒水摆放整齐,并且标签朝外,均在保质期之内	3	2	1	0
3.1.4.4	及时补充微型酒吧上被耗用的物品,应要求及时供应冰块和饮用水	3	2	1	0
3.2	客房维护保养与清洁卫生				
3.2.1	房门:完好、有效、自动闭合,无破损、无灰尘、无污渍	3	2	1	0
3.2.2	地面:完整,无破损、无变色、无变形、无污渍、无异味	3	2	1	0
3.2.3	窗户、窗帘:玻璃明亮、无破损、无污渍、无脱落、无灰尘	3	2	1	0
3.2.4	墙面:无破损、无裂痕、无脱落、无灰尘、无水迹、无蛛网	3	2	1	0
3.2.5	天花(包括空调排风口):无破损、无裂痕、无脱落;无灰尘、无水迹、无蛛网、无污渍	3	2	1	0
3.2.6	家具:稳固、完好、无变形、无破损、无烫痕、无脱漆、无灰尘、无污渍	3	2	1	0
3.2.7	灯具:完好、有效;无灰尘、无污渍	3	2	1	0
3.2.8	布件(床单、枕头、被子、毛毯、浴衣等):配置规范、清洁、无灰尘、无毛发、无污渍	3	2	1	0
3.2.9	电器及插座(电视、电话机、冰箱等):完好、有效、安全,无灰尘、无污渍	3	2	1	0
3.2.10	客房内印刷品(服务指南、电视节目单、安全出口指示图等):规范、完好、方便取用,字迹图案清晰、无皱折、无涂抹、无灰尘、无污渍	3	2	1	0
3.2.11	绿色植物、艺术品:与整体氛围相协调、完整、无褪色、无脱落、无灰尘、无污渍	3	2	1	0

续表

序号	标　准	评价 优	良	中	差
3.2.12	床头（控制）柜：完好、有效、安全、无灰尘、无污渍	3	2	1	0
3.2.13	贵重物品保险箱：方便使用，完好有效、无灰尘、无污渍	3	2	1	0
3.2.14	客房电话机：完好、有效、无灰尘、无污渍，旁边有便笺和笔	3	2	1	0
3.2.15	卫生间门、锁：安全、有效、无破损、无灰尘、无污渍	3	2	1	0
3.2.16	卫生间地面：平坦、无破损、无灰尘、无污渍、排水畅通	3	2	1	0
3.2.17	卫生间墙壁：平整、无破损、无脱落、无灰尘、无污渍	3	2	1	0
3.2.18	卫生间天花：无破损、无裂痕、无脱落、无灰尘、无水迹、无蛛网、无污渍	3	2	1	0
3.2.19	面盆、浴缸、淋浴区：洁净、无毛发、无灰尘、无污渍	3	2	1	0
3.2.20	水龙头、淋浴喷头等五金件：无污渍、无滴漏、擦拭光亮	3	2	1	0
3.2.21	马桶：洁净、无堵塞、噪声低	3	2	1	0
3.2.22	下水：通畅、无明显噪声	3	2	1	0
3.2.23	排风系统：完好，运行时无明显噪声	3	2	1	0
3.2.24	客用品（毛巾、口杯等）：摆放规范、方便使用、完好、无灰尘、无污渍	3	2	1	0
	小计				

注：如饭店不具备表中带"*"项目，统计得分率时应在分母中去掉该项分值。

（资料来源：《旅游饭店星级的划分与评定》，附录C 饭店运营质量评价表.）

11.1.3 前厅客房服务质量的特点

前厅客房服务所需要的面对面、随时随地提供服务的特点及其服务质量特殊的构成内容使其质量内涵与酒店其他部门有着极大的差异。为了更好地实施对前厅客房服务质量的管理，管理者必须正确认识与掌握前厅客房服务质量的特点。

1. 服务质量构成的综合性

前厅客房服务质量的构成内容既包括有形的设备设施质量、服务环境质量、实物产品质量，又包括无形的劳务服务质量等多种因素，并且每一因素又有许多具体内容构成，贯穿于酒店服务的全过程。其中，设备设施、实物产品是酒店服务质量的基础，服务环境、劳务服务是表现形式。而客人满意度则是服务质量优劣的最终体现。因此，前厅客房服务质量的构成具有极强的综合性。其综合性的特点要求管理者树立系统的观念，把前厅客房服务质量管理作为一项系统工程，多方收集服务质量信息，分析影响质量的各种因素，特别是可控因素，既要抓好有形产品的质量，又要抓好无形产品的质量；不仅做好自己的本职工作，还要顾及酒店其他部门或其他服务环节，更好地督导员工严格遵守各种服务或操作规程，从而提高整体服务质量。正如"木桶理论"所说的，一只由长短不一的木条拼装而成的木桶，它的盛水量，取决于最短的那根木条的长度。因此，前厅客房服务质量应该有自己的强项和特色，但不能有明显的弱项和不足，否则就要影响服务质量的整体水平。

2. 服务质量显现的短暂性

前厅客房服务质量是由一次又一次的内容不同的具体服务组成的,而每一次具体服务的使用价值均只有短暂的显现时间,即使用价值的一次性,如微笑问好、介绍客房设备功能等。这类具体服务不能储存,一结束,就失去了其使用价值,留下的也只是宾客的感受。服务的不可储存性要求酒店提供的任何服务都要及时,因为超过了一定的时间客人也许就不会再有服务的需求了,服务的价值将永远失去。例如,前厅的预订电话、咨询电话,只要电话响起,三声之内一定要有人接(因为电话响过三声之后没有人接,打电话的人往往就会产生烦躁情绪),否则客人就会转投他店。同样,在客房如果设备出现了问题,而得不到及时的修理,最后的结果恐怕就是客人下次再也不会光临,致使酒店永远失去这位客人。因此,前厅部与客房部服务质量的显现是短暂的,不像实物产品那样,其使用价值和质量品质可以长期显现;也不能像实物产品那样,可以返工、返修或退换。因此,从这种意义上说,服务是一次性的。一次性服务产品的质量如何,只体现于客人当时的感知,而不是服务后的补偿。

3. 服务质量内容的关联性

客人对酒店服务质量的印象,是通过他进入酒店直至他离开酒店的全过程形成的。在此过程中,客人得到的是各部门员工提供的具体的服务活动,但这些具体的服务活动不是孤立的,而是有着密切的关联,因为在连锁式的服务过程中,只要有一个环节的服务质量有问题,就会破坏客人对酒店的整体印象,进而影响其对整个酒店服务质量的评价。比如,客房部的服务质量很好,但由于供应的热水温度达不到 50℃,客人对服务质量就会不满意。又如,客人在酒店的整个逗留过程对酒店的服务质量是满意的,可是在临离开酒店时,却叫不到出租车,这样客人会满意吗?在酒店服务质量管理中有一流行公式 100-1<0,即 100 次服务中只要有 1 次服务不能令客人满意,客人就会全盘否定以前的 99 次优质服务,还会影响酒店的声誉。所以前厅部和客房部作为酒店两个重要部门在做好自己的每一个服务过程、服务环节的同时,也要同其他部门协调好,确保每项服务的优质、高效,确保酒店服务全过程和全方位的"零缺点"。

4. 服务质量具有依赖性

服务是一个服务主体与服务客体互动的过程。因此,服务质量的最终形成不仅是酒店服务员单方面的事情,而且依赖于服务对象即客人的参与程度。这种依赖性,主要体现在两个方面,一个是前厅部与客房部员工的素质,另一个是客人对服务质量评价的主观性。因此酒店服务质量的优劣在很大程度上取决于员工的即席表现,而这种表现又很容易受到员工个人素质和情绪的影响,具有很大的不稳定性。所以酒店应该加强员工培训,提高员工服务沟通和察言观色的能力。另外,还要关注员工,提高员工的满意度,因为"没有满意的员工,就不会有满意的客人"。尽管酒店自身的服务质量水平基本上是一个客观的存在,酒店也有评价服务质量的标准,但由于服务质量的评价是由客人享受服务后根据其物质和心理满足程度而产生的,因此只有客人的满足程度越高,他对服务质量的评价也就越高,反之亦然。另外,不同客人在服务的需求上存在差异,有时即使同一个客人,在不同的时段对服务的要求也会有所差异。因此,前厅部和客房部作为酒店和客人接触最密切的两个部门,部门员工就应在服务过程中通过细心观察,了解并掌握客人的物质和心理需要,不断改善对客服务,为客人提供有针对性的个性化服务。

事实上,无论酒店如何努力,服务质量问题还是会出现在酒店的任何时间和空间。所不同的是存在的问题数量和层次,这是一个无可回避的客观现实。作为前厅部和客房部的管理者应做的是积极地采取妥当的措施,将出现的服务质量问题的后果对客人的影响降至最小,避免矛盾的扩大化，其中最有效的办法，就是通过一些真诚为宾客考虑的服务赢得宾客，在日常工作中与宾客建立起良好和谐的关系，使宾客最终能够谅解酒店的一些无意的失误。

11.2 前厅客房服务质量管理的内容

11.2.1 前厅客房服务质量管理的基本原则

1. 宾客至上

在国内，酒店业已由卖方市场转为买方市场，左右产品特色和产品质量的不再是酒店经营者，而是消费者。对酒店经营者，尤其是前厅部和客房部各级员工来说，产品质量的评判者是自己所面对的客人。只有令客人满意的服务才是优质服务，而只有靠优质服务才能吸引更多的客人，为酒店和个人带来更好的效益。因此，在前厅与客房对客服务质量管理过程中，要求员工从客人的角度出发，时刻把客人的利益放在第一位，想客人所想，急客人所急。把方便留给客人，把困难留给自己。只有树立"宾客至上"的意识才能确保质量管理的良好效果。不同类型的酒店有着不同的消费群体，不同的消费群体对酒店产品有着不同的需求，对产品质量也有着不同的标准。前厅部与客房部各级管理者和员工在服务过程中应实事求是地根据不同客人的不同需求灵活理解和应用服务程序，切忌不加分析，简单机械地执行服务程序。前厅部与客房部的管理者应积极听取客人的意见和建议，从客人的角度考虑问题，给予客人方便和满意，提高服务质量。服务程序并不是一成不变的，而是随着客人需求的变化而不断调整。只有认识到每个人都会成为他人的客人，才能真正将自己摆在客人的位置上为客人着想。

2. 预防为主

服务产品生产与消费的同时性要求服务性产品的百分之百的一次成功率，也决定了服务产品质量控制和管理必须以预防为主，防患于未然。通过充分准备、严格检查和严密监督，及时发现任何可能影响服务质量的隐患和漏洞，积极采取一切措施，有效地扼制问题的进一步发展，保证服务质量的稳定。在前厅部与客房部质量控制过程中，全体员工必须时刻保持清醒的头脑，把服务质量放在首位，绝不能有丝毫的马虎、松懈和侥幸心理。认真地分析服务程序的每一个环节，绝不放过任何一个可能影响服务质量的细节。从严从细地抓好日常工作的每一个纽小环节，充分考虑可能遇到的各种困难，准备应付任何突发情况。宁可事先预防，绝不事后补救。对酒店业而言，事后补救所花的成本，常常数倍于事先预防的投入，而且得不到期望的效果。因为再小的服务差错和失误都会让客人的满意度由百分之百降至零，而任何的补偿都不能百分之百地抵消客人已形成的不良印象，客人的满意度最多也只能达到百分之九十九。事前少花百分之一的努力，实施服务时哪怕只有一丝一毫的疏忽，事后都可能造成严重的后果。所以，在前厅部与客房部质量控制与管理过程中，一定要坚持以预防为主，防患于未然的控制原则。

3. 以人为本

以人为本就是要重视具体实施对客服务的一线员工。客人是服务质量的裁判，而员工是优质服务的基本保证。如果缺乏一批具备积极的工作热情、高度的工作责任感和娴熟的服务技能的高素质员工，即使拥有豪华的硬件设备、先进的管理方法，也无法保证向客人提供高质量的服务。以人为本就是充分强调普通员工在质量管理、控制过程中的重要作用，重视对全体员工的培训与激励，使质量意识深入每个员工的心中；同时充分调动员工的工作积极性，为质量管理、控制出谋划策。管理者应运用多种激励手段弘扬服务意识，促使前厅部与客房部全体员工意识到集体利益对个人的重要性，发自内心地把保持和提高酒店的服务质量当作自己的天职，自觉自愿地去钻研服务技能，发现工作漏洞，提高服务质量。为了达到这一目的，前厅部与客房部管理者必须加强同下属员工的沟通和联系，了解员工的思想，解决员工的困难，重视员工的成长。通过对员工进行职业道德、业务技能的教育和培训，从思想上确立员工的服务意识。同时通过一系列行之有效的奖惩制度和激励措施，使员工在行动上加以贯彻落实。在加强员工培训的同时，管理者还要充分信任员工的能力和判断，鼓励员工为部门服务质量的控制和管理提出合理化建议，不轻易否定员工的想法和建议。是普通员工而不是管理者直接面对客人，为客人服务，因此普通员工对对客服务程序中出现的问题有最大的发言权。以人为本就是要充分发挥普通员工的工作积极性和创造性，集思广益，自上而下地推动服务质量控制与管理。

4. 标准化服务与个性化服务相结合

在酒店，标准化服务包含两个方面的内容：一是服务规范的标准化，即制定严格、统一、标准的服务规范，要求所有酒店员工都必须遵守，依照服务的规范向客人提供统一的服务；二是产品本身的标准化，即将所有客人看作具有相同需求的消费群体，提供同质产品，以相同的价格、相同的促销手段和销售渠道将酒店的产品和服务销售给所有的客人。个性化服务也称定制化服务，是指服务性酒店根据客人的具体需要，由服务技能较高、服务知识较丰富的服务人员为各位客人提供个性化、差异化的服务，满足各位客人具体的、独特的需要和愿望，包括定制化服务结果、多样化服务过程和个性化服务行为。看似矛盾的两者其实又有着密切的联系：标准化服务是个性化服务的前提和基础，个性化服务是标准化服务的有效补充和延伸。酒店管理者应努力将看似矛盾的标准化与个性化完美结合，为客人提供标准化的个性服务。

 知识链接 11-2

标准化服务与个性化服务

酒店的标准化是一项系统工程，由节节相扣的每个环节构成。酒店服务的标准化是指在标准化思想的指导下，酒店采用统一的技术标准和服务内容、服务方式和服务程序的设计，向消费者提供统一的、同质的服务。酒店服务的标准化是酒店经营管理发展到一定阶段的必然产物，它强化了酒店品牌形象，向消费者传递产品内容，以及产品质量等信息，消减了酒店服务质量信息在消费者群体中的不对称，同时增强了酒店的竞争力和影响力。通过标准化生产和管理，一些国际性酒店集团一方面迅速扩大了规模，增强了整体实力，另一方面培养了大批的忠实客人。例如，假日酒店集团、丽思·卡尔顿酒店等酒店集团。在世界上任何一家假日酒店都可以享受到相同优质的服务，体验到那种相同的宾至如归的感觉。酒店服务的标准化、规范性和同质性是其获得成功的一个关键要素。标准化服务的理念是我国酒店从西方引进的，并一度被酒店业奉为成功的法宝。但随着旅游消费者日趋个性化的需求，标准化服务业逐渐不能适应市场的发展。在标准化服务的基础上，个性化服务的理念发展起来。

个性化服务的概念源自西方发达国家，有两层含义。第一，是指以标准化服务为基础，但不囿于标准。而是以客人的需求为中心提供各种有针对性的差异化服务及超常规的特殊服务，以便让接受服务的客人有一种自豪感和满足感，并赢得他们的忠诚。第二，是指酒店提供自己有个性和特色的服务项目。个性化服务的内涵主要表现在两个方面：满足客人的个性需求和表现服务人员的个性。个性化服务理念的形成是服务业日益加剧的竞争带来的结果。酒店个性化的服务艺术是反映在该酒店细微化的服务艺术之中的。由于酒店服务的精神在于细微,服务中没有什么大事,但每一件小事都是影响巨大的,因此酒店必须设身处地地为客人着想。站在客人的立场上看问题,急客人之所急,想客人之所想,使服务做得更加到位、准确。例如,在北京民族大饭店,来了一位身材较胖的客人,客房服务员考虑到单人床对他来讲太窄了,于是在客人出去用餐时主动把两张床并在一起,客人回来后看到此情景很感动,几天后他离店时表示今后再来北京一定还住民族大饭店。上述例子中服务员的所为,并不是服务规范中规定的,但他们善于将心比心,在力所能及的范围内主动为客人排忧解难,收到理想的效果。

11.2.2 前厅对客服务质量管理

1. 前厅服务质量管理的特点

1)对员工素质的依赖性较高

前厅部的服务质量与客房部、餐饮部有很大区别,客房部、餐饮部的服务质量虽离不开人员的劳动,但很大部分是在有形产品配合的基础上进行的。例如,客房服务质量主要取决于房内设施性能、整洁程度、舒适与否等;餐饮服务质量取决于餐厅环境、菜肴是否美观可口等。而前厅部的服务质量则多取决于一次次面对面的瞬间对客人服务,这使得前厅部在服务质量管理上更多地依赖于其员工队伍的素质。他们的态度、技能、服务水平、语言能力和知识程度的高低都直接影响服务的质量。有较高素质的前厅部员工队伍是实现前厅优质服务的基础。

2)服务质量呈现的短暂性

前厅服务质量是由服务人员一次又一次的具体服务来完成的。每一次服务所提供的使用价值就是一次具体的服务质量。从质量呈现的时间上看,每一次都很短暂。这与物化了的客房、菜肴质量有很大不同,那些物质形式的服务质量呈现的时间相对要长一些。前厅部从迎宾员开门,总台办理入住登记,礼宾部接送行李,到客人结账离店,每一次服务都是直接的、短暂的。服务过程中基本没有物质产品参与,只能留给客人一种印象和感受,这种印象与感受恰恰是客人评价前厅部质量的决定因素。它往往是一锤定音,事后很难弥补,因为事后的改进又是一次具体的服务。

3)多方面影响质量的复杂因素

前厅部是酒店中提供服务类型最多,工种最全的部门。各工种之间的互代相通性很小,而所提供的服务又由设备设施、环境、服务人员等多方面构成,其中每一个方面又有许多具体因素,同时服务质量的评价还在相当程度上取决于客人的素质水平。有着不同文化程度、经历和背景的客人,对同样的服务会有不同的感受和评价。对于这一点,必须从客人心理出发,提供针对性服务,在工作中能满足客人需要的服务即是好的服务。在影响前厅服务质量的诸多因素中,有许多不是完全由服务人员所控制的,因此必须在抓质量管理的同时注意抓好设施设备、环境、用品等有形服务,这样才能使质量在各方面都得到提高。

2. 前厅服务质量的标准及要求

前厅部服务质量的标准及要求通常包括各项服务程序、服务时限、服务设施设备及员工的服务态度等。

(1)服务程序。服务程序规范了服务人员的服务行为,确保了客人无论何时入住酒店都能享受到同等的服务和接待。各个酒店应根据客观实际情况不断调整服务程序,弥补原有程序中存在的缺陷和不足。这些经过长期实践检验的服务程序有助于避免服务过程中可能出现的意外和漏洞，保护酒店的根本利益不受损失。几乎所有酒店前厅接待程序中都要求接待员必须请客人预先交纳一定的预订金并当面签"住房卡"，这一程序要求就是为了避免出现客人"跑账"的可能性，保证酒店和员工个人的利益不受损害。

（2）服务时限。在酒店前厅服务，尤其是商务酒店的前厅服务过程中，往往期望得到方便、准确、快捷的高效率服务。服务时间的长短就成了衡量服务效率和质量的重要标准。为了保证前厅部各项服务的质量，各岗位都会制定一定的服务时间限制，以确保员工在规定时间内准确地完成对客服务。这一时限的确定既要考虑员工的业务能力，也要考虑客人的期望和同行的情况。需要注意的是，管理者不能脱离员工实际业务能力而片面追求服务时限，应在保证服务成功率的前提下，尽可能地加快速度，提高效率。以大中型城市商务酒店为例，总机房转接客人电话时限为 1 分钟，对客房预订和前厅接待的服务时限通常是 3~5 分钟，所有这些时间限制都是为了提高前厅部员工的工作能力、服务效率和服务热情，提高客人对服务质量的感知，从而对酒店前厅部的服务质量给予较高的评价。

（3）服务设施设备。服务设施与设备是保证酒店前厅部向客人成功、高效地提供全面服务的基础，包括前厅部各岗位的服务项目、服务时间、机器设备、办公用品、宣传销售资料等具体可见的条件。服务设施决定了酒店前厅部的主要服务内容，而设备用品决定了服务能否按照程序要求准确无误地得以完成。假如前厅部根本没有复印机、打印机等商务设施，就无法向客人提供相应的商务服务；没有高质量的商务设备，就不能保证服务的效果和成功率。同样是商务中心，五星级酒店和三星级酒店的服务项目内容就有很大的不同，造成这种不同的原因主要就是设施设备的差别。如果酒店使用的计算机管理系统较陈旧，处理数据速度缓慢，同时又缺少必要的服务用品，员工就无法在规定时限内完成对客服务，客人也就不可能对服务质量有好的评价。因此，服务质量标准当中必须明确在规定时限内完成规定服务程序所应具备的设施设备条件，以保障对客服务高效、成功地完成。

（4）服务态度。同制造业的有形产品不同，服务业产品多是无形的服务，产品质量更大程度上取决于客人的主观感受，而不仅仅是可见的数字、外观、性能，因此服务人员对待客人的态度和感情，对客人的感知有很大影响。影响客人对服务态度感知的有员工的形体、表情、语言、精神状态等，这些都应在服务质量标准中加以规范。

示例链接 11-1

碧桂园凤凰酒店不断升级前厅服务

作为国内高端酒店的佼佼者，一直以来碧桂园酒店集团前厅服务在保持传统高星酒店细致周到水准的同时，积极捕捉市场变化及消费者需求，不断升级服务质量，以打造"温度"与"速度"兼具的全新前厅服务体系，满足互联网时代旅客对个性化服务及高效率的需求。

所谓"温度"，即要为旅客打造旅途中如家般舒适、充满爱与暖意的居所。以"热情微笑，尽善尽美"作为服务理念的碧桂园酒店集团，持续在全酒店体系大力推广"微笑服务"，通过一系列强化培训、"微笑大使"评选、"微笑吧"宾客互动活动等，不断提升员工微笑服务意识，真正实现"三米即有微笑"的服务理念，让客人从踏入酒店便可感受如沐春风的温馨氛围。

在此理念下，碧桂园酒店集团旗下酒店于 2016 年共同推出"欢迎饮料"服务，将这个大多只存在于国际度假型酒店的 VIP 礼遇作为前厅标准服务，无差别提供给所有莅临酒店的宾客，让舟车劳顿到达酒店的客人感受如家中细品暖茶的温暖。不少酒店更会根据季节及地域特色提供不同饮品，带领宾客体味不同地区不一样的好客之道。

而所谓"速度",即不断优化前厅及相关服务场景,通过流程整合、系统搭建及第三方合作,大大提升前厅服务效率,从而有效节省住客办理手续及服务获取时间,以速度提升服务品质。

从 2015 年开始,碧桂园酒店集团积极与各大 OTA 或支付平台合作,为消费者提供更多快捷入住及支付选择。2016 年 3 月,碧桂园酒店集团天猫旗舰店正式上线基于飞猪平台、涵盖旗下 50 余家酒店的"信用住"产品,消费者通过飞猪平台预订酒店,可享受免查房、免排队、免押金且"说走就走、离店再付费"的全新便捷入住体验。

除加速入住流程外,碧桂园酒店集团同时引入快速退房模式——持信用卡支付的客人,可将入住时签订的快速退房授权书连同房卡放进酒店大堂特设的快速退房箱便可离店,无需到总台排队办理退房。此人性化举措完全省却了该类客人的退房环节,也大大缩短了其他客人的轮候时间,可谓一举多得。

另外,碧桂园酒店集团将原本需前厅总机转线的众多服务热线合而为一,推出"为您服务"一键服务,住客只要打一次电话,无论是查询、换房、送餐服务、物品需求及房间问题咨询等,都可以快速得到解决,避免了过去客人寻求服务需多次转线、与不同的酒店服务员沟通的情况,极大地降低了住客获取帮助的时间成本,真正实现一站式贴心服务。

11.2.3 客房服务质量管理

1. 客房服务质量管理的特点

客房部服务与前厅部、餐饮部等服务既有相同之处,又有不同之处。对它的特点进行研究有利于服务的针对性。客房服务质量管理的特点主要包括以下几点。

(1)体现出"家"的气氛。既然酒店的宗旨是为客人提供"家外之家",因此是否能够体现出"家"的温馨、舒适、安全、方便等就成为客房部对客服务成败的关键因素之一。在对客服务中客房服务人员扮演着"管家""侍者"的身份,因此要特别留意客人的生活习惯等。对客服务要尽量在客人开口之前,给客人留下良好的印象。

(2)服务的表现形式具有"明暗兼有"的特点。前厅部和餐饮部等部门的对客服务表现为频繁地接触客人,提供面对面的服务。而客房部有别于这些部门,服务是通过有形的客房产品表现出来的。例如,客人进入客房后,是通过床铺的整洁、地面的洁净、服务指南的方便程度等感受到客房服务人员的服务的。客房部对客服务的这一特点使客房部员工成为酒店的"幕后英雄"。但这并不表示客房部没有面对面的对客服务。其面对面的对客服务包括送、取客衣,清扫客房,递送客用品等。因此,服务人员在对客服务时也要讲究礼节礼貌。综上所述,客房部的对客服务形式"明暗兼有",这一特点对客房服务人员的素质提出了很高的要求。

2. 客房服务质量的标准及要求

高水平的服务是酒店生存和发展之本,只有不断地提高服务质量,才能赢得更多的客人及其更高水平的消费。客房服务质量的标准及要求如下。

(1)微笑服务。微笑服务是客房部员工为客人提供服务时所要求的基本礼貌,是优质服务的最直接、具体的体现。它不仅是客房部服务员代表酒店所做出的友好表示,而且是满足客人的基本情感需要,能给客人带来宾至如归的亲切感与安全感。

(2)礼貌待客。礼貌、礼节是客房部服务质量的重要组成部分,因而也是对客房部服务人员的基本要求。具体来说,客房部服务员在语言上要文明、艺术,注意语气音调;在举止上要彬彬有礼,讲究正确的姿态。

(3)讲究效率。在客房部的对客服务中,往往会因为缺乏效率而引起客人的不满甚至投诉，所以，提供快速、准确的服务是非常必要的，一些著名的国际酒店集团对客房的各项服务往往都有明确的时间限制。例如，著名的希尔顿酒店就要求客房部服务员在25分钟内将一间客房整理成符合卫生标准的房间。

（4）真诚待客。真诚服务，也就是强调要实行对客人的感情投资，不是单纯地完成任务，而是要发自内心，真正地为客人着想，关心客人，热情、主动、耐心、细致，使客人感到温暖。如果做到了这一点，就抓住了最佳服务的实质。

 知识链接 11-3

挖掘客房服务潜力的妙招

客房是宾客的家外之家，也是酒店利润的重要来源。打造温馨舒适的客房既是宾客的需求，也是酒店追求的目标。酒店在做好日常服务的同时，可根据住客类型的不同，深挖服务潜力，打造更有魅力的酒店客房服务。

1. 设计服务提示卡

客房对客服务大部分时间是背靠背的幕后工作。员工对宾客需求的判断来源是客房内宾客休息后遗留下来的信息，这需要员工主动地凭借经验去推断和揣摩。但由于员工经验丰富程度不同，宾客的习惯不同，服务员提供的服务可能引起宾客的误会。因此，员工与宾客之间的沟通十分必要，而服务提示卡就是一种便捷有效的方式。在对客服务中，常见的服务提示卡主要有以下几种：宾客联系卡、客用品索引图、请勿打扰房沟通卡、清洗茶杯提示卡、夜床开启提示卡、客衣送回提示卡、客房维修单。

2. 学会解读宾客需求

宾客的需求分为说出口的需求和未说出口的需求。对于宾客说出口的需求，如果是酒店分内的事情，酒店应按程序办理，超出酒店服务范围的酒店也应尽力去做，完成了宾客会满意，做不了，宾客也会谅解。考验一家酒店服务水平的高低，要看满足宾客未说出口的需求的程度。做好此类服务，离不开员工良好的服务意识和敏锐的观察能力，更需要酒店管理制度方面的保障。能根据宾客消费习惯，提供针对性服务；捕捉信息，创造惊喜服务。

3. 对不同客人提供不同服务

针对初次入住的宾客，客房部要做好信息的收集，利用和宾客的接触，比如行李服务、用餐、公共区域等各环节，捕捉宾客服务需求，并将相关信息传递到责任部门，积极提供各种细微服务，进一步加深和提高客人对酒店的良好印象。

做好回头客的服务工作，既简单又有挑战性。做好回头客服务首先要建立回头客档案。详细的档案可使每一位新老服务人员都能有章可循，使所提供的服务始终如一。此外，还应根据实际情况灵活变化，给宾客新鲜感甚至惊喜，避免重复无新意的服务，让客人感觉呆板。把握时机，为回头客提供方便。比如在酒店房间紧张时也应满足其住房需求；能为回头客提供快速入住和快速退房服务；在客人外出用餐时，及时进房整理，送上客人喜欢看的报纸、期刊等。

儿童客人虽然在酒店中的比例不高，但服务好、关注好儿童宾客，对提升宾客满意度和回避风险会产生积极作用。安全、卫生、舒适是让他们满意的重要标准。根据年龄可以将儿童宾客分为婴儿、幼儿和儿童，酒店服务的重点也有所不同。

女宾客由于性别原因与男宾客在消费习惯上存在一定差异，因此在服务上应该差别对待。比如女士入住客房，要撤出剃须刀等非女士用品，适当添加化妆棉、擦手纸、毛巾等物品；根据头发的长短，决定是否添加梳子、扎头绳；根据宾客衣服的多少，适当增加衣架数量；卫生间云台上准备一个小盘子放置客人的化妆品；明显位置可放置温馨天气提示，提供穿衣指数。发现女性生理周期时，可配备红糖、大枣、暖水袋等。

总之，酒店客房服务永无止境，酒店管理者要与宾客的需求赛跑，想宾客之所想，急宾客之所急，做到宾客开口之前，这样打造温馨客房的目标才能实现。

11.2.4 前厅客房服务质量管理的方法

只有采取有效的服务质量管理方法，才能真正提高酒店服务质量，为客人提供令其满意的服务，使酒店取得良好的经济效益。在酒店中通常采用的服务质量管理方法主要有以下几种。

1. 全面质量管理

全面质量管理（total quality management，TQM），起源于20世纪60年代的美国。首先在工业中应用，后又推广到服务性行业，取得了良好的效果。全面质量管理是为了能够在最经济的水平上并考虑到充分满足客人要求的条件下进行市场研究、设计、制造和售后服务，把酒店内各部门的研制质量、维持质量和提高质量的活动构成一体的一种有效的体系。

酒店全面质量管理是指酒店为保证和提高服务质量，组织酒店全体员工共同参与，综合运用现代管理科学，控制影响服务质量的全过程和各因素，全面满足宾客需求的系统管理活动。它要求以系统观念为出发点，通过提供全过程优质服务，达到提高酒店服务质量的目的。

全面质量管理的精髓体现在以下3个方面。

（1）以客人为导向。任何组织只有依存于他们的客人，管理必须始于识别客人的需求，满足并超越他们的需求，才能获得继续发展下去的动力和源泉。与过去相比，现在的顾客有更明确的质量期望值，正确理解客人需要和识别潜在的客人需要成为搞好质量管理的关键。

（2）全员参与。一个酒店的运作相当于一部机器的运转，任何一个零件出现质量问题，都会影响产品整体的质量输出。组织内全体员工，从总经理层到员工层，都必须参与到质量管理的活动中，其中，最重要的是酒店的决策层必须对质量管理给予足够的重视。

（3）持续改进。持续改进是全面质量管理的核心思想和目标。客人需求不断变化，酒店必须持续改进才能持续获得客人的支持，才能获得不断的利润进而持续发展。全面质量管理不只是一种管理方法，更是一种主动寻求不断和系统融合的改进理念。

2. 二图一表法

酒店在对服务质量进行分析与控制时，常采用排列图、因果分析图和对策表法，简称"二图一表法"。二图一表法简单易行，配套使用，是酒店中应用较广的质量管理手段之一。

1）排列图

排列图又称主次因素图、帕累托图，即利用帕累托曲线来发现和解决质量问题。帕累托曲线是意大利经济学家在研究社会财富分配时采用的图表，后经美国质量管理学家米兰（Millan）将其运用于质量管理，是找出影响服务质量主要因素的一种有效方法。用排列图分析酒店服务质量问题的程序共分4个步骤。

（1）确定关于酒店服务质量问题的信息收集方式。具体方式有质量调查表、客人投诉表、宾客意见表、各部门的检查记录等。

（2）对收集到的有关质量问题的信息进行统计、排列，制作统计表（表11-2），在表上计算出比率和累计比率。对酒店服务质量问题的分类一般有菜肴质量、服务态度、外语水平、娱乐设施等。对一些出现次数较少的质量问题可以归为一类。

表11-2　服务质量问题统计

质量问题	问题数量/个	比率/（%）	累积比率/（%）
菜肴质量	256	66.5	66.5
服务态度	65	16.9	83.4
外语水平	32	8.3	91.7
娱乐设施	22	5.7	97.4
其他	10	2.6	100
合计	385	100	100

（3）根据统计表绘制排列图。帕累托图是一个直角坐标图。左侧纵坐标表示问题数量；右侧纵坐标表示累计比率，横坐标表示影响质量的各种因素。按频数的高低，从左到右依次画出长柱排列图，然后将因素频率逐项相加并用曲线表示，如图11.1所示。

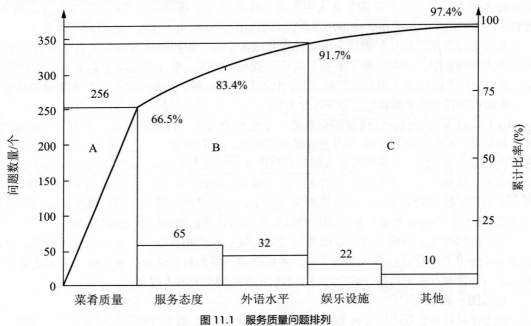

图11.1　服务质量问题排列

（4）进行分析，找出主要质量问题。排列图上累计比率在0～70%的因素为A类因素，即主要因素；在70%～90%的因素为B类因素，即次要因素；在90%～100%的因素为C类因素，即一般因素。找出主要因素就可以抓住主要矛盾。从图11.1中可知A类因素是菜肴质量问题，这个主要矛盾一经解决，即可解决问题的66.5%。在运用排列图进行质量分析时应注意：主要因素一般为一项或两项，至多不超过三项，否则失去突出重点的意义。对不重要的问题可设立"其他"栏。

2）因果分析图

因果分析图又称鱼刺图、树枝图，是分析质量问题产生原因的一种有效工具。在酒店经营过程中，影响酒店服务质量的因素是错综复杂的，并且是多方面的。因果分析图对影响质量的各种因素之间关系进行整理分析，并把原因与结果之间的关系用带箭线表示出来，如图11.2所示。做出因果分析图寻找质量问题产生原因的程序共分3个步骤。

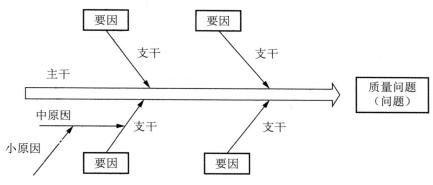

图 11.2 因果分析示意图

（1）确定要分析的质量问题，即通过排列图找出 A 类问题。

（2）发动酒店管理者和员工共同分析，寻找 A 类问题产生的原因。要注意集思广益，充分听取各方面人员的意见。探讨质量问题产生的原因时，要从大到小，从粗到细，寻根究源，直到能采取具体措施为止。

（3）将找出的原因进行整理，按结果与原因之间的关系反映到图上。影响服务质量问题的大小原因通常可以从人、方法、设备、原料、环境等角度加以考虑。

3）对策表。对策表即措施计划表。当排列图找出主要因素又经因果分析图找出主要原因后，就要针对主要因素制定对策，即制定改进措施和计划。将这些措施和计划汇集成表，就是对策表，见表 11-3。它是改进服务质量的一种有效控制方法。

表11-3 提高菜肴质量对策表

序号	问题	现状	对策	负责人	进度（日期）					
					5	10	15	20	25	30
1	原料不符规格	菜肴外形不美观	（1）制定采购规格标准 （2）严格原料入库手续	李××						
2	无标准菜谱	菜肴份额不均	（1）制定"标准菜谱" （2）增设厨房配菜员	王××						
3	技术水平低	菜肴花色单调	（1）参加厨师等级培训考核 （2）聘请特级厨师现场指导	张××						

3. PDCA 循环法

PDCA 循环的概念最早是由美国质量管理专家戴明（Deming）提出的，所以又称"戴明环"。PDCA 即计划（plan）、实施（do）、检查（check）、处理（action）的英文简称。PDCA 管理循环是指按计划、实施、检查、处理这 4 个阶段进行管理工作，并循环进行下去的一种科学管理方法。

PDCA 循环法目的是明确工作思路，决定工作程序，确保工作形成闭环。PDCA 循环实际上是有效进行任何一项工作的合乎逻辑的工作程序。在质量管理中，PDCA 循环法得到了广泛的应用，并取得了很好的效果，因此有人称 PDCA 循环法是质量管理的基本方法。之所以将其称为 PDCA 循环法，是因为这 4 个过程不是运行一次就完结，而是要周而复始地进行。一个循环完了，解决了一部分的问题，可能还有其他问题尚未解决，或者又出现了新的问题，再进行下一次循环，因此，PDCA 循环法的核心在于通过持续不断的改进，使酒店的各项事务在有效控制的状态下向预定目标发展。PDCA 管理循环的工作程序分 4 个阶段。

（1）计划阶段。PDCA 管理循环的计划阶段内容包括：运用排列图找出所存在的问题；运用因果分析图分析产生问题的原因，并找出影响问题的主要原因；针对这些主要原因制定相应的对策措施和方法。

（2）实施阶段。按制定的对策措施和方法的要求予以实施。

（3）检查阶段。再次运用排列图对酒店服务质量情况进行分析，检查对策措施的实施结果是否达到预期目标，是否还存在质量差异，是正偏差还是负偏差。

（4）处理阶段。根据检查结果，采取必要的措施巩固已经取得的成果，对未达到的预期目标进行进一步的改进，并自动转入下一循环的第一步，并开始新一轮的 PDCA 管理循环。

PDCA 管理循环的 4 个阶段缺一不可。只计划而没有实施，计划就是一纸空文；有计划，也有实施，但没有检查，就无法得知实施的结果与计划是否存在差距和有多大差距；若计划、实施、检查俱全，但没有处理，则不但已取得的成果不能得到巩固，失败的教训不能吸取，而且发生的问题还会再次重复，如此，服务质量就难以提高。因此，只有 PDCA 这 4 个阶段都完成且不断地循环下去，才会使酒店服务质量问题越来越少，使酒店服务质量不断提高且最终趋向于零缺点（zero defects，ZD）。

4. 零缺点管理法

零缺点管理是美国人克罗斯比（Crosby）于 20 世纪 60 年代提出的一种管理观念。当代的马丁·马里塔公司（Martin Marietta Materials Inc.）为保证制造导弹的军事质量可靠，提出了"无缺点计划"。20 世纪 70 年代日本将其应用到电子、机械、银行等行业。这种方法主要用于控制产量和服务质量。在酒店采用这种管理方法，可以促使酒店服务管理达到最佳。其主要做法如下。

（1）建立服务质量检查制度。酒店服务质量的短暂显现性特点，决定了酒店服务质量管理必须坚持"预防为主"的原则，通过全面检查的方式，确保各岗位员工在进行正式服务前就已经做好了充分的准备，防患于未然。鉴于此，许多酒店建立了自查、互查、专查、抽查和暗查五级检查制度，督促员工执行标准质量，预防质量问题的出现。

（2）每个人第一次就把事情做对。每个人第一次就把事情做对是因为酒店服务具有不可弥补的缺点，所以，每位员工都应把每项服务做到符合质量标准，这是改善酒店服务质量的基础。这就要求酒店管理者在制定服务质量管理标准时要做到零缺点，百分之百的科学合理，而不能只是"优良"或"良好"；员工执行标准时也要做到"零缺点"，而不能"差不多"。

（3）开展零缺点工作日竞赛。一般来说，造成酒店服务质量问题的因素有两类，即缺乏知识和认真的服务态度。缺乏知识可通过培训等得到充实，但漫不经心的态度只有通过个人觉悟才有可能改进。因此，酒店可开展零缺点工作日竞赛，使员工养成第一次就把事情做对的工作习惯。这种竞赛可以推行零缺点工作周、工作月乃至工作年，以逐渐使每一位员工的服务达到完美无缺的程度，最终提高整个酒店的服务质量。

11.2.5 前厅客房服务质量管理的控制

酒店服务质量管理的目的都是为了有效控制酒店服务质量。前厅部和客房部的服务质量是酒店的中心工作，在酒店各项工作中占有十分重要的地位。前厅部与客房部服务质量的控制主要是以下 3 个方面的内容。

1. 事前服务质量控制

随着全面质量管理和零缺点管理的推广，事前服务质量控制日益受到酒店管理者的重视。做好事前的准备工作，是保证服务质量的前提条件。服务员必须做好充分的精神准备和物质准备，为客人在住店期间提供服务工作打下良好的基础。

（1）精神准备。精神准备要求每位服务人员必须精神饱满，集中精力，着装整洁，规范上岗。要做到这些，必须对前厅部和客房部的服务员进行职前培训、岗位培训，重要接待任务前的思想动员等，使服务员尽可能详细地了解客人的风俗习惯、宗教信仰、生活特点等有关情况，做到心中有数，以便为客人提供有针对性的个性化服务。

（2）物质准备。物质准备要求当前必须做好包括设施设备的安全程度、舒适程度及配备的合理程度等方面的工作，以保证宾客进入酒店就能得到很满意的服务。客人抵店前，前厅部需要事前核对客人是否有预订及提前考虑如何分房等；客房部则必须根据掌握的客情信息，按接待规格和标准备好房间，如要检查房间的设备是否齐全完好，房间是否整洁，布置是否美观、舒适，用品配备如何等。为了确保房间符合酒店规定的质量标准，客房部必须对出租房严格执行查房制度。

2. 服务过程质量控制

服务过程中的每一次对客服务，由于时间、环境、对象、心理、标准等多方面因素的影响，其服务的质量和结果也不尽相同。要使每一次对客服务都做得比较圆满，服务人员应积极主动地从每一次服务的常规模式中创造出新的、更好的服务，以满足客人不同的消费需求，使每一次服务都能达到既定的服务质量目标。这就要求服务人员在服务过程中必须严格执行服务质量规范、标准，如礼貌待客标准、语言动作规范、职业道德规范、服务效率标准、各岗位服务员职责和服务规程等，为宾客提供优质服务。同时，管理人员必须以服务质量标准为依据，加强服务质量的监督和检查，发现问题，及时纠正。前厅客房对客服务过程质量控制，应着重做好以下两个方面的工作。

（1）加强现场控制。酒店服务质量的偏差往往是一瞬间发生的，有些偏差需要立即纠正，因此要加强现场控制。各级管理人员要尽可能深入第一线去发现服务质量中的问题，及时处理。例如，遇到客人投诉要尽可能及时解决，在客人离店前尽量消除不良影响，维护酒店声誉。

（2）实行层级控制。实行层级控制，即通过各级管理人员一层管一层地进行。它主要是控制重点程序中的重点环节，如总台预订、接待质量、客房卫生质量等。

3. 服务结束过程的质量控制

服务结束过程控制主要指的是质量信息反馈处理工作，前厅部与客房部应充分利用质量信息反馈系统，及时收集服务过程中的各种质量信息，对照酒店服务质量标准，找出质量差异及其产生的原因，提出有效的改进措施，避免过错的再次出现。对客服务质量信息来源有以下几个渠道。

（1）客人信息渠道。客人的投诉、抱怨、批评、表扬、建议等，都是改善服务质量的重要信息。这些来自客人的声音最能够反映客人的需求，暴露对客服务的弱点。为此，对客服务质量管理，应确保信息畅通，方便客人投诉，鼓励客人投诉，主动征求客人的意见，恳请客人对对客服务提建议。高度重视客人意见表，确保客人意见及时传达。

（2）员工信息渠道。来自一线的员工最了解客人的需求和意见，同时，他们又是服务质量标准的实践者，最清楚服务质量标准的合理性和实践意义。因此，管理者应经常征求他们的意见，认真听取他们的反映和建议，鼓励他们为改善酒店服务质量献计献策。

（3）其他渠道。酒店对完成各种服务质量指标的考核、内部的检查评比、评价等，也是对客服务质量重要的信息来源。

11.3 宾客关系管理与宾客投诉处理

11.3.1 宾客关系管理概述

1. 宾客关系管理的概念及意义

1）宾客关系管理

宾客关系管理是一个不断加强与宾客交流，不断了解宾客需求，并不断对产品及服务进行改进和提高以满足宾客的需求的连续的过程。其内涵是指通过管理宾客信息资源，提供宾客满意的产品和服务，与宾客建立长期、稳定、相互信任、互惠互利的密切关系的动态过程和经营策略。

2）大堂副理和宾客关系主任

在酒店，通常通过设立大堂副理和宾客关系主任等岗位来建立、发展和改善与来店客人及住店客人的关系，努力使每一位不满意的客人转变为满意的客人，使客人对酒店留下良好的印象。

（1）大堂副理。大堂副理代表酒店总经理接待每一位在酒店遇到困难而需要帮助的客人，并在自己的职权范围内予以解决，包括回答客人问询，解决客人的疑难，处理客人投诉，宾客生命安全及财产赔偿等。因此，大堂副理是酒店的中层管理人员，是沟通酒店和客人之间的桥梁，是客人的益友，是酒店建立良好宾客关系的重要环节。大堂副理应站在酒店利益的立场上机智、果断、敏捷地处理各项问题，每天设立24小时当值。在夜间，除值班经理外，大堂副理是酒店的最高权力机构的指挥者。大堂副理还需协助前厅部经理直接管辖前厅各部的业务操作，一般是分三班进行工作。

（2）宾客关系主任。宾客关系主任是一些大型豪华酒店设立的专门用来建立和维护宾客关系的岗位。宾客关系主任直接向前厅部经理、大堂副理或值班经理负责。他要与客人建立良好的关系，协助大堂副理欢迎贵宾及安排团体临时性的特别要求，协助大堂副理处理客人投诉，利用酒店管理系统建立客人档案并做好相应工作。在大堂副理缺席的情况下，行使大堂副理的职权。

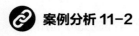
案例分析 11-2

小轮带来的麻烦

一位住店客人准备离店，行李员到该客人房间取走三件行李，用行李车推到前厅行李间后绑上行李牌，等待客人前来点收。当客人结完账，行李员准备请客人清点行李，帮其把行李箱搬上汽车时，那位客人忽然发现了什么，于是很不高兴地指着一只箱子说："这只箱子上面的小轮磕掉了，你们酒店要负责。"行李员听罢感到很委屈，于是辩解道："我到客房取行李时，您为什么不讲清楚，这只箱子明明原来就是坏的，我在运送时根本没有碰撞过。"客人一听就恼火起来："明明是你弄坏的，自己不承认反而责怪我，我要向你的上级投诉。"这时大堂副理听到有客人在发脾气，马上走过来向客人打招呼，接着耐心听取客人的指责，同时仔细观察箱子的受损痕迹，然后对客人说："我代表酒店向您表示歉意，这件事自然应该由本店负责，请您提出赔偿的具体要求。"客人听了这话，正在思索讲些什么时，大堂副理接着说："非常感谢您让我们及时发现了服务工作中的差错。"客人此时感到为了一只小轮没有必要小题大做,于是保持沉默,这时大堂副理便和行李员一起送客人上车,彼此握别,妥善了结了一起行李箱受损事件。

分析： 大堂副理的做法是比较明智的。他果断地在没有搞清楚箱子究竟为何受损的真相之前,主动向客人表示承担责任,这是由于：第一,行李员到客房内取行李时未查看行李是否完好无损；第二,行李员已经和客人争辩,为了避免矛盾激化,这样做有助于缓和气氛；第三,大堂副理懂得,如果你把"对"让给客人,把"错"留给自己,在一般情况下,客人并不会因此得寸进尺。相反如果这位大堂副理也头脑发热,一定要和客人争个是非曲直,那后果是不言而喻的。客人越是"对",酒店的服务也就越能使客人满意。从这个意义上理解,客人和酒店都"对"了。

知识链接 11-4
大堂副理与宾客关系主任的素质要求

大堂副理的素质要求：①以身作则,敬业乐业,作风正派。②掌握与客人沟通的语言能力,掌握至少一门外语。③有较强的酒店意识、整体管理意识、公关意识、整体销售意识和培训意识。④了解各部门的运作程序。⑤掌握所在城市的历史、游乐场所地点、购物及饮食场所。⑥了解主要客源国家的风土人情。⑦有一定的法律知识。⑧有较强的自我控制能力,处变不惊,不卑不亢。⑨有较强的判断、分析、处理问题的能力；思维敏捷,意思表达准确,处理问题正确。⑩有敏锐的观察力,对问题的发展有预见性。⑪社会经验丰富,有较强的口头及笔头表达能力。⑫具备五年以上的酒店管理经验,其中含三年以上前厅部工作经验。

宾客关系主任的素质要求。①良好的外部形象,风度优雅。②个性开朗,乐于且善于与人打交道,社会经验丰富,有高超的人际沟通技巧。③掌握与客人沟通的语言能力,能用一门以外语与客人沟通（其中一门是英语）。④有较强的酒店意识、整体管理意识、公关意识和服务意识。⑤见识广,知识面宽。⑥有较强的分析、判断能力,敏锐的观察力。⑦具有高度的工作和服务热忱,作风正派,彬彬有礼,不卑不亢。⑧具备五年的酒店管理经验,其中含三年以上宾客关系工作经验。

2. 宾客关系管理的意义

酒店宾客关系管理对于酒店管理可持续经营有着重要价值与意义,主要表现在以下几个方面。

（1）通过建立与宾客的紧密关系,提高宾客的忠诚度。酒店每天要接待来自四方八面的宾客,发现并留住具有消费能力的回头客,就能为酒店创造稳定的收入来源。通过宾客资料的不断积累,酒店对宾客越来越熟悉,并能够预知宾客的期望。作为一线员工,通过系统提供的资料,可以使宾客有厚待之感,进而提高宾客的忠诚度。如果一个酒店拥有相当数量的忠诚的宾客管理群组,也会使酒店管理层与员工形成长期和谐的关系。在为那些满意和忠诚的宾客提供服务的过程中,员工将体会到自身价值的实现,而员工满意度的提高又会导致酒店服务质量的提高,使宾客满意度进一步提升,形成良性循环。

（2）有效的宾客关系管理会赢得口碑宣传。对于酒店管理提供的某些较复杂的产品或服务,新宾客在做决策时会感觉有较大的风险,这时他们往往会咨询酒店的现有宾客。而具有较高满意度和忠诚度的老宾客的建议往往具有决定作用,他们的有力推荐往往比各种形式的广告更奏效。这样,酒店既节省了吸引新宾客的销售成本,又增加了销售收入。

（3）使用宾客关系管理方式可以降低整个酒店的营销费用。酒店吸引新宾客需要大量的费用,如各种广告投入、促销费用及了解宾客的时间成本等,但维持与现有宾客长期关系的成本却会逐年递减。因为随着双方关系的进展,宾客对酒店的产品或服务越来越熟悉,酒店也十分清楚宾客的特殊需求，所以关系维护费用就变得十分有限了。良好的宾客关系管理可以使酒店获得强大的竞争优势，在同样的销售成本下可以保持较高的市场占有率，酒店的交易成本逐渐降低，获得成本上的领先优势。

（4）宾客关系管理能为酒店带来价值。忠诚的宾客比普通散客愿意更多地购买酒店的产品和服务，忠诚宾客的消费支出是普通散客随意消费支出的2~4倍，而且随着忠诚宾客年龄的增长、经济收入的提高或宾客单位本身业务的增长，其需求量也将进一步增长，这样将为酒店带来可观的价值。

11.3.2 良好宾客关系的建立

1. 正确认识客人

客人是酒店服务的对象，是追求享受的群体。服务人员是服务的提供者，客人是服务的接受者，是服务的对象，在这种社会角色关系中，服务人员必须而且只能为客人提供服务，客人理应得到优质服务。在正确认识客人方面，酒店应该做到以下几点。

（1）酒店应该充分尊重客人，理解、尊重和满足客人的需求。

（2）酒店应该现实地对待客人的弱点，不能苛求客人的完美，而要对客人抱有一种宽容、谅解的态度。

（3）酒店服务员在服务的过程中，不能对客人的行为、嗜好、生理特征等方面评头论足。

（4）服务员在客人面前不能通过客人争强好胜，与客人比高低、争输赢。

（5）在客人抱怨时，无论责任在不在酒店或者服务员本人，酒店服务员都不应该同客人理论。

（6）尽管有一些客人可能思想境界低、虚荣心强、举止不文雅，但酒店服务员不应该对客人进行"教育"和"改造"，为客人服务是酒店服务员的本职工作。

总之，我们遵守"宾客至上"的原则，但要认识到"宾客至上"对于酒店来说，只是盈利保证，是目的，而非手段。

2. 掌握客人对酒店产品的需求心理

（1）求干净的心理。客人对自己所租用的房间的卫生状况是极为关心的，因为酒店的客房为成千上万的人所使用，在此当中各种人都有，可能有客人患有传染病。因此客人希望酒店客房的用具是清洁卫生的，特别是容易传染疾病的用具，如茶杯、马桶等，他们都希望能严格消毒，保证干净。为满足客人求干净的心理，要切实搞好客房的清洁卫生，严格按服务规程操作，对直接与客人接触的水杯、洗脸盆、抽水马桶等，要严格消毒。

（2）求舒适的心理。客人因各种原因远离家乡，来到一个陌生的地方，环境、气候、生活习惯的改变令他们有生疏感和不适感，他们希望酒店的客房能让他们感到舒适、惬意，从而产生"家外之家"的轻松感。为满足客人求舒适的心理，要为他们创造一个舒适、安静的休息环境，服务时做到"三轻"（走路轻、说话轻、动作轻），经常检查房间设备的运转情况，保证客人休息时有舒适的床铺、被褥，有温度适宜、空气流通的安静环境。

（3）求方便的心理。客人在酒店客房住下后，希望生活上十分方便，要求酒店设备齐全，服务项目完善，需要洗衣，只要填一张洗衣单并将衣物放进洗衣袋或向总台打一个电话就行。需要送餐打个电话就能送到房间，一切都像在家中一样方便。为满足客人求方便的心理，服务员工作要主动、周到，在可能的情况下，尽量地、热情地满足客人提出的要求，还要按规定配齐房间的生活日用品、文具用品等，使他们感到在酒店一切都很方便、顺心。

（4）求安全的心理。客人希望能保障他的财产及人身的安全，不希望自己的钱财丢失、被盗；不希望自己在酒店的一些秘密被泄露出去；不希望发生火灾等意外事故。客人还希望在自己患病或出现危险情况时，服务员能及时采取措施，保障自己的人身安全。为满足客人求安全的心理，服务员应有较强的安全意识，防止不法分子进入客房偷窃客人的物品，在收拾房间时不能乱动客人的贵重物品，除丢在垃圾筒里的东西外，不能随便扔掉客人的东西。对客人的情况，不随便泄露给外人。对生病的客人要与医疗室联系或送附近医院诊治。出现火灾等突发事件时，一定要先将客人转移到安全的地方。

（5）求尊重的心理。客人希望自己是受酒店和服务员欢迎的人，希望见到服务员热情的笑脸，希望自己被尊重即希望服务员能尊重自己的人格，尊重自己对房间的使用权，尊重自己的意愿，尊重自己的朋友、客人，尊重自己的生活习俗、信仰等。为满足客人求尊重的心理，服务员应做到以下几点：对客人要使用尊称，使用礼貌用语；要记住客人的名字，并随时使用姓氏去称呼他们；尊重客人对房间的使用权；尊重客人的生活习惯、习俗；尊重有生理缺陷的客人。

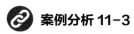

案例分析 11-3

"一晚"还是"两晚"

大连某酒店，一位住客夜晚 11:00 回来，却怎么也打不开门，便到总台询问。当班的正好是昨天帮他办理入住手续的服务员小许。小许告诉他，因为他昨天办理入住登记时说的是住一晚，因此，过了今天中午 12:00，钥匙卡就会失效，所以打不开门。这位客人不满地说昨天自己明明说的是住两晚。小许也不示弱，强调自己昨天清楚地听到客人说住一晚。就因为是"一晚"还是"两晚"，小许便和这位客人争执起来。值班经理迅速到场，了解事情原委后，一方面制止小许别再多说，另一方面不断向这位客人道歉，并主动提出房费可给予 8 折优惠。在这位值班经理的安抚下，客人才趋于平静，准备拿钥匙卡回房休息。可没想到不再说话的服务员小许，明显不高兴地将重新做好的钥匙卡从后台推向客人。这一动作使得本已消气的客人又被激怒，任凭值班经理好话说尽，也不肯原谅，结果是结完账甩袖而去。

分析：服务员要注重同客人建立良好的宾客关系，客人不是比高低、争输赢的对象，针对客人的抱怨，无论责任在不在酒店，不能同客人"说理"。案例中，服务员小许明显没有掌握宾客关系管理的相关知识，不具备为客人提供优质服务的基本素质。无论客人事先说的是"一晚"还是"两晚"，第一时间为客人进行充磁即可。由此可见，酒店应该加强对服务员的服务态度、服务技能等培训，提高酒店对客服务质量。

3. 与客人进行有效的沟通

1）与客人用多种方式沟通

与客人沟通的方式有以下 6 种。①面谈。宾客关系主任每天要与有代表性的若干位客人交谈，具体了解他们对酒店服务的意见、感受及改进的建议，并以此写成若干份书面报告。次日呈交总经理、副总经理及客人提及的有关部门经理，使服务工作和宾客关系能得到及时改善。②电话沟通。给客人打电话也是一种极好的沟通方式。打电话是细小而富有人情味的行为，有助于巩固与客人之间的关系。③信函沟通。利用信函与客人沟通，会使客人有一种被尊重的感受。信件是更加正规和庄重的沟通方式。在日常工作中注重客人的每一封来信，对客人来信提出的问题迅速调查、了解并复信告知客人处理结果，对其关心酒店工作表示感谢。慎重地对每一封客人的信件予以回信，是与客人沟通、建立长期稳定关系的有效方式。④电子邮件沟通。电子邮件沟通是一种非常经济的沟通方式，沟通的时间一般不长，沟通成本低。这种沟通方式一般不受场地的限制，因此被广泛采用。这种方式一般在解决较简单的问题或发布信息时采用。⑤座谈会沟通。召集客人座谈会有助于和客人的情感沟通，同时又有利于征求客人意见。通过这种形式深入挖出隐藏的服务质量问题，从而采取有针对性的整改措施，提高服务质量。⑥其他沟通。例如，逢重大节假日或酒店周年店庆等，举办酒会或其他活动招待酒店重要客人，以密切与客人的关系；定期向长住客、常客赠送鲜花或其他礼品等。

2）注意与客人沟通的技巧

与客人沟通的技巧包括语言沟通、非语言沟通和倾听的技巧。

（1）语言沟通的技巧。语言是人们进行沟通的最主要的工具。运用良好的有声语言与客人保持良好的有效沟通，要求在说话时注意做到：言之有物，言之有情，言之有礼，言之有度。总之，恰如其分地传情达意才能有利于服务工作。在与客人沟通中出现障碍时，要善于首先否定自己，而不要去否定客人。

（2）非语言沟通的技巧。非语言沟通可以分为辅助语言、身体姿势、手势、面部表情等几类。①辅助语言。辅助语言包括语速、音调、音量和音质等。服务人员应该尽可能以每分钟100~150个字的速度跟客人说话。服务人员尽量不要提高讲话的声音。研究发现，声音有吸引力的人被视为更有权力、能力和更为诚实可靠。②身体姿势。站立时要挺胸收腹，要让客人感觉到你挺、直、高；就座时姿态要端正；行走应轻而稳，注意昂首挺胸收腹。③手势。服务人员的一切指示动作必须是手臂伸直，手指自然并拢，手掌向上，以肘关节为轴，指向目标；在给客人递东西时，应用双手恭敬地奉上。④面部表情语言。在与客人沟通时，良好的面部表情语言有助于与客人的交流。酒店服务人员应注意：要面带微笑，和颜悦色，给人以亲切感；要坦诚待客，不卑不亢，给人以真诚感；要沉着稳重，给人以镇定感；要神色坦然、轻松、自信，给人以宽慰感。

（3）倾听的技巧。倾听是一种非常重要的沟通技能。要创造一个良好的倾听环境，学会察言观色，并使用良好的身体语言，并且注意回应对方。如果我们能够很好地掌握服务语言与沟通技巧，在对客服务的过程中就会得心应手，就会把客人当朋友，视客人为家人，从而提升自己的服务质量。

3）提供优质服务

提供优质服务是酒店与客人沟通的根本所在。

酒店与客人几乎时时刻刻都在进行沟通，服务则是与客人沟通的基本载体。以优质服务赢得客人的满意，既是酒店生存发展的基础，又是使酒店价值得以体现的重要途径。要提高服务质量，向客人提供优质服务，必须经常地、全方位地加强与客人的沟通。这不仅能更好地为客人服务，而且可向客人了解许多信息，帮助酒店改进服务。客房预订单、住宿登记表、结账单等都可作为客源的信息来源，并以此对客人的需求特点进行系统描述。前厅部对一些重要客人，如常客、消费额很大的客人或者对酒店声誉影响大的客人，要建立客史档案，以此来发现这些客人需求的详细特点，以便能更好地为他们提供有针对性的服务。

11.3.3 宾客投诉的处理

1. 投诉的概念

由于酒店是一个复杂的整体运作系统，客人对服务的需求又是多种多样的，因此无论酒店经营得多么出色，设备设施多么先进完善，都不可能百分之百地让所有客人满意，客人的投诉是不可能完全避免的。酒店投诉管理的目的和宗旨在于减少客人的投诉，把因客人投诉而造成的危害降低到最低程度，最终使客人对投诉的处理感到满意。

投诉，从字面上理解可以视为对酒店行为的批评，就是客人对酒店提供的服务的设施设备、项目及结果表示不满而提出的批评意见。实质上，所谓投诉，是指宾客将他们主观上认为由于酒店服务工作上的差错而引起的麻烦和烦恼，或者因酒店工作失误损害了自己的利益等情况向服务人员提出或向有关部门反映的一种行为。

2. 投诉的类型

1）按投诉的方式分类

按投诉的方式，投诉可分为电话投诉、书面投诉和当面投诉3类。

2）按投诉的途径分类

按投诉的途径，投诉可以分为5类。①直接向酒店投诉。这类客人认为，是酒店令自己不满，是酒店未能满足自己的要求和愿望，因此，直接向酒店投诉，希望能尽量挽回自己的损失。②向旅行代理商投诉。选择这类投诉渠道的，往往是那些由旅行代理商（如旅行社）介绍而来的客人，投诉内容往往与酒店服务态度、服务设施的齐全、配套情况及消费环境有关。在这些客人看来，与其向酒店投诉，不如向旅行代理商投诉，因为前者既费时又往往是徒劳的。③向消费者协会一类的社会团体投诉。这类客人希望利用社会舆论向酒店施加压力，迫使酒店以积极的态度去解决当前的问题。④向工商局、旅游局等有关政府部门投诉。⑤运用诉讼方式起诉酒店。

站在维护酒店声誉的角度去看待客人的投诉方式，不难发现，客人直接向酒店投诉是对酒店声誉影响最小的一类，也是酒店应努力控制的一个方面。因而，酒店设置了客务关系经理或大堂副理岗位，为客人提供了固定的、方便的并能有效解决问题的投诉场所。从保证酒店的长远利益的角度出发，酒店接受客人的投诉，能有效地控制有损酒店声誉的信息在社会上传播，防止给公众造成不良印象。客人直接向酒店投诉，不管其动机、原因如何，都给酒店提供了一个及时做出补救和保全酒店声誉的机会。

3）按客人投诉性质分类

按客人投诉性质，投诉可以分为3类。①控告性投诉。这类投诉特点是投诉人已被激怒，情绪激动，要求投诉对象做出某种承诺。②批评性投诉。这类投诉特点是投诉人心怀不满，但情绪相对平静，只是把这种不满告诉投诉对象，不一定要对方做出什么承诺。③建设性投诉。这类投诉的特点是投诉人一般不是在心情不佳的情况下投诉的，恰恰相反，这种投诉很可能是随着对酒店的赞誉而发生的。

当然，投诉的性质不是一成不变的，不被理睬的建设性投诉会进一步变成批评性投诉，进而发展为控告性投诉，或是客人愤然离店，并至少在短期内不再回来。无论哪一种局面出现，对酒店来说，都是一种损失。如果我们对某些酒店所接到的投诉进行统计分析，就会发现一条规律，凡控告性投诉所占比重较大的酒店，肯定从服务质量到内部管理都存在很多症结，过多的控告性投诉，会使酒店疲于奔命，仿佛一部消防车，四处救火，始终处于被动状态。其员工队伍也必定缺乏凝聚力和集体荣誉感。而建设性投诉所占比大的酒店，则应该是管理正规，秩序井然。酒店不断从客人的建设性意见中汲取养分，以改善自己的工作，员工的士气也势必高涨，从而形成酒店内部的良性循环。

4）按客人投诉的内容分类

按客人投诉的内容，投诉可以分为4类。①对设备的投诉。客人对设备的投诉主要包括空调、灯光照明、音响设备、家具与卫生等。在投诉发生之前做好检查、维修和保养工作，把投诉减少到尽可能低的限度，才是揽客生财之道。②对服务态度的投诉。在客人的潜在意识中，他们普遍有一种要享受特权的愿望，这种特权表现在"我是客人，我需要你为我提供服务"等。在服务过程中服务员用友好、热忱的态度对待客人，客人的这种特权愿望就得到了满足。③对服务质量的投诉。任何客人对服务质量都会有一定的要求，无论是团客还是散客都不愿长时间地在前厅等待，服务不及时或者不主动，都可能引起客人的不满。④对异常事件的投诉。对这类投诉，难以预见。如生意没有谈成、比赛输了球等，客人心情不好，在服务中稍有不慎就可引发投诉。遇到这类问题，只要服务员的态度好，大部分客人是能谅解的。

3. 宾客投诉的原因

由于客人来自四面八方、不同国度，每位客人都有各自的生活方式和习惯，再加上心情、年龄等因素，酒店总会有使客人感到不满意或处理不当的地方。服务人员在服务工作中要使每一位客人每时每刻都感到愉快也是有难度的，应随时准备接待投诉。就酒店服务而言，容易被客人投诉的原因和环节是多方面的，既有酒店方面的原因，也有客人方面的原因。宾客投诉的原因有如下几种情况。

（1）主观原因。引起客人投诉的主观原因包括以下方面。①不尊重宾客。不尊重客人是引起宾客投诉的主要原因。不尊重客人主要表现在对客人不主动、不热情；不注意语言修养，冲撞客人；挖苦、辱骂客人；不尊重客人的风俗习惯；无根据地怀疑客人取走酒店客房的物品，或误认为客人没付清账就离开等；在前厅大声喧哗、高声谈笑、打电话等，影响客人。②工作不负责。主要表现在以下几点：工作不主动，忘记或搞错了客人交办的事情；损坏客人的物品。

（2）客观原因。引起客人投诉的客观原因有多种。例如，设备损坏没有及时修好，桌椅不牢固摔倒客人；收费不合理，在结账处发现应付的款项有出入，引起客人的误会；遗失了物品等。

（3）其他原因。如由于客人本人情绪不佳或由于客人出言不逊而引起纠纷，或由于客人饮酒过量，不能冷静、正确地处理问题而引起投诉。

4. 正确处理投诉的意义

从客人投诉的定义及原因来看，正确地处理客人投诉有着如下的意义。

（1）恢复客人对酒店的信赖感。客人在买到有问题的产品后，往往会产生一种感觉，就是该酒店所销售的产品质量差，从而失去对酒店的信赖，因此，正确地处理好投诉，才能恢复客人对酒店的信赖。

（2）避免引起更大的纠纷和恶性事件。客人投诉大多是带着一定的需求期待而来的，如果处理不好，达不到客人的期待目的或者与其期望值差距太大，则往往容易使客人产生一种仇视心理，会让期待值加码，从而使事件恶化，如媒体曝光、冲突、恶意扰乱经营场所等。依据有关统计显示，客人感到不满时，有90%不会选择投诉；但他们会将不满告诉20人左右，而这20人会把此事传播给400人，并且使事件完全走样。因此，客人投诉处理若不正确，将给酒店带来灾难性的影响。

（3）可以收集相关信息。首先是可以得到酒店自身还需要改善的信息，如服务方面、设施设备的问题，得到投诉后，酒店可以及时进行改进；其次可以间接得到竞争对手的信息，如竞争对手开展的活动、产品的价格信息、产品信息等；最后可以得到产品的信息，如产品本身设计的缺陷、服务规程的不完善等，及时进行反馈后，可以做到相应的处理，最大限度地满足客人的需求。

（4）培养忠实客人。从消费者心理来说，客人投诉是因为客人对酒店仍有信心和抱有期望，希望酒店提高质量，改进服务，相信酒店对他们的不满意能够通过一定方式予以解决，减少客人的经济损失和精神损失。如果处理得当，我们不仅能挽留一位客人，而且会因为该客人的传播带来新的客人（满意客人会将满意告诉其他2~5人）。

5. 处理投诉的原则

处理投诉的原则包括以下几点。

（1）真心诚意地帮助客人。客人投诉，说明前厅部或客房部的管理及服务工作尚有漏洞，说明客人的某些需求没有受到重视。服务员应理解客人的心情，同情客人的处境，努力识别及满足客人的真正需求，满怀诚意地帮助客人解决问题。

（2）绝不与客人争辩。遇到客人投诉时，首先应选择适当的地点接受投诉，尽量避免在公共场合接受投诉；其次应该认真听取客人的讲述，对客人的遭遇表示歉意，还应感谢客人对前厅或客房的关心。当客人情绪激动时，服务员应保持冷静，注意礼貌，绝不与客人争辩，把"对"让给客人。

（3）隐蔽处理客人投诉。处理投诉时尽可能减少对其他客人的影响，应把客人引导到离其他客人较远的地方或办公室、会客室进行处理。

（4）第一时间处理客人投诉。遇到客人的投诉，不能回避或避而不见，应该在第一时间对客人的投诉进行处理。

（5）给予客人一定的补偿。如果不是因客人的物品被遗失或损坏而造成的投诉，酒店可以通过提供面对面的额外服务给予客人适当的情感补偿，或通过退款、减少一定的费用给予客人一定的实物补偿来解决投诉问题，这也是一项有效的方法。

（6）不损害酒店的利益。酒店对客人的投诉进行解答时，必须注意合乎逻辑，不能推卸责任或随意贬低他人或其他部门。因为采取这种做法实际上会使服务员处于一个相互矛盾的地位，一方面，希望酒店的过失能得到客人的谅解，另一方面却在指责酒店的某个部门。

案例分析 11-4

洗澡时没热水了

住在酒店401房间的王先生早上起来想洗个热水澡放松一下。但洗至一半时，水突然变凉。王先生非常懊恼，匆匆洗完澡后给总台打电话抱怨。接到电话的服务员正忙碌着为前来退房的客人结账，一听客人说没有热水，一边工作一边回答："对不起，请您向客房中心查询，分机号码是58。"本来一肚子气的王先生一听就来气，嚷道："你们酒店怎么搞的，我洗不成澡向你们反映，你竟然让我再拨其他电话！"说完，"啪"的一声挂上了电话。

分析：酒店的每一位服务员都应树立以顾客为关注焦点的服务意识，不管是谁，只要接到顾客的抱怨，都应主动地向主管部门反映，而不能让顾客再找别的部门反映。本例对客人抱怨的正确回答是："对不起，先生，我马上通知工程部来检修。"然后迅速通知主管部门处理，这样王先生就不会发怒。本例没有做到"顾客沟通"的"顾客反馈，包括顾客抱怨"及"内部沟通"的有关规定。

6. 处理投诉的流程及技巧

接待前来投诉的客人无疑是对酒店管理人员的一种挑战，要做到让客人满意而归，自己又不过于紧张，就必须掌握处理客人投诉的一些程序、方法及艺术。

（1）做好心理准备。一般客人是在万不得已的情况下才来投诉的，为了正确、轻松地将客人的投诉处理完毕，首先应在心理上做好准备。要确立"客人是对的"的信念。而且，在酒店行业都遵循一个原则：即使客人有错，也要当他是对的，反之，就会破坏双方的和谐关系。

（2）仔细倾听。接到客人任何投诉，一定要保持冷静，用镇定的态度，有礼貌地仔细听客人的诉说，要与客人目光接触，不时点头以示理解，客人叙述时，适时提出问题，这样就可以在较短时间内了解事情的经过，提高办事效率。倾听投诉时表情要认真，不能随便发笑，让客人误会。

（3）保持平静。如果必须或有可能，请客人到安静处，个别交流，以免影响其他客人；必要时可以礼貌地询问客人一些情况，但切忌打断客人的讲话。

（4）做好记录。用书面形式把问题要点记录到客人投诉档案表。记录的要点如客人投诉的内容、客人的姓名、房号等可以作为下一步解决问题的资料和原始依据。这样当其他人参与处理这件事时就节省了时间，同时也是向客人表示自己代表酒店所采取的郑重态度，客人也会因为看到他的投诉得到重视而平静。

（5）安慰客人。无论对错在酒店或部门或个别服务员，还是属于客人误解，接待人员都应首先对客人产生或引起不快的事情表示歉意，要为客人着想，对客人的感受、反映表示理解，用温和的语言安慰客人，但不要急于把问题往自己身上揽，只能以朋友的身份对客人的遭遇表示同情。

（6）了解事实。及时通知有关部门了解或核查事件，尽快为客人排忧解难，但不陈述尚未理解的细节或对无法做到的事承诺。不要告诉客人是上一班某位员工的过错或是某个部门的过错，推诿对解决问题是不明智的。

（7）征求意见。根据所发生事情的性质，迅速确定解决的方法，并告诉客人处理问题的办法，征询客人的意见，如有可能，提供几种方法让客人选择，牢牢抓住抱怨问题的症结。

（8）及时解决。除了极特殊的人，客人投诉最终是为了解决问题。因此，对客人的投诉应及时着手解决。必要时应请相关人员协助。负责解决问题的员工，根据问题的难易程度估计其解决的具体时间，然后告诉客人。随时关注、督促有关部门对客人投诉问题的处理，拖延反而会把事情弄糟。

（9）深表歉意。对处理投诉情况一旦有结果要及时通知客人，并再次表示歉意，以示酒店的重视程度。必要时经领导同意，可给客人优惠房价，或送给客人礼品、鲜花、水果等表示歉意。

（10）对处理结果给予关注。接待投诉的员工，往往不能直接去解决问题；但应对处理结果进行跟踪，给予关注，确定客人的问题是否给予解决。解决投诉问题以后，应该与其再进行联系。周到的服务与关心会使客人感到酒店对其十分关心，对其所投诉问题是十分重视的，从而对酒店留下良好的印象。

 知识链接 11-5

6个沟通技巧平息客人投诉

为客人提供服务时，每位服务人员都有可能犯一点小错误。客人会因此投诉，这个时候，就考验服务人员的应付技巧了。下面跟大家分享怎么运用语言技巧平息客人的投诉。

1. 移情法

顾名思义，"移情法"就是通过语言的沟通方式向宾客表示遗憾、同情，特别是在宾客愤怒和感到非常委屈时的一种精神安慰。

移情法用语举例：

"我能理解您现在的感受……"

"那一定非常难过……"

"遇到这样的情况,我也会很着急……"

2. 三明治法

"三明治法"是告诉我们与宾客沟通时如何避免说"不"的方法,就是两片"面包"夹拒绝。

第一片"面包":"我可以做的是……"告诉宾客,你会想尽一切办法来帮助他,提供一些可选择的行动给宾客。第二片"面包":"您能做的是……"告诉宾客,你已控制了一些情况的结果,向宾客提出一些可行的建议。

三明治法用语举例:

"我们可以做……您可以做……"

3. 谅解法

"谅解法"要求受理人在接受宾客的投诉时,迅速核定事实,并向宾客表示歉意,安抚其情绪,尽量用宾客能够接受的方式取得宾客的谅解的方法。

谅解法用语举例:

避免说:"您说得很有道理,但是……"

应该说:"我很同意您的观点,同时我们考虑到……"

4. 3F 法

"3F 法"就是对比投诉宾客和其他宾客的感受差距,应用利益导向的方法取得宾客谅解的一种沟通技巧,是心理学中从众心理的一种应用。

3F 法用语举例:

宾客的感受(feel):"我理解您为什么会有这样的感受。"

别人的感受(felt):"其他宾客也曾经有过同样的感受。"

发觉(found):"不过经过说明后,他们发觉这种规定是保护他们的利益,您也考虑一下好吗?"

5. 7＋1 说服法

"7＋1 说服法"就是针对宾客投诉的产品或服务进行分段说明且与宾客体验相结合,以取得宾客认同的一种沟通技巧。

7＋1 说服法要点:与宾客讨论,使之分段同意;结合宾客的体验。

6. 引导征询法

"引导征询法"是一种为了平息宾客不满,主动了解宾客的需求和期望,取得双方认同和接受的沟通技巧。

经验告诉我们,单方面地提出宾客投诉处理方案往往会引起宾客的质疑和不满,那么我们可变化一种思路来主动询问宾客希望的解决方法,有时更能被宾客所接受。

引导征询法用语举例:

"您需要我们怎样做您能满意呢?"

"您有没有更好的处理建议呢?"

"您觉得另外几种方案哪一种合适呢?"

11.4 宾客档案管理

11.4.1 宾客档案管理的意义

随着酒店业竞争的日益激烈和顾客消费个性化需求的不断加强，酒店客史档案在酒店经营与服务中的作用日渐显著，必须有效地建立宾客档案系统，为酒店的经营决策和产品体系调整提供更有力的支持，为酒店了解客人、掌握客人的需求特点，从而为客人提供针对性服务提供有力的帮助。建立宾客档案对提高酒店服务质量，改善酒店经营管理水平具有重要意义。其意义主要表现在以下几个方面。

1. 有利于增强酒店的创新能力

酒店行业是服务型行业，所提供的产品必须适应自身客源市场不断变化的消费需求，通过客史档案的管理和应用，酒店能够及时掌握顾客消费需求的变化，适时地调整服务项目，不断推陈出新，确保持续不断地向市场提供具有针对性、有吸引力的新产品，满足顾客求新、求奇、求特色的消费需要。酒店产品体系的创新是酒店生命力之所在，而客史档案的科学建立和运用是提升酒店创新能力的基础。

2. 有利于提升酒店的服务品质

酒店客源的多样化及客人需求的多样化，要求酒店适时跟进，为顾客创造更加温馨、富有人情味的消费环境和空间。客史档案是酒店客户关系管理系统和客户忠诚系统的组合平台，一方面客户关系管理系统的作用是通过对客户信息的深入分析，全面了解客户的爱好和个性化需要，开发出"量身定制"的产品，大大提高客人的满意度；另一方面，客户忠诚系统的作用则体现在通过个性化服务和一系列酒店与客户间"一对一"的情感沟通，客户会对酒店产生信任感，会认为在这里消费比其他地方更可靠，更安全，更有尊严感，顾客满意将升华为顾客忠诚，酒店服务的品质会得到客户进一步的认同。

3. 有利于提高酒店的经营效益

客史档案的科学运用将有助于酒店培养一大批忠诚顾客，一方面可以降低酒店开拓新市场的压力和投入；另一方面由于忠诚客户对酒店产品、服务环境熟悉，具有信任感，因此他们的综合消费支出也就相应比新客户更高，而且客户忠诚度越高，保持忠诚的时间越长，酒店的效益也就越好。

4. 有利于提高酒店的工作效率

客史档案为酒店的经营决策和服务提供了翔实的基础材料，使得酒店的经营活动能够有的放矢，避免许多不必要的时间、精力、资金的浪费。由于对客户消费情况的熟悉，员工的服务准备更轻松。良好客户关系的建立，也有助于酒店工作氛围的改善，激发员工的工作热情，使其主动精神得到有效的发挥，酒店整体的工作效率也将极大地提高。

5. 有利于塑造酒店的显性品牌

口碑效应是酒店品牌塑造的关键因素，忠诚客户的一个显著特点是会向社会、同事、亲戚、朋友推荐酒店，义务宣传酒店的产品和优点，为酒店树立了良好的口碑，带来新的客源。根据客史档案划分、培育忠诚客户，可以为酒店创造更重要的边际效应。

11.4.2 宾客档案管理的内容

宾客档案应包括以下几个方面的内容。

1. 常规档案

常规档案包括客人的姓名、性别、年龄、出生日期、婚姻状况及通信地址、电话号码、公司名称、头衔等。收集这些资料有助于了解目标市场的基本情况，了解"谁是我们的客人"。

2. 预订档案

预订档案包括客人的订房方式、介绍人，订房的季节、月份和日期及订房的类型等。掌握这些资料有助于酒店选择销售渠道，做好促销工作。

3. 消费档案

消费档案包括报价类别、客人租用的房间、支付的房价、餐费及在娱乐等其他项目上的消费；客人的信用账号；喜欢何种房间和酒店的哪些设施等，从而了解客人的消费水平、支付能力及消费倾向、信用情况等。

4. 习俗、爱好档案

习俗、爱好档案是宾客档案中最重要的内容，包括客人旅行的目的、爱好、生活习惯，宗教信仰和禁忌，住店期间要求的额外服务。了解这些资料有助于为客人提供有针对性的"个性化"服务。

5. 反馈意见档案

反馈意见档案包括客人在住店期间的意见、建议、表扬和赞誉等。

11.4.3 宾客档案管理

1. 宾客档案管理的要求

宾客档案管理的要求：①建立健全客人档案的管理制度，确保客人档案工作规范化。②编写编目和索引，存放按照一定顺序。③坚持"一客一档"，以便查找和记录。④保证客史内容的连续与完整。⑤定期整理。

2. 宾客档案的保存及处理

宾客档案的建立必须得到酒店管理人员的重视和支持，并将其纳入有关部门和人员的岗位职责之中，使之经常化、制度化、规范化。应明文规定宾客档案保存与处理的管理制度，具体如下。①明确应该存档的文件、表格。②明确宾客档案存放的顺序（如先按日期，后按字母等；用计算机保存宾客档案则可使工作更有序、快捷）。③明确宾客档案存放的时间。④明确宾客档案销毁时的批准程序与方法。

3. 宾客档案管理的步骤

宾客档案管理的步骤如下。

（1）分类。按照文档的特件，应先将其分为以下3种类别。①待处理类，指尚未处理、正等待处理的文件、表格。如已填写好的订房单、需答复的文件及客满时订房客人的等候名单等。②临时类，指短期内需要经过处理，再经过整理、归类的文件和表格，如客人的订房资料、报价信函、在店客人档案卡（登记表）等。③永久存放类，指需要长期保存，供查阅用的文件、表格，如各种合同的副本、已抵店客人的订房资料、取消预订及未抵店客人的订房资料、婉拒房的致歉信和各类已使用过的表格等。

（2）归类存放。对于不同类型的文档，应采用不同的方法，存放于不同的地方。

 **本章小结**

宾客在酒店期间，与前厅接触较多，在客房逗留的时间较长，对这两个部门的感受和印象是比较深刻的。因此，前厅部和客房部对客服务质量的好与坏直接关系到宾客对酒店的评价，是酒店服务与管理极为重要的内容。

前厅与客房服务质量主要包括由设施设备、实物产品、服务环境所构成的有形产品质量，以及由礼貌礼节、职业道德、服务态度、服务技能、服务效率、安全卫生6方面所构成的无形产品质量，具有构成的综合性、显现的短暂性和内容的关联性、依赖性等特点。

为了保证前厅与客房服务质量能够让宾客满意，酒店应加强对前厅与客房服务质量的管理。前厅与客房服务质量管理需要遵循宾客至上、预防为主、以人为本、标准化服务与个性化服务相结合等基本原则，管理的方法主要有全面质量管理、"二图一表法"、PDCA循环法及零缺点管理法等。管理的过程中，还需要对其进行服务前、服务过程和服务结束过程的控制，以保证前厅部与客房部的服务质量。

由于宾客的个性化需求各不相同，酒店在提供服务的过程中，难免会引起客人的不满而遭到投诉。处理客人的各类投诉时，应遵循处理投诉的原则，并遵照处理投诉的流程和技巧。前厅部应该加强宾客关系管理，可设立大堂副理和宾客关系主任具体负责与客人建立良好的宾客关系。

宾客档案管理工作也很重要，加强宾客档案管理，有利于增强酒店的创新能力、提升酒店的服务品质、提高酒店的经营效益和工作效率、塑造酒店的显性品牌。宾客档案管理包括常规档案、预订档案、消费档案、习俗及爱好档案、反馈意见档案等内容。

 国际酒店赏鉴

四季酒店的十重服务境界

四季酒店是一家国际性奢华酒店管理集团，总部设在加拿大多伦多，1961年由伊萨多·夏普（Isadore Sharp）先生创办，如今已在近40个国家拥有超过90家酒店及度假酒店。50多年来，这家总部位于加拿大的公司将对宾客的悉心关怀与国际酒店最出色的管理经验完美融合；"待人如己"的黄金法则深深根植在四季酒店集团的文化之中；同时，不断以现代旅行者为本，为全球酒店业厘定新标准。

从整体运营模式来看，四季酒店在打造顾客服务价值上的专业功力深厚至极，连行业知名度和市场价值极高的丽思·卡尔顿酒店也在很多方面对它极尽模仿，四季酒店的顶级服务具备十重境界。

服务境界第一重：标准之中的意外惊喜

顾客在五星级豪华酒店所能感受到的档次和标准化的服务，在四季酒店都能感受到。但是在这些普遍的标准之外，顾客还能体验到一种许多高端酒店普遍缺乏的安宁和静谧，这是顾客踏入四季酒店的一刹那就能明显地感觉出来的。因此，四季酒店服务的第一重境界就是让顾客在体验标准化的酒店氛围的基础上，能够获得一种意外的体验心境，这也是四季酒店在规划设计和建造装饰酒店时所极力追求的。

服务境界第二重：地域文化与个性魅力

四季酒店恪守的服务信条就是为顾客创意一种能够回味与欣赏的建筑艺术，这才是符合高端商务人士和社会精英们情感需求的高端酒店，所以物质的体验必须承载区域所在地的地域文化。比如在北京和上海就有龙的形象镶嵌在四季酒店的建筑上，在杭州则把酒店修建在园林中，别具雅致和韵味，这些鲜明的地域文化元素能使顾客在孤寂、紧张的旅行途中洗去更多烦闷，平添更多乐趣。

服务境界第三重：零拒绝的应急之需

无论是谁，无论在什么情况下，只要一个咨询电话或亲身来到四季酒店，都能获得满意的答复和及时入住的满足。商业名著《追求卓越》的作者之一托马斯·彼得斯曾因错过晚上最后一班舒适的航班，而又没有预订酒店，急切之下找到四季酒店，当时四季酒店已经没有适合的房间可供住宿，然而当他走到总台时，服务人员抬起头微笑着叫出他的名字，向他问好。托马斯·彼得斯不但没有遭受没有预订的冷眼，而且受到了像老朋友一样的关怀与对待，并最终获得了满意的住房。托马斯·彼得斯豁然顿悟：这就是为什么四季酒店在短短的一年时间里，就成为这个地区一定要去住的地方。

服务境界第四重：接近舒适度极限的住宿环境

打造极度舒适的室内居住环境是四季酒店的核心追求之一。在改造或新建每一家酒店时，四季酒店对室内设计和布局的完美考究异常苛刻，每一个微小的细节都不曾放过，必须与室外的静谧环境高度一致，并且在房间里的硬件设施和实际氛围要更加雅静和别致。

服务境界第五重：堪称世界之最的一夜好眠

当然世界之最并不能以何种标准来界定，它只是说明在四季酒店提供的顶级服务里，作为睡眠所需的用具——睡床，是如何被称为极品的。对于商务顾客来说，睡床的好坏、优劣或适合与否，在很大程度上会使顾客留下或流失。四季深知睡床的重要，不惜代价在全球范围内搜寻最好的床上用品，并精心组建，用全球最好的材质和最好的设计建造出来。

服务境界第六重：随心所欲的休闲生活

在四季酒店，喜欢热闹场景的顾客可以去酒吧；想放松一下情绪或保养一下肌肤和身体的顾客，可以享受美妙无比的水疗 SPA；热衷运动的顾客可以去健身房，那里有各种健身课程可供选择；而偏爱某类饮食的顾客，可以在独特的风味餐厅美美地饕餮一顿；如果还需要一次隐秘的私密会谈，独特设计的四季套间或各种套房均能完美满足要求。

服务境界第七重：独特而又周全的礼宾模式

在四季酒店，礼宾服务无论是从内容形式还是服务范围，都完全超出顾客的想象，这种完美的服务境界主要体现在 4 个方面。①几乎囊括了顾客在商务旅途或度假中除在酒店内的服务外的所有需求解决，顾客真正能够安心旅途无虑其他；②所需礼宾服务人员的数量在原有基础上不断增加，服务效率不断提升；③人员的专业技能和人文素养高超，能够有效地保证对顾客的服务质量；④在顾客需要时能够提供全程的贴身陪同和活动指导。

服务境界第八重：高度个性化与量身定制

针对每一种类型的顾客群，甚至是每一位顾客的独特差异化，四季酒店极力做到完全适合他们自己的服务解决方案。四季酒店精准洞悉顾客潜在的内心欲求，不吝成本着力打造这种量身定制式的超常规服务模式，对顾客来说这是一种独一无二的服务价值，而对四季酒店来说，这不仅仅是一种好的服务，更是一种对每一个消费个体的理解和尊重。

服务境界第九重：灵活机动与以人为本

任何一位顾客都能根据自己的实际所需，要求四季酒店的服务人员为自己提供即时的消费要求。在长期了解顾客需求变化的情况下，四季酒店既能总结、提炼出一整套完整的服务方案，又能根据现实中的已经变化了的顾客需求迅速做出调整和改进，丝毫不以自己的主观意愿和思维模式，来代替顾客头脑中现实和潜在的需求意识，完全是以顾客为本。

服务境界第十重：和谐融洽可信赖的朋友式关系

从顾客第一次踏入四季酒店到以后经常下榻，顾客和四季酒店的员工就已经形成了不是一般的商业交易的消费和服务关系，而是类似朋友的和谐融洽、彼此信赖的良好关系。四季酒店要为顾客打造一个有如家一般温馨和宁静的空间与环境，自然需要赋予酒店更多人性化的内容和元素，而人是其中最为关键的部分。因此，要让每一位服务人员都能设身处地为顾客着想，与顾客建立平等互利、真诚信任的人际关系，要让顾客切实感受到身处四季酒店就像在自己家里一样，每一次接触和交谈都是一种溢满心田的熨帖与慰藉。

复习思考题

一、简答题

1. 服务质量的概念是什么？
2. 前厅客房服务质量的内容是什么？具有什么特点？
3. 前厅客房服务质量管理的原则有哪些？
4. 什么是"二图一表法"？
5. PDCA 循环法如何运用？
6. 如何对前厅客房的服务质量进行有效控制？
7. 处理客人投诉的原则有哪些？
8. 宾客档案管理的内容及方法是什么？

二、实训题

1. 一位客人在浴缸里洗完澡，起身时由于浴缸比较滑以致摔倒，使得客人多处软组织挫伤。客房部服务员请大堂副理前去解决。假设你是大堂副理，你应该怎样处理？
2. 总台收银员在为一位客人办理退房手续时，接到客房部服务员查房结果：发现客人房间里一条毛巾有血迹，要求客人赔偿一条毛巾的费用。而客人则说是客房中心送的水果刀太锋利把他的手划破了，才使得他不小心将血滴到了毛巾上，说到赔偿，应该酒店赔偿他的人身损伤费。这时，作为大堂副理的你应该怎样解决？
3. 在客人入住的装了新地毯的房间里，出现了两个新的烟洞，这时按酒店的常规要求客人赔偿，而客人则说在他入住以前就有烟洞，责任不在自己，所以不赔。而根据客房记录和我们的经验判断：烟洞应该是该客人入住后才产生的。此时大堂副理应该怎样处理？

前厅客房安全管理

12

教学目标

知识要点	能力要求	重点难点
前厅客房安全管理概述	（1）理解前厅客房安全管理的意义 （2）明确前厅客房安全管理的主要任务	重点：影响前厅客房安全管理的主要因素 难点：前厅客房安全管理的任务
前厅客房盗窃的防范与处理	（1）了解前厅客房盗窃者的类型 （2）掌握盗窃事故的防控管理 （3）能够根据具体情况，明确发生盗窃事故后的处理程序，能合理解决问题	重点：盗窃事故的预防措施 难点：盗窃事故的处理程序
前厅客房火灾的防范与处理	（1）了解酒店火灾的特点 （2）熟悉火灾发生的主要原因 （3）掌握常用的灭火方法 （4）能够根据酒店发生火灾事故的具体情况，利用所掌握的灭火方法与疏散人员的方法，有效解决问题	重点：前厅客房火灾的预防 难点：前厅客房常用的灭火方法
前厅客房网络安全管理	（1）明确网络安全包括的内容 （2）掌握酒店网络的安全措施	重点：前厅客房网络的信息安全 难点：前厅客房网络安全措施
其他意外事故的防范与处理	了解可能发生的其他意外事故，分别有什么特点，如何防范等	重点：住客伤病的处理与防范 难点：住客违法行为的预防

在锁孔处塞了口香糖

刘先生和夫人在"十一黄金周"时入住了某酒店的 1112 房间，入住的第三天下午，当他们回到酒店，却发现房内一片狼藉，贵重物品被盗。刘先生立即通知了酒店的安全部，安全部人员赶到现场，据刘先生核实，丢失白金项链一条、笔记本电脑一台、人民币 3 000 多元，总价值超过了 2 万元。保安人员询问刘先生有没有将房卡交给他人，刘先生十分肯定地说房卡一直带在身上，出房间门时还将房门带上了。安全人员一边查监控录像，一边对现场进行了勘查，监控录像上显示两名男子是推门而入的。仔细检查，又发现房门上有口香糖的痕迹，安全人员恍然大悟，推断刘先生买完东西回来时被小偷跟踪，他们趁刘先生开门后不注意，在房间门的磁卡锁上粘了一团口香糖，刘先生放下东西出门时，认为酒店门上有复位器，就随手带上门，没有核实是否关上就离开了。进一步查看录像，画面证实了这一推断。

问题：分别从服务和管理的角度分析上述案例，客房的安全问题该如何防范？

身处异地的客人对酒店的要求是，提供宽敞舒适的前厅，舒适优雅、安全清洁的客房，以及热情周到的服务。但这些都是以安全为前提的，安全需要是客人的第一需要。前厅客房安全是指客人在前厅与客房范围内，其人身、财产及正当权益不受侵害，也不存在可能导致侵害其人身、财产及正当权益的因素。

12.1 前厅客房安全管理概述

酒店必须要保证客人在住店期间的各项安全。一位日本酒店管理专家曾经指出："酒店经营者应当记住，住宿业的大前提是旅客的生命、财产。安全第一，饭菜、服务、设施第二。如果有一名旅客遇难，酒店就会受到致命的打击。"因此，安全管理是前厅客房管理的主要内容之一，前厅客房安全管理意义重大，酒店对客人的安全负有特殊的责任。

12.1.1 前厅客房安全管理的意义

前厅作为客人必经的公共场所，应该具备高效、安全舒适的特性；客房作为客人购买的产品，应该具备清洁舒适、美观安全等特性。缺乏安全的前厅，会导致酒店的运营无法进行；缺乏安全的客房是不合格的产品。酒店必须制定具体的制度措施并加以落实，使酒店的各项服务得以顺利开展，使客人都能乘兴而来，满意而归。

1. 提升客人满意度，提高客房出租率

客人对前厅与客房的安全期望值很高，客人在安全的前提下充分享受酒店的各种服务，必然会提升对酒店的满意度，客人对酒店的回头率就会提高，从而能够提高酒店的客房出租率，给酒店带来良好的经济效益。

2. 促进员工工作的积极性，带来更优质服务

前厅与客房的安全不单是保证客人的安全，同时也要保证员工的安全。只有保证员工能在一个安全的环境中工作，才能更大地发挥员工的潜力，给顾客带来更加优质的服务，从而保证酒店的正常运转。

3. 提高酒店声誉，促进当地经济发展

酒店良好的安全管理，可以给客人留下良好的印象，也提高了酒店的声誉，从而带来更多的客源。如果客人在酒店经常发生被盗、抢劫或者意外伤害甚至杀害等恶性事件，就会在海内外造成恶劣影响，使客人望而生畏，不敢前来入住，同时也会让人对该地区的投资环境感到不满，从而影响该地区的经济发展。

12.1.2　前厅客房安全管理的任务

前厅客房安全管理工作的主要目的是保障客人、员工和酒店的安全。前厅客房安全管理的任务如下。

1. 制定严密细致的安全管理制度

前厅与客房的安全管理必须以严密的制度来保证，要制定出包括防火、防盗、访客接待、楼层安全、员工出入客房等一系列周密细致的安全制度，并制定相关的奖惩措施。

2. 加强对员工的安全教育，落实责任安全制

要教育员工增强安全意识，懂得如何做好安全，要对安全切实负起责任。

知识链接 12-1

加强安全管理

为保障客人、酒店和员工的财物不受损失，安全管理中心必须加强对客人、员工的管理，并严格执行各项安全规定。

1. 健全员工管理制度

根据酒店的安全管理条例，制定明确的岗位责任制和行为准则，加强对员工服务过程的管理。对招聘的服务员要进行培训，培养他们遵纪守法的自觉性。另外，对员工进行反偷盗方面的知识培训，使员工具有明确的安全意识，同时使员工了解酒店的关于财物安全的规章制度，严格制定并实施工作钥匙制度，减少盗窃事件的发生。酒店应采取有效的针对性的奖惩措施，惩恶扬善。

2. 保障客人财物安全

制定科学而具体的"宾客须知"，明确告诉客人应尽的义务和注意事项。提醒客人不要随意将自己的房号告诉其他客人和陌生人。建立和健全来访客人的管理制度，明确规定来访客人离店时间。严格按规定为客人开门，切实做好验证工作。在楼层巡视中，密切注意在走廊上徘徊的外来陌生人、可疑人及不应进入楼层或客房的酒店员工，礼貌询问，酌情处理，并应注意观察房门是否关好及上锁。

3. 保障酒店财物安全

客房内的一些物品会引起客人的兴趣，少数客人往往会将其作为纪念品带走，为了满足客人的这一需求，酒店应在商场出售这些物品，并在房内的服务指南中告知客人。客房内的一些贵重物品，在设计制作和安装布置时就要考虑防盗。对于有可能成为客人偷盗目标的物品，则要印上酒店的标记，有助于打消客人"带走"的念头。

4. 加强日常安全管理

员工的日常安全管理主要包括员工工作当班期间的注意事项及其他一些安全注意问题。员工进入客房内工作时，必须穿本工种的制服，佩戴自己的姓名牌；下班后不能在客房区域逗留；除规定人员外，不得随便为他人开门，其他部门人员进入住客房工作，楼层服务员必须在场；客房部员工出入酒店大门及携带物品，必须遵守酒店的有关规定，并主动向门岗保安人员出示。

3. 检查有关安全设施设备的运转情况，保证其正常运作

管理人员应经常检查现有安全制度的执行情况，监督服务员的操作规范和安全防范工作，消除安全隐患。客房部员工应注意在工作中检查客房的安全装置和其他设施设备的安全性能，保证其正常运转。

4. 充分发挥员工的积极性，及时消除安全隐患

服务员既要热情地欢迎每一位到店的客人，还要防止和控制不良分子进入酒店对正常服务秩序产生扰乱或破坏。作为前厅部服务员，要具有较强的安全意识并熟练掌握相关的安全技能。客房部服务员是接触客房机会最多、最了解客房安全状况的人，因此客房部应充分发动员工寻找、消除安全隐患。

12.2 前厅客房盗窃的防范与处理

在安全方面，客人最关心的是自身财产、财物的安全问题，由于酒店的客人流动性较大，并且住店客人一般都是身处异地，必然会携带现金或者一些贵重物品，酒店的客房财产和客人财物常常成为不法分子盗窃的目标。防盗是前厅客房安全管理工作的一项重要内容。为保障客人、酒店和员工的财物不受损失，前厅与客房管理中必须严格执行各项安全规定，加强客人与员工的防盗意识，防止各种失窃事件的发生。

12.2.1 盗窃者的类型

一般情况下，到酒店行窃作案的人员类型主要有以下几种。
（1）社会上的不法分子混入酒店，行窃作案。
（2）住店客人中的不良分子寻机作案。
（3）酒店员工，特别是客房部的员工利用工作之便行窃。

12.2.2 盗窃事故报失的程序

偷盗现象在酒店时有发生，失窃物小到火柴、香烟，大到高科技产品、贵重首饰或者高额巨款。客人在住店期间丢失财物、被盗或者被骗后，可以直接通知公安机关，也可以向酒店反映丢失情况，无论是哪种情况，服务员和管理人员都应采取积极协助的态度，及时向有关部门和上级反映情况，把属于前厅部与客房部范围内的安全工作做好。

酒店处理客人报失的基本程序如下。①接到客人报失，管理人员要保持冷静，认真听取客人反映情况，不做任何结论性的意见，不说一些否定性的语言，以免给以后的处理带来麻烦和困难。②根据客人提供的线索，分析是否确实被盗，并及时将情况报告保安部及其他有关部门。对确属被盗案件，应详细问明丢失财物经过，物品的名称、数量、来源、来店前的数量和来店后的用途、数量。尽量帮助失主回忆，来店前后有无查过、有无放错地方等，并应征得失主同意帮助查找，切勿擅自到客人房间查找。③询问失主是否要求向公安机关报案，并认真记录，最后让客人签字，或要求客人写一份详细的报失经过。对确属被盗案件，还应立即报告给值班总经理，经同意后向公安机关报告。如果被盗财物涉及某一服务人员，在未掌握确凿事实之前，管理人员不可妄下结论，也不可盲目相信客人的陈述，以免损伤服务人员的自尊心，要坚持"内紧外松"的原则，细心查访和寻找。④做好盗窃案件的发案和查实结果的材料整理及存档工作。

12.2.3 盗窃事件的防控管理

为了全面防止盗窃案件的发生,酒店应制定严密的防控管理体系,减少酒店盗窃事故发生的频率。

1. 优化保安系统的防盗管理

为有效防止前厅与客房各类失窃事件的发生,保证客人和酒店财物的安全,酒店应加强前厅与客房的防盗工作,增加安全硬件,消除客人的紧张心理。通过人员和设施的有机结合构建智能化的防盗系统,积极引入智能化的防盗监控软件、加强监控网点布局,引入自动报警和顾客一键报警等高新技术;合理配置有限的保安资源,合理利用有限的保安设施;科学设计巡逻路线,合理安排保安人员的巡逻班次、巡逻密度;通过多层次的培训学习、交流演练等方式来提升保安人员的专业防盗水平,提高窃案预控能力。

2. 实施全员防盗管理

为避免内部员工的盗窃行为,应开展针对全体员工的防盗管理:对所有新进员工进行职前履历调查,剔出有不良职业背景和犯案前科的人员;加强员工职业道德教育和诚信教育,通过实际案例的引入警戒员工;加强员工的防盗能力培训,研究、提出针对盗窃行为的防范与管理方法,进行防盗演练,提高员工的防盗技术、能力和经验;加强离职员工管理,对将要离职的员工进行行为审核,对已经离职员工的串门行为进行严格监控。

 案例分析 12-1

严堵服务漏洞

早上 10:00,1904 房的王先生称其一万元现金在房间内被窃。值班经理接报后,立即与保安部主管联系。据王先生述说,他公务完毕,回到房间时发现放在行李架上的皮箱被撬开,里面的物件零乱,内层的一万元现金不翼而飞。王先生怀疑有人进入其房间行窃,要求酒店给予答复。值班经理展开了一系列的调查活动。总台接待员称曾经接过一个自称是 1904 住客王先生打来的电话,说他的朋友现在在总台要进入他的房间,他因有要事不能赶回来,请为其开门。此接待员为确定 1904 客人的身份,要求其报出自己的身份证号码,对方流利答出。随后接待员让服务员为客人的朋友打开了房门。

王先生完全否认他曾打过电话回来,坚持酒店赔偿其损失,并在前厅大吵大闹,值班经理要求其立即停止吵闹,否则将以扰乱公共秩序为由报警。为了避免影响到其他客人,将其带到酒店偏厅。经过心平气和地与王先生对话,客人改为要求酒店出具一份证明,证明其在店的损失和赔偿办法。客人得到证明后,不再表示异议。退房离店。

分析: 总台接待处取房卡程序不够完善。当值接待员仅凭一个身份证号码就确定客人身份,是考虑欠周到的。客人的朋友取房卡时亦无核对证件。值班经理建议总台接待处对要求房卡转借的客人,需要其填写钥匙转借授权通知书,并严格执行此程序,再也不能接受这种类似的电话授权。因为在电话中很难分辨客人的声音及其真实身份,仅凭核对其身份证号码是不可取的。如果客人真的有此需要,又不能赶回来,可以请他传真一份钥匙转交授权通知书过来,并附其签名。然后核对签名式样,并查看取卡人的证件,一致后才予发卡。

3. 进行基于时间的防盗管理

根据窃案的时间发生规律,从宏观上加强旅游旺季的保安配置,从微观上加强窃案高峰时段的保安配置。

4. 强化基于场所的防盗管理

优化酒店保安资源的场所配置,增加窃案高发区、多发区的保安资源,优化低发区的保安资源安排,并通过全面加强各种区域的电子监控,提高窃案高发区和多发区的监控密度。

5. 优化服务系统的防盗机制

加强酒店的服务制度建设,建立透明的监控机制和服务信息公开机制,并通过服务流程优化来减少酒店内部员工作案的机会条件。

6. 建立面向顾客的防盗管理机制

引入全面的顾客防盗意识唤起服务,通过恰当的方式对顾客进行防盗警示、防盗教育和行为引导,向顾客提供贵重物品的保管服务,同时强化客房、餐饮和停车场等场所的安保设施与条件,并构建智能化的防盗监控、分析与报警系统,全面提升顾客的防盗意识和酒店的防盗能力。

面向酒店的盗窃防控体系如图 12.1 所示。

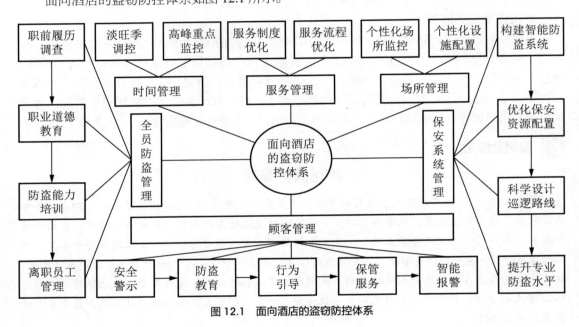

图 12.1　面向酒店的盗窃防控体系

12.3 前厅客房火灾的防范与处理

火灾是酒店的头号安全问题。现代酒店设备先进、设施豪华、投资额巨大,但一场大火旦夕之间就会使这些巨额财产化为灰烬。无情的大火不但会烧毁酒店建筑物,而且直接威胁着人们的生命。一位酒店总经理深有感触地说:"作为酒店老总,我最为关心的,而且常常使我坐卧不宁的就是'防火',客人的财物丢失,可以用经营利润照价赔偿,可是一旦发生火灾,建筑物付之一炬,客人被烧伤烧亡,那么,我坐监狱是小事,酒店将遭受难以估量的巨大损失。"

12.3.1　火灾的特点

1. 空间狭小蔓延快

酒店客房区域空间相对狭小,出口较少,密封性好,通风条件较差。一旦发生火灾,燃烧释放出的热量在封闭性强的空间迅速聚积,使火场温度急剧上升,极易引燃周围物品和其他物质。酒店用品大部分是化纤、皮革、橡胶等可燃、有毒物品，燃烧会产生大量一氧化碳和有毒烟气，可使人致命。

2. 疏散困难

一旦发生火灾，空气对流差，温度上升快，烟雾大并且极易弥漫整个空间，使人员难以疏散。当浓烟弥漫能见度小于3米时，就很难找到安全出口，受困人员易惊慌失措，造成疏散困难。由于多数酒店是由原旧房改造而来的，存在疏散通道狭窄、部分防火分区无直通地面出口等缺陷，受困人员易产生恐惧心理，引起混乱。

3. 扑救行动困难大

由于楼道较窄，房间较多，一旦发生火灾，消防员行动不便，疏散人员和物资的方向极易发生冲突，扑救难以迅速和有效展开。一些酒店存在灭火器过期、员工不会使用灭火设备、平时缺少火灾逃生演习等，导致火灾成为客房部重要的安全问题。客房部员工应该具有火灾的防范意识，掌握火灾的预防、通报和扑救知识。

 知识链接 12-2

火灾的种类与灭火的方法

1. 火灾的种类

依照国家标准，火灾分为四大类。①普通物品火灾（A类）。由木材、纸张、棉布、塑胶等固体所引起的火灾。②易燃液体火灾（B类）。由汽油、酒精等引起的火灾。③可燃气体火灾（C类）。由液化石油气、煤气、乙炔等引起的火灾。④金属火灾（D类）。由钾、钠、镁、锂等物质引起的火灾。针对以上不同类型的火灾，应用不同类型的灭火方法和灭火器材进行灭火。前厅与客房的火灾通常属于A类，即普通物品火灾。

2. 常用的灭火方法

常用的灭火方法有以下几种。①冷却法。即通过使用灭火剂吸收燃烧物的热量，使其降到燃点以下，达到灭火的目的。常用的这类灭火剂是水和二氧化碳。②窒息法。即通过阻止空气与可燃物接触，使燃烧因缺氧而熄灭，常用的这类灭火剂有泡沫和二氧化碳等，也可采用石棉布、浸水棉被来覆盖燃烧物。③化学法。即通过使灭火剂参与燃烧过程而起到灭火的作用，这类灭火剂有二氟二溴甲烷、二氟一氯一溴甲烷、三氟一溴甲烷及干粉等。④隔离法。即将火源附近的可燃物隔离或移开，以此中断燃烧。灭火的方法很多，但具体采用哪种方法，要视当时的实际情况、条件而论。

12.3.2 火灾发生的原因

火灾发生的直接原因很多，据美国有关方面对487起酒店的火灾原因分析：因吸烟点火不慎者占33%；因电器事故占21%；因取暖、炊事用具占10%；因火炉上的食物和烟道的油占6%；因碎屑类着火占3%；自燃占2%；煤气泄漏占1%；纵火占17%；其他占7%。由此可见，酒店火灾主要发生在客房。其中，吸烟和电器事故不仅是引起客房火灾的主要原因，而且是整个酒店火灾事故的主要原因。

1. 吸烟所致

吸烟疏忽引起的火灾是酒店火灾最主要的原因之一。因吸烟不慎而引起的火灾有两种情况：一是卧床吸烟，特别是酒后卧床吸烟，睡着后引燃被褥酿成火灾；二是吸游烟，即边走路边吸烟，乱扔烟头所致，如泰国曼谷第一大酒店发生的特大火灾，就是客人乱扔烟头所致。

2. 客房内电热水器使用不当

很多酒店在客房内放置电热水器，用来方便客人自行烧开水，但是因客人对热水器使用不当，会引起重大火灾和伤亡事故。

3. 电器与电线故障

现代酒店诸多功能集中在同一建筑内，除客房、餐厅厨房、各种娱乐设施，还有锅炉房、计算机房、配电房等。因电器、电线故障而引起的火灾占酒店火灾的比例非常高。此类火灾发生的主要原因是电线老化、线头裸露、电器设备安装不合理、动物啃咬电线等。还有的电器火灾是电器本身的质量原因或故障所致。

4. 大量易燃材料的使用

酒店有大量的木器家具、棉织品、地毯、窗帘等易燃材料。此外，还有大量的各种装饰材料。现代的酒店大多进行了豪华的装修，越是高档豪华的酒店所使用的装修材料越多，而大量使用的装修材料恰恰是火灾的隐患。一旦发生火灾，这些易燃材料会加速火势的蔓延。酒店在建造和装修过程中一定要考虑消防因素，要使用阻燃材料或对材料进行防火处理，有条件的酒店最好使用阻燃地毯、床罩和窗帘等棉织品。

5. 消防管理不善

发生火灾的直接原因虽然很多，但更重要的是酒店经营者对消防工作重视不够。消防意识不浓，思想麻痹，存在侥幸心理，因而在日常经营和管理中，管理措施不力，导致"引火烧身"。目前很多酒店的消防工作程序写明，发生火灾时要首先向酒店消防中心报警，只有当火势发展到一定程度，义务消防队很难把火扑灭时，才通知当地消防部门。如果消防委员会或者领导判断有误，没有及时通知消防部门，失去了最佳的灭火时间，很可能使大火迅速蔓延，等消防部门得知火灾情况，为时晚矣。从深层次分析，绝大多数酒店发生的火灾引起的重大后果，均是由于对消防管理不善而酿成的。

 知识链接 12-3

火灾的通报

1. 酒店内部通报

发生火灾时，酒店要向客人发出通报，要求客人迅速撤离客房，但考虑到在这种情况下人们特殊的心理状态，为避免因恐慌而造成更多的伤亡，通报应采用一定的方法和步骤。①一次通报。通过安装在客房床头柜上的广播向客人通报紧急事态的发生及疏散的方法。这时，防灾中心最好采用预先录制好的磁带用不同的语言播放通报的内容，以免因播音员以激动的语气向客人通报"火"灾而引起恐慌。在通过广播进行通报的同时，应由酒店保卫人员及服务员对各客房逐个通知。为了使疏散工作顺利进行，通报应按步骤进行。首先向起火层报警；再向其上一、二层报警；然后通报上面其他楼层；最后通报起火层以下各层。②二次通报。鸣警铃，进行全楼报警。

2. 报警

如火情严重，应立即拨打119报警。报警时要讲清以下事项：酒店的名称、地址；什么东西着火；哪一层楼着火；报警人的姓名和电话号码。报警后应派人到门口或路口等候并引导消防车。协助消防人员进行灭火，力争将酒店财产损失降低到最低。

12.3.3 火灾的预防

随着酒店业的发展和不断增长，火灾隐患问题尤为严重。由于众多的因素会导致火灾发生，给酒店及客人带来灾难性的后果，因此采取有效措施进行火灾的预防显得尤为重要，通常通过以下几种方法进行火灾的防范。

1. 建立并加强消防管理制度

酒店应当根据各自的特点，建立一套适合本酒店的消防管理制度和方案，包括各部门的消防管理制度、消防安全检查制度、各级防火责任制、各部门的防火预案等。此外，酒店还要定期检查存在的消防隐患，一旦发现问题要及时整改。

2. 加强对员工的消防培训

按照国家的有关规定，酒店应当对员工进行消防安全培训，增强其防火意识。酒店建成开业后，要对新上岗的员工进行安全培训，只有经考试合格才能上岗工作。酒店应该教会他们使用消防设施与设备，并使他们懂得在火灾发生的非常时刻，自己的职责是什么，同时，组织消防知识竞赛，必要时，还可利用经营淡季组织消防演习。当然，为了做好这项工作，酒店经营者本身必须统一思想，提高认识，这样才能给防火工作以足够的重视。酒店还应当对员工进行定期消防培训，并组织全体员工进行消防演练。

案例分析 12-2

员工自身的防火意识

小王是某四星级酒店客房部的服务员。上早班时要用尘布进行公共区域卫生的清洁。这天领来的尘布很大，为了使用方便她想把尘布剪开，可是当时没有工具，她就想用火柴把尘布烧一个口再撕开。尘布的边烧开后，她随手把火柴梗扔进工作车的垃圾袋中，正在她撕布时，垃圾袋燃烧起来了。恰好工作间内有水管，她快速地把火浇灭了。事后，由于事故严重，酒店对她进行了一定的处罚。

分析：①这场火被及时扑灭了，否则后果不堪设想。工作间内大多是布件等易燃物品，假如没有水管，那么这根小小的火柴就可能引发一场大火，不仅会烧毁设备与物资，而且会危及客人的安全，造成的损失将是不可估量的。②岗前培训时，服务员应该都受过安全教育。往往工作时间久了，思想就容易麻痹，防火等安全意识也随之淡薄，总觉得不会出事。这种麻痹思想就是最大的事故隐患。这场火完全是服务员缺乏安全意识、疏忽大意引起的。

3. 配备合格的消防设施与器材

为了防止火灾的发生，酒店在建设时就应选用适当的建筑材料，设计、安装必要的防火设施设备，如自动喷水灭火装置及排烟设备等。像太平门、安全通道在一般酒店都是必不可少的，需要强调指出的是，在紧要关头，设置在楼房外面的露天楼梯往往会起特别的作用。除了安全通道以外，大酒店还应在客房部安装急用电梯，并在客房内安装烟感报警器。因为客房中被褥等物起火时，开始多产生大量浓烟，客人往往在熟睡中就中毒昏迷，这时，烟感报警器就会发挥作用。针对电器设备起火这一现象，酒店在各种电路系统中应设保险装置，并安装防火报警装置。

12.4 前厅客房网络安全管理

随着网络的高速发展，网络安全问题已经引起了大家的高度关注。要保证网络安全，就需要进行网络安全建设。国内很多酒店的网络安全状况令人担忧：一方面是网络本身的安全问题；另一方面是酒店缺少专业的网络管理人员，不知道该怎样进行酒店的网络安全体系的设计。

酒店网络安全所面临的威胁从源头上讲，分为外部威胁和内部威胁两个方面，并且80%以上的信息安全事故为内部人员和内外勾结所为，因机密信息泄露而遭受损失，而且呈上升趋势。酒店网络所面临的安全威胁从系统上讲大体可分为两种：一是对酒店网络本身的威胁，二是对酒店网络中信息的威胁。对网络本身的威胁包括对网络设备和网络软件系统平台的威胁；对网络中信息的威胁除了包括对网络中数据的威胁外，还包括对处理这些数据的信息系统应用软件的威胁。

12.4.1 酒店与客人对网络的需求

酒店与客人有着一些对网络共同的需求。客人对网络的需求：良好的客房网络办公环境；酒店前厅等的灵活上网接口；网络应有优秀的安全预防措施，抵御网络病毒攻击。酒店自身对网络的需求：网络资源使用效率最大化；避免网络瘫痪，更快速地解决网络问题；酒店规模在扩大，需要保证门店与总部之间的实时联系安全快速；部门增多，敏感部门的核心资料需要保证非授权无法访问。

一个看起来安全的网络有可能充满了很多的安全隐患。一个现成的网络体系结构并不能适应任何酒店环境，要根据具体的环境进行网络安全的设计，根据酒店网络的实际应用情况，提出4个主要的网络部分需要保护：有线接入网络、无线链接网络、虚拟专用网络（virtual private network，VPN）及互联网访问。

1. 有线接入网络

有线接入网络是指利用非屏蔽双绞线进行线连接的有线网络。该网络又分为两部分：办公区域网络和用户区域网络。办公区域是酒店的内部管理人员所在的区域，而用户区域是指顾客休息的区域。两个区域虽然在物理上可以不分，但是在网络的设计上必须加以区分，而且在使用内部网络资源的权限上也必须加以区别。

2. 无线链接网络

在酒店环境下，传统的局域网已经不能满足使用的需求，必须通过无线网络来给顾客提供上网的服务。例如，在会议室、茶座、前厅和餐厅，传统的网络布线有很大的难度，而且会造成环境的不美观，而采用无线接入的方式，人们不需要再考虑网线的长短，也没有必要在一个地方不移动，无线网络体现了移动的特点，这样顾客能在酒店的任何地方上网。

3. VPN

一些顾客会使用远程连接来连接自己公司内部的局域网，而酒店的领导出差时也需要利用远程链接来进行远程办公。所以为顾客提供远程链接服务是酒店网络必须提供的功能。目前主要的远程链接方式有VPN和拨号链接，而用得最多的则是VPN。VPN是将互联网作为计算机网络主干的一种网络模式，在网络系统建立虚拟信道，用户能通过该信道来连接一些公司的内部网络。VPN会加密用户的敏感信息，并且要经过严密的认证，由此提供安全的远程接入。

4. 互联网访问

酒店使用一台服务器作为酒店对外宣传的平台，在该平台上部署酒店对外宣传等信息，顾客可以通过互联网查找酒店的相关情况。除此之外，该服务器还部署了客房预订等服务。

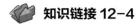 **知识链接 12-4**

酒店网络的信息安全

网络环境下的信息安全体系是保证信息安全的关键,包括计算机安全操作系统、各种安全协议及安全机制(数字签名、信息认证、数据加密等),直至安全系统,其中任何一个安全漏洞便可以威胁全局安全。

1. 信息安全

信息安全指信息网络的硬件、软件及系统中的数据受到保护,不因偶然的或者恶意的原因而遭到破坏、更改、泄露,系统连续可靠、正常地运行,信息服务不中断。信息安全主要包括以下5个方面的内容,即需保证信息的保密性、真实性、完整性、未授权拷贝和所寄生系统的安全性。其根本目的就是使内部信息不受外部威胁,因此信息通常要加密。为保障信息安全,要求有信息源认证、访问控制,不能有非法软件驻留,不能有非法操作。

2. 信息安全的威胁

信息安全的威胁来自方方面面,这些威胁根据其性质,基本上可以归结为以下几个方面。①信息泄露:保护的信息被泄露或透露给某个非授权的实体。②破坏信息的完整性:数据被非授权地进行增删、修改或破坏而受到损失。③拒绝服务:信息使用者对信息或其他资源的合法访问被无条件地阻止。④非法使用(非授权访问):某一资源被某个非授权的人使用,或以非授权的方式使用。⑤窃听:用各种可能的合法或非法的手段窃取系统中的信息资源和敏感信息。例如,对通信线路中传输的信号搭线监听,或者利用通信设备在工作过程中产生的电磁泄漏截取有用信息等。⑥业务流分析:通过对系统进行长期监听,利用统计分析方法对如通信频度、通信的信息流向、通信总量的变化等参数进行研究,从中发现有价值的信息和规律。⑦假冒:通过欺骗通信系统(或用户)达到非法用户冒充、成为合法用户,或者特权小的用户冒充、成为特权大的用户的目的。我们平常所说的黑客大多采用的就是假冒攻击。⑧旁路控制:攻击者利用系统的安全缺陷或安全性上的脆弱之处获得非授权的权利或特权。例如,攻击者通过各种攻击手段发现原本应保密,但是却又暴露出来的一些系统"特性",利用这些"特性",攻击者可以绕过防线守卫者侵入系统的内部。⑨授权侵犯:被授权以某一目的使用某一系统或资源的某个人,却将此权限用于其他非授权的目的,也称"内部攻击"。⑩抵赖:这是一种来自用户的攻击,涵盖范围比较广泛,如否认自己曾经发布过的某条消息、伪造一份对方来信等。⑪计算机病毒:这是一种在计算机系统运行过程中能够实现传染和侵害功能的程序,行为类似病毒,故称作计算机病毒。⑫信息安全法律法规不完善:由于当前约束操作信息行为的法律法规还不完善,存在很多漏洞,很多人打法律的擦边球,这就给信息窃取者、信息破坏者以可乘之机。

12.4.2 影响酒店网络安全的因素

影响酒店计算机网络安全的因素很多,主要是来自人为的无意失误、恶意攻击和网络软件系统的漏洞3个方面的因素。酒店网络管理员在这方面不仅肩负重任,而且面临越来越大的压力。用户安全意识不强,不按照安全规定操作,如口令选择不慎,将自己的账户随意转借他人或与他人共享,都会给酒店网络安全带来威胁。

人为的恶意攻击是目前计算机网络所面临的最大威胁。人为的恶意攻击又可以分为两类:一类是主动攻击,即以各种方式有选择地破坏系统和数据的有效性和完整性;另一类是被动攻击,即在不影响网络和应用系统正常运行的情况下,进行截获、窃取、破译,以获得重要机密信息。这两种攻击均可对计算机网络造成极大的危害，导致网络瘫痪或机密泄漏。另外，许多软件都存在编程人员为了方便而设置的"后门"。这些漏洞和"后门"恰恰是黑客进行攻击的首选目标。

1. 黑客恶意攻击

黑客是人们对那些利用所掌握的技术未经授权而进入一个计算机信息网，以获取个人利益、故意捣乱或寻求刺激为目的的人的总称。黑客可分为政治性黑客、技术性黑客和牟利性黑客3种。无论是哪一种黑客，其对信息系统的破坏都是不可忽视的。对于酒店网络来说，也避免不了深受其害，酒店内部办公网及酒店信息同样也会遭受黑客的攻击。

案例分析 12-3

2008年，全球连锁酒店集团最佳西方酒店（Best Western）得知，其网上预约系统遭黑客入侵，据报过去12个月曾入住该集团酒店的800万名顾客资料可能外泄。被盗资料包括住址、电话及信用卡资料，并已在一个由俄罗斯黑帮控制的地下网站出售，估计黑市价值28亿英镑。据报入侵者来自印度，他利用木马程序入侵集团计算机盗取资料。最佳西方酒店是全球单一品牌最大的连锁酒店集团，在全球80个国家和地区拥有超过4 000间酒店。同样，会员人数超过1 650万人，酒店总数逼近600家，在美国纽约证券交易所上市的7天连锁酒店集团（7 Days Group Holdings Limited）无疑是国内经济型连锁酒店集团的龙头企业之一。2010年8月，国内安全圈就传出了7天连锁酒店官方网站被攻破，会员资料数据库被刷走的消息。

分析：①客人不愿再住。作为会员，把身份证甚至信用卡号码等隐私信息放在最佳西方酒店与7天连锁酒店，就有权知道自己的个人信息是否安全，现在黑客从之前的攻击、篡改内容改为刷库，一旦数据库被刷走，用户的信息就会被盗用，甚至还会出现利用多个数据库交叉对比，分析用户行为来实施更高级的诈骗。②不该存的信息不要存。对于网站来说，没有所谓百分之百的安全，网站应该做的是有意识地保护客户的重要信息。例如，以前电子商务网站里面可能会有非常详细的信用卡信息，包括卡号、用户名、地址、有效期、校验码等，但是现在大型的电子商务网站很少会将这些东西存在数据库了。对于电子商务网站来说，涉及信用卡支付应该是银行的事情，网站只要知道是否支付成功就行了，不需要记录完整的信息，凡是不需要的信息，都不需要保存。

2. 软硬件的漏洞

软硬件的漏洞主要是指在硬件、软件、协议的具体实现或系统安全策略上存在的缺陷，从而可以使攻击者能够在未授权的情况下访问或破坏系统。入侵者只要找到复杂的计算机网络中的一个缝，就能轻而易举地闯入系统。所以，了解这些缝都有可能在哪里，对于修补它们至关重要。

对于酒店网络来说，软硬件的"漏洞"主要来自软件在设计编程时的一些漏洞与硬件网络设计方面的一些漏洞。在进行酒店网络产品的设计与开发时，要充分考虑到病毒的防范，如数据库与酒店应用软件的安全漏洞，软件的非法使用及口令设置的安全漏洞等。硬件网络设计主要指网络拓扑结构和网络硬件的安全设计。例如，网络硬件路由器，大量用于广域网络，而路由器受目前技术及性能方面的限制，其本身的安全性也较差。

3. 酒店内部管理漏洞

和来自酒店网络外部的威胁相比，来自酒店内部的网络威胁和攻击更难防范。而且内部威胁是网络安全威胁的主要来源。信息系统内部缺乏健全的管理制度或制度执行不力，给酒店内部工作人员和犯罪留下机会，其中以酒店网络系统管理员和安全管理员的恶意违规和犯罪造成的危害最大。内部人员私自安装拨号上网设备，绕过系统安全管理控制点；利用隧道技术与外部人员内外勾结犯罪，也是防火墙和监控系统难以防范的。因此，更要加强对酒店网络内部的管理。

4. 无线网络的攻击安全

由于无线网络的随意性与方便性，越来越多的人喜欢无处不在地使用无线网络，同时无线网络的安全问题也就无处不在。攻击无线网络的目的通常不是为了破坏无线网络本身，而是通过无线网络找到一个攻击有线网络的切入点。而很多商务人士在任何场所使用他们的移动设备时，并没有采取任何安全措施，包括在酒店住店期间更不例外。

一个成熟的防火墙能为有线网络提供相当多的保护。但如果在防火墙的后面有一个不安全的无线接入点，就相当于在防火墙后面装了一个后门，随时可能泄露整个网络的秘密。Wi-Fi连接，数据通常在没有加密的情况下，通过空中在移动设备和酒店房间附近的无线接入点之间进行连接和通信，这样即便是远在酒店外面停车场的黑客，也可以轻易地捕捉到信息。当然，对于很多商务人士来说，在酒店时，通过增加安全措施来使用Wi-Fi服务还是很值得的，因为很多人喜欢在整个房间的任意地点放松地收发邮件并浏览网页的感觉。

5. 网络服务引起的安全问题

网络服务是酒店网络信息系统的重要组成部分，如酒店网络预订系统等，在这些网络服务中，有些仅仅是为了方便网络用户平时对于网络及主机系统的使用和管理，有些则是酒店网络中不可缺少的应用，甚至有些网络服务本来就是酒店网络目标之一。目前，常用的网络服务包括WEB、MAIL和FTP等，酒店网络系统通过WEB服务向内或者向外进行信息的发布，通过MAIL进行电子硬件的发送和接收，通过FTP实现文件的共享和传送。此外，主机系统及网络设备上开放的TELNET等服务则较大限度地方便了系统管理员对于主机系统和网络设备的管理和使用。

酒店网络中开放的这些网络服务，在给用户提供对于网络使用的方便性同时，也带来很多影响网络安全的因素。例如，曾经在2006年，美国一家著名的投资公司富达国际投资表示，该公司员工在外地出差时，在某酒店使用笔记本式计算机进行无线上网时数据被窃取，这些丢失的数据包括约196 000名客户的一些敏感的个人信息。这起事件引起不少首席信息官的反思和高度警惕。

12.4.3　保证酒店网络安全的措施

保证酒店的网络安全是一项长期的工作，其安全伴随着网络的存在。可以通过提高安全防范意识及通过一些网络技术手段来增强酒店网络的安全。可以采用物理措施，如网络设备、交换机、防火墙、网关等，并且制定严格的网络安全规章制度；在访问控制上，对用户访问网络资源的权限进行严格的认证和控制，如对用户的身份认证，使用网络时要求输入口令、密码，并设置用户访问目录和文件的权限，控制网络设备配置的权限等；还可以通过数据加密，这样的加密是保护数据安全的重要手段。

1. 制定严格的网络安全制度

为加强酒店网络安全管理，保障酒店网络系统的正常运行，确保酒店网内信息安全，根据《计算机信息网络国际联网安全保护管理办法》《计算机信息系统国际联网保密管理规定》和国家有关法律、行政法规的规定，制定适合本酒店的严格的网络安全管理制度。

2. 提高安全防范意识

拥有网络安全意识是保证网络安全的重要前提。许多网络安全事件的发生都和缺乏安全防范意识有关。一方面是酒店内部人员要加强网络安全防范意识，工作人员要在自身权限范围内使用网络，保证信息不泄露给未经授权的人；另一方面，客人在住店期间也要有较强的网络安全意识，避免网络不法分子有可乘之机。

提高安全防范意识需要全面地了解整个酒店网络系统，评估系统安全性，认识到自己酒店网络的风险所在，这样才能够迅速准确地解决酒店内网安全问题。我们可以用一些工具软件来检测。例如，由安天实验室自主研发的国内首款创新型自动主机安全检查工具，可以对内网的计算机进行全面安全检查，并对评测系统进行强有力的分析处置和修复。

3. 防火墙技术

防火墙这块网络防御的基石，如今对于稳固的基础安全来说，仍然十分需要，对于酒店网络来说，更是必不可少的。如果没有防火墙屏蔽有害的流量，那么酒店保护自己网络资产的工作就会成倍增加。防火墙必须部署在酒店的外部边界上，但是也可以安置在企业网络的内部，保护各网络段的数据安全。在企业内部部署防火墙还是一种相对新鲜但却很好的实践。之所以会出现这种实践，主要是可以区分可信任流量和有害流量的任何有形的、可靠的网络边界正在消失的缘故。旧有的所谓清晰的互联网边界的概念在现代网络中已不复存在。最新的变化是，防火墙正变得越来越智能，颗粒度也更细，能够在数据流中进行定义。如今，防火墙基于应用类型甚至应用的某个功能来控制数据流已很平常。举例来说，防火墙可以根据来电号码屏蔽一个生成树协议（spanning tree protocol，SIP）语音呼叫。

4. 安全路由器

FW（fire wall，防火墙）、IPS（inplane switching，平面转换）、QoS（quality of service，服务质量）、VPN 等路由器在网络中几乎到处都有。按照惯例，它们只是被用来作为监控流量的交通警察而已。但是现代的路由器能够做的事情变得更多了。路由器具备了完备的安全功能，有时甚至要比防火墙的功能还全。今天的大多数路由器都具备了健壮的防火墙功能，还有一些有用的入侵检测系统（intrusion detection system，IDS）与入侵防御系统（intrusion prevention system，IPS）的功能，健壮的 QoS 和流量管理工具，当然还有很强大的 VPN 数据加密功能。这样的功能列表还可以列出很多。现代的路由器完全有能力为网络增加安全性。而利用现代的 VPN 技术，可以相当简单地为企业广域网（Wide Area Network，WAN）上的所有数据流进行加密，却不必为此增加人手。有些人还可充分利用到它的一些非典型用途，如防火墙功能和 IPS 功能。打开路由器，就能看到安全状况改善了很多。这对于酒店网络中所有的结点与计算机来说，都是保证其安全运行的前提。

5. 邮件安全

邮件是最易受攻击的对象。病毒、恶意软件和蠕虫都喜欢利用邮件作为其传播渠道。邮件还是人们最容易泄露敏感数据的渠道。除了安全威胁和数据丢失之外，我们还会遇到没完没了的垃圾邮件。今天，约 90% 的邮件都是垃圾邮件。而好的邮件安全解决方案就能够挡住垃圾邮件，过滤恶意软件。假如你的现有邮件系统接收了大量的垃圾邮件，那么通过这些邮件你可能被恶意软件感染的机会就大。所以，邮件安全解决方案的思路就是，邮件安全网关中的反垃圾邮件功能应该是一个重点，也是一个邮件系统产品的核心竞争力。

6. WEB 安全

来自 80 端口和 443 端口的威胁比任何其他威胁都要迅猛。有鉴于基于 WEB 的攻击越来越复杂化，所以酒店必须部署一个健壮的 WEB 安全解决方案。多年来，我们一直在使用简单的统一资源定位符（uniform resource locator，URL）过滤，这种方法的确是 WEB 安全的一项核心内容。但是 WEB 安全还远不止 URL 过滤这么简单，它还需要有注入反病毒软件（anti virus，AV）扫描、恶意软件扫描、IP 信誉识别、动态 URL 分类技巧和数据泄密防范等功能。攻击者们正在以惊人的速度侵袭着很多高知名度的网站，假如我们只依靠 URL 黑白名单来过滤，那我们可能就只剩下白名单的 URL 可供访问了。任何 WEB 安全解决方案都必须能够动态地扫描 WEB 流量，以便决定该流量是否合法。

此外，还有其他的措施，如信息过滤、容错、数据镜像、数据备份和审计等。近年来，不少的网络安全厂商都围绕网络安全问题提出了许多解决办法，如梭子鱼网络有限公司、华为技术有限公司、思科系统公司等。它们通过一系列的技术手段在数据上加密或对网络中传输的数据进行加密，到达目的地后再解密还原为原始数据，目的是防止非法用户截获后盗用信息。

12.5 其他意外事故的防范与处理

前厅与客房的安全管理，除了做好防火、防盗及网络安全管理工作之外，还必须切实做好涉及员工、客人的其他意外事故的防范处理工作。

12.5.1 日常工作中意外事故的防范

在日常工作中，前厅部与客房部工作人员要时刻注意自身安全和客人安全，以免给酒店带来不必要的损失。因此，前厅部与客房部除了要加强设施设备的日常维修保养外，还必须对员工进行职业安全培训，培养员工的职业安全意识。员工在工作中应增强责任心，细心观察，严格遵守有关安全操作规程，保障安全，避免意外事故的发生，主要应注意以下几个方面。

（1）特别留意是否有潜在危险情况，如清洁设备有无损坏、走道或楼梯照明是否不良等。如有，应尽快通知工程维修人员前去修理，以免发生危险，发现工作区域地面湿滑或者有油污，应立即清理干净，以防客人或者其他员工滑倒。

（2）清扫时如发现玻璃或茶杯有裂口或者崩口，应立即更换，处理时注意与垃圾分开，以免伤到其他人；洗地毯或者擦地时，留意是否会弄湿插座，避免触电；家具或地毯上如有尖物应立即拔去；清洁卫生时，注意查看有无用过的剃须刀片，如有应妥善处理，不可将手伸进垃圾桶或垃圾袋内，以免尖利物品刺伤手。

（3）员工制服不易太长，以免绊倒；使用清洁剂，应戴橡胶手套，以免腐蚀皮肤。

（4）在公共区域放置的工作车、吸尘器、洗地机等，应尽量靠边放置并留意有无电线绊倒的可能性。

示例链接 12-1

三亚喜来登度假酒店的员工安全守则

员工必须遵守酒店所制定的各种安全措施。在工作中遵守安全守则，是每位员工的职责。员工必须留意工作环境中的任何潜在的危险，一旦发现情况立即报告直属上级；员工不能在酒店内奔跑，应保持稳健的步态；员工应用双手推车；使用梯子或登高工具够取高处物品或进行高处作业；禁止使用破损工具及设备，以免造成损伤；提举重物须用双手。弯曲膝盖，用双腿的力量而非用背部搬取重物；必须遵守指定区域的"禁止吸烟"告示；所有工具，必须做到安全保管。未经许可，不得擅自修理破损或有故障的机电设备。

员工如发现任何不安全的工作情况及操作程序，应立即向部门主管报告，无论工伤的事故或伤害如何轻微，员工都应立即报告，任何伤害事故以事故报告的形式上报部门经理。注意：员工应随时保持小心和警觉，在执行任务前，如对安全方法有任何疑问，应立即请示上级主管，不能猜测或臆断。

12.5.2 其他意外事故的处理

1. 住客死亡的处理

住客死亡是指客人在住店期间因病死亡、意外死亡、自杀、他杀或者其他不明原因的死亡。住客死亡多发生在客房。楼层服务员要提高警惕，发现客人或客房有异常情况要多留心，及时报告管理人员。例如，客人连日情绪不佳，沉默不语；客房长时间挂"请勿打扰"牌；房内有异常动静；访客离去后却再也不见客人出来，房内久无声响等。对怀疑有自杀倾向的客人，尤其要多留意观察。

一旦发现有客人在客房内死亡，应立即报告客房部经理、总经理、保安部等有关方面，双锁房门，由保安部报告公安机关并派人保护现场，等候调查，不允许任何人接近现场。如调查验尸，证实客人属正常死亡，经警方出具证明，由酒店通知死者家属并协助处理后事。如认定属非正常死亡，酒店应积极协助调查。客房楼层服务员与客人接触较多，应密切配合调查取证，尽可能地提供线索，同时也要注意保密。因为这种事情扩散出去，不仅会使其他客人产生恐慌，影响酒店声誉，而且会给侦破工作造成难度。经抢救无效死亡的，可由在场医生出具证明。若客人有遗留的财物，客房部要列明清单由专人保管，待家属领取。公安机关因侦破需要而带走物品，也要记录和经手人签字。

 案例分析 12-4

99 粒安眠药

一日，一男一女找到酒店前厅部经理，要求查找一刘姓女士，男士自称是刘女士的弟弟。前厅部经理根据酒店为客人保密的惯例进行处理，先打电话到刘女士的房间，无人接听，遂转告："客人房间无人接听。"随后，男士出示一封刘女士的遗书，上面写明："在离开这个世界的时候，将要入住在本市最好的酒店。"总台接待立即通知酒店安全部，安全部接报后，一边接待客人并安排在前厅酒吧，同时稳定客人的情绪，一边根据总台提供的刘女士的房号迅速派人员赶赴房间，发现刘女士已服安眠药，呈半昏迷状态（后证实其服用了99粒安眠药和一瓶洋酒）。安全部人员遂通知其在前厅等待的亲属赶到现场，同时通知酒店的值班汽车在停车场待命。当亲属赶到现场时，会同安全人员将刘女士通过员工电梯运送到地下停车场，迅速送往医院抢救。客房部服务人员赶到现场，同安全人员和刘女士亲属对现场物品进行清理，并做好详细认证登记，随后清理现场。

刘女士经抢救脱险，前厅部经理带鲜花到医院看望，财务部清理客人账单，并将余额退还其亲属。从刘女士的亲属进店查找到离店送往医院抢救，整个过程经酒店监控系统记录为23分钟，这为抢救刘女士的生命赢得了宝贵的时间，避免了严重的后果。

分析：案例中酒店对服药自尽的客人实施了及时有效的抢救，得益于制定了一套应急程序并在突发事件中发挥了作用，保证了整个抢救过程有条不紊地进行。酒店易发的突发事件包括入住客人的猝死、坠楼（自杀）、盗窃、诈骗、凶杀、客人醉酒导致中毒等。酒店应设置有效的应急程序，以应对紧急事态的发生。应急程序是正常程序在紧急状态下的延续，是维护酒店在非常态下运行的保证。正常程序在紧急事态下转换为应急程序时的衔接必须简单易行，在紧急状态结束后，应急程序应迅速恢复到正常程序。

2. 住客违法行为的预防

由于客房具有高度的私密性，一些人会利用这一点在客房内从事违法乱纪活动，如赌博、吸毒、贩毒、抢劫等。为了防止这类事件的发生，酒店要做如下几个方面的工作。①加强对客人的宣传。例如，在"住客须知"上明确规定住客在客房内的哪些做法是被禁止的，以起到警示作用。②加强对员工的安全教育。加强客房部服务员的安全教育，提高其识别、判断和处理问题的能力。③加强监督检查。客房部员工要对住客给予细微的关心和帮助，也要注意进行监督和控制，一旦发现问题应及时报告。

3. 停电事故的处理

酒店一旦停电，会给客人带来极大不便，更会引起客人不满，给酒店带来较坏的影响。停电事故可能是外部供电系统引起的，也可能是由酒店内部供电系统故障导致的，还可能是由一些不可预料的因素造成的。因此，酒店应制定应急方案，一旦发生停电事故，能够立即自行启动紧急供电装置供电，同时要做好客人解释工作及安全防范。发生停电事故后，楼层员工应从容镇静，沉着指挥，具体做法如下。①立即打开应急照明灯，帮助客人迅速回到自己房间，稳定客人情绪，告诉客人是临时停电，酒店正在积极采取措施排除故障，请客人锁好房门，在房间安心等候。②所有员工要镇静地坚守岗位，密切注意楼道口、电梯口、安全出口、库房等处，防止有人趁机行窃。③管理人员要立即到楼层加强巡视。

4. 自然灾害的预防

很多自然灾害都会给人类带来不可估计的灾难，如雷雨、地震、台风等。酒店要把预防自然灾害作为一项安全计划，防患于未然，做到尽量减少自然灾害给酒店造成的损失，前厅部与客房部也要有相应具体的安全计划。①前厅部与客房部及其各工作岗位在发生自然灾害时的职责与具体任务。②应当准备的各种应付自然灾害的设备和器材，并定期进行检查，保证其时时处于完好适用状态。③必要时的紧急疏散计划。

本章小结

前厅客房安全是指客人在前厅与客房范围内，其人身、财产及正当权益不受侵害，也不存在可能导致侵害其人身、财产及其正当权益的因素。酒店必须要保证客人在住店期间的各项安全。

防盗是前厅客房安全管理工作的一项重要内容。为保障客人、酒店和员工的财物不受损失，前厅与客房管理中必须严格执行各项安全规定，加强客人与员工的防盗意识，防止各种失窃事件的发生。

发生火灾的直接原因虽然很多，但更重要的是酒店经营者对消防工作重视不够，存在侥幸心理，为了防止酒店发生火灾带来严重的灾害，必须要采取有效措施进行预防和加强日常管理。

国内很多酒店的网络安全状况令人担忧：一方面是网络本身的安全问题；另一方面，酒店缺少专业的网络管理人员，不知道该怎样进行酒店的网络安全体系的设计。

📖 **国际酒店赏鉴**

安全化是酒店持续发展的有力保障

美国对酒店消防安全极为重视。1980年拉斯维加斯米高梅大饭店火灾发生后,美国联邦、州和地方政府加大了对酒店的消防安全监管,实行了更严格的消防安全标准。酒店业也自觉地开展了行业自律,积极推广应用自动喷水灭火、火灾自动报警技术和阻燃装饰材料。

他们对消防安全管理的主要做法如下。

一是制定和施行了严格的消防安全法规、标准,如内华达州强制要求所有建筑高度超过16.7米的酒店和3层及3层以上的新建建筑安装自动喷水灭火系统。

二是全面推广应用火灾报警、自动喷水灭火技术。在米高梅大饭店火灾后的30年里,拉斯维加斯市又发生过几百起高层酒店火灾,但得益于自动喷水灭火系统等完善有效的建筑消防设施,再未因火灾导致人员死亡。

三是消防部门加强对酒店从建设到使用的监督管理。米高梅大饭店火灾发生后,内华达州各地的消防部门开始聘用建筑消防安全方面的专业人员,介入新建项目消防设施和安全疏散设施的设计审查,并对施工现场开展监督检查,从源头上提高了建设工程的消防安全水平。同时,美国各地消防部门在防火检查中也将酒店作为重点,美国消防协会专门制定了涵盖25个问题的酒店消防安全检查项目清单,明确了酒店消防安全检查的重点。

四是酒店住宿业自觉开展消防安全行业自律。希尔顿、万豪、凯悦等酒店管理集团要求在美国以外开设的酒店也必须达到美国本土的消防安全条件,对于不拥有产权的加盟店也不例外,从而促进了先进的酒店消防安全管理标准在世界范围的推广,也促进了国际酒店业消防安全水平的整体提高。从我们参观的一些酒店来看,安全提示和应急处置提示都很醒目,防毒面罩和逃生器材摆放有序,公共区域的消防器材均存放在方便取用的位置,并有详细的检查记录。

五是加强员工和顾客的逃生能力培训。美国酒店定期组织员工进行应急演练,并且发动住店的客人参与。

酒店人员密集、流动性大,而且建筑结构复杂、可燃及易燃装饰材料多、用火用电集中,一旦发生火灾,极易造成重大人员伤亡事件。美国酒店业对消防安全的重视及其管理体制和酒店行业的自律机制值得我们学习与借鉴。

 复习思考题

一、简答题

1. 引起火灾发生的主要原因是什么?应如何预防?
2. 发生火灾时员工的职责是什么?
3. 发生在前厅的主要安全事故有哪些?
4. 发生在客房的主要安全事故有哪些?

二、实训题

1. 模拟酒店发生火灾,前厅部与客房部各岗位该如何应对?
2. 请制定一份客房部的安全管理责任制度。

前厅客房人力资源管理

13

教学目标

知 识 要 点	能 力 要 求	重 点 难 点
前厅客房员工编制计划	（1）掌握编制定员的原则 （2）熟悉编制定员的程序 （3）掌握确定岗位数和员工数的方法 （4）熟悉明确岗位职责和员工素质	重点：前厅客房编制定员的方法 难点：前厅客房员工素质
前厅客房员工的招聘	（1）掌握外部招聘和内部招聘的优缺点 （2）掌握招聘的注意事项	重点：招聘的原则 难点：外部招聘、内部培养
前厅客房员工的培训	（1）掌握培训的方法 （2）能够科学合理安排培训	重点：前厅客房培训的内容 难点：前厅客房培训的方法
前厅客房员工的绩效考核和激励	（1）掌握日常考核的内容 （2）能够科学、合理地组织工作评估 （3）掌握激励员工的方法	重点：前厅客房激励中应注意的问题 难点：前厅客房薪酬管理的方法

转怒为喜的客人

正值秋日旅游旺季，有两位外籍专家出现在上海某酒店的总台前。当总台服务员小刘查阅了订房登记录后，简单地对客人说："最近客房订得很满，你们只能住一天。"客人听了就不高兴地说："接待我们的公司为我们预订客房时，曾问过我们住几天，我们说打算住三天，怎么会变成一天了呢？"小刘机械地说："我们已经告诉他们只能订一个晚上的房间，你们有意见可以向公司方面的人提。"客人此时更加火了："我们要解决住宿问题，根本没有兴趣也没有必要去追究预订客房的差错问题。"值班经理闻声而来，首先向客人表明他是代表酒店总经理来听取客人意见的，他先让客人慢慢地把意见说完，然后以抱歉的口吻说："你们所提的意见是对的，眼下追究接待单位的责任看来不是主要的。这几天正值旅游旺季，双人间客房连日客满，我想为你们安排一处套房，请你们明后天继续在我们酒店做客，房费虽然高一些，但设备条件还是不错的，我们可以给你们九折优惠。"客人觉得值班经理的表现还是诚恳、符合实际的，于是应允照办了。当客人在心理上产生不快和恼怒时，值班经理首先稳定客人情绪、倾听客人意见，婉转地加以解释，用协商的方式求得问题的解决，让客人感到满意又符合情理，酒店的服务算得上出色成功了。

问题： 如何做好服务员的培训工作？怎样才能让他们在对客交流中抓住客人的心理需求？

对前厅部与客房部管理人员而言，其日常管理的中心工作主要是对人员的管理。因为人才是经营之本，没有高素质的员工队伍，管理者的一切管理行为就无法得到切实的贯彻落实，而成为空洞的说辞，所以人力资源管理对前厅部与客房部管理者来说至关重要。前厅客房人力资源管理的主要工作，一方面是合理编制定员，另一方面是对员工的招聘、录用、培训和激励，最大限度地发挥现有人员的潜力和能力，避免浪费和滥用人力资源。

13.1 前厅客房人力资源管理概述

人力资源被称为酒店的第一资源，而前厅客房人力资源管理是通过管理前厅部和客房部人员实现经营目的的过程。前厅客房人力资源管理的重点是以人为中心的管理，与传统人事管理的差别在于人力资源管理不再把人当成一种成本看待，而是把人视为最宝贵的财富，并且是可以增值的资源。因此人力资源管理追求的效果就不能仅仅是成本的节约、绩效的改进、出勤率的提高、员工的成长与发展等，知识经济时代的酒店人力资源管理必须是更符合人性特征的管理。

13.1.1 前厅客房人力资源管理的含义

前厅客房人力资源管理就是及时、恰当地运用现代管理学中的计划、组织、领导、控制等职能，对前厅部和客房部的人力资源进行有效的开发利用和激励，使其得到最优化的组合和积极性的最大限度发挥的一种全面管理。

酒店业所说的前厅客房人力资源管理不同于传统的人事管理。前厅客房人力资源管理深受经济竞争环境、技术发展环境和国家法律及政府政策的影响，并且作为近20年来出现的一个崭新的和重要的管理学领域，远远超出了传统人事管理的范畴。

1. 前厅客房人力资源管理以"人"为核心

传统人事管理的特点是以"事"为中心，只见"事"，不见"人"，只见某一方面，而不见人与事的整体、系统性，强调"事"的单一方面的静态的控制和管理，其管理的形式和目的是"控制人"；而前厅客房人力资源管理以"人"为核心，强调一种动态的、心理的、意识的调节和开发，管理的根本出发点是"着眼于人"，其管理归结为人与事的系统优化，致使酒店取得最佳的社会和经济效益。

2. 前厅客房人力资源管理把人作为一种"资源"

传统人事管理把人设为一种成本，将人当作一种"工具"，注重的是投入、使用和控制。而前厅客房人力资源管理把人作为一种"资源"，注重产出和开发。前厅客房人力资源管理是"工具"，可以随意控制它、使用它；是"资源"，特别是把人作为一种资源，就需要小心保护它、引导它、开发它。难怪有学者提出：应重视人的资源性的管理，并且认为21世纪的管理哲学是"只有真正解放了被管理者，才能最终解放管理者自己"。

3. 前厅客房人力资源管理成为决策部门的重要伙伴

传统人事管理是某一职能部门单独使用的工具，似乎与其他职能部门的关系不大；但前厅客房人力资源管理却与此截然不同，实施人力资源管理职能的各组织中的人事部门逐渐成为决策部门的重要伙伴，从而提高了人事部门在决策中的地位。

13.1.2　前厅客房人力资源管理的目的

前厅客房人力资源管理就是一个人力资源的获取、整合、保持激励、控制调整及开发的过程。通俗点说，前厅客房人力资源管理主要包括求才、用才、育才、激才、留才等内容和工作任务。前厅客房人力资源管理的目的如下。

1. 建立一支专业化的员工队伍

酒店要正常运营并取得良好的经济效益，不仅要有与酒店各个岗位相适应的员工数量，而且这些员工的素质要符合酒店业务经营的需要。任何一家酒店想要在竞争中取胜，就必须重视造就一支专业化的员工队伍。简单地说，专业化的员工是指具有酒店服务意识和良好职业习惯的员工。专业化的员工队伍是不会自发形成的，必须通过管理者有意识地挑选、培养和激励，即进行人力资源开发、利用和管理，并通过一定时间的熏陶和锻炼才能逐渐形成。

首先，酒店管理者要根据酒店的特点和经营发展的需要，精心挑选适合并且乐于从事酒店前厅与客房工作的员工；其次，要加强对员工的培训，不仅要进行前厅部和客房部业务技能的培训，更要培养员工的酒店服务意识和职业自豪感；再次，管理者还应通过科学的管理和有效的激励，激发员工的工作热情，最终形成一支高素质的专业化员工队伍。

2. 形成最佳的员工组合

一支优秀的员工队伍，必须通过科学的配备，才能形成最佳的人员组合，即每个人的行为协调一致，形成合力，共同完成酒店的前厅部和客房部规定的目标。否则，即使员工非常优秀，也未必能够保证取得好的成效。因此，在酒店经营管理活动中，管理者应制定明确的岗位职责，并使每位员工权责相当，能够各尽所能，形成最大的工作效能，进而形成有序、高效的前厅部和客房部。

3. 充分调动员工的积极性

人的管理实质上并非管人，而在于得人心，谋求人和事的最佳配合。正所谓"天时不如地利，地利不如人和"。因此酒店前厅客房人力资源管理的最终目标就是充分调动员工的积极性，即"得人心"。也就是通过各种有效的沟通、激励措施，发挥最佳的团队效应，创造良好的工作环境，使员工安心工作，乐于工作，最大限度地发挥员工的积极性和创造性。为达到这一目的，酒店需要建立一套科学的人力资源管理体系，包括招聘员工的程序和方法、培养制度及优化结构、发挥最佳群体效应的措施等。

13.1.3 前厅客房人力资源管理的内容

前厅客房人力资源管理的主要内容包括酒店前厅部和客房部人力资源计划的制订、招聘与录用、教育与培训、考核与激励等方面的内容。具体地说，有以下几个方面内容。

1. 人力资源计划的制订

前厅部和客房部的人力资源计划与前厅部和客房部整体的经营管理计划是紧密相连、息息相关的，通常只有当前厅部和客房部确定了经营管理目标、计划后，才制订前厅部和客房部的人力资源计划。人力资源计划建立在前厅部和客房部经营管理计划的基础上，是从人力资源方面保证前厅部和客房部经营管理计划的顺利实施。

制订人力资源计划，首先，就要根据前厅部和客房部的结构和未来经营趋势，对其所需人力资源进行需求预测；其次，分析前厅部和客房部内外人力资源的供应情况，进行人力资源的供应预测；再次，对需求预测和供应预测进行分析，以确定前厅部和客房部对人力资源的实际需求；最后，制订出具体的人力资源计划。

2. 员工的招聘与录用

员工的招聘与录用是根据人力资源计划、前厅部和客房部的经营目标及相关政策，制定出一套筛选的方法和程序，从而判断应聘者是否符合该项工作的要求。招聘与录用的最终目的是将合适的员工放在合适的工作岗位上。因此，前厅部和客房部招聘员工不应局限于部门外部，还可以在内部对符合要求的在职员工进行提升和内部调动，即内部招聘。

3. 员工的教育与培训

为使每位员工都能胜任其所担任的工作，并以最快的速度适应前厅部和客房部的工作环境，部门必须对员工进行经常性的培训。通常对操作层的员工侧重于技能方面的培训，而对于管理者则侧重分析问题、解决问题的管理能力方面的培训。培训方式通常有店内培训、外出进修、考察等。

4. 建立完善的考核奖励体系

考核是对员工完成工作目标或执行前厅部和客房部各项规定的实际状况进行考察、评估，是奖惩的依据。科学合理的考核、奖惩体系给员工指出了努力的方向，可以加强员工实现前厅部和客房部目标的积极性，又是前厅客房人力资源管理效能的反馈。

5. 建立良好的福利薪酬制度

前厅部和客房部的福利薪酬制度是前厅客房人力资源管理的重要内容，不仅直接涉及前厅部和客房部的费用支出，而且直接影响员工工作积极性的调动与发挥的程度。甚至，在很多员工看来，没有比薪酬福利更重要的问题了。因为它除了是员工生活的保障外，还是员工社会地位、资历及自身价值的具体体现，同时也意味着前厅部和客房部对员工劳动价值的认同程度。所以，前厅部和客房部应根据自身情况，选择适当的工资形式，实行合理的奖励和津贴制度，为员工提供劳动保险等福利待遇。通过建立良好的薪酬福利制度，激励员工努力工作。

6. 培养高素质管理者

前厅部和客房部的管理者的素质及工作能力对其部门员工工作积极性的调动也有重要影响。只有高素质的管理者，才有可能对员工进行有效的激励，保证前厅部和客房部的正常运转。因为他们掌握能进行有效激励的科学的领导艺术和沟通技巧，并善于通过培养企业文化、团队精神等来增强前厅部和客房部的凝聚力，激发员工的工作热情，使之乐于奉献，最终提高前厅部和客房部的经济效益与社会效益。

13.2 前厅客房员工编制计划

在人力资源管理中，确定岗位数和员工数是要根据前厅部与客房部的发展状况及日常工作任务，全面考虑影响部门人力资源需求的各种因素，对部门人力资源未来需要的数量、质量等进行管理的活动。

13.2.1 前厅客房编制定员的原则

1. 控制酒店工资费用

由于社会的不断发展，酒店员工的工资待遇不断提高，工资费用支出在酒店的运行费用中所占比例不断上升（一般占总支出费用的55%~75%）。为了降低酒店支出费用，保证酒店的整体效益，各酒店都采取定岗定编或减岗减编的措施来控制工资费用，避免出现人浮于事、机构臃肿的情况。

2. 保证酒店正常运转

编制定员不能仅仅以费用支出为标准，而首先要保证酒店的正常运转。一般酒店员工在负荷75%~85%之间可保持正常运转，一旦连续满负荷或超负荷运转，将引起服务质量下降、差错率上升、员工士气低落等不利于酒店长期利益的现象。因此为避免出现上述情况，编制定员首先要考虑酒店的正常运转。

3. 保证酒店服务质量

酒店长期可持续发展的根本在于酒店的产品质量，因此编制定员也必须以确保服务质量为前提，绝不能以牺牲服务质量来降低费用支出。

4. 充分发挥员工的潜力，提高工作效率

在保证酒店的正常运转和服务质量的前提下，前厅部各下属班组可根据自身工作特点，合理分工合作，通过各种激励方法，刺激员工发挥个人潜力，提高工作效率，减少费用支出。

13.2.2 前厅客房编制定员的程序

1. 根据经营环境，确定组织机构和岗位设置

酒店的经营环境决定了酒店类型，酒店类型又决定了服务模式和服务特色，服务模式和特色又影响了组织机构的设置，而酒店组织机构的差异将直接影响编制定员。例如，大中城市的商务酒店客流量大，但客人平均逗留时间较短，所以酒店没有明显的淡旺季和客流高峰，各岗位工作量也相对平均。城市商务酒店的组织机构必须分工细致，责任明确，人员充足。

而同为城市酒店的会议型酒店则有不同的经营特点，季节性差异明显，客流高峰集中，客人平均逗留时间较长，各岗位工作高峰差异大，可考虑酌情合并或裁减部分岗位和人员。旅游度假区的酒店则多是休闲度假型的中小型酒店，其经营特点是季节性强，客源稳定，客人平均逗留时间长，入住时间和离店时间集中且间隔较长。这些特点决定了度假型酒店可采用紧凑的组织机构，合并或裁减大多数岗位，从而最大限度地节省劳动力成本。

2. 预测各岗位工作量

在确定组织结构和岗位设置后，就可以着手预测各岗位的日平均标准工作量。各岗位的日平均标准工作量是编制定员的重要依据，综合各岗位工作量和员工的平均工作效率，就可以得出各岗位的编制定员。

各岗位工作量的测定需要综合考虑酒店规模、平均出租率、平均逗留时间和其他因素的影响，计算出酒店的日平均客流量，以此为依据得出部门各班组的日平均标准工作量。①酒店规模越大，客流总量就越大，工作量自然增加。②前厅部与客房部的工作以对客服务为主，因此酒店的平均出租率对其工作量有很大的影响，平均出租率越高，工作量就越大，反之工作量越少。平均出租率的高低表明酒店客流量的大小，而客流量的大小则同各岗位的工作量成正比。通过酒店全年平均出租率可以得出一个酒店的平均客流量基数。③客人在酒店的平均逗留时间对前厅客房的日常工作量也有较大影响，平均逗留时间越长，客流量就越小。④酒店的客源结构对客流量也有一定影响，散客比重越大，工作量越大；商务客人越多，工作量也越大。

3. 确定各岗位工作定额

工作定额是指在一定的物质、技术和管理条件下，员工发挥正常的工作效率，在单位时间内所应完成的标准工作量或为完成单位工作量所消耗的时间。工作定额的确定取决于普通员工的正常工作效率，即经过一般培训的大多数员工完成单位工作量所需的时间或在单位时间内完成的工作量。

工作定额的确定方法通常有两种，即经验预测法和技术分析法。经验预测法就是管理人员根据自己以往的工作经验，结合酒店现有的人员、设备、技术条件和管理水平，综合分析后得出的基本工作定额。这种方法简单方便，易于掌握，但预测出的工作定额准确性不高，不能保证充分利用员工的工作能力，只适用于一般服务水准的中小型酒店。大中型城市商务酒店的工作定额必须通过技术分析法来获得。技术分析法是通过科学测定各岗位员工的平均工作效率，经过分析和计算得出有效工作时间内各岗位的标准工作定额。

4. 确定各岗位人员编制

有了日工作量、员工的平均工作效率和标准工作定额，管理人员就可以着手确定各岗位的编制定员。确定岗位数和员工数，要本着节约用人、提高效率的宗旨。

在建立岗位职责制的基础上，确定岗位数和员工数的方法如下。①历史分析法。历史分析法是通过考查部门历史在位人员的数量、质量、业务量、工作量等历史数据的关系，同时，定者根据以往经验进行分析来确定岗位数和员工数的方法。②现场观察法。现场观察法也称实况分析法，即借助实地访谈、跟踪，通过现场观察、写实分析来确定部门岗位数和员工数的方法。③劳动效率定员法。劳动效率定员法是根据工作量、劳动效率、出勤率来计算岗位数和员工数的方法，主要适用于实行劳动定额管理、以手工操作为主的工种。④岗位定员法。岗位定员法就是根据组织机构、服务设施等因素，确定满足工作的岗位数量，再根据岗位职责及业务特点，考虑各岗位的工作量、工作班次和出勤率等因素来确定人员的方法。⑤比例定员法。比例定员法是指根据酒店的档次、规模，按一定比例确定人员总量；同时，以某一类人员在全员总数的比例和数量，来计算另一类人员数量的方法。这种方法是依据客房部某类人员与酒店之间，或不同岗位人员之间客观上存在的规律性的比例关系确定的。当然，这种比例关系在确定编制时只是一个相对的依据，因为每个酒店的实际情况不同，服务标准和管理目标也不同。⑥职责定员法。职责定员法是指按既定的组织机构及其职责范围，以及机构内部的业务分工和岗位职责来确定人员的方法。它主要适用于确定管理人员的数量。

 知识链接 13-1

明确岗位职责的方法

酒店前厅部与客房部管理过程中，明确岗位职责是确保工作有序开展的重要前提，同时也是酒店管理规范化的重要内容。非规范的和模糊的职责范围，严重制约了工作效率的提高及员工潜能的充分发挥。

明确岗位职责的方法包括职责描述、匹配职责与能力、职责对话、表达期望和建立约定。①职责描述。职责描述是明确岗位职责的常用手段之一，职务或岗位说明书是用来描述岗位职责的关键文件，用以指导任职人员的工作。对于员工来说，上岗的首要工作就是必须学会解读职务或岗位说明书。通过解读本职位的职务说明书，员工可以详细了解到自己的具体工作任务和范围、对员工自身的能力要求、与其他职位的相互关联等信息。②匹配职责与能力。匹配职责与能力的明确岗位职责方法，是为了真正地有效解决任职人员工作能力与岗位职责要求不匹配的问题。匹配职责与能力，要注意4个关键的问题，即确认任职人员是否理解职责，任职人员能力与职责要求之间是否存在差距，由谁来完成工作，让员工做出承担职责的承诺。通过职责与能力的匹配，上级对下级的授权会更加容易执行。③职责对话。由于工作性质和工作内容的不同，酒店各部门之间相互不了解的情况很普遍。因此，酒店应该大力提倡员工之间时常进行职责对话，了解清楚对话对象、对话要点及对话目的，将关联各方的关系加以清晰界定和确认，使得各方的职责都建立在对方可以相互密切配合和全力支持的基础上。④表达期望。通过表达期望的方法，尽早地事先了解别人的期望，并让别人也能随时尽快了解自己的期望，使得双方事先确认对方的需求。这样，关联方就能够将职责更好地联系起来，分别为对方的职责履行提供及时的大力帮助和支持，最终圆满地共同完成总体组织目标。⑤建立约定。建立约定是通过界定职责范围内一些模糊不清或空白地带，保证职责能有效、顺利地得以履行。在建立约定的过程中，要注意约定的事先建立、就事论事、双赢和信守4个要点。酒店应该采取必要的监督、考核、交流和反馈的手段，以确保上下级、平级之间的约定都能够得到遵守。

13.2.3 前厅客房员工的素质

1. 前厅部员工的素质

前厅是酒店窗口，前厅部员工的精神面貌、工作能力、服务技巧及服务态度等因素都直接影响整个酒店的经济效益和社会效益。前厅部员工应具有以下素质。

（1）良好的仪容仪表。前厅部员工必须着装整洁大方，精神饱满，彬彬有礼，显示出较好的气质风度和个人修养。

（2）态度举止。面对客人自然微笑，落落大方，态度和蔼可亲，坐、立、行、走、举手投足合乎礼仪规范，服务动作敏捷轻快，对有困难的客人热情相助，充分显示友善好客，令人有"宾至如归"之感。

（3）有较强的语言交际能力。前厅无实物可租售，因此要求前厅部服务员有很强语言交际能力。一是要讲好特定场合的规定服务用语；二是服务中能随机应变，对答得体。讲话必须清晰，礼貌文雅，能熟练、准确运用一门外语。良好的语言表达和必要的风趣幽默，有助于迅速与客人沟通感情，融洽服务气氛，即使服务中偶有小差错，诚恳的歉意和恰当的语言也会减轻客人的不满。

（4）有较强的集体观念、荣誉感和纪律观念，乐于服从，包括服从领导和酒店利益。

（5）有上进心和敬业精神，肯学习钻研，记忆力好，理解力强，接受新知识快，知识面广。能全面掌握服务技能，工作效率高。

（6）性格乐观开朗又善于控制情绪，富于同情心，善解人意，不斤斤计较，易与他人和谐相处。

（7）头脑灵活，应变力强。善察言观色，能正确理解、判断客人的需求，会应付服务中出现的意外情况。

2. 客房部员工的素质

虽然客房部各岗位的工作要求互有差异，但从总体来看应符合以下要求。

（1）了解和热爱客房部工作。员工应了解其任职环境、岗位职责及职位详情，热爱本职工作。

（2）为人诚实可靠，具有较高的自觉性。客房部工作多为独立进行，因此个人品质尤为重要。

（3）性格稳定，责任心强并具有与同事良好合作的能力。客房部工作多属幕后，因此需要有较强的责任心，同时各岗位联系密切，各环节应能协作进行。

（4）身体素质好，动手能力强，反应敏捷。客房部工作体力消耗较大，并且有一定的技巧性，同时有些工作需独立进行，因此在体力、动手能力及反应能力方面要求较高。

（5）较好的自身修养。这是员工必须具备的个人素质，处于酒店这一特殊环境，基本礼貌礼节、个人卫生等都是不容忽视的。

13.3 前厅客房员工的招聘

前厅与客房的经营活动能否正常运营，能否为客人提供高质量的服务，取决于前厅客房员工的素质。前厅客房员工素质的高低，又与前厅部与客房部员工的招收、培养等方面息息相关。前厅客房人力资源开发利用是人力资源管理中的重要内容。

13.3.1 前厅客房员工招聘的途径

1. 员工外部招聘

外部招聘是指根据一定的标准和程序，从酒店外部选拔符合前厅部与客房部岗位要求的工作人员。特别是需要高级管理人员或者特殊人才时，必须采用外部招聘的方式来获得所需要的人员。

1）外部招聘的方法

外部招聘有媒体招聘、校园招聘、网上招聘、职业中介机构招聘、猎头公司招聘等方法。
①媒体招聘。利用电视、广播、报纸、期刊等媒体发布招聘广告进行招聘，是一种普遍而又

有效的招聘形式。前厅部与客房部采用哪种媒体做广告，还要根据对人员的急需程度及招聘成本等方面来决定。②校园招聘。学校是培养人才的重要场所，校园招聘是招收应届毕业人才的主要途径。③网上招聘。随着互联网的出现和普及，越来越多的酒店使用互联网进行人才招聘，也有越来越多的求职者在网上发布求职信息。④职业中介机构招聘。目前，我国的职业中介机构主要有劳务市场、人才交流中心或人才市场、人才咨询公司、高级人才咨询公司等。⑤猎头公司招聘。猎头公司的主要优点在于可以主动出击，又可针对性地为前厅部与客房部招来必需的人才，而且时间较快，能准确地满足前厅部与客房部的需要，但是通常费用较高。

2）外部招聘的优、缺点

外部招聘对前厅部与客房部而言有以下优点。①外部招聘的人员可以带来新的管理方法和经验。②有利于平息、缓和内部竞争者的紧张关系，因为，对于内部条件相当的竞争者，如果有的被提升，有的不被提升，就容易引发不满情绪，而外部竞争能使这些竞争者得到某种心理平衡。

外部招聘主要缺点表现在以下方面。①招聘费用高，成本大。外部招聘一般要借助于各种广告媒体和宣传媒介，并且招聘工具的设计和制作通常需要有专业的部门和人员来完成。②吸引、接触、评估有潜力的候选人较困难。在进行外部招聘时，面对的是大量陌生的应聘者，同时，任何一种外部招聘方法的信息覆盖面都是有限的，难以让更多的优秀人才接触到有效的招聘信息。③需要较长时间的培训和适应。从酒店外部招聘的员工对酒店的了解、认识一般仅限于从招聘广告和招聘人员那里获取的有限信息，对职位的了解也十分有限，因此需要对他们进行一段时间的培训，使其熟悉工作要求和部门情况。④可能将原先的工作方法和思维模式运用到新的工作环境中，从而给提高工作效率带来负面的影响。

2. 员工内部招聘

内部招聘是员工招聘的一种特殊形式。严格来说，内部招聘不属于人力资源吸收的范畴，而应该属于人力资源开发的范畴。内部招聘是指通过内部晋升或工作调动来实现人力资源补充的招聘形式。内部招聘是一种既经济又快速的人力资源补充方式。

1）内部招聘的方法

内部招聘主要有推荐选拔、考试选拔、人员调动、内部提升等方法。①推荐选拔。这是内部招聘的一种特殊方法，一般由上级主管人员向人力资源管理部门推荐候选人，通过对候选人的审查、考核、岗前培训等一系列程序，把符合条件的人员安排在新的工作岗位上。②考试选拔。这是最常用的内部招聘方法，尤其是非管理层的职位出现空缺时，通过各种内部招聘媒体，如广播台、内部杂志、宣传栏、墙报等，公开空缺职位，吸引人员来应聘，并通过考试录用。此种方法简便、经济、快速和实用。③人员调动。包括调换和轮换两种方式。人员调换也称"平调"，通过将酒店内部平级人员之间进行互相调换，为员工提供在内部从事多种相关工作的机会，从而使员工能够从事最适合自己的工作，更好地提高工作效率。轮换相对于调换，通常是短期的。它通过让不同岗位上的员工定期地轮流换岗，从而使那些有潜力的员工了解酒店的不同方面，也可以减少一些员工因长期从事某项工作而带来的枯燥、无聊感，避免因这种单调重复劳动引起的生产率降低。④内部提升。当前厅部与客房部一些比较重要的岗位需要招聘人员时，让内部的符合条件的员工从一个较低级的岗位晋升到一个较高级的岗位的过程就是内部提升。内部提升应遵循唯才是用，调动大部分员工的积极性，提高生产率的原则。

2）内部招聘的优、缺点

内部招聘对酒店而言有以下优点。①内部招聘可以使酒店得到大量自己非常熟悉的员工，不必再花费力气去认识和了解新员工。②这些应聘者对酒店的状况及空缺职位的性质都比较了解，同样也省去了适应岗位的麻烦。③有利于激励员工奋发向上，较易形成酒店文化。

内部招聘主要缺点表现在以下方面。①招聘的可选范围有限，可能造成职位的长期空缺。②易受主观偏见的影响，不利于应聘者的公平竞争。招聘人员对应聘者先入为主的印象和看法，有可能给应聘者带来有利或不利的影响，从而使内部招聘偏离公平竞争的原则。③容易在酒店内形成小团体和裙带关系，给管理带来困难。④有可能影响员工的积极性。⑤内部不良竞争反而降低士气。⑥"近亲繁殖"阻碍新思想的引入，使前厅部与客房部缺少活力。

示例链接 13-1

万豪集团内部提升政策

长期以来，万豪集团一直坚持内部提升政策，近 50% 的管理人员是从公司内部提拔的。当酒店有职位空缺时总是优先考虑内部员工，只有内部员工没有合适人选时，才会考虑从外部招聘。在万豪集团，如果员工服务达到一定期限，酒店每年将会为其颁发一张"你为万豪服务了××年"的奖状。当服务期限达到 25 年时，该员工可以随意入住万豪集团旗下的任何酒店。在万豪集团资深员工的比例较高，任三位该集团经理的年资加起来超过 50 年。据统计，有 35% 的员工在万豪工作超过 5 年，而高管为万豪工作的时间至少 20 年。为了给新员工提供更快的发展机会，集团将旨在考察普通员工是否具有管理潜能的"管理备选评估"的参与年限由一年缩短为半年，即员工只要在本岗位工作满半年就有机会参与此项目，如果顺利通过评估，就可与数位部门总监面对面交谈，还可以获得一封认证信，为职位晋升打开了大门。

13.3.2 前厅客房员工招聘的程序

从人力资源规划的角度来看，人员招聘与甄选的运作程序一般分为以下几个步骤：确定招聘岗位→制作招聘广告→发布招聘广告→选择合格人选→安排面试→安排体检→聘用→招聘结果评估。

1. 确定招聘岗位

各部门各岗位由于人员流动、工作需要，会造成人员编制不足。前厅部、客房部管理人员应根据本部门实际运行需要，确定空缺职位和所需招聘人员数量。

2. 制作招聘广告

招聘广告内容应该包括部门的简要介绍，应聘者的岗位职责和资格要求，以及应聘者的工资福利待遇等内容。

示例链接 13-2

郑州绿地 JW 万豪酒店招聘简介

职位：总台接待 职位性质：全职 工作地区：河南省郑州市 招聘人数：3 人 学　　历：大专 工作经验：不限 所 在 地：不限 户 籍 地：不限 提供食宿：提供食宿 年龄要求：20～30 岁 计算机能力：熟练 语言要求：英语（流利）中国普通话（精通） 性别要求：不限 婚姻状况：不限 国际联号工作经历：优先 薪资待遇：面议 职位有效期 2017 年 8 月 21 日—2017 年 11 月 19 日	职位：客房楼层主管 职位性质：全职 工作地区：河南省郑州市 招聘人数：若干 学　　历：中专 工作经验：3 年以上 所 在 地：不限 户 籍 地：不限 提供食宿：提供食宿 年龄要求：不限 计算机能力：熟练 语言要求：英语（流利）中国普通话（精通） 性别要求：不限 婚姻状况：不限 国际联号工作经历：优先 薪资待遇：面议 职位有效期 2017 年 8 月 28 日—2017 年 11 月 26 日
岗位职责： （1）以友好的态度问候客人，为客人提供帮助，尽量用客人名字称呼客人； （2）按照酒店标准，为所有抵店客人登记及安排房间； （3）详细了解部门操作标准及流程； （4）了解酒店财务及证件登记政策并严格遵守； （5）了解酒店促销政策及万豪礼赏会员计划； （6）耐心解决客人投诉，若不能解决及时上报给总台主管或宾客服务经理； （7）完成上级分配的其他任务	岗位职责： （1）对员工考勤、考绩，根据他们工作表现的好坏，进行表扬或批评； （2）掌握所辖客房的状况； （3）检查客房部的设施和管理，抽查本部门工作质量及工作效率； （4）负责对部门的工作策划、督导与本部门的财政预算； （5）熟悉部门的运作情况，处理每天的事务，发现问题及时进行指导； （6）留意宾客动态，处理一般性的宾客投诉，有重大事故时须向部门经理报告
岗位要求： （1）大专及以上学历； （2）良好的中、英文书写及会话能力； （3）外资星级酒店相关工作经验者优先； （4）Opera 系统操作经验者优先	岗位要求： （1）中专学历或同等文化程度； （2）有较强的英语会话能力和一定的组织能力及协调能力； （3）从事国际品牌楼层主管工作 1 年以上； （4）熟悉客房管理专业知识、熟练运用计算机

3. 发布招聘广告

发布招聘广告可根据需要选择不同的招聘途径。招聘广告应明确说明所招聘的具体岗位和对应聘人员的资格要求。如果招聘前厅部接待员，广告中就应明确说明招聘岗位是"前厅部接待员"，应聘人应具备"酒店专业大专以上学历"及"3 年以上相关工作经验"等资格能力。

4. 选择合格人选

人事部门及前厅部、客房部有关人员共同对应聘资料进行整理和筛选，初步确定基本符合应聘资格的招聘对象。选择的标准通常是看应聘者的个人简历（包括经历、学历、技能等，应提供相应证书或证明）是否符合酒店的要求，相关证明文件是否真实。

5. 安排面试

面试的具体程序如下。①面试人员做好充分的准备工作，详细阅读应聘人简历，准备好一定数量的面试问题。②应聘者陈述个人情况，包括学历、个人履历、应聘原因、个人能力评价等。③应聘者陈述过程中，面试人员应做好笔记。④面试人员对应聘者简短提问，提问方式建议多采用是非式问题。⑤应聘者对面试人员提出的问题进行相应的回答。⑥面试人员根据应聘者的综合表现评分。⑦面试人员比较众多应聘者的综合素质，从中选择理想人选。

面试过程中，面试者应注意给应聘者创造一个轻松亲切的面试环境，让应聘者能够放松精神，在面试过程中充分展示自己的能力和价值。面试者应保持良好的礼节礼貌，整个面试过程中面试者都要保持精力高度集中，对应聘者给予足够的重视。

6. 安排体检

由于酒店业属于服务性行业，所有从业人员必须身体健康，无任何传染性及其他不适合服务性工作的疾病，持"健康证"上岗工作。

示例链接 13-3

喜来登酒店员工的健康检查

喜来登酒店员工手册中关于健康检查规定，员工在入职前须到酒店指定的卫生部门参加体检，并将所取得健康证明递交到酒店人力资源部。

酒店将每年定期为员工安排体检，如发现员工患有传染性疾病等不适宜继续在原工作岗位工作的情形，酒店有权力视情况对其职位进行调整，或建议休病假或解除劳动合同，以保证酒店的卫生及服务标准。酒店保留要求员工进行进一步体检的权利。员工入职时第一次体检费由员工自理。员工工作满一年后按酒店要求再次体检，体检费由酒店承担。

7. 聘用

由于存在管理体制和模式上的差异，各个酒店的员工录用手续不尽相同，但出发点都是共同的，即帮助员工尽快熟悉新的工作环境，适应新的工作岗位，建立同事间良好的合作关系。

示例链接 13-4

英国酒店拟雇用 50 岁以上员工

布里斯托市中心希尔顿逸林酒店正呼吁雇用更多 50 岁以上的人。该计划由政府的商业拥护者，英国第二大保险公司——英杰华集团 Aviva 推动，敦促所有的雇主公开承诺在 2022 年之前雇用超过 12% 的 50 岁以上的员工。业内人士也认为，年纪较大的员工对填补预期的技能差距至关重要。在酒店，年纪较大的员工有丰富和成熟的经验，而酒店有那么多的需求要去处理。他们现在的目标是雇用更多的超过 50 岁的人，同时还要确保酒店的服务品质。

中国服务行业屡屡陷入"用工荒",而智研咨询发布的《2017—2022年中国养老行业现状分析及投资战略研究报告》显示,2015年我国60岁及以上人口达到2.22亿人,占总人口的16.15%。预计到2020年,老年人口达到2.48亿人,老龄化水平达到17.17%;2025年,60岁以上人口将达到3亿人,中国将成为超老年型国家。

当前美国、欧洲、日本、新加坡等国家和地区,或多或少地存在酒店雇用大龄员工的现象,希尔顿酒店自从2013年起在美国雇用了10 000名退伍军人,其目标是使退伍军人及其家庭成员在公司及美国管理的新员工中占10%。正如新生代员工一样,未来老年人力资源或将成为企业争夺的目标,我们也期待中国酒店业在老年人力资源方面有更多的亮点和举措,实现多方共赢。

8. 招聘结果评估

最后要做好招聘结果评估工作。

13.4 前厅客房员工的培训

13.4.1 前厅客房员工培训的意义

培训是指通过各种方式使员工具备能完成现在或者将来工作所需要的知识、技能,改变他们的工作态度(knowledge、skills、attitude,KSA),以改善员工的工作绩效,并最终实现整体绩效提升的一种计划性和连续性的活动。培训无论对前厅部和客房部还是员工的生存与发展都有着不可忽视的意义。

1. 提高员工素质

通过培训可以提高员工的行为能力和综合素质,从而提高其工作质量和工作效率,减少工作中的失误,降低成本,提高客户满意度。培训使员工更高层次地理解和掌握所从事的工作,增强工作信心。培训也提高了管理人员的管理决策水平。

2. 改善服务质量

服务质量是酒店经营与发展的生命。全面而持续的培训则是服务质量的必要保障。培训意味着员工不断学习新知识,掌握新技术和先进正确的工作方法,改变错误的或落后的工作方法,不断地了解满足顾客需要的变化发展。培训不仅加强了服务规范,建立在改进质量问题基础上的培训更推动了前厅部和客房部服务水平和管理水平的提升。

3. 降低损耗和劳动成本

培训可有效地降低损耗和劳动成本,使酒店在市场经营中保持优势。有关专家研究结果表明,培训可以减少73%左右的浪费。例如,在以创建绿色客房部为主题的培训中,员工掌握了更科学、合理、高效、节能和安全的操作方法,节约能源、减少损耗的环保意识加强,使酒店的经营成本降低。同时,经过培训,员工的操作技能、工作效率得到提高,使劳动成本降低。

4. 开发员工潜能,创造发展机会

现代酒店将培训与开发联系在一起。培训不仅定位于为了改善个体目前的工作技能,实现酒店的短期目标,更着眼于酒店与个体的长期目标。一方面,员工不断地经过"培训—工作—再培训—再工作"系统而持续的学习过程,使员工具有担任现职工作所需的学识技能,以保证出色地完成本职工作;另一方面,通过培训,使员工具备将来担任更重要职务所需的学识技能,为以后的晋升和个人发展创造条件。

5. 提高员工忠诚度

酒店的培训与开发体系不仅有助于提高员工的能力，创造新的发展机会，也促使员工在学习中不断感受到自己的成长对部门发展的重要性，更自觉地理解和认清酒店在各个阶段的管理目标，不断地调整自己去满足酒店的需要，从而增强员工对酒店的使命感、忠诚度和工作满意感，这也是酒店获得的来自员工的良好回报。

13.4.2 前厅客房员工培训的特点

同样是学习过程，但培训与学校教育在目的、对象、形式和内容上都有所区别，有其特殊性。而酒店前厅部和客房部的培训与其他行业相比，由于行业特点、产品特性、工作环境与工作要求的不同，也明显存在不同。

1. 成人性

所谓成人性，是指成人无论生活和心理特征，较之其他教育对象，尤其是在校学生有很大的不同。只有从员工的实际特点和优势出发，遵循成人学习的规律才能收到良好的学习效果。

2. 在职性

普通教育对象没有工作压力，没有家庭负担，基本任务就是学习。而职工教育的对象是以工作和劳动为主，学习必须服从于工作和劳动。

3. 多样性

部门的工作特点决定了对于不同的培训对象、不同的工作内容，分为不同层次和采用不同的方法进行培训。多样化的培训方式也符合在职性、成人性的特点和要求，能调动培训对象的参与性，发挥他们的积极性、自主性和创造性，也能使学习成为一种愉快的经历。培训的多样性体现在3个方面。①培训层次的多样性。即对不同需要、不同水平、不同职位的员工设置不同的培训课程，采用不同的培训手段，安排不同的学习内容。②培训类型的多样性。即培训可以包括常规业务培训、提高培训、回炉培训、交叉培训及专题培训等。③培训形式的多样性。培训期限可长可短；培训方式可采取脱产或在职培训；培训方法可以是一般的理论讲授，也可采取讨论、示范、案例分析、实际操作、管理游戏、外出考察等。对培训的组织实施，既可通过内部培训也可采取委托其他培训机构的外部培训。

4. 速成性

酒店经营可能会有淡、平、旺季，这是由酒店产品及客源市场的特点所决定的。前厅部和客房接待工作的季节性特点也导致了员工培训的速成性特点。即在既定的时间内强化培训内容，或充分利用工作间隔期、经营淡季开展培训，强调时效性。

5. 持续性

前厅部和客房部的常规培训是一个长期的、持续的过程。这是因为一方面，服务环节、服务内容和服务标准繁多，一个细节上的错误就会影响服务质量，造成宾客的满意度下降，这就需要通过培训不断强化服务规范，找出问题、纠正差错，改进服务。另一方面，随着社会的发展，服务产品及服务功能必须不断地调整，以顺应市场的发展变化，满足宾客越来越高的需求。这也意味着酒店服务质量的提高是无止境的。

6. 实用性

员工参加培训学习的目的是获取知识，提高技能，学到先进的工作方法。因此，学以致用是酒店员工培训的出发点，培训过程与培训内容要与实际工作相互渗透、有机结合，使员工通过培训，确实能将其所获得的知识转化为现实生产力，使其工作更加出色。如果培训和实际工作脱节，被培训者学而无用，既给酒店造成人力、物力、财力的浪费，也失去了培训的意义。

13.4.3 前厅客房员工培训的类型

酒店员工培训的种类很多，划分依据不同，种类也不同。

1. 按培训对象的不同层次划分

根据培训对象的不同，前厅客房员工培训可分为高级管理人员培训、中级管理人员培训、基层或督导层培训、服务员及操作人员培训。

前厅客房员工培训是全员性的，无论是一般员工，还是中、高级管理人员都需要通过培训提高3种技能，即概念技能、人际关系技能和劳动操作技能。概念技能指与观念、概念、思想意识有关的技能，主要是通过系统的理论学习获得和提高。人际关系技能是与人沟通和影响他人的能力，主要通过长期的生活与社会实践培养。劳动操作技能主要是指动手能力，如清扫客房、办理订房手续等，主要通过不断的训练得到掌握。不同层级的员工技能结构的要求不同，相对而言，高级管理人员需要具有更高的分析、判断、决策管理的能力，而基层员工更需要实际业务的操作能力。

2. 按实施培训的不同阶段划分

按照实施培训的阶段，前厅客房员工培训大体上可分为职前培训、在职培训及非在职培训3种。

（1）职前培训。职前培训是员工正式获得职位，能胜任职位的工作要求之前所进行的系列培训。职前培训的最主要内容是新员工入职培训。它是指新员工进入酒店报到后，正式分配部门工作前进行的各类培训活动，国外称为"导向培训"（orientation training）。它也是酒店培训工作最基础、最重要的内容。入职培训的目的是帮助新员工树立酒店意识，明确自己的角色定位，获取作为酒店工作人员必备的理论知识，以符合酒店工作人员的基本要求。新员工入职培训由酒店人力资源部组织和实施，内容包括向新员工正式介绍组织的基本情况和主要政策，并进行关于礼貌服务、消防安全、卫生防疫等基础性、公共性的酒店专业知识技能的培训。酒店还会带领新员工参观酒店。通过这些培训，使新员工熟悉工作环境、工作的基本要求，并在一开始就重视培养新员工对组织的情感。当入职培训结束并通过测试后，新员工被分配到部门报到，开始在部门进行岗位培训。部门经理或部门培训师负责向新员工进行部门业务知识讲授，领班或师傅以传、帮、带的指导方式进行操作技能培训，目的是使新员工更快地熟悉工作岗位的任务要求，掌握业务程序和规范，了解如果碰到困难和问题，应该通过什么渠道来解决。

（2）在职培训。在职培训是指前厅部和客房部员工在工作岗位，完成生产任务过程中所接受的培训。其主要特点是培训内容与岗位需要直接挂钩，目的在于帮助员工及时获得适应酒店发展所必需的知识和技能，不断提高工作绩效，完备上岗任职资格。因此，在职培训是职前培训的继续与延伸，是从初级阶段向中级阶段发展的培训。在职培训主要定位于岗位业务培训，但形式内容多种多样。例如，回炉培训是指对已经过上岗培训的员工进行的再培训，目的是使他们纠正工作中的错误与不足，巩固和强化正确的操作技能。交叉培训是指有计划地换岗、换部门进行的业务培训，以使员工熟悉不同部门或岗位的业务，具备多项专业技能。酒店常通过交叉培训培养业务骨干和储备干部，交叉培训有利于酒店根据工作需要灵活而合理地调配人员。

（3）非在职培训。非在职培训是指酒店的员工暂时离开现职岗位或部分脱离岗位，即脱产半脱产到有关的教育机构参加为期较长的学习或进修。许多种情况下，酒店会安排部分员工进行这种形式的培训，如因酒店面临全面更新改造，有精力充分考虑业务骨干的培养；又如员工工种变更、职位提升，需要进行系统的学习来提高。根据受训时间安排，受训员工脱产时间长短，职外培训可分为全日式培训、间日式培训与兼时式培训。受训员工以全天时间脱产参加培训为全日式培训。为了避免影响工作，也可采用间日式培训，即非连续进行培训，间日为之；兼时式培训为在职培训与职外培训均可采用的方式，为避免影响工作或培训安排需要，受训员工每天仅接受若干小时的训练，其余时间仍返回工作岗位继续工作。

3. 按实施培训的不同地点划分

（1）店内培训。在酒店人力资源部或各部门统一计划安排下，利用酒店的培训教室、员工食堂等后台设施场地，或利用闲置的空房，非营业时间进行培训。

（2）店外培训。店外培训主要指委托院校或培训机构组织实施的培训，其中包括选送员工到旅游院校进修、学习，参加培训机构为获得职业或岗位证书而组织的培训考核，去国内外相关酒店参观、考察、实习等。

4. 按培训组织的不同分工划分

一些酒店建立培训网络，对培训内容及组织实施过程进行的职责分工。一级培训是由酒店人力资源部计划和组织实施，主要针对全酒店各部门公共性内容的培训，如外语、服务意识、礼节礼貌培训等。此外，酒店人力资源部门还负责组织基层、中层管理人员的管理培训，是一种跨部门的培训。二级培训则指各部门的业务知识、业务技能的培训，是更具体的、根据岗位工作任务的作业培训。三级培训是领班在日常工作穿插的工作细节的培训，如利用班前会或工作间隙进行的简短培训。

13.4.4 前厅客房员工培训的方法

1. 讲授法

讲授法是由专人对参加人员用讲解传授的形式传播知识，是最常用的培训方法。这种方法的效果很大程度上取决于教师。

2. 演示法

演示法也可称为示范法，是通过模拟工作现场或在真实的工作环境中利用设施，使用实际设备、器具、用品进行操作、展示和讲解。这种培训方法与讲授法相比更直观，多用于技能培训和训练。

3. 个案分析法

个案分析法是对现实工作中发生过的某个典型的事例进行分析、研讨，并提出看法或对问题见解的一种培训方法。个案分析法的特点是通过解决实际问题来学习，始终贯穿的主题是"你将怎么做"和"为什么"。学习者不仅可以熟练掌握和运用已学过的概念、知识，而且可以发展自己的观点和技巧，甚至在此基础上产生新的概念、新的思路。个案教学比看教科书更加生动、真实。它与传统的讲授教学形式也不同，后者是教员进行系统的讲解，学员被动地听和记。而在个案教学中，学习主要是在相互讨论与争辩的氛围中进行的，学员充当主角、中心和主动的学习者，教员则更似导演或教练，起着穿针引线，帮助学生相互沟通，启发学生自己去进行分析判断的作用。

4. 角色扮演法

角色扮演是一种非正式的表演，学员通过扮演各种实际工作中的角色，亲自参与解决各种实际问题，通过别人的眼睛去看问题，去体验他人的事情，或者去体验他人在特定的环境里会有什么样的反应和行为。角色扮演活动程序一定要首先是扮演者，其次是观察者，最后是教员。学员在扮演角色时要能把自己融入进去，观察者在观察时要能集中在整个表演过程中，并使自己沉浸在具体事例中，以便判断学员扮演角色的真实性。最后，教员通过列举一些更加具体、细致表演的行为，总结出整个学习的要点。角色扮演要注意的是，教员要严格控制时间进度，避免表演有余而实际问题解决不足的毛病，避免过激行为。每位参与者都要积极参与，进入表演、观察、评说。角色扮演教学法的优点是，可以使学员通过表演剧情中的各种角色来接触实际问题；使学员能够了解别人的思想、观点，而且能够评价这些思想和观点。

5. 小组讨论发言法

小组发言是指将全体学员分成 3~6 人一组的若干小组，在规定的时间内讨论某一特定问题，并将讨论结果由小组代表在全班做交流发言，最后由教员做总结性发言的培训方式。"小组发言"使每个人都能充分参与，表述自己的观点，所以能在较短时间内产生许多各种各样的思想及观点，有助于提高讨论问题的深度和广度，能提供新的思路。由于能在最短时间内让每个人充分参与，因而此种方法调动了学员学习的积极性，并且使整个学习气氛显得轻松、活跃。

6. 管理游戏法

管理游戏法是 20 世纪中期产生在美国的一种用于高级管理培训的方法。管理游戏法具有生动、具体的特征。案例分析中，受培训员工在人为设计的理想条件下轻松地完成决策，而管理游戏法则常因游戏的设计使学员在解决问题的过程中，面临更多切合实际的管理矛盾，决策成功或失败的可能性同时存在，需要受培训人员积极参与和训练，运用有关的管理理论与原则、决策力与判断力对游戏中所设置的种种境遇进行分析研究，采取必要的有效办法解决难题，争取游戏的胜利。

13.5 前厅客房员工的绩效考核和激励

员工的考核与评估是指管理人员依据既定的标准，按照一定的程序，采用适当的方法对下属员工进行综合考核和评定，并提出希望和要求。为了提高服务质量和工作效率，必须实施并加强对员工的日常考核和定期评估工作。否则，将会出现有令不行，纪律涣散，服务质量恶化的状况。

13.5.1 前厅客房员工日常考核

前厅部和客房部各级管理人员平时应做好对下属员工工作表现的观察与考核记录。这不仅是提高服务质量和工作质量的重要手段和途径，而且是对员工进行客观、公正评估的基础。

考核应该逐级进行，涉及部门内包括管理人员在内的每一位员工。领班对服务员进行考核，主管对领班进行考核，而部门经理则对主管进行考核。如果服务员的工作出现质量问题，领班没有发现，或没有处理，或在考核表中没有予以反映，就是领班的失职，主管发现后就要对领班扣分，而如果主管没有发现，或没有处理，则部门经理发现后，要对主管扣分或处理。考核结果除了对当事人进行批评教育外，还将在每月的绩效奖中予以体现。当然，管理者应该明白，考核和评估只是手段而已，提高服务质量和工作效率才是最终目的。

考核的内容可以因考核的对象不同而不同，对服务员的考核包括员工的出勤情况、仪容仪表、服务态度、客人投诉情况、工作出错情况、违反店规店纪情况、与其他员工的合作情况、对管理人员的服从性，以及工作的责任心与自觉性等。而对管理人员的考核则还应增加督导和管理情况、财产管理情况及考评工作执行情况等。

为了增强考核工作的客观性和公正性，考评员还应在考评表的背面写下扣分理由和出现的问题，使被考核者心服口服，这也是日后对员工工作评估的客观依据。

13.5.2 前厅客房员工绩效和薪酬管理

科学的绩效考核与薪酬管理，是对员工劳动数量和质量的承认，因而成为激励员工的持久动力。同时，绩效考核与薪酬管理还体现了管理者的管理水平、管理观念，影响前厅部与客房部员工的工作计划和工作水平。

1. 绩效管理

绩效管理是一种正式的员工评估制度。它通过系统的方法、原理来评定和测量员工在职务上的工作行为及工作效果，是前厅部和客房部管理者与员工之间进行管理沟通的一项重要活动。员工的绩效考核是指针对部门每个员工所承担的工作，应用各种科学定性与定量的方法，对员工工作的实际效果（数量、质量、成本费用等）及其对酒店的价值贡献进行的考核和评估。绩效考核的结果可直接影响到薪酬调整、奖金发放及职务升降等诸多员工的切身利益，其最终目的是改善员工的工作表现，在实现酒店经营目标的同时，提高员工的满意程度和未来的成就感，最终达到酒店和个人发展的"双赢"。

绩效考核的核心是促进前厅部和客房部获利能力的提高及综合实力的增强，其实质是做到人尽其才，使人力资源作用发挥到极致。绩效考核常用的方法如下。

（1）等级评估法。等级评估法是绩效考核中常用的一种方法。根据工作分析，将被考核岗位的工作内容划分为相互独立的几个模组，在每个模组中用明确的语言描述完成该模组工作需要达到的工作标准。同时，将标准分为几个等级选项，如优、良、合格、不合格等，考核人根据被考核人的实际工作表现，对每个模组的完成情况进行评估。总成绩便为该员工的考核成绩。

（2）目标考核法。目标考核法是根据被考核人完成工作目标的情况来进行考核的一种绩效考核方法。在开始工作之前，考核人和被考核人应该对需要完成的工作内容、时间期限、考核的标准达成一致。在时间期限结束时，考核人根据被考核人的工作状况及原先制定的考核标准进行考核。

（3）相对比较法。相对比较法是对相同职务员工进行考核的一种方法。它是对员工进行两两比较，任何两位员工都要进行一次比较。两名员工比较之后，工作较好的员工记"1"，工作较差的员工记"0"。所有的员工相互比较完毕后，将每个人的成绩进行相加，总数越大，绩效考核的成绩越好。相对比较法每次比较的员工不宜过多，取5~10名即可。

（4）小组评价法。小组评价法是指由两名以上熟悉该员工工作的经理，组成评价小组进行绩效考核的方法。小组评价法的优点是操作简单，省时省力；缺点是容易使评价标准模糊，主观性强。为了提高小组评价的可靠性，在进行小组评价之前，应该向员工公布考核的内容、依据和标准。在评价结束后，要向员工讲明评价的结果。在使用小组评价法时，最好和员工个人评价结合进行。当小组评价和个人评价结果差距较大时，为了防止考核偏差，评价小组成员应该首先了解员工的具体工作表现和工作业绩，然后做出评价决定。

（5）重要事件法。重要事件法是考核人在平时注意收集被考核人的"重要事件"（"重要事件"是指被考核人的优秀表现和不良表现）并形成书面记录（对普通的工作行为则不必进行记录），根据这些书面记录进行整理和分析，最终形成考核结果的方法。该考核方法一般不单独使用。

（6）评语法。评语法是指由考核人撰写一段评语来对被考核人进行评价的一种方法。评语的内容包括被考核人的工作业绩、工作表现、优缺点和需努力的方向。评语法在我国应用得非常广泛。由于该考核方法主观性强，最好不要单独使用。

（7）强制比例法。强制比例法可以有效地避免由于考核人的个人因素而产生的考核误差。根据正态分布原理，优秀的员工和不合格的员工的比例应该基本相同，大部分员工应该属于工作表现一般的员工。所以，在考核分布中，可以强制规定优秀人员的人数和不合格人员的人数。例如，优秀员工和不合格员工的比例均占20%，其他60%属于普通员工。强制比例法适合相同职务员工较多的情况。

（8）情景模拟法。情景模拟法是一种模拟工作考核方法。它要求员工在评价小组人员面前完成类似于实际工作中可能遇到的活动，评价小组根据完成的情况对被考核人的工作能力进行考核。它是一种针对工作潜力的考核方法。

（9）综合法。综合法顾名思义，就是将各类绩效考核的方法进行综合运用，以提高绩效考核结果的客观性和可信度。在实际工作中，很少有使用单独的一种考核方法来实施绩效考核工作。

知识链接13-2

绩效考核表的具体格式以客房部主管人员绩效考核表为例，见表13-1。

表13-1 客房部主管人员绩效考核表

（考核对象：楼层主管、副主管）

第一部分：营业额指标考核

项目及考核内容		配分（分）	员工评价	同级互评	上级考核	公司测评		备注
						质检部	人事部	
当月营业指标（30%）	圆满完成销售目标，并能做好下阶段销售计划	26~30						
	基本完成销售目标	16~25						
	没有完成销售任务，并不做销售分析	0~15						
市场的了解与开发（15%）	积极寻找酒店产品的目标市场，并能努力开发市场	11~15						
	基本了解市场状况	6~10						
	不清楚市场状况和酒店定位	0~5						
酒店产品认知（25%）	熟知酒店各部门产品状况，能主动引导客人消费	21~25						
	对酒店各部门产品状况基本了解	11~20						
	不了解酒店产品状况，无法满足顾客需求	0~10						

续表

项目及考核内容		配分（分）	员工评价	同级互评	上级考核	公司测评		备注
						质检部	人事部	
客户的管理与维护（30%）	积极主动维护客户，挖掘客户需求，并带来一定效益	26～30						
	能定期做客户回访，汇总客户意见及建议	16～25						
	无法与客户建立联系，对顾客需求敷衍了事	0～15						

第二部分：岗位职责考核

项目及考核内容		配分（分）	员工评价	同级互评	上级考核	公司测评		备注
						质检部	人事部	
工作任务（30%）	能时时跟进，追踪工作，提前完成任务	26～30						
	能跟踪，按期完成任务	21～25						
	在监督下能完成任务	16～20						
	在指导下，偶尔不能完成任务	0～15						
工作质量（20%）	出色、准确、无任何差错	16～20						
	完成任务质量尚好，但还可以再加强	11～15						
	工作疏忽，偶有小差错	6～10						
	工作质量不佳，常有差错	0～5						
工作技能（15%）	具有极丰富的专业技能，能充分及时完成本身职责	13～15						
	有相当的专业技能，足以应付本身工作	10～12						
	专业技能一般，但对完成任务尚无障碍	7～9						
	技能程度稍感不足，执行任务常需请教他人	3～6						
	对工作必需技能不熟悉，日常工作难以完成	0～3						

续表

项目及考核内容		配分（分）	员工评价	同级互评	上级考核	公司测评		备注
						质检部	人事部	
对客服务（15%）	善于发现客人需求，并能积极主动、竭尽所能对客服务	12~15						
	不厌其烦，任劳任怨，完成顾客需求	8~11						
	在监督下能完成对客服务，能使顾客基本满意	5~7						
	敷衍了事，无责任心，或对顾客需求置之不理	0~4						
纪律性（5%）	自觉遵守和维护公司各项规章制度	5						
	能遵守公司规章制度，但需要有人督导	4						
	偶有迟到，但上班后工作兢兢业业	3						
	纪律观念不强，偶尔违反公司规章制度	2						
	经常违反公司制度，被指正时态度傲慢	0~1						
成本意识（10%）	具备成本意识，并能节约	8~10						
	尚有成本意识，尚能节约	5~7						
	缺乏成本意识，稍有浪费	2~4						
	无成本意识，经常浪费	0~2						
业务培训（5%）	运用所掌握知识，积极主动培训员工，并有显著成效	4~5						
	基本上能培训员工，但效果不明显	2~3						
	能力欠佳，无法组织培训员工	0~2						

2. 薪酬管理

薪酬就是员工从事某项酒店所需要的工作，从而得到的以货币形式和非货币形式表现的补偿，是酒店支付给员工的劳动报酬。薪酬水平的变动，可以将酒店部门目标和管理者的意图及时、有效地传递给员工，促使员工的个人行为和部门目标一致。因此，薪酬作为酒店人力资源管理的重要方式，可以用来评价员工的工作绩效，促进其工作效率，提高其服务质量，对员工的工作积极性可以起到保护和激励的作用。

1）薪酬体系的构成

薪酬体系通常由基本薪酬、奖励薪酬、附加薪酬和员工福利四部分组成。

（1）基本薪酬。基本薪酬也称标准薪酬或基础薪酬，是以员工的熟练程度、工作的复杂程度、责任大小及劳动强度为基准，按照员工实际完成的劳动定额或工作时间的劳动消耗而计付的劳动薪酬。基本薪酬是确定其他劳动报酬和福利待遇的基础，具有相对稳定性。

（2）奖励薪酬。奖励薪酬就是奖金，是管理者为奖励员工的超额劳动部分或劳动绩效突出部分而支付的奖励性报酬。其目的是鼓励员工提高劳动效率和工作质量，所以也称效率薪酬。与基本薪酬相比，奖励薪酬具有非常规性、非普遍性和浮动性的特点。

（3）附加薪酬。附加薪酬是酒店对员工在特殊劳动条件下所付出的额外劳动消耗和生活费开支的一种物质补偿形式。

（4）员工福利。员工福利是酒店为吸引员工或维持人员稳定而支付的作为基本薪酬的补充项目，如养老保险费、午餐费、员工制服、带薪年假、医疗保险费等。

2）薪酬管理的基本原则

薪酬管理的基本原则包括以下方面。

（1）公平原则。员工对薪酬的公平感是在设计薪酬制度和进行薪酬管理时首先应考虑的因素。薪酬管理应让员工感到自己所得到的报酬是公平的，而且可以通过改进工作绩效增加报酬。薪酬管理中的公平原则主要体现在3个方面：首先是酒店之间的薪酬公平，即外部公平；其次是酒店内员工之间的薪酬公平，又称内部公平；最后，是同种工作岗位上的薪酬公平，即个人公平。由于不同员工的资历、技能、绩效各不相同，因此，同种工作岗位上的不同员工，所获得的薪酬也应有所不同。

（2）竞争原则。竞争原则是指在社会上和人才市场上，酒店的薪酬标准要有吸引力，以战胜竞争对手，招到并留住酒店所需要的人才。因此，有条件的酒店，在制定薪酬标准时，应采取略高于市场行情的策略，以保证最大限度地吸引和长久留住优秀的酒店员工。

（3）激励原则。激励原则是指在确定酒店内部的各类、各级职务的薪酬标准时，应适当拉开差距，防止平均主义的分配制度。充分利用薪酬管理的激励作用，提高员工的工作热情，引导员工不断提高业务能力，保持良好的工作状态，不断创造更好的工作业绩。

（4）经济原则。保持相对高的薪酬水平自然会提高酒店在人才市场上的竞争力，也可以留住优秀的员工，并激励员工努力工作，但是，与此同时，也会使酒店的成本上升，降低酒店产品在市场上的竞争力。因此，在进行薪酬管理时，既要考虑到薪酬的对外竞争性和对内激励性，也要考虑酒店的实际情况及财力状况，从而找到两者之间的最佳平衡点。

 知识链接 13-3

酒店客房计件工资方案

为配合2012年客房部管理模式的调整，提高工资效率，规范酒店用工制度，体现多劳多得。特制定"酒店客房计件工资方案"，具体如下。

1. 人员编制

客房部需服务员8人[其中：楼层早班6人，中班1人，PA（public area）技工1人]，领班1人，主管1人。

2. 计件工资适用对象

客房部服务员。

3. 计件工资操作说明

（1）客房服务员工资构成：底薪＋计件工资，其中底薪为1 200元（1 100元＋100元全勤）。

（2）计件标准（每天每人最低8间，其中走房不得少于4间，超出部分按表13-2计件计算）。

表13-2　客房计件标准

间数	走房	续住房	空房	备注
8间以上	5元/间	4.5元/间	0.5元/间	旺季其他部门员工帮忙，按5元/间计算

（3）计件数量的统计：领班根据客房服务员工作报表上记录的确认数量，填写客房部每日计件统计表，月底汇总各服务员计件数量和金额，并将客房每日计件统计表上交总经理审核。

4. 计件工资核算

（1）计件工资核算时间：上月25日至本月25日。

（2）中班员工给予每天15元的班次补贴。

（3）PA技工由于要清洗酒店的所有地毯、做地面保养等工作，工资暂定为1 800～1 900元/月。

（4）员工加班工资的计算按照国家相关规定和酒店的有关规定执行。

（5）计件工资发放形式：计件工资在每月月底汇总核算后，在下月的10日和底薪一起发放。

13.5.3　前厅客房员工的激励

激励对前厅部与客房部员工来说非常重要，有些员工具有较高的素质和较好的服务技能技巧，但在服务工作中缺乏积极性、主动性和创造性，影响到服务质量，这就是缺乏激励的表现。通过激励可以调动员工的积极性，促使每位员工自发地、最大限度地发挥潜力，提高服务质量和管理水平，提高员工对酒店的参与感和归属感，增强员工的集体意识，形成团队精神，使员工以高昂的士气为实现酒店的整体目标而努力工作。

1. 激励的作用

（1）激励可以调动员工的积极性。激励最重要的一个作用就是最大限度地调动员工的积极性。美国哈佛大学的心理学家威廉·詹姆斯（William James，1842—1910年）认为，同样一个人通过充分激励后所发挥的作用相当于激励前的3～4倍。也就是说，员工只有在激励的作用下，才能发挥其主观能动性和创造性，并创造出高质量、高效率的工作成绩。因此，酒店管理者应在了解员工心理需求，如自我实现、归属、被尊重和被关注等的基础上，通过具体分析，有针对性地设置目标，把酒店部门的目标与员工的需求有机地结合起来，从而更好地发挥员工的内在潜力，并使用合理的手段，转化员工的行为，释放每一位员工的潜能，使之有最佳的表现。

（2）激励可以形成团队精神。酒店是一个整体，管理的成功需要全体员工的共同努力。前厅部与客房部管理者可以通过对员工进行有效沟通和激励，使员工树立全局的观念，进而形成整个部门的团队精神。一旦团队经过努力实现其目标，员工彼此合作的经历又会变成令人欣慰的美好回忆，这将使员工拥有强烈的归属感、自豪感和成就感，使部门更具有凝聚力。

（3）激励可以提高服务质量。酒店服务的最大特点就是它的难以衡量，它是具有个性的员工提供的手工劳动，所面对的是以主观感受来评价其所接受的服务的客人，服务要求和评价标准具有不确定性。因此，对服务质量控制的最有效的人是员工自身，而只有对工作非常满意的员工才会自觉自愿地为客人着想，通过第一时间的观察及时提供客人所需要的服务。而使员工对工作满意的最有效的方法就是管理者对员工的激励。激励可使员工具有工作的积极性、主动性和创造性，在规范服务的基础上，愿意竭尽所能地为客人提供符合其要求的额外服务，最终达到提高服务质量，为酒店赢得忠诚客人的目的。

（4）激励可以提高管理水平。酒店员工最清楚内部运转中存在的各种问题。管理者应鼓励员工提出合理化建议、建设性意见和措施，让员工参与管理，以激励员工以主人翁的姿态去工作，发现问题并积极想办法解决问题，使酒店经营管理水平和服务质量得到不断提高。在人力资源管理中，让员工参与管理已成为一种非常有效的激励手段。正如美国著名玫琳凯·艾施公司的创始人玫琳凯·艾施（Mary Kay Ash）在其人事管理中所说："人们会支持他们参与创造的事物。因此，一个有效的管理人员在计划的构思阶段，就让部属参与其中。"

总之，在酒店业日趋竞争的今天，对员工的激励可增加酒店的竞争优势，因为酒店的竞争最终是人的竞争。

2. 激励的基本形式与技巧

酒店的活力源于每位员工的积极性、创造性。由于人的需求具有多样性、多层次性、动机的繁复性，调动人的积极性也应有多种方法。因此，酒店管理者要与员工多交流，多观察员工的表现，多了解员工的心理，掌握员工的实际需要，根据员工具体情况，因人、因时、因地采取相应的激励方法，以达到最好的激励效果。

（1）目标激励。目标激励就是确定适当的目标，诱发员工的动机和行为，达到调动员工积极性的目的。正确而有吸引力的目标，具有引发、导向和激励的作用。一个人只有不断启发对较高目标的追求，才能启发其奋发向上的内在动力。管理者就是要将每个人内心深处的这种或隐或现的目标挖掘出来，并协助他们制定详细的实施步骤，在随后的工作中引导和帮助他们努力实现目标。

当每位员工的目标强烈和迫切地需要实现时，他们就对酒店的发展产生热切的关注，对工作产生强大的责任感，平时不用别人监督就能自觉地把工作做好。另外值得注意的是，目标必须切合实际，多层次、多方位，要将部门目标转化为各岗位及员工个人目标，使酒店部门各项指标层层落实。每位员工既有目标又有压力，以产生强烈的动力，努力完成任务。

（2）尊重激励。尊重是加速员工自信力爆发的催化剂。尊重激励是一种基本的激励方式。尊重各级员工的价值取向和独立人格，尤其尊重普通员工，达到一种知恩必报的效果。上下级之间的相互尊重是一种强大的精神力量，有助于酒店员工之间的和谐，有助于酒店团队精神和凝聚力的形成。有时听到"酒店的成绩是全体员工努力的结果"之类的话，表面看起来管理者非常尊重员工，但当员工的利益以个体方式出现时，管理者会以酒店全体员工整体利益加以拒绝，他们会说"我们不可以仅顾及你的利益"或者"你不想干就走，我们不愁找不到人"。这时员工就会觉得"重视员工的价值和地位"只是口号。显然，如果管理者不重视员工感受，不尊重员工，就会大大打击员工的积极性，使他们的工作仅仅为了获取报酬，激励作用大大削弱。这时，懒惰和不负责任等情况将随之发生。

（3）参与激励。前厅客房人力资源管理的研究和实践经验表明，员工都有参与管理的要求和愿望，创造和提供一切机会让员工参与管理是调动员工积极性的有效方法。毫无疑问，很少有人参与商讨和自己有关的行为而不受激励的。因此，让员工适当地参与管理，给予员工发表意见的机会，尊重他们的意见和建议，既能激励员工，又能为酒店的发展获得有价值的信息。通过参与，形成员工对酒店的归属感、认同感，可以进一步满足自尊和自我实现的需要。

（4）关怀激励。了解是关怀的前提，作为前厅部与客房部管理人员，对下属员工要做到"八了解"，即了解员工的姓名、籍贯、出身、家庭、经历、特长、个性和表现。此外，还要对一些情况心中有数，即工作情况、身体情况、学习情况、住房情况、家庭状况、兴趣特长、社会关系等。对员工工作和生活要多关心，如建立员工生日情况表，总经理签发员工生日贺卡，关心员工的困难，慰问或赠送小礼物。

（5）榜样激励。榜样的作用是无穷的。管理人员要善于及时发现典型、总结典型、运用典型。通过具有典型性的人和事，营造典型示范效应，让员工明白提倡或反对什么思想、作风和行为，鼓舞员工学先进、帮后进。另外，管理人员首先应从各方面严格要求和提高自己，通过各级管理人员的行为示范、敬业精神来正面影响员工。

（6）工作激励。工作本身具有激励力量。为了更好地发挥员工的工作积极性，管理人员要考虑如何才能使工作本身更有内在意义和挑战性，给员工一种自我实现感。管理者要进行"工作设计"，使工作内容丰富化和扩大化，并创造良好的工作环境。还可通过员工与岗位的双向选择，使员工对自己的工作有一定的选择权。

（7）物质激励。物质激励就是通过满足个人的物质利益需求，来充分调动个人完成组织任务、实现组织目标的积极性和生动性。在知识经济时代的今天，人们生活水平已经显著提高，金钱与激励之间的关系渐呈弱化趋势，然而，物质需要始终是人类的第一需要，是人们从事一切社会活动的基本动因。所以，物质激励仍是激励的重要形式。例如，采取工资的形式或任何其他鼓励性报酬、奖金、优先认股权、公司支付的保险金，或在做出成绩时给予奖励。要使金钱能够成为一种激励因素，管理者必须把握好以下几点。第一，金钱的价值不一。相同的金钱，对不同收入的员工有不同的价值；同时对于某些人来说，金钱总是极端重要的，而另外一些人可能从来就不那么看重。第二，金钱激励必须公正。员工对他所得的报酬是否满意不是只看其绝对值，而要进行社会比较或历史比较，通过相对比较，判断自己是否受到了公平对待，从而影响自己的情绪和工作态度。第三，金钱激励必须反对平均主义，平均分配等于无激励。

（8）领导行为激励。好的领导行为能给员工带来信心和力量，激励员工朝着既定的目标前进。这种好的行为所带来的影响力，有权力性和非权力性的，而激励效应和作用更多的来自非权力性因素，包括领导者的品德、学识、经历、技能等方面，严于律己、率先垂范、以身作则等，是产生影响力和激励效应的重要方面。

（9）培训和发展机会激励。随着知识经济时代的到来，当今世界日趋信息化、数字化、网络化。知识更新速度的不断加快，使员工知识结构不合理和知识老化现象日益突出。他们虽然在实践中不断丰富和积累知识，但仍需要对他们采取等级证书培训、进高校深造、出国学习等激励措施，通过这种培训，充实他们的知识，培养他们的能力，给他们提供进一步发展的机会，满足他们自我实现的需要。

（10）荣誉和提升激励。荣誉是对个体或群体的崇高评价，是满足人们自尊需要，激发人们奋力进取的重要手段。从人的动机看，人人都具有自我肯定、争取荣誉的需要。对于一些工作表现比较突出、具有代表性的先进员工，给予必要的荣誉奖励，是很好的精神激励方法。荣誉激励成本低廉，但效果很好，当然要侧重于集体荣誉。通过给予集体荣誉，培养集体意识，从而产生自豪感和光荣感，形成自觉维护集体荣誉的力量。各种管理和奖励制度要有利于集体意识的形成，以形成竞争合力。另外，提升激励是对表现好、素质高的员工的一种肯定，应将其纳入"能上能下"的动态管理制度。

（11）负激励。激励并不全是正激励，也包括许多负激励措施，如淘汰激励、罚款、降职和开除。在部门管理过程中，对犯有过失、错误，违反酒店规章制度，贻误工作，损坏设备设施，给酒店造成经济损失和败坏酒店声誉的员工，分别给予警告、经济处罚、降职降级、撤职、留用察看、辞退、开除等处罚。淘汰激励是一种惩罚性控制手段，按照激励中的强化理论，激励可采用处罚方式，即利用带有强制性、威胁性的控制技术，如批评、降级、罚款、降薪、淘汰等来创造一种令人不快或带有压力的条件，以否定某些不符合要求的行为。但是，滥用惩罚，不仅不能起到激励作用，而且容易引起员工的对抗情绪。所以，惩罚要合理、适当。

此外，还可以采用竞争激励、信息激励、自我激励、角色激励、情感激励等多种方法。

3. 激励中应注意的问题

前厅部与客房部管理人员要想真正发挥激励的作用，除采用多种形式的激励方法外，还应注意以下问题。

（1）激励员工从结果均等转移到机会均等，并努力创造公平竞争环境。

（2）激励要把握最佳时机。需在目标任务下达前激励的，要提前激励；员工遇到困难，有强烈要求愿望时，给予关怀，及时激励。

（3）激励要有足够力度。对有突出贡献的予以重奖；对造成巨大损失的予以重罚；通过各种有效的激励技巧，达到以小博大的激励效果。

（4）激励要公平准确、奖罚分明。健全、完善绩效考核制度，做到考核尺度相宜、公平合理；克服有亲有疏的人情风；在提薪、晋级、评奖、评优等涉及员工切身利益的焦点问题上务求做到公平。

（5）物质奖励与精神奖励相结合，奖励与惩罚相结合。注重感化教育，西方管理中"胡萝卜加大棒"的做法值得借鉴。

（6）构造员工分配格局的合理落差。适当拉开分配距离，鼓励一部分员工先富起来，使员工在反差对比中建立持久的追求动力。

（7）在激励方式上，现代酒店强调的是个人激励、团队激励和组织激励的有机结合。在激励的时间效应上，把对知识型员工的短期激励和长期激励结合起来，强调激励手段对员工的长期正效应。在激励报酬设计上，当今酒店已经突破了传统的事后奖酬模式，转变为从事前、事中、事后3个环节出发设计奖酬机制。

 本章小结

本章概述了前厅客房人力资源管理的基础知识；简述了前厅客房人力资源管理的内容；阐述了前厅客房人力资源规划中确定岗位数和员工数的方法；全面考虑影响前厅客房人力资源需求的各种因素，对前厅客房人力资源未来需要的数量、质量等进行管理的活动。

在前厅客房人力资源开发利用中分析了人员的外部招聘和内部招聘的优缺点，同时点明了绩效考核和薪酬管理在人力资源管理中的重要性——科学的绩效考核与薪酬管理，是对员工劳动数量和质量的承认，因而成为激励员工的持久动力。其最终目的是改善员工的工作表现，在实现前厅部与客房部经营目标的同时，提高员工的满意程度和未来的成就感，最终达到部门和个人发展的"双赢"。善于激励可以调动员工的积极性，可以形成团队精神，可以提高服务质量和管理水平。

 **国际酒店赏鉴**

香格里拉酒店集团人才发展项目

香格里拉酒店集团为各层级员工提供有针对性的人才发展项目。作为一个员工数超过42 000人的组织,集团不断成长,通过一系列快速项目为未来领导管道培养人才。以下是其中的部分项目。

集团培训生项目。如果你是一名刚走出校门的大学生,立志成为酒店高层领导,那么,这个项目可以帮助你实现目标。在16个月的学习过程中,你将接触到酒店的各个部门,并在客房部或餐饮部进行专门学习。同时,你还将参加香格里拉国际学院的本地项目,提升个人领导能力和业务能力,并与集团员工合作完成特定项目,为今后的职业发展做好铺垫。项目结束后,你将正式踏上领导旅程。集团将时刻关注和指导你的个人发展。你可参考以往学员分享的经历感想。

拟任总经理项目。该项目为酒店管理者提供了全面的职业指导,以推动员工向着酒店总经理的方向发展。项目首先会通过评估工作确定每位学员的学习和发展需求。集团会为每位学员安排一位高级导师,并组织正式学习和实践学习及指导,谨慎安排学员的职位。

高级管理人才发展项目。该项目以大多数高层管理者的独特发展需求和抱负为核心,提供管理教育机遇。项目以集团的愿景和战略方向为导向,包含一系列充满挑战的内容。

 ## 复习思考题

一、简答题

1. 前厅客房人力资源管理的含义、目的和内容是什么?
2. 前厅部和客房部编制定员的原则是什么?编制定员的程序和方法是什么?
3. 前厅部和客房部员工应具备哪些素质?
4. 前厅部和客房部员工外部招聘的方式有哪些?优缺点是什么?员工内部招聘的方式有哪些?优缺点是什么?
5. 前厅部和客房部员工培训的种类与内容有哪些?
6. 前厅部和客房部员工激励中应注意什么问题?激励的方式有哪几种?

二、实训题

1. 参加一些旅游酒店类人才招聘会专场,就酒店前厅部和客房部的用人标准和制度进行调查,写出调查报告。
2. 走访一家高星级酒店,观察其前厅部人员工作状态,判断该酒店服务管理漏洞或培训薄弱环节。
3. 你所在城市酒店业工作人员的稳定性如何?客房部员工的流动性比率为多少?试找出原因。

参 考 文 献

陈明，2011. 酒店管理概论 [M]. 北京：旅游教育出版社．
高巍，2009. 饭店前厅客房服务与管理 [M]. 重庆：西南师范大学出版社．
蒋丁新，2007. 饭店管理概论 [M].3 版 . 大连：东北财经大学出版社．
阚志霞，黄志刚，汪锋，2012. 前厅客房服务与管理 [M]. 北京：国防工业出版社．
林璧属，2006. 前厅、客房服务与管理 [M]. 北京：清华大学出版社．
林增学，李俊，2007. 饭店人力资源管理 [M].2 版 . 重庆：重庆大学出版社．
刘伟，2007. 前厅与客房管理 [M].2 版 . 北京：高等教育出版社．
马勇，2006. 饭店管理概论 [M]. 北京：清华大学出版社．
孟庆杰，唐飞，2010. 前厅客房服务与管理 [M].4 版 . 大连：东北财经大学出版社．
牛志文，2008. 前厅服务职业技能培训 [M]. 北京：电子工业出版社．
仇学琴，2011. 饭店前厅客房服务与管理 [M]. 天津：南开大学出版社．
汝勇健，2007. 客房服务与管理 [M]. 南京：东南大学出版社．
孙茜，2008. 饭店前厅客房服务与管理 [M]. 北京：旅游教育出版社．
万雯，郭志敏，2009. 饭店前厅客房服务与管理 [M]. 武汉：武汉大学出版社．
王大悟，刘耿大，2007. 酒店管理 180 个案例品析 [M]. 北京：中国旅游出版社．
王德静，2008. 前厅服务与管理实训教程 [M]. 北京：科学出版社．
王华，2009. 前厅客房服务与管理 [M]. 北京：中国林业出版社，北京大学出版社．
魏洁文，2008. 客房服务与管理实训教程 [M]. 北京：科学出版社．
吴军卫，2006. 旅游饭店前厅与客房管理 [M]. 北京：北京大学出版社．
杨俊祥，2009. 饭店客房管理 [M].2 版 . 重庆：重庆大学出版社．
张青云，2010. 前厅实训教程 [M]. 郑州：郑州大学出版社．
赵洪声，2008. 前厅服务 [M]. 上海：格致出版社，上海人民出版社．
赵忠奇，2008. 前厅及客房服务与管理 [M]. 北京：冶金工业出版社．
郑宏博，付启敏，2008. 前厅服务与管理 [M].3 版 . 大连：东北财经大学出版社．
中国旅游报社，2006. 酒店服务管理案例精选 [M]. 北京：中国旅游出版社．